NO INVISÍVEL

3ª edição
Do 8º ao 10º milheiro
2.000 exemplares
Outubro/2023

© 2017-2023 by Boa Nova Editora

Capa e projeto gráfico
Juliana Mollinari

Diagramação
Juliana Mollinari

Assistente editorial
Ana Maria Rael Gambarini

Coordenação Editorial
Ronaldo A. Sperdutti

Impressão
Gráfica Bartira

Todos os direitos reservados.
Nenhuma parte desta obra pode ser
reproduzida ou transmitida por qualquer
forma e/ou quaisquer meios (eletrônico ou
mecânico, incluindo fotocópia e gravação) ou
arquivada em qualquer sistema ou banco de
dados sem permissão escrita da Editora.

O produto da venda desta obra é
destinado à manutenção das
atividades assistenciais da Sociedade
Espírita Boa Nova, de Catanduva, SP.

1ª edição: Setembro de 2017 - 5.000 exemplares

NO INVISÍVEL
Espiritismo e mediunidade

LÉON DENIS

TRATADO DE ESPIRITUALISMO EXPERIMENTAL
OS FATOS E AS LEIS
Fenômenos espontâneos – Tiptologia e Psicografia
OS FANTASMAS DOS VIVOS E OS
ESPÍRITOS DOS MORTOS
Incorporações e materializações de Espíritos – Métodos de experimentação – Formação e direção dos grupos – Identidade dos Espíritos – A mediunidade através dos tempos

Absentes adsunt. Experto crede.

Editora Cultural Espírita Edicel
Instituto Beneficente Boa Nova
Entidade coligada à Sociedade Espírita Boa Nova
Av. Porto Ferreira, 1.031 | Parque Iracema
Catanduva/SP | CEP 15809-020
www.boanova.net | boanova@boanova.net
Fone 17.3531-4444 | Fax 17.3531-4443

Dados Internacionais de Catalogação na Publicação (CIP)
(Câmara Brasileira do Livro, SP, Brasil)

Denis, Léon, 1846-1927
    No invisível / Léon Denis ; -- Catanduva, SP :
Instituto Beneficente Boa Nova : Editora Cultural
Espírita Edicel, 2017.

    Título original: Dans i'invisible.
    "Tratado de espiritualismo experimental os fatos e
as Leis -- Fenômenos espontâneos -- Tiptologia e
psicografia -- Os fantasmas dos vivos e os espíritos
dos mortos -- Incorporações e materializações de
Espíritos -- Métodos de experimentação - Formação e
direção dos grupos -- Identidade dos Espíritos --
A mediunidade através dos tempos"
    ISBN: 978-85-92793-19-7 (Editora Cultural Edicel)

    1. Doutrina espírita 2. Espiritismo 3. Mediunidade
I. Título.

17-07929   CDD-133.91

Índices para catálogo sistemático:

1. Mediunidade : Doutrina espírita : Espiritismo
    133.91

SUMÁRIO

Introdução 7

Primeira parte
O ESPIRITISMO EXPERIMENTAL: AS LEIS

A ciência espírita 24
A marcha ascensional: os métodos de estudo 36
O Espírito e a sua forma 44
A mediunidade 50
Educação e função dos médiuns 57
Comunhão dos vivos e dos mortos 68
O Espiritismo e a mulher 73
As leis da comunicação espírita 78
Condições de experimentação 87
Formação e direção dos grupos. Primeiras experiências 106
Aplicação moral e frutos do Espiritismo 118

Segunda parte
O ESPIRITISMO EXPERIMENTAL: OS FATOS

Exteriorização do ser humano. Telepatia. Desdobramento. Os
fantasmas dos vivos 128
Sonhos premonitórios. Clarividência. Pressentimentos 151
Visão e audição psíquicas no estado de vigília 161
A força psíquica. Os fluidos. O magnetismo 171
Fenômenos espontâneos. Casas mal-assombradas. Tiptologia.. 180
Fenômenos físicos. As mesas 198
Escrita direta ou psicografia. Escrita mediúnica 213
Transe e incorporações 242
Aparições e materializações de Espíritos..................................... 272
Identidade dos Espíritos 304

Terceira parte
GRANDEZAS E MISÉRIAS DA MEDIUNIDADE

Prática e perigos da mediunidade 330
Hipóteses e objeções 345
Abusos da mediunidade.. 358
O martirológio dos médiuns 368
A mediunidade gloriosa... 375

Índice geral 407

INTRODUÇÃO

Desde cinquenta anos se tem estabelecido uma íntima e frequente comunicação entre o nosso mundo e o dos Espíritos. Soergueram-se os véus da morte e, em lugar de uma face lúgubre, o que nos apareceu foi um risonho e benévolo semblante. Falaram as almas; sua palavra consolou muitas tristezas, acalmou bastantes dores, fortaleceu muita coragem vacilante. O destino foi revelado, não já cruel, implacável como o pretendiam antigas crenças, mas atraente, equitativo, para todos esclarecido pelas fulgurações da Misericórdia divina.

O Espiritismo propagou-se, invadiu o mundo. Desprezado, repelido ao começo, acabou por atrair a atenção e despertar interesse. Todos quantos se não imobilizavam na esfera do preconceito e da rotina e o abordaram desassombradamente, foram por ele conquistados. Agora penetra por toda a parte, instala-se em todas as mesas, tem ingresso em todos os lares. À sua voz, as velhas fortalezas seculares – a Ciência e a própria Igreja[1], até aqui hermeticamente aferrolhadas, arrasam suas muralhas e entreabrem suas portas. Dentro em pouco se imporá como soberano.

Que traz ele consigo? Será sempre e por toda a parte a verdade, a luz e a esperança? Ao lado das consolações que caem na alma como o orvalho sobre a flor, de par com o jorro de luz que dissipa as angústias do investigador e ilumina a rota, não haverá também uma parte de erros e decepções?

O Espiritismo será o que o fizerem os homens. *Similia similibus*! Ao contato da humanidade as mais altas verdades às vezes se desnaturam e obscurecem. Podem constituir-se uma fonte de abusos. A gota de chuva, conforme o lugar onde cai, continua sendo pérola ou se transforma em lodo.

[1] Veja-se a obra de Monsenhor Chollet, bispo de Verdun, *Contribuição do ocultismo à antropologia*. Lethielleux, editor, Paris (sem data).

É com desgosto que observamos a tendência de certos adeptos no sentido de menosprezar a feição elevada do Espiritismo, a fonte dos puros ensinamentos e das altas inspirações, para se restringirem ao campo da experimentação terra a terra, à investigação exclusiva do fenômeno físico.

Pretender-se-ia acomodar o Espiritismo no acanhado leito da ciência oficial; mas esta, inteiramente impregnada das teorias materialistas, é refratária a essa aliança. O estudo da alma, já de si difícil e profundo, lhe tem permanecido impenetrável. Os seus métodos, por indigentes, não se prestam absolutamente ao estudo, muito mais vasto, do mundo dos Espíritos. A ciência do Invisível há de sempre ultrapassar os métodos humanos. Há no Espiritismo uma zona – e não a menor – que escapa à análise, à verificação: é a ação do Espírito livre no Espaço; é a natureza das forças de que ele dispõe.

Com os estudos espíritas uma nova ciência se vai formando lentamente, mas é preciso aliar ao espírito de investigação científica a elevação de pensamento, o sentimento, os impulsos do coração, sem o que a comunhão com os seres superiores se torna irrealizável, e nenhum auxílio de sua parte, nenhuma proteção eficaz se obterá. Ora, isso é tudo na experimentação. Não há possibilidade de êxito, nem garantia de resultado sem a assistência e proteção do Alto, que se não obtém senão mediante a disciplina mental e uma vida pura e digna.

Deve todo adepto saber que a regra por excelência das relações com o Invisível é a lei das afinidades e atrações. Nesse domínio, quem procura baixos objetivos os encontra, e com eles se rebaixa: aquele que aspira às remontadas culminâncias, cedo ou tarde as atinge e delas faz pedestal para novas ascensões. Se desejais manifestações de ordem elevada, fazei esforços por elevar-vos a vós mesmos. O bom êxito da experimentação, no que ela tem de belo e grandioso – a comunhão com o mundo superior – não o obtém o mais sábio, mas o mais digno, o melhor, aquele que tem mais paciência e consciência e mais moralidade.

Com o cercearem o Espiritismo, imprimindo-lhe caráter exclusivamente experimental, pensam alguns agradar ao espírito positivo do século, atrair os sábios ao que se denomina de Psiquismo. Desse modo, o que sobretudo se consegue é pôr-se em relação com os elementos inferiores do Além, com essa multidão de Espíritos atrasados, cuja nociva influência envolve, oprime os médiuns, os impele à fraude e espalha sobre os experimentadores eflúvios maléficos e, com eles, muitas vezes, o erro e a mistificação.

Numa ânsia de proselitismo, sem dúvida louvável quanto ao sentimento que a inspira, mas excessiva e perigosa em suas consequências, desejam-se os fatos a todo o custo. Na agitação nervosa com que se busca o fenômeno, chega-se a proclamar verdadeiros os fatos duvidosos ou fictícios. Pela disposição de espírito mantida nas experiências, atraem-se os Espíritos levianos, que em torno de nós pululam. Multiplicam-se as manifestações de mau gosto e as obsessões das energias que supõem dominar. Muitíssimos espíritas e médiuns, em consequência da falta de método e de elevação moral, se tornam instrumentos das forças inconscientes ou dos maus Espíritos.

São numerosos os abusos, e neles acham os adversários do Espiritismo os elementos de uma crítica pérfida e de uma fácil difamação.

O interesse e a dignidade da causa impõem o dever de reagir contra essa experimentação banal, contra essa onda avassaladora de fenômenos vulgares que ameaçam submergir as culminâncias da ideia.

O Espiritismo representa uma fase nova da evolução humana. A lei que, através dos séculos, tem conduzido as diferentes frações da humanidade, longo tempo separadas, a gradualmente aproximar-se, começa a fazer sentir no Além os seus efeitos. Os modos de correspondência que entretêm na Terra os homens vão-se estendendo pouco a pouco aos habitantes do mundo invisível, enquanto não atingem, mediante novos processos, as famílias humanas que povoam as terras do Espaço.

Contudo, nas sucessivas ampliações do seu campo de ação, a humanidade tropeça em inúmeras dificuldades. As relações, multiplicando-se, nem sempre trazem favoráveis resultados; também oferecem perigos, sobretudo no que se refere ao mundo oculto, mais difícil que o nosso de penetrar e analisar. Lá, como aqui, o saber e a ignorância, a verdade e o erro, a virtude e o vício existem, com esta agravante: ao passo que fazem sentir sua influência, permanecem encobertos aos nossos olhos; donde a necessidade de abordar o terreno da experimentação com extrema prudência, depois de longos e pacientes estudos preliminares.

É necessário aliar os conhecimentos teóricos ao espírito de investigação e à elevação moral, para estar verdadeiramente apto a discernir no Espiritismo o bem do mal, o verdadeiro do falso, a realidade da ilusão. É preciso compenetrar-se do verdadeiro caráter da mediunidade, das responsabilidades que acarreta, dos fins para que nos é concedida.

O Espiritismo não é somente a demonstração, pelos fatos, da sobrevivência; é também o veículo por que descem sobre a humanidade as inspirações do mundo superior. A esse título é mais que uma ciência, é o ensino que o Céu transmite à Terra, reconstituição engrandecida e vulgarizada das tradições secretas do passado, o renascimento dessa escola profética que foi a mais célebre escola de médiuns do Oriente. Com o Espiritismo, as faculdades, que foram outrora o privilégio de alguns, se difundem por um grande número. A mediunidade se propaga; mas de par com as vantagens que proporciona, é necessário estar advertido dos seus escolhos e perigos.

Há, na realidade, dois Espiritismos. Um nos põe em comunicação com os Espíritos superiores e também com as almas queridas que na Terra conhecemos e que foram a alegria da nossa existência. É por ele que se efetua a revelação permanente, a iniciação do homem nas leis supremas. É a fonte pujante da inspiração, a descida do Espírito ao envoltório humano, ao organismo do médium que, sob a sagrada influência, pode fazer ouvir palavras de luz e de vida, sobre cuja natureza é impossível o equívoco, porque penetram e reanimam a alma e esclarecem os obscuros problemas do destino. A impressão de grandiosidade que se desprende dessas manifestações deixa sempre um vestígio profundo nos corações e nas inteligências. Aqueles que nunca o experimentaram, não podem compreender o que é o verdadeiro Espiritismo.

Há, em seguida, um outro gênero de experimentação, frívolo, mundano, que nos põe em contato com os elementos inferiores do mundo invisível e tende a amesquinhar o respeito devido ao Além. E uma espécie de profanação da religião da morte, da solene manifestação dos que deixaram o invólucro da carne.

Força, entretanto, é reconhecer: ainda esse Espiritismo de baixa esfera tem sua utilidade. Ele nos familiariza com um dos aspectos do mundo oculto. Os fenômenos vulgares, as manifestações triviais fornecem às vezes magníficas provas de identidade; sinais característicos se evidenciam e forçam a convicção dos investigadores. Não nos devemos, porém, deter na observação de tais fenômenos senão na medida em que o seu estudo nos seja proveitoso e possamos exercer eficiente ação sobre os Espíritos atrasados que os produzem. Sua influência é molesta e deprimente para os médiuns. E preciso elevar mais alto as aspirações, subir pelo pensamento a regiões mais puras, aos superiores domicílios do Espírito. Somente aí encontra o homem as verdadeiras consolações, os socorros, as forças espirituais.

Nunca será demasiado repeti-lo: nesse domínio jamais obteremos efeitos que não sejam proporcionais às nossas condições. Toda pessoa que, por seus desejos, por suas invocações, entra em relação com o mundo invisível, atrai fatalmente seres em afinidade com seu próprio estado moral e mental. O vasto império das almas está povoado de entidades benfazejas e maléficas; elas se desdobram por todos os graus da infinita escala, desde as mais baixas e grosseiras, vizinhas da animalidade, até os nobres e puros Espíritos, mensageiros de luz, que a todos os confins do tempo e do Espaço vão levar as irradiações do pensamento divino. Se não sabemos ou não queremos orientar nossas aspirações, nossas vibrações fluídicas, na direção dos seres superiores, e captar sua assistência, ficamos à mercê das influências más que nos rodeiam, as quais, em muitos casos, têm conduzido o experimentador imprudente às mais cruéis decepções.

Se, ao contrário, pelo poder da vontade, libertando-nos das sugestões inferiores, subtraindo-nos às preocupações pueris, materiais e egoísticas, procuramos no Espiritismo um meio de elevação e aperfeiçoamento moral, poderemos em tal caso entrar em comunhão com as grandes almas, portadoras de verdades; fluidos vivificantes, regeneradores nos penetrarão; alentos poderosos nos elevarão às regiões serenas donde o Espírito contempla o espetáculo da vida universal, majestosa harmonia das leis e das esferas planetárias.

PREFÁCIO DA EDIÇÃO DE 1911

Nos dez anos que transcorreram, do aparecimento desta obra até a presente edição, o Espiritismo prosseguiu a sua marcha ascensional e se opulentou com experiências e testemunhos de subido valor, entre os quais particularmente os de Lodge, Myers, Lombroso lhe vieram realçar o prestígio e assegurar, com a autoridade científica que lhe faltava, uma espécie de consagração definitiva. Por outro lado os abusos e as fraudes, que precedentemente assinalamos, se multiplicam. Haverá nisso porventura uma lei histórica, em virtude da qual o que uma ideia ganha em extensão deverá perder em qualidade, em força, em intensidade?

No que respeita aos testemunhos coligidos e aos progressos realizados, a situação do Espiritismo na França não é idêntica à alcançada em certos países estrangeiros. Enquanto na Inglaterra e na Itália conquistou ele, nos círculos acadêmicos, adesões de singular notoriedade, a maioria dos sábios franceses adotou a seu respeito uma atitude desdenhosa e, mesmo, de aversão[1], no que revelaram eles bem escassa clarividência; porque, se a ideia espírita apresenta, às vezes, exageros, repousa, entretanto, em fatos incontestáveis e corresponde às imperiosas necessidades contemporâneas.

Há de todo espírito imparcial reconhecer que nem a ciência oficial nem a religião satisfazem às necessidades e às aspirações da maior parte da humanidade. Não é de admirar, portanto, que tantos homens tenham procurado em domínios pouco explorados, posto que abundantíssimos em subsídios psicológicos, soluções, esclarecimentos, que as velhas instituições não são capazes de lhes fornecer. Pode esse gênero de estudos desagradar a uns tantos timoratos e provocar, de sua

---

[1] Veja-se o prefácio de Gustave Le Bon no livro de Lombroso *Hipnotismo*, tradução francesa.

parte, condenações e críticas. Arrazoados vãos que o vento leva. Apesar das exigências, das objurgações e anátemas, as inteligências não cessarão de encaminhar-se ao que mais justo, melhor e mais claro lhes parece. As repulsas de uns, as desaprovações de outros nada conseguirão. Fazei mais e melhor – é a objeção que se oporá. Padres e sábios, que vos podeis consagrar aos lazeres do espírito, em lugar de escarnecer ou fulminar no vácuo, mostrai-vos capazes de consolar, de amparar os que vergam sob um trabalho material esmagador, de lhes explicar o motivo de seus sofrimentos e lhes fornecer as provas de compensações futuras. Será o único meio de conservardes a vossa supremacia.

Pode, além disso, perguntar-se qual será mais apto a julgar os fatos e a discernir a verdade, se um cérebro atravancado de prevenções e de teorias preconcebidas, se um espírito livre, emancipado de toda rotina científica e religiosa.

Por nós responde a História!

É indubitável que os representantes da ciência oficial têm prestado valiosos serviços ao pensamento e muitos extravios lhe evitaram. Quantos obstáculos, porém, não opuseram eles, em numerosos casos, à ampliação do conhecimento, verdadeiro e integral!

O professor Charles Richet, que é autoridade na matéria, pôs vigorosamente em relevo, em *Annales des Sciences Psychiques*, de janeiro de 1905, os erros e as debilidades da ciência oficial.

A rotina ainda hoje impera nos meios acadêmicos; todo sábio que se esquiva a seguir a trilha consagrada é reputado herético e excluído das prebendas vantajosas. Demonstração lamentável desse fato é o exemplo do Dr. Paul Gibier, obrigado a expatriar-se para obter uma colocação.

A esse respeito não se tem a democracia mostrado menos absolutista nem menos tirânica que os regimes decaídos. Aspira ao nivelamento das inteligências e proscreve os que a procuram libertar das materialidades vulgares. A inferiorização dos estudos depauperou o pensamento universitário, deprimiu os caracteres, paralisou as iniciativas. Inutilmente se procuraria entre os sábios, na França, um exemplo de intrepidez moral comparável aos que deram, na Inglaterra, William Crookes,

Russel Wallace, Lodge, etc., Lombroso e outros, na Itália. A única preocupação que parecem ter os homens em evidência é modelar suas opiniões pelas dos "senhores do momento", a fim de se beneficiarem dos proventos de que são estes os dispensadores.

Em matéria de psiquismo parece haver carência do vulgar bom senso à maioria dos cientistas. O professor Flournoy o confessa:

> Para a humanidade das remotas eras, como atualmente ainda para a grande massa que a compõe, a hipótese espírita é a única verdadeiramente conforme ao mais elementar bom senso, enquanto a nós, cientistas, saturados de mecanismo materialista desde os bancos escolares, essa mesma hipótese nos revolta até as maiores profundezas do bom senso, igualmente mais elementar.[2]

Em apoio de suas asserções, cita ele os dois seguintes exemplos[3], relativos a um fato universalmente reconhecido verdadeiro. Relata o Sr. Barrett:

> O grande Helmholtz certa vez disse que nem o testemunho de todos os membros da Sociedade Real, nem a evidência de seus próprios sentidos o poderiam convencer sequer da transmissão de pensamento, impossível que era esse fenômeno.

Refere também o senhor W. James:

> Um ilustre biologista teve ocasião de me dizer que, mesmo que fossem verdadeiras as provas da telepatia, os sábios se deveriam coligar para as suprimir ou conservar ocultas, pois que tais fatos destruiriam a uniformidade da natureza e toda espécie de outras coisas de que eles, sábios, não podem abrir mão, para continuar suas pesquisas.

Os fatos espíritas, entretanto, se têm multiplicado, imposto com tamanho império que os sábios se têm visto obrigados à tentativa de explicá-los. Não são, porém, as elucubrações psicofisiológicas de Pierre Janet, as teorias poligonais do Dr. Grasset, nem a criptomnésia de Theodore Flournoy que podem satisfazer aos pesquisadores independentes. Quando se

---

[2] *Espíritos e médium*, p. 230, Paris, Fischbacher, editor, 1911.
[3] Ibid., p. 226.

possui alguma experiência dos fenômenos psíquicos fica-se pasmado ante a penúria de raciocínio dos críticos científicos do Espiritismo. Escolhem eles sempre, na multidão dos fatos, alguns casos que se aproximem de suas teorias e silenciam cuidadosamente de todos os inúmeros que as contradizem. Será esse procedimento realmente digno de verdadeiros sábios?

Os estudos imparciais e persistentes induzem a outras conclusões. Falando do Espiritismo, Oliver Lodge, reitor da Universidade de Birmingham e membro da Real Academia, o afirmou: "Fui pessoalmente conduzido à certeza da existência futura mediante provas assentes em bases puramente científicas" *(Annales des Sciences Psychiques,* 1897, p. 158).

J. Hyslop, professor da Universidade de Colúmbia, escrevia: "A prudência e reserva não são contrárias à opinião de que a explicação espírita é, até agora, a mais racional".

Se, pois, não têm sido poupados sarcasmos aos espíritas, nas esferas científicas, há, como se vê, sábios que lhes têm sabido fazer justiça. O professor Barrett, da Universidade de Dublin, se exprimia do seguinte modo, por ocasião de sua investidura na presidência da *Society for Psychical Research* em 29 de janeiro de 1904:[4]

> Não poucos dos que me ouvem se recordam certamente da cruzada outrora empreendida contra o hipnotismo, que então se denominava mesmerismo. As primeiras pessoas que com tais estudos se ocuparam foram alvo de incessantes opugnações do mundo científico e médico, de um lado, e do mundo religioso, do outro. Foram denunciadas como impostoras, repudiadas como párias, enxotadas, sem cerimônia, das sinagogas da Ciência e da Religião. Passava-se isso numa época bastante próxima de nós para que eu tenha necessidade de recordá-lo. A ciência médica e filosófica não pode deixar de curvar a cabeça envergonhada, lembrando-se desse tempo e vendo o hipnotismo e o seu valor terapêutico atualmente reconhecidos, tornados parte integrante do ensino científico em muitas escolas de Medicina, sobretudo no continente!... Não é nosso dever cultuar hoje a memória daqueles intrépidos pesquisadores, que foram os primeiros desse ramo dos estudos psíquicos?

---

[4] Ver *Revue des Études Psychiques*, jun. 1904.

Não devemos do mesmo modo esquecer esse pequeno grupo de investigadores que, antes do nosso tempo e ao fim de pacientes e demoradas pesquisas, tiveram a coragem de proclamar sua crença em tais fenômenos, que denominaram espiríticos... Não foram sem dúvida os seus métodos de investigação totalmente isentos de crítica, o que, todavia, os não impediu de ser pesquisadores da verdade, tão honestos e dedicados como pretendem ser; e tanto mais dignos são eles da nossa estima quanto sofreram os maiores sarcasmos e oposição. Os espíritos fortes sorriam então, como agora, dos que mais bem informados que eles se mostravam. Suponho que todos somos inclinados a considerar o nosso próprio discernimento superior ao do nosso próximo. Não são, porém, afinal o bom senso, as precauções, a paciência, o estudo contínuo dos fenômenos psíquicos que maior valor conferem à opinião que viemos por fim a adotar e não a argúcia ou o ceticismo do observador?

Devemos ter sempre em consideração que o que é *afirmado,* mesmo pelo mais obscuro dos homens, em resultado de sua experiência pessoal, é sempre digno de nos prender a atenção; e o que é *negado,* mesmo pelos mais reputados indivíduos, desde que ignoram a coisa, jamais no-la deve merecer. Aquele perspicaz e valoroso Espírito que era o professor de Morgan, o grande denunciador do charlatanismo científico, teve a coragem de publicar, há muito, que por mais que se tente ridicularizar os espíritas, não deixam por isso eles de estar no caminho que conduz ao adiantamento dos conhecimentos humanos, seguindo embora o *espírito* e o *método* primitivos, quando era preciso rasgar nas florestas virgens a estrada por onde podemos agora avançar com a maior facilidade.

Rendendo homenagem aos espíritas, o professor Barrett reconhecia, como juiz imparcial, que não era isento de crítica o seu zelo. Hoje, como então, essa opinião é inteiramente justificada. A exaltação de uns tantos adeptos, o seu entusiasmo em proclamar fatos duvidosos ou imaginários, a insuficiência de verificação nas experiências têm prejudicado muitas vezes a causa que acreditavam servir. É isso talvez o que, até certo ponto, justifica a atitude retraída, por vezes hostil, de alguns sábios a respeito do Espiritismo.

O professor Charles Richet escrevia nos *Annales des Sciences Psychiques,* de janeiro de 1905, página 211:

Se os espíritas foram muito arrojados, usaram, entretanto, de bem pouco vigor, e é uma deplorável história a de suas aberrações. Basta por agora ficar estabelecido que eles tinham o direito de ser muito arrojados e que não lhes podemos, em nome da nossa ciência falível, incompleta, ainda embrionária, censurar esse arrojo. Dever-se-lhes-ia, ao contrário, agradecer o terem sido tão audaciosos.

As restrições do Sr. Richet não são menos fundadas que os seus elogios. Muitos experimentadores não conduzem os seus estudos com a ponderação, a prudência necessárias. Empenham-se de preferência em obter as manifestações tumultuárias, as materializações numerosas e repetidas, os fenômenos de grande notoriedade, sem considerar que a mediunidade só excepcionalmente e de longe em longe pode servir à produção de fatos desse gênero. Quando têm à mão um médium profissional dessa categoria, o atormentam e esgotam. Levam-no fatalmente a resvalar para a simulação. Daí as fraudes, as mistificações, assinaladas por tantas folhas públicas.

Muitíssimo preferíveis são, a meu ver, os fatos mediúnicos de índole mais íntima e modesta, as sessões em que predominam a ordem, a harmonia, a comunhão dos pensamentos, por cujo veículo fluem as coisas celestes, como orvalho, sobre a alma sequiosa e a esclarecem, confortam e melhoram. As sessões de efeitos físicos, mesmo quando sinceras, sempre me deixaram uma impressão de vácuo, de desgosto e mal-estar, em razão das influências que nelas intervêm.

A médiuns profissionais deveram sem dúvida sábios como Crookes, Hyslop, Lombroso, etc., os excelentes resultados que obtinham; em suas experiências, porém, adotavam precauções de que não costumam os espíritas munir-se. Em sessões de materialização realizadas em Paris por um médium americano, em 1906 e 1907, e que alcançaram desagradável notoriedade, haviam os espíritas estabelecido um regulamento que os assistentes se comprometiam a observar e de cujas estipulações resultava a inesperada consequência de isentar o médium de toda eficaz verificação. A obscuridade era quase completa no momento das aparições. Os assistentes tinham que conversar em voz alta, cantar, conservar as mãos presas formando a cadeia magnética e, além de tudo, absterem-se de tocar nas formas materializadas. Desse modo, a vista, o ouvido, o tato ficavam pouco menos que aniquilados. Tais condições, é certo, se inspiravam numa louvável intenção, porque, em tese geral, como teremos ocasião de ver no curso desta obra, favorecem a produção dos fatos; mas no caso em questão contribuíam também para mascarar as fraudes. As faculdades do médium, entretanto, eram reais, e nas primeiras sessões se produziram autênticos fenômenos, que adiante relatamos. Houve em seguida uma mistura de fatos reais e simulados, e o embuste veio por fim a tornar-se constante e evidente. Depois de haver, numa revista espírita, assinalado os fenômenos que apresentavam garantias de sinceridade, mais tarde me senti realmente obrigado a denunciar fraudes averiguadas e comprometedoras.

Ao fim de longa pesquisa e de acuradas reflexões, nada tenho que retirar de minhas apreciações anteriores. Fiz justiça a esse médium, indicando o que havia de real em suas sessões, mas não hesitei em lhe denunciar as simulações no dia em que numerosos e autorizados testemunhos as evidenciaram, entre os quais se encontra o de um juiz da Corte de Apelação, que é ao mesmo tempo eminente psiquista.

Guardar silêncio acerca dessas fraudes, encobri-las com uma espécie de tácita aprovação, seria abrirmos a porta a um cortejo de abusos que, em certos meios, têm desacreditado o Espiritismo e estorvado o seu desenvolvimento. Atrás do hábil simulador, logo entre nós surgiram uns intrujões condenados pelos tribunais de vizinhos países. Mais recentemente, o médium Abendt foi, em idênticas circunstâncias, desmascarado em Berlim, como em seguida o foram Carrancini em Londres e Bailey em Grenoble. Sem o brado de alarme que soltamos, correríamos o risco de resvalar por um fatal declive e cair num precipício.

Os espíritas são homens de convicção e fé. Mas, se a fé esclarecida nos atrai, nos planos espiritual e material, nobres e elevadas almas, a credulidade, no plano terrestre, atrai os charlatães, os exploradores de toda espécie, a chusma dos cavalheiros de indústria que só nos procuram ludibriar. Aí está o perigo para o Espiritismo. Cumpre-nos, a todos os que em nosso coração zelamos a verdade e a nobreza dessa coisa, conjurá-lo. De sobra se tem repetido: o Espiritismo ou será científico, ou não subsistirá. Ao que acrescentaremos: o Espiritismo deve, antes de tudo, ser honesto!

Mais algumas palavras cabem aqui sobre a doutrina do Espiritismo, síntese das revelações mediúnicas, entre si concordantes, obtidas em todo o mundo, sob a inspiração dos grandes Espíritos que a ditaram. Cada vez mais se afirma e se vulgariza essa Doutrina. Até mesmo entre os nossos contraditores não há quem se não sinta na obrigação moral de lhe fazer justiça, reconhecendo todos os benefícios e inefáveis consolações que têm prodigalizado às almas sofredoras.

O professor Theodore Flournoy, da Universidade de Genebra, assim se exprime a seu respeito no livro Espíritos e médiuns: "Isenta de todas as complicações e sutilezas da teoria do conhecimento e dos problemas de alta Metafísica, essa filosofia simplista se adapta por isso mesmo admiravelmente às necessidades do povo".

A seu turno, J. Maxwell, advogado geral perante a Corte de Apelação de Paris, se pronunciava do seguinte modo em sua obra *Os fenômenos psíquicos*:

> A extensão que a Doutrina Espírita adquire é um dos mais curiosos fenômenos da época atual. Tenho a impressão de estar assistindo ao nascimento de um movimento religioso a que estão reservados consideráveis destinos.

Além disso, Theodore Flournoy, em seguida a uma investigação, cujos resultados menciona em sua obra precitada, expende os seguintes comentários:[5]

> Há um coro geral de elogios acerca da beleza e excelência da filosofia espírita, um testemunho quase unânime prestado à salutar influência que exerce na vida intelectual, moral e religiosa de seus adeptos. Mesmo as pessoas que têm chegado a desconfiar completamente dos fenômenos e, por assim dizer, os detestam, pelas

---
[5] *Espíritos e médiuns*, p. 204, Paris, Fischbacher, editor, 1911.

dúvidas e decepções a que dão lugar, reconhecem os benefícios que devem às doutrinas.

E mais adiante:

Encontram-se espíritas que nunca assistiram a uma experiência e nem sequer o desejam, mas afirmam ter sido empolgados pela simplicidade, beleza e evidência moral e religiosa dos ensinos espíritas (existências sucessivas, progresso indefinito da alma, etc.). Não se deve, pois, obscurecer o valor dessas crenças, valor incontestável, pois que inúmeras almas declaram nelas ter encontrado um elemento de vida e uma solução à alternativa entre a ortodoxia, de um lado, alguns de cujos dogmas repulsivos (como o das penas eternas), já não podiam admitir, e do outro lado as desoladoras negações do materialismo ateu.[6]

E, todavia, em que pese às observações do Sr. Flournoy, mesmo no campo espírita não têm escasseado as objeções. Entre os que são atraídos pelo aspecto científico do Espiritismo, alguns há que menosprezam a filosofia. É que, para apreciar toda a grandeza da Doutrina dos Espíritos, é preciso ter sofrido. As pessoas felizes sempre são mais ou menos egoístas e não podem compreender que fonte de consolação contém essa Doutrina. Podem interessar-lhes os fenômenos, mas, para lhes atear a chama interior, são necessários os frios sopros da adversidade. Só aos Espíritos amadurecidos pela dor e a provação as verdades profundas se patenteiam em toda plenitude.

Em assuntos dessa ordem tudo depende das anteriores predisposições. Uns, seduzidos pelos fatos, se inclinam de preferência à experimentação. Outros, esclarecidos pela experiência dos séculos transcorridos ou pelas lições da atual existência, colocam o ensino acima de tudo. A sapiência consiste em reunir as duas modalidades do Espiritismo num conjunto harmônico.

A experimentação, como o veremos no curso desta obra, exige qualidades não vulgares. Muitos, baldos de perseverança, depois de algumas tentativas infrutíferas, se afastam e regressam à indiferença, por não terem obtido com a desejada presteza as provas que buscavam.

---

[6] Idem, p. 543.

Os que sabem perseverar, cedo ou tarde, encontram os sólidos e demonstrativos elementos em que se firmará uma convicção inabalável. Foi o meu caso. Desde logo me seduziu a Doutrina dos Espíritos; as provas experimentais, porém, foram morosas. Só ao fim de dez ou quinze anos de pesquisa foi que se apresentaram irrecusáveis, abundantes. Agora encontro explicação para essa longa expectativa, para essas numerosas experiências coroadas de resultados incoerentes e, muitas vezes, contraditórios. Eu não estava ainda amadurecido para a completa divulgação das verdades transcendentes. À medida, porém, que me adiantava na rota delineada, a comunhão com os meus Invisíveis protetores se tornava mais íntima e profunda. Sentia-me guiado através dos embaraços e dificuldades da tarefa que me havia imposto. Nos momentos de provação, doces consolações baixavam sobre mim. Atualmente chego a sentir a frequente presença dos Espíritos, a distinguir, por um sentido íntimo e seguríssimo, a natureza e a personalidade dos que me assistem e inspiram. Não posso, evidentemente, facultar a outrem as sensações intensas que percebo e que explicam a minha certeza do Além, a absoluta convicção que tenho da existência do mundo invisível. Por isso é que todas as tentativas por me desviar da minha senda têm sido e serão sempre inúteis. A minha confiança, a minha fé, são alimentadas por manifestações cotidianas; a vida se me desdobrou numa existência dupla, dividida entre os homens e os Espíritos. Considero por isso um dever sagrado esforçar-me por difundir e tornar acessível a todos os conhecimentos das leis que vinculam a humanidade da Terra à do Espaço e traçam a todas as almas o caminho da evolução indefinida.

Setembro de 1911.

PRIMEIRA PARTE

O ESPIRITISMO EXPERIMENTAL: AS LEIS

I   A ciência espírita
II   A marcha ascensional: os métodos de estudo
III   O Espírito e a sua forma
IV   A mediunidade
V   Educação e função dos médiuns
VI   Comunhão dos vivos e dos mortos
VII   O Espiritismo e a mulher
VIII As leis da comunicação espírita
IX   Condições de experimentação
X   Formação e direção dos grupos. Primeiras experiências
XI   Aplicação moral e frutos do Espiritismo

I - A CIÊNCIA ESPÍRITA

À medida que vai o homem lentamente avançando na senda do conhecimento, o horizonte se dilata e novas perspectivas se vão ante ele desdobrando. Sua ciência é restrita; a natureza, porém, não tem limites.

A Ciência não é mais que o conjunto das concepções de um século, que a Ciência do século seguinte ultrapassa e submerge. Tudo nela é provisório e incompleto. Versa o seu estudo sobre as leis do movimento, as manifestações da força e da vida; nada sabe ainda ela, entretanto, acerca das causas atuantes, da força e do movimento em seu princípio. O problema da vida lhe escapa, e a essência das coisas permanece um mistério impenetrável para ela.

Malgrado as sistemáticas negações e a obstinação de certos sábios, todos os dias são as suas opiniões desmentidas nalgum ponto. É o que sucede aos representantes das escolas materialistas e positivistas. O estudo e a observação dos fenômenos psíquicos vêm desmoronar suas teorias sobre a natureza e o destino dos seres.

Não é a alma humana, como o afirmavam eles, uma resultante do organismo, com o qual se extinga; é uma causa que preexiste e sobrevive ao corpo.

A experiência dia a dia nos demonstra que a alma é dotada de uma forma fluídica, de um organismo íntimo imponderável, que possui sentidos próprios, distintos dos sentidos corporais, e entra em ação, insuladamente, quando ela exerce seus poderes superiores. Graças a ele, pode a alma no curso da vida, e durante o sono, desprender-se do invólucro físico, penetrar a matéria, transpor o espaço, perceber as realidades do mundo invisível. Dessa forma fluídica brotam irradiações, eflúvios, que se podem exteriorizar em camadas concêntricas ao corpo humano[1] e mesmo, em certos casos, condensar-se em graus diversos e materializar-se ao ponto de impressionar placas fotográficas e aparelhos registradores.[2]

A ação, a distância, de uma alma sobre outra acha-se estabelecida pelos fenômenos telepáticos e magnéticos, pela transmissão do pensamento e exteriorização dos sentidos e das faculdades. As vibrações do pensamento podem-se propagar no espaço como a luz e o som, e impressionar um outro organismo fluídico em afinidade com o do manifestante. As ondas psíquicas se propagam ao longe e vão despertar no invólucro do sensitivo impressões de variada natureza, conforme o seu estado dinâmico: visões, vozes ou movimentos.

Às vezes a própria alma, durante o sono, abandona seu envoltório material e, sob sua forma fluídica, torna-se visível a distância. Certas aparições têm sido ao mesmo tempo vistas por diversas pessoas; outras, exercido ação sobre a matéria, aberto portas, mudado objetos de lugar, deixado vestígios de sua passagem. Algumas têm impressionado animais.[3]

As aparições de moribundos têm sido comprovadas milhares de vezes. As resenhas da Sociedade de Investigações Psíquicas, de Londres, os *Annales des Sciences Psychiques,* de Paris, inserem grande número delas. O Sr. Flammarion, em seu excelente livro *O desconhecido e os problemas psíquicos,* refere uma centena desses casos, em que há coincidência de morte, nos quais não se podem admitir meras alucinações, mas fatos reais, com relação de causa e efeito. Esses fenômenos têm sido observados tantas vezes, apoiam-se em tão numerosos e respeitáveis testemunhos, que sábios de excessiva prudência, como o Sr. Richet, da Academia de Medicina de Paris, chegaram a dizer: "Existe uma tal quantidade de fatos, impossíveis de explicar de outro modo a não ser pela telepatia, que é forçoso admitir-se uma ação a distância... O fato aparece provado, absolutamente provado".

---

[1] Ver de Rochas, *Extériorisation de la sensibilité e Extériorisation de la motricité,* passim.

[2] Ver Dr. Baraduc, *A alma humana, seus movimentos, suas luminosidades,* passim.

[3] *Proceedings of the Society Psychical Research,* 1882 a 1902.

Nesses fenômenos já se encontra uma demonstração positiva da independência da alma. Se, com efeito, a inteligência fosse uma propriedade da matéria e devesse extinguir-se por ocasião da morte, não se poderia explicar como, no momento em que o corpo está mais abatido e o organismo cessa de funcionar, é que essa inteligência não raro se manifesta com intensidade mais viva, com extraordinária recrudescência de atividade.

Os casos de lucidez, de clarividência, de previsão do futuro são frequentes nos moribundos. Nesses casos, o fato de desprender-se do corpo faculta ao Espírito um novo campo de percepção. A alma patenteia, no momento da morte, faculdades, qualidades superiores às que possuía no estado normal. Força é reconhecer nisso uma prova de que a nossa personalidade psíquica não é resultante do organismo, a ele intimamente vinculada, mas que possui vida própria, diferente da do corpo, sendo antes este para ela uma prisão temporária e um estorvo.

Mais evidente ainda se torna esta demonstração, quando depois da morte pode o Espírito desencarnado encontrar no invólucro físico dos médiuns os elementos necessários para se materializar e impressionar os sentidos.

Pode-se então verificar, empregando balanças munidas de aparelhos registradores, que o corpo do médium perde uma parte do seu peso, encontrando-se essa diferença na aparição materializada.[4]

A cada ano que passa, os fatos se multiplicam, os testemunhos se acumulam, a existência do mundo dos Espíritos se afirma com autoridade e prestígio crescentes. De meio século para cá o estudo da alma passou do domínio da Metafísica e da concepção puramente abstrata ao da experiência e da observação.

---

[4] Ver W. Crookes, *Investigações sobre os fenômenos do espiritualismo*, p. 159 et seq.; A. Russel Wallace, *Os milagres e o moderno espiritualismo*, p. 325 et seq.-, Aksakof, *Animismo e espiritismo*, cap. I.

A vida se revela sob duplo aspecto: físico e suprafísico. O homem participa de dois modos de existência. Por seu corpo físico pertencer ao mundo visível; por seu corpo fluídico ao mundo invisível. Esses dois corpos coexistem nele durante a vida. A morte é a sua separação.

Por sobre a nossa humanidade material palpita uma humanidade invisível, composta dos seres que viveram na Terra e se despojaram de suas vestes de carne. Acima dos vivos, encarnados em corpo mortal, os supervi-vos prosseguem, no Espaço, a existência livre do Espírito.

Essas duas humanidades mutuamente se renovam mediante a morte e o nascimento. Elas se penetram, se influenciam reciprocamente e podem entrar em relação por intermédio de certos indivíduos, dotados de faculdades especiais, denominados médiuns.

De toda alma, encarnada ou desencarnada, emana e irradia uma força produtora de fenômenos, que se denomina força psíquica.

A existência dessa força acha-se estabelecida por inúmeras experiências. Podem-se observar os seus efeitos nas suspensões de mesas, deslocações de objetos sem contato, nos casos de levitação, etc.

A ação dos Invisíveis se manifesta nos fenômenos de escrita direta, nos casos de incorporação, nas materializações e aparições momentâneas e nas fotografias e moldagens.

Aparições materializadas têm sido fotografadas em presença de numerosas testemunhas, como, por exemplo, o Espírito Katie King, em casa de W. Crookes, os Espíritos Iolanda e Lélia, na da Sra. d'Espérance, e o Abdullah, fixado na placa sensível por Aksakof.[5]

Impressões e moldes de mãos, pés, faces, deixados em substâncias moles ou friáveis por formas materializadas, foram obtidos por Zöllner, astrônomo alemão, pelos Drs. Wolf, Friese, etc. Os moldes, constituídos de uma só peça, reproduziam as flexões dos membros, as particularidades da estrutura e as alterações acidentais da pele.[6]

[5] Ver W. Crookes, *Investigações sobre os fenômenos do espiritualismo*; E. d'Espérance, No país das sombras, cap. XVIII; Aksakof, *Animismo e espiritismo*.
[6] Ver Aksakof, op. cit., cap. I, B.

Semelhante ação ainda se manifesta nos fenômenos de incorporação, como os que foram assinalados pelo Dr. Hodgson, em seu estudo sobre a faculdade da senhora Piper.[7] O autor, adversário confesso da mediunidade em todas as suas aplicações, havia começado a pesquisa com o fim de desmascarar o que considerava impostura. Declara ele ter prosseguido as observações durante doze anos, em grande número de sessões, no curso das quais 120 personalidades invisíveis se manifestaram, entre outras a de George Pellew, seu amigo de infância, como ele membro da *Psychical Research Society,* falecido havia muitos anos. Essas personalidades lhe revelaram fatos ignorados de toda pessoa viva na Terra. Por isso diz ele: "A demonstração da sobrevivência me foi feita de modo a excluir mesmo a possibilidade de uma dúvida".[8]

Os professores Charles W. Elliot, presidente da Universidade de Harvard; W. James, professor de Psicologia na mesma universidade; Newbold, professor de Psicologia da Universidade da Pensilvânia, e outros sábios tomaram parte nessas experiências e referendaram tais declarações.

Em uma obra mais recente,[9] o professor Hyslop, da Universidade de Colúmbia, Nova Iorque, se externa no mesmo sentido a respeito da Sra. Piper, que ele observou em grande número de sessões, realizadas com as maiores reservas. O professor era apresentado sob o nome de Smith e punha uma máscara preta, que ao seu mais íntimo amigo não permitiria reconhecê-lo, e sempre se absteve de pronunciar uma única palavra, de sorte que nem a Sra. Piper, nem pessoa alguma, poderia descobrir o menor indício de sua identidade.

Foi nessas condições que o professor pôde entreter com seus falecidos pais, pelo órgão da Sra. Piper em transe sonambúlico, variadas palestras, abundantes de pormenores exatos, de particularidades, por ele mesmo esquecidas, de sua vida íntima. Donde conclui ele:

---

[7] *Proceedings Psychical* R.S.P., tomo XV. Ver também M. Sage, Outra vida? (Mrs. Piper), passim.

[8] *Proceedings*, 1897.

[9] Relatório do professor Hyslop, *Proceedings;* Gabriel Delanne, *Investigações sobre a mediunidade*, p. 355.

Quando se considera o fenômeno da Sra. Piper, é preciso eliminar tanto a transmissão de pensamento, como a ação telepática. Examinando com imparcialidade o problema, não se lhe pode dar outra solução a não ser a intervenção dos mortos.

No correr do ano de 1900, surgiram no seio de assembleias científicas os mais imponentes testemunhos em favor do Espiritismo. Uma parte considerável lhe foi concedida nos programas e trabalhos do Congresso de Psicologia de Paris, pelos representantes da ciência oficial.

No dia 22 de agosto, reunidas todas as seções, foi consagrada uma sessão plenária ao exame dos fenômenos psíquicos. Um dos presidentes honorários do Congresso, Myers, professor da Universidade de Cambridge, justamente célebre, não somente como experimentador, mas ainda como moralista e filósofo, procedeu à leitura de um trabalho sobre *o transe*, ou *mediunidade de incorporações*.[10]

Depois de haver enumerado "uma série de experiências atestadas por mais de vinte testemunhas competentes, as quais asseguraram que os fatos revelados pela Sra. Thompson sonambulizada lhes eram absolutamente desconhecidos e evidenciavam o caráter e traziam a lembrança de certas pessoas mortas, das quais os ditados obtidos afirmavam provir", assim conclui ele:

Afirmo que essa substituição de personalidade, ou incorporação de espírito, ou possessão, assinala verdadeiramente um progresso na evolução da nossa raça. Afirmo que existe um espírito no homem, e que é salutar e desejável que esse espírito, como se infere de tais fatos, seja capaz de se desprender parcial e temporariamente de seu organismo, o que lhe facultaria uma liberdade e visão mais extensas, ao mesmo tempo que permitiria ao espírito de um desencarnado fazer uso desse organismo, deixado momentaneamente vago, para entrar em comunicação com os outros espíritos ainda encarnados na Terra. Julgo poder assegurar que muitos conhecimentos já se têm adquirido nesse domínio e que muitos outros restam ainda a adquirir para o futuro.

---

[10] Ver a "*Resenha das sessões ao IV Congresso Internacional de Psicologia*", p. 113 a 121, reproduzida pela *Revue Scientifique et Morale du Spiritisme*, out. 1900, p. 213; set. 1902, p. 158.

Na quinta seção desse congresso foram consagradas três sessões aos mesmos estudos. Os Drs. Paul Gibier, diretor do Instituto Antirrábico de Nova Iorque; Darieux, diretor dos *Annales des Sciences Psychiques;* Encausse, Joire, Pascal, etc., remeteram ou apresentaram pessoalmente trabalhos muito documentados, que estabelecem a realidade dos fenômenos psíquicos e a comunicação possível com os mortos.

Um instituto internacional para o estudo dos fenômenos psíquicos, entre outros os da mediunidade, foi organizado ao terminar o Congresso de Psicologia. Entre os membros da comissão diretora encontramos, no que toca à França, os nomes dos Srs. Richet, professor da Faculdade de Medicina e diretor da Revue Scientifique; o coronel de Rochas, C. Flammarion, o Dr. Duclaux, diretor do Instituto Pasteur; Sully-Prudhomme, Fouillée, Bergson, Séailles, etc.; no estrangeiro, tudo o que de mais ilustre possui a Europa entre os representantes da ciência psíquica: W. Crookes, Lodge, Aksakof, Lombroso, Dr. Ochorowicz, etc.

Outras importantes testificações em favor do Espiritismo foram prestadas nesse ano de 1900. O Dr. Bayol, antigo governador do Dahomey transmitiu ao Congresso Espírita e Espiritualista, reunido em Paris no mês de setembro, a narrativa de uma série completa de experiências de materializações, desde a aparição de uma forma luminosa até o molde, em parafina, de um rosto de Espírito, que diz ele ser o de Acella, jovem romana falecida em Arles, no tempo dos Antoninos. Os doutores Bonnet, Chazarain, Dusart, da Faculdade de Paris, exibiram testemunhos da mesma natureza e provas de identidade de Espíritos.[11]

O professor Charles Richet, da Academia de Medicina de Paris, num longo artigo sob o título "Deve-se estudar o Espiritismo", publicado nos *Annales des Sciences Psychiques* de janeiro de 1905, reconhece que

> nenhuma contradição existe entre a ciência clássica e o mais extraordinário fenômeno de Espiritismo. A própria materialização é um fenômeno estranho, desconhecido, inusitado, mas é um fenômeno que nada contradiz. E nós sabemos, pelo testemunho

---

[11] *Ver a Resenha do congresso espírita e espiritualista,* de 1900, p. 241 et. seq.

da História,[12] que a ciência atual se compõe de fatos que outrora pareceram estranhos, desconhecidos, inusitados... Tão invulnerável é a Ciência quando estabelece fatos, quão deploravelmente sujeita a errar quando pretende estabelecer negações.

E o Sr. Charles Richet assim termina:

1º - Não há contradição alguma entre os fatos e teorias do Espiritismo e os fatos positivos estabelecidos pela Ciência. 2º - O número dos escritos, memórias, livros, narrações, notas, experiências, é tão considerável e firmado por autoridades tais, que não é lícito rejeitar esses inúmeros documentos sem um estudo aprofundado. 3º - A nossa ciência contemporânea se acha tão pouco adiantada ainda relativamente ao que serão um dia os conhecimentos humanos, que tudo é possível, mesmo o que mais extraordinário se nos afigura... Em lugar, portanto, de parecer ignorarem o Espiritismo, os sábios o devem estudar. Físicos, químicos, fisiologistas, filósofos, cumpre que se dêem ao trabalho de tomar conhecimento dos fatos espíritas. Um longo e árduo estudo é necessário. Será indubitavelmente frutuoso.

Pouco depois do artigo do Sr. Charles Richet, uma obra importante aparecia, que teve grande repercussão em todo o mundo: *Human Personality,* de F. Myers, professor de Cambridge.[13] É um estudo profundo e metódico dos fenômenos espíritas, firmado numa opulenta documentação e rematado por uma síntese filosófica em que são magistralmente expostas as vastas consequências da ciência psíquica.

As conclusões de Friedrich Myers são formais. Diz ele:

A observação e a experimentação induziram muitos investigadores, a cujo número pertenço (*of whom I am one*), a crer na comunicação, assim direta como telepática, não só entre os Espíritos dos vivos, mas entre os Espíritos dos que permanecem neste mundo e os que o abandonaram.[14]

---

[12] A História igualmente nos atesta que não são desconhecidos, como afirma o professor Richet, os fenômenos de aparição e de materialização.

[13] Traduzida pelo Dr. Jankelevitch e publicada em francês com o título *La Personnalité Humaine* (*A personalidade humana*), reduzida a um só volume. A edição inglesa é em dois, in 8o, F. Alcan, editor, 1905.

[14] *Human Personality*, tomo II, p. 287.

O professor Flournoy, da Universidade de Genebra, em seu livro *Espíritos e médiuns,* página 266, aprecia nestes termos a obra de F. Myers:

> Ninguém pode prever atualmente que sorte reservará o futuro à Doutrina Espírita de Myers. Se as vindouras descobertas confirmarem a sua tese da intervenção, empiricamente verificável, dos desencarnados, na trama física ou psicológica do nosso mundo fenomenal, seu nome então será inscrito no livro áureo dos grandes iniciadores e, ao lado dos de Copérnico e Darwin, completará a tríade dos gênios que mais profundamente revolucionaram o pensamento científico na ordem cosmológica, biológica e psicológica.

Em 1905, 1906, 1907 e 1908, o Instituto Geral Psicológico de Paris tomou a iniciativa de um grande número de sessões experimentais, com o concurso da médium Eusapia Palladino e sob a inspeção dos Srs. Curie, Richet, d'Arsonval, Dubierne, etc. O relatório do secretário do Instituto, Sr. Courtier, posto que cheio de reticências e reservas, consigna, entretanto, que fenômenos de levitação e deslocação de objetos, sem contato, se produziram no curso das sessões. Foram tomadas todas as precauções contra as possibilidades de erro ou fraude. Instrumentos especiais foram fabricados e utilizados no registro mecânico dos fenômenos. Uma incessante fiscalização foi exercida e o emprego de aparelhos fotográficos permitiu afastar qualquer hipótese de alucinação coletiva.

Tendo o Sr. Dubierne dito, numa das sessões, que "John", o Espírito guia de Eusapia, podia quebrar a mesa, ouviu-se imediatamente partir-se um dos pés desta.

Eusapia aumentava e diminuía à vontade o próprio peso e o da mesa. A distância de 45 centímetros produziu a ruptura de um tubo de borracha e fez quebrar-se um lápis. Quebrou em três pedaços uma pequena mesa de madeira, colocada atrás de sua cadeira, anunciando previamente o número dos fragmentos, coisa incompreensível, uma vez que ela estava na obscuridade e de costas voltadas para a mesa.[15]

---

[15] Ver *Boletim do instituto geral psicológico*, dez. 1908, e a obra de Cesare Lombroso, *Hipnotismo e espiritismo*.

Apesar desses fatos, o Dr. Le Bon lança aos espíritas e aos médiuns, no *Matin* de 20 de maio de 1908, o seguinte repto: "Embora declare o professor Morselli que o levantamento de uma mesa, sem contato, é o abecê dos fenômenos espíritas, duvido muito que se possa produzir... Ofereço 500 francos a quem me mostrar o fenômeno em plena luz".

Alguns dias depois, um jornalista muito conhecido, o Sr. Montorgueil, respondia no *L'Éclair*.

> Somos centenas os que temos visto fenômenos de levitação de mesas, sem contato. Vêm-nos agora dizer que há sugestão, prestidigitação, artifício. A exemplo do Sr. Le Bon, ofereço 500 francos ao prestidigitador que se apresentar no *L'Éclair* e nos enganar com os mesmos artifícios, reproduzindo os mesmos fenômenos.

O astrônomo C. Flammarion, por sua parte, respondia no *Matin* ao Sr. Le Bon:

> Em minha obra *As forças naturais desconhecidas*, se encontram fotografias diretas e sem retoques, a cujo propósito estou também perfeitamente disposto a dar um prêmio de 500 francos a quem for capaz de nelas descobrir qualquer artifício.

E adiante diz:

> Vêem-se rotações operarem-se sem contato, tendo sido a farinha espalhada como por um sopro de fole e sem que dedo algum a houvesse tocado... Durante essas experiências víamos um piano, do peso de 300 quilogramas, desferir sons e levantar-se, quando ao seu pé havia apenas um menino de onze anos, médium sem o saber.

Finalmente, o Dr. Ochorowicz, professor da Universidade de Varsóvia, publicava nos *Annales des Sciences Psychiques* de 1910 (ver a coleção completa desse ano) a narrativa de suas experiências com a médium Srta. Tomszick, acompanhada de reproduções fotográficas de numerosos casos de levitação de objetos sem contato. Esses fatos representam um conjunto de provas objetivas capazes de, por sua natureza, convencer os mais céticos.

O professor Cesare Lombroso, da Universidade de Turim, célebre no mundo inteiro por seus trabalhos de Antropologia criminalista, publicava em 1910, pouco antes de sua morte, um livro, intitulado *Hipnotismo e espiritismo*,[16] em que relatava todas as suas experiências, prosseguidas durante anos, e concluía num sentido absolutamente afirmativo, sob o ponto de vista espírita. Essa obra é um belo exemplo de probidade científica, a opor ao preconceito e às opiniões rotineiras da maior parte dos sábios franceses. Julgamos dever aqui reproduzir as considerações que induziram Lombroso a escrever. Diz ele:

> Quando me dispus a escrever um livro sobre os fenômenos denominados espíritas, ao termo de uma existência consagrada ao desenvolvimento da Psiquiatria e da Antropologia, os meus melhores amigos me acabrunharam de objeções, dizendo que eu ia arruinar a minha reputação. Apesar de tudo, não hesitei em prosseguir, considerando meu dever rematar a luta em que me empenhara pelo progresso das ideias, lutando pela mais contestada e escarnecida ideia do século.

Assim, dia a dia as experiências se repetem, os testemunhos se tornam cada vez mais numerosos.

Todos esses fatos constituem já, em seu conjunto, uma nova ciência, baseada no método positivo. Para edificar sua doutrina, o Moderno Espiritualismo não teve necessidade de recorrer à especulação metafísica; foi-lhe suficiente apoiar-se na observação e na experiência. Não podendo os fenômenos que ele estuda explicar-se por leis conhecidas, longa e ponderadamente os examinou e analisou, e em seguida, por encadeamento racional, dos efeitos remontou às causas. A intervenção dos Espíritos, a existência do corpo fluídico, a exteriorização dos vivos não foram afirmadas senão depois que os fatos vieram, aos milhares, demonstrar a sua realidade.

A nova ciência espiritualista não é, pois, obra de imaginação; é o resultado de longas e pacientes pesquisas, o fruto de inúmeras investigações. Os homens que as empreenderam são

---

[16] Cesare Lombroso, *Hipnotismo e espiritismo,* tradução Rossigneux, prefácio.

conhecidos em todas as esferas científicas: são portadores de nomes célebres e acatados.

Durante anos têm sido efetuadas rigorosas perquirições por comissões de sábios profissionais. As mais conhecidas são o inquérito da Sociedade Dialética de Londres, o da Sociedade de Investigações Psíquicas, que se mantém há vinte anos e tem produzido consideráveis resultados, e, mais recentemente, o do Sr. Flammarion. Todos registram milhares de observações, submetidas ao mais severo exame, às mais escrupulosas verificações.

Seja qual for a parte que se possa atribuir às exagerações, fraude ou embuste, do conjunto desses estudos se destaca um número tão imponente de fatos e de provas que já não é lícito, depois disso, a quem preze a verdade, permanecer silencioso ou indiferente. Passou o tempo das ironias levianas. O desdém não é uma solução. É preciso que a Ciência se pronuncie, porque o fenômeno aí está, revestindo tantos aspectos, multiplicando-se de tal modo, que se impõe a sua atenção. A alma, livre e imortal, não mais se afirma como entidade vaga e ideal, mas como um ser real, associado a uma forma e produtor de uma força sutil cuja manifestação constante solicita a atenção dos investigadores.

Desde as pancadas e os simples fatos de tiptologia até as aparições materializadas, o fenômeno espírita se desdobrou, sob formas cada vez mais imponentes, levando a convicção aos mais céticos – e mais desconfiados.

É o fim do sobrenatural e do milagre; mas desse conjunto de fatos, tão antigos como a própria humanidade, até aqui mal observados e compreendidos, resulta agora uma concepção mais alta da vida e do universo e o conhecimento de uma lei suprema que vai guiando os seres, em sua ascensão por meio dos esplendores do Infinito, para o bem, para o perfeito!

II - A MARCHA ASCENSIONAL: OS MÉTODOS DE ESTUDO

A reunião do Congresso Espírita e Espiritualista Internacional de Paris, em 1900,[1] permitiu comprovar-se a vitalidade sempre crescente do Espiritismo. Delegados vindos de todos os pontos do mundo, representantes dos mais diversos povos nele expuseram os progressos das ideias em seus respectivos países, sua marcha ascensional malgrado os obstáculos, as ruidosas conversões que opera, tanto entre os membros da Igreja como entre os sábios materialistas. Identicamente sucedeu no Congresso de Bruxelas, em 1910. Foi instituída uma Agência (*Bureau*) Internacional, com o fim de estabelecer permanentes relações entre as agremiações dos diferentes países e colher informações acerca do Movimento Espírita no mundo inteiro.

Apesar das negações e zombarias, a crença espírita se fortifica e engrandece. À medida, porém, que se propaga, torna-se mais acesa a luta entre negadores e convencidos. O mundo velho se sobressalta; sente-se ameaçado. A luta pela vida não é mais violenta que o conflito das ideias. A ideia antiquada, incompleta, agarra-se desesperadamente às posições adquiridas e resiste aos esforços da ideia nova, que quer ocupar o seu lugar ao sol. As resistências se explicam pelos interesses de toda uma ordem de coisas que se sente combatida, têm sua utilidade porque tornam mais atilados os inovadores, mais ponderados os progressos do espírito humano.

Ora, o espírito humano tem como parte integrante do seu destino destruir e reconstruir sempre. Trabalha incessantemente na edificação de esplêndidos monumentos, que lhe

---

[1] Ver a *Resenha do congresso espírita e espiritualista*", de 1900, Leymarie, editor.

servirão de abrigo, mas que, tornados insuficientes dentro em pouco, deverão ser substituídos por obras, concepções mais vastas, apropriadas ao seu constante desenvolvimento.

Todos os dias desaparecem individualidades, sistemas submergem na luta. Mas em meio das flutuações terrestres o roteiro da verdade se desdobra, traçado pela mão de Deus, e a humanidade segue o rumo de seus inelutáveis destinos.

O Espiritismo, utopia de ontem, será a verdade de amanhã. Com ela familiarizados, os nossos pósteros esquecerão as lutas, os sofrimentos dos que lhe terão assegurado a posição ao mundo; a seu turno, porém, terão que sofrer e combater pela vitória de um ideal mais elevado. E a lei eterna do progresso, a lei da ascensão que conduz a alma humana, de estância em estância, de conquista em conquista, a uma soma sempre maior de luz, de experiência e de ciência. E a razão mesma da vida, a ideia *máter* que dirige a evolução das almas e dos mundos.

À proporção que o Espiritismo se divulga, mais imperiosa se faz sentir a necessidade de estabelecer regras positivas, condições sérias de estudo e experimentação. E preciso evitar aos adeptos amargas decepções e a todos tornar acessíveis os meios práticos de entrar em relação com o mundo invisível.

Há dois meios para se adquirir a ciência de Além-túmulo: de um lado o estudo experimental, de outro a intuição e o raciocínio, de que só as inteligências exercitadas sabem e podem utilizar-se. A experimentação é preferida pela grande maioria dos nossos contemporâneos. Está mais de acordo com os hábitos do mundo ocidental, bem pouco iniciado ainda no conhecimento das secretas e profundas capacidades da alma.

Os fenômenos físicos bem comprovados têm, para os nossos sábios, uma importância inigualável. Em muitos homens não pode a dúvida cessar nem o pensamento libertar-se do estado de entorpecimento, senão a poder do fato. O fato brutal, o fato autêntico vem subverter as ideias preconcebidas; obriga os mais indiferentes a investigar o problema de Além-túmulo.

É necessário facilitar as pesquisas experimentais e o estudo dos fenômenos físicos, considerando-se, porém, como transição para manifestações menos terra a terra. Essas manifestações, ao mesmo tempo intelectuais e espirituais, constituem o lado mais importante do Espiritismo. Em suas variadas formas representam outros tantos meios de ensino, outros tantos elementos de uma revelação, sobre a qual se edifica uma noção da vida futura mais ampla e elevada que todas as concepções do passado.

O homem que chora a perda de seres caros, de que a morte o separou, procura antes de tudo uma prova da sobrevivência na manifestação dessas almas diletas ao seu coração, e que para ele também se sentem atraídas pelo amor. Uma palavra afetuosa, uma prova moral, delas provenientes, farão muito mais para convencer que todos os fenômenos materiais.

Até agora, para a maioria dos homens, a crença na vida futura não havia sido mais que vaga hipótese, fé oscilante a todos os embates da crítica. As almas, depois de separadas dos corpos, eram apenas a seus olhos entidades mal definidas, enclausuradas em lugares circunscritos, inativas, sem objetivo, sem relações possíveis com a humanidade.

Hoje sabemos, de ciência certa, que os Espíritos dos mortos nos rodeiam e se imiscuem em nossa vida. Aparecem-nos como verdadeiros seres humanos, providos de corpos sutis, tendo conservado todos os sentimentos da Terra, suscetíveis, porém, de elevação, tomando parte, em aumentativo grau, na obra e no progresso universais e possuindo energias consideravelmente superiores às de que dispunham em sua condição antiga de existência.

Sabemos que a morte não ocasiona mudança alguma essencial à natureza íntima do ser, que permanece, em todos os meios, o que a si mesmo se fez, levando para além do túmulo suas tendências, seus ódios e afetos, suas virtudes ou fraquezas, conservando-se ligado pelo coração aos que na Terra amou, sempre ansioso por aproximar-se deles.

A intuição profunda nos revela a presença dos amigos invisíveis e, num certo limite, nos permitia em nosso foro interno corresponder-nos com eles. A experimentação vai mais longe: proporciona meios de comunicação positivos e evidentes; estabelece entre os dois mundos, o visível e o oculto, uma comunhão que se vai ampliando à proporção que as faculdades mediúnicas se multiplicam e aperfeiçoam. Fortalece os laços de solidariedade que vinculam as duas humanidades e lhes permite, por meio de constantes relações, por contínua permuta de ideias, combinar suas forças, suas aspirações comuns, orientá-las no sentido de um mesmo grandioso objetivo e trabalhar conjuntamente por adquirir mais luz, mais elevação moral e, por consequência, mais felicidade para a grande família das almas, de que homens e Espíritos são membros.

Força é, todavia, reconhecer que a prática experimental do Espiritismo é inçada de dificuldades. Exige qualidades de que não são dotados muitos homens: espírito de método, perseverança, perspicácia, elevação de pensamentos e de sentimentos. Alguns só chegam a adquirir a cobiçada certeza, depois de repetidos insucessos; outros a alcançam de um jato, pelo coração, pelo amor. Estes apreendem a verdade sem esforço, e dela nada mais os consegue desviar.

Sim, a ciência é magnífica; nela encontra infinitas satisfações o investigador perseverante, a quem cedo ou tarde fornecerá ela a base em que as convicções sólidas se fundam. Entretanto, a essa ciência puramente intelectual, que estuda unicamente os corpos, é necessário, para assegurar-lhe o equilíbrio, acrescentar uma outra que se ocupa da alma e de suas faculdades afetivas. É o que fez o Espiritismo, que não é somente uma ciência de observação, mas também de sentimento e de amor, pois que se dirige ao mesmo tempo à inteligência e ao coração.

É por isso que os sábios oficiais, habituados às experiências positivas, operando com instrumentos de precisão e baseando-se em cálculos matemáticos, obtêm resultados menos facilmente e fatigam-se depressa em presença do caráter fugidio dos fenômenos. As causas múltiplas em ação nesse domínio, a impossibilidade de reproduzir os fatos à vontade, as incertezas, as decepções os desconcertam e fazem esmorecer.

Raros foram na França, durante muito tempo, nos círculos oficiais, os experimentadores emancipados das clássicas rotinas e dotados das qualidades necessárias para empreenderem com êxito essas delicadas observações. Todos os que procederam com perseverança e imparcialidade puderam verificar a realidade das manifestações dos denominados mortos. Ao publicar, porém, os resultados de suas investigações, só defrontaram na maioria das vezes com a incredulidade, a indiferença ou a zombaria.

Os homens de ciência, para explicar os fatos espíritas, têm amontoado sistemas sobre sistemas e recorrido às mais inverossímeis hipóteses, torturando os fenômenos para acomodá-los no leito de Procusto[2] de suas concepções.

Daí a criação de tantas singulares teorias, desde o músculo rangedor de Jobert de Lamballe, as articulações estalantes, o automatismo psicológico, as alucinações coletivas, até a do subliminal. Essas teorias, mil vezes refutadas, renascem incessantemente. Dir-se-ia que os representantes da ciência oficial nada receiam tanto como ser obrigados a reconhecer a sobrevivência e intervenção dos Espíritos.

Sem dúvida é prudente, é de bom aviso examinar todas as explicações contrárias, esgotar todas as hipóteses, todas as outras possibilidades, antes de recorrer à teoria espírita. Ao começo, os experimentadores em sua maior parte entenderam poder dispensá-la; à medida, porém, que de mais perto examinavam o fenômeno compreendiam que eram insuficientes as outras teorias e forçoso se tornava recorrer à explicação tão desdenhada.[3] Os outros sistemas se esboroavam um a um sob a pressão dos fatos.

Apesar de todas as dificuldades, pouco a pouco foi avultando o número dos investigadores conscienciosos, dos que tinham o

[2] N.E.: Do grego *Prokoustes*, lendário bandido do Elêusis. Acomodava os viajantes que assaltava num leito, cortando-lhes as pernas se fossem maiores que a cama ou esticando-os se fossem menores.
[3] Foi o caso de William Crookes, de Russel Wallace, Lodge, Aksakof, Myers, Hodgson e muitos outros.

espírito bastante livre e a alma suficientemente elevada para colocar a verdade acima de todas as considerações de escola ou de interesse pessoal. Dia a dia se têm visto sábios intrépidos romperem com o método tradicional e abordarem resolutamente o estudo dos fenômenos, tendo já conseguido incorporar a telepatia, a clarividência, a premonição, a exteriorização das forças ao domínio da ciência de observação.

Com o coronel de Rochas, a França ocupa o primeiro plano no estudo da exteriorização da sensibilidade. Fundam-se, um pouco por toda a parte, sociedades de estudos psíquicos. O ceticismo de antanho se atenua. Em certos momentos, um sopro de renovação parece animar o velho organismo científico.

Não nos fiemos nisso, todavia. Os sábios oficiais ainda não abordaram sem restrições esse domínio. O Sr. Duclaux, notável discípulo de Pasteur, o declarava em sua conferência de inauguração do Instituto Psíquico Internacional, a 30 de janeiro de 1901: "Este Instituto será uma obra de crítica mútua, tendo por base a experiência. Não admitirá como descoberta científica senão a que puder ser, à vontade, repetida".

Que significam essas palavras? Podem reproduzir-se à vontade os fenômenos astronômicos e meteorológicos? Aí estão, entretanto, fatos científicos. Por que essas reservas e empecilhos?

Em muitos casos o fenômeno espírita se produz com uma espontaneidade que frustra todas as previsões. Não é possível mais que registrá-lo; ele se impõe e escapa ao nosso domínio. Provocai-o, e ele se retrairá; mas, se não pensardes mais em tal, ei-lo que reaparece. Tais são quase todos os casos de aparições a distância e os fenômenos das casas mal-assombradas. Os fantasmas surgem e somem, indiferentes às nossas pretensões e exigências. Espera-se durante horas, e nada se produz; feitos os preparativos de retirada, começam as manifestações.

A propósito do imprevisto dos fenômenos, recordemos o que dizia o Sr. Varley, engenheiro-chefe das linhas telegráficas da Grã-Bretanha:[4]

---

[4] *Proceedings of the Society Psychical Research*, v. II.

A Sra. Varley vê e reconhece os Espíritos, particularmente quando está em transe (estado de sonambulismo lúcido); é também muito boa médium de incorporação, mas sobre ela eu não exerço quase nenhuma influência para provocar esse estado, de sorte que me é impossível servir-me de sua mediunidade para fazer experiências.

É, pois, um modo errôneo de entender, fértil em desagradáveis consequências, considerar o Espiritismo um domínio em que os fatos se apresentem sempre idênticos, em que possam os elementos de experimentação ser dispostos à vontade. Fica-se, desse modo, exposto ao inconveniente de malogradas pesquisas, ou a colher incoerentes resultados.

Aplaudindo sinceramente o móvel que impele os homens instruídos a estudar os fenômenos psíquicos, não podemos, contudo, subtrair-nos a um certo receio: o de ver tornarem-se estéreis os seus esforços, se eles não se decidem a renunciar às suas preocupações habituais. Aqui está um exemplo.

O Sr. Charles Richet, que é um espírito resoluto e sagaz, depois de ter observado repetidas vezes os fatos produzidos com Eusapia Palladino e assinado as resenhas que autenticavam a sua realidade, não acaba por confessar que sua convicção, ao começo profunda, se enfraquece e torna-se vacilante algum tempo depois, sob o império dos hábitos de espírito contraídos no meio que lhe é familiar?

O público muito espera do novel instituto e dos sábios que o compõem. Trata-se não já de Psicologia elementar, mas da mais alta questão que jamais terá preocupado o pensamento humano: o problema do destino. A humanidade, cansada do dogmatismo religioso, atormentada pela necessidade de saber, volve suas vistas para a Ciência; aguarda o seu *veredictum* definitivo, que lhe permitirá orientar seus atos, fixar suas opiniões e crenças.

Graves são as responsabilidades dos sábios. Os homens que ocupam as cátedras do ensino superior sentem bem todo o seu peso e medem acaso toda a sua extensão? Saberão eles fazer o sacrifício do seu mesquinho amor-próprio e recuar das afirmações prematuramente formuladas? Ou se reservarão, no declínio de sua carreira, o pesar de reconhecer que erraram o alvo, desdenharam as coisas mais essencialmente dignas de se conhecer e ensinar?

O movimento psíquico vem principalmente do exterior como indicávamos há pouco; dia a dia se acentua. Se a ciência francesa se esquivasse a nele tomar parte, seria sobrepujada, suplantada; e o seu belo renome no mundo ficaria deprimido. Saiba ela, renunciando aos seus preconceitos e conservando os seus cautelosos métodos, elevar-se com os sábios estrangeiros, a regiões mais vastas e sutis, fecundas em descobertas, e que está no seu próprio interesse explorar, antes que negar.

Faça ela do Espiritismo uma ciência nova que complete as outras ciências, constituindo-lhes o pináculo. Aplicam-se estas a domínios particulares da natureza; conduzem por vezes a sistemas falsos, e quem neles se enclausura perde de vista os grandes horizontes, as verdades de ordem geral. A ciência psíquica deve ser a ciência suprema que nos ensinará a conhecer-nos, a ponderar, a aumentar as potências da alma, a exercitá-las, a elevar-nos, pelos meios que nos oferece, até a Alma divina e eterna!

III - O ESPÍRITO E A SUA FORMA

Em todo homem vive um Espírito.

Por Espírito deve-se entender a alma revestida de seu envoltório fluídico, que tem a forma do corpo físico e participa da imortalidade da alma, de que é inseparável.

Da essência da alma apenas sabemos uma coisa: que, sendo indivisível, é imperecível. A alma se revela por seus pensamentos, e também por seus atos; para que se possa, porém, agir e nos impressionar os sentidos físicos, preciso lhe é um intermediário semimaterial, sem o qual nos pareceria incompreensível a sua ação. É o perispírito, nome dado ao invólucro fluídico, imponderável, invisível. Em sua intervenção é que se pode encontrar a chave explicativa dos fenômenos espíritas.

O corpo fluídico, que o homem possui, é o transmissor de nossas impressões, sensações e lembranças. Anterior à vida atual, inacessível à destruição pela morte, é o admirável instrumento que para si mesma a alma constrói e que aperfeiçoa através dos tempos; é o resultado de seu longo passado. Nele se conservam os instintos, se acumulam as forças, se fixam as aquisições de nossas múltiplas existências, os frutos de nossa lenta e penosa evolução.

A substância do perispírito é extremamente sutil, é a matéria em seu estado mais quintessenciado, é mais rarefeita que o éter; suas vibrações, seus movimentos, ultrapassam em rapidez e penetração os das mais ativas substâncias. Daí a facilidade de os Espíritos atravessarem os corpos opacos, os obstáculos materiais e transporem consideráveis distâncias com a rapidez do pensamento.[1]

---

[1] Ver Gabriel Delanne, *A alma é imortal*, 1ª Parte (FEB); *A evolução anímica* (FEB); *Les Fantômes des Vivants*.

Insensível às causas de desagregação e destruição que afetam o corpo físico, o perispírito assegura a estabilidade da vida em meio da contínua renovação das células. É o modelo invisível através do qual passam e se sucedem as partículas orgânicas, obedecendo a linhas de força, cuja reunião constitui esse desenho, esse plano imutável, reconhecido por Claude Bernard como necessário para manter a forma humana em meio das constantes modificações e da renovação dos átomos.

A alma se desliga do envoltório carnal durante o sono, como depois da morte. A forma fluídica pode então ser percebida pelos videntes, nos casos de aparição de pessoas falecidas ou de exteriorização de vivos. Durante a vida normal, essa forma se revela, por suas irradiações, nos fenômenos em que a sensibilidade e a motricidade se exercem a distância. No estado de desprendimento durante o sono, o Espírito atua às vezes sobre a matéria e produz ruídos, deslocações de objetos. Manifesta-se finalmente, depois da morte, em graus diversos de condensação, as materializações parciais ou totais, nas fotografias e nos moldes, até ao ponto de reproduzir certas deformidades.[2]

O perispírito – todos esses fatos o demonstram – é o organismo fluídico completo; é ele que, durante a vida terrestre, pelo grupamento das células, ou no Espaço, com o auxílio da força psíquica que absorve nos médiuns, constitui, sobre um plano determinado, as formas, duradouras ou efêmeras, da vida. É ele, e não o corpo material, que representa o tipo primordial e persistente da forma humana.[3]

O Sr. H. Durville, secretário-geral do Instituto Magnético, fez experiências muito demonstrativas em tal sentido, as quais evidenciam que os fenômenos de exteriorização são o duplo que, desprendido do corpo material pela ação magnética, percebe todas as impressões, as transforma em sensações e as

---

[2] Ver Aksakof, *Animismo e espiritismo*, cap. I, A.

[3] O perispírito, ou corpo sutil, era conhecido dos antigos. Os padres da Igreja afirmam a sua existência. Ver Léon Denis, *Cristianismo e espiritismo,* Nota complementar n° 9.

transmite ao corpo físico mediante o cordão fluídico por que se acham ligados, até a morte, esses dois corpos.[4]

Com um sensitivo adormecido, cujo duplo exteriorizado fora separado do corpo material e transportado para um outro aposento, foram feitas as seguintes experiências relativamente à vista, ouvido, olfato, paladar e tato:

É lido pelo duplo um artigo de jornal e repetido pelo sensitivo adormecido na sala contígua. Do mesmo modo, objetos é pessoas são percebidos pelo duplo a distância, e descritos pelo sensitivo.

O duplo ouve o tique-taque de um relógio, bem como palavras ao pé dele proferidas em voz baixa; sente o cheiro de amónia contida num vidro, como sente outros odores ou perfumes: aloés, açúcar, sulfato de quinina, laranja, etc., e transmite ao corpo essas diferentes sensações gustativas.

A propósito do tato, finalmente, assim se exprime o Sr. Durville:

> É sabido que quase todos os sensitivos magneticamente adormecidos são insensíveis, mas ninguém sabe onde se refugia a sensibilidade. Quando o sensitivo está exteriorizado, a sensibilidade irradia sempre em torno dele. Uma queimadura produzida, ou um beliscão, uma punção, aplicados nas zonas sensíveis, despertam uma dor intensa no sensitivo, que, entretanto, nada absolutamente percebe quando se lhe fricciona o corpo. O mesmo sucede no desdobramento. O sensitivo não percebe as punções nem as beliscaduras aplicadas no corpo físico, mas experimenta uma sensação desagradável e mesmo dolorosa quando é atingido o duplo ou o cordão que o liga àquele. Esse fenômeno se verifica em todas as sessões e com todos os sensitivos, sem exceção alguma.

A forma humana, dizem os Invisíveis, é a de todos os Espíritos encarnados ou desencarnados que vivem no universo. Essa forma, porém, rígida, compacta no corpo físico, é flexível, compressível à vontade, no perispírito. Presta-se, dentro de certos limites, às exigências do Espírito e lhe permite no Espaço, conforme a extensão do seu poder, tomar as aparências, reproduzir os hábitos que lhe foram pessoais no passado, com os atributos próprios que o fazem reconhecer. Observa-se isso

---

[4] Ver H. Durville, *O fantasma dos vivos,* 1º volume. Livraria do Magnetismo, 1910. Ver também *Annales des Sciences Psychiques,* abr. 1908.

muitas vezes nos casos de aparições. A vontade é criadora; sua ação sobre os fluidos é considerável. O Espírito adiantado pode submeter a matéria sutil a inúmeras metamorfoses.

O perispírito é um foco de energias. A força magnética, por certos homens projetada em abundância, e que pode, de perto ou de longe, fazer sentir sua influência, aliviar, curar, é uma de suas propriedades. Nele tem sua sede a força psíquica indispensável à produção dos fenômenos espíritas.

O corpo fluídico não é somente um receptáculo de forças; é também o registro vivo em que se imprimem as imagens e lembranças: sensações, impressões e fatos, tudo aí se grava e fixa. Quando são muito fracas as condições de intensidade e duração, as impressões quase não atingem a nossa consciência; nem por isso deixam de ser registradas no perispírito, em que permanecem latentes. O mesmo se dá com os fatos relativos às nossas anteriores existências. Ao ser psíquico, imerso no estado de sonambulismo, desprendido parcialmente do corpo, é possível apreender-lhes o encadeamento. Assim se explica o fenômeno da memória.

As vibrações do perispírito se reduzem sob a pressão da carne; readquirem sua amplitude logo que o Espírito se desprende da matéria e reassume a liberdade. Sob a intensidade dessas vibrações, as impressões acumuladas no perispírito ressurgem. Quanto mais completo é o desprendimento, mais se dilata o campo da memória; as mais remotas lembranças reaparecem. O indivíduo pode reviver suas passadas vidas; assim temos verificado muitas vezes em nossas experiências. Pessoas imersas, por uma influência oculta, no estado sonambúlico, reproduziam os sentimentos, as ideias, os atos deslembrados de sua existência atual, de sua primeira juventude; reviviam mesmo cenas de suas anteriores existências, com a linguagem, as atitudes, as opiniões da época e do meio.

Parece, em casos tais, que se apresenta uma personalidade diferente, que uma outra individualidade se revela. Esses fenômenos, mal observados por certos experimentadores, deram origem à teoria das personalidades múltiplas coexistentes em um mesmo invólucro, tendo cada uma delas seu caráter e recordações próprias. Nessa teoria se vem enxertar a da consciência subliminal ou do inconsciente superior. A verdade é que é sempre a mesma individualidade que intervém sob os diferentes aspectos por ela revestidos através dos séculos, e agora reconstituídos com tanto maior intensidade quanto mais enérgica é a influência magnética e mais enfraquecidos se acham os laços corporais. Certas experiências o demonstram: as do professor Flournoy, por exemplo, com a médium Hélène Smith, que se transporta, no estado de transe, a uma de suas existências, no século XII, verificada na Índia,[5] e as de Esteva Marata e outros experimentadores espanhóis com médiuns sonambulizados,[6] às quais convêm acrescentar os estudos mais recentes e extensos do coronel A. de Rochas.[7]

O grau de pureza de sua forma fluídica atesta a riqueza ou a indigência da alma. Etérea, radiosa, pode elevar-se até as esferas divinas, penetrar-se das mais sublimes harmonias; opaca, tenebrosa, precipita-se nas regiões inferiores e nos arrasta aos mundos de luta e sofrimento.

Por seu espírito, imerge o homem no que de mais baixo possui a natureza e insere suas raízes na animalidade; por ele também gravita para os mundos luminosos em que vivem as almas angélicas, os Espíritos puros.

O nosso estado psíquico é obra nossa. O grau de percepção, de compreensão, que possuímos, é o fruto de nossos esforços prolongados. Fomos nós que o fizemos ao percorrer o ciclo imenso de sucessivas existências. O nosso invólucro fluídico, sutil ou grosseiro, radiante ou obscuro, representa o nosso valor exato e a soma de nossas aquisições. Os nossos atos

---
[5] Ver *Des Indes à la planète Mars,* por Theodore Flournoy, professor de Psicologia na Universidade de Genebra, passim.
[6] Ver a *Resenha do congresso espírita* de 1900, p. 349.
7 Ver Léon Denis, *O problema do ser, do destino e da dor*, cap. XIV.

e pensamentos pertinazes, a tensão de nossa vontade em determinado sentido, todas as volições do nosso ser mental, repercutem no perispírito e conforme a sua natureza, inferior ou elevada, generosa ou vil, assim dilatam, purificam ou tornam grosseira a sua substância. Daí resulta que, pela constante orientação de nossas ideias e aspirações, de nossos apetites e procedimentos em um sentido ou noutro, pouco a pouco fabricamos um envoltório sutil, recamado de belas e nobres imagens, acessível às mais delicadas sensações, ou um sombrio domicílio, uma lôbrega prisão, em que, depois da morte, a alma restringida em suas percepções, se encontra sepultada como num túmulo. Assim cria o homem para si mesmo o bem ou o mal, a alegria ou o sofrimento. Dia a dia, lentamente, edifica ele seu destino. Em si mesmo está gravada sua obra, visível para todos no Além. É por esse admirável mecanismo das coisas, simples e grandioso ao mesmo tempo, que se executa, nos seres e no mundo, a lei de causalidade ou de consequência dos atos, que outra não é senão o cumprimento da justiça.

E, por um efeito das mesmas causas, já desde esta vida o homem atrai as influências do Espaço, as irradiações etéreas ou os grosseiros eflúvios dos Espíritos de violência ou de desordem. Aí está a regra das manifestações espíritas; não é outra senão a própria lei das atrações e afinidades. Conforme o grau de sutileza de nosso invólucro e a intensidade de suas irradiações, podemos, nos momentos de êxtase e desprendimento – o que para alguns é mesmo possível no recolhimento e na meditação –, entrar em relação com o mundo invisível, perceber os ecos, receber as inspirações, entrever os esplendores das esferas celestes, ou doutro modo experimentar a influência dos Espíritos de trevas.

IV - A MEDIUNIDADE

Todas as manifestações da natureza e da vida se resumem em vibrações, mais ou menos rápidas e extensas, conforme as causas que as produzem. Tudo vibra no universo: a luz, o som, o calor, a eletricidade, os raios químicos, os raios catódicos, as ondas hertzianas, etc., não são mais que diferentes modalidades de ondulação, graus sucessivos, que em seu conjunto constituem a escala ascensional das manifestações da energia.

Esses graus são muito afastados entre si. O som percorre 340 metros por segundo; a luz, no mesmo tempo, faz o percurso de 300 mil quilômetros; a eletricidade se propaga com uma rapidez que se nos afigura incalculável. Os nossos sentidos físicos, porém, não nos permitem perceber todos os modos de vibração. Sua impotência para dar uma impressão completa das forças da natureza é um fato suficientemente conhecido para que tenhamos necessidade de insistir sobre esse ponto.

Só no domínio da óptica, sabemos que as ondas luminosas não nos impressionam a retina senão nos limites das sete cores, certas radiações solares escapam à nossa vista; chamam-se, por isso, raios obscuros.

Entre o limite dos sons, cujas vibrações alcançam de 24 mil a 60 mil por segundo, e a sensação de calor, que se mede por trilhões de vibrações, nada percebemos. O mesmo acontece entre a sensação de calor e de luz, que corresponde, na média, a 300 trilhões de vibrações por segundo.[1]

Nessa prodigiosa ascensão, os nossos sentidos representam paradas muitíssimo espaçadas, estações dispostas

---

[1] O grande físico W. Crookes organizou uma classificação, segundo a qual as vibrações sonoras se acham distribuídas do 5° ao 15° graus, conforme a intensidade e a tonalidade. A eletricidade e a imantação do 20° ao 35° graus. Do 45° ao 50° encontram-se o calor e a luz. Além do 58° grau, manifestam-se as ondulações catódicas. Nos intervalos, porém, extensas regiões de energias permanecem inexploradas, inacessíveis aos nossos sentidos.

a consideráveis distâncias uma das outras, uma rota sem-fim. Entre essas diversas paradas, por exemplo, entre os sons agudos e os fenômenos de calor e de luz, destes, em seguida, até as zonas vibratórias afetadas pelos raios catódicos, há para nós como que abismos. Para seres, porém, dotados de sentidos mais sutis ou mais numerosos que os nossos, esses abismos, desertos e obscuros na aparência, não estariam preenchidos? Entre as vibrações percebidas pelo ouvido e as que nos impressionam a vista não há mais que o nada no domínio das forças e da vida universal?

Seria bem pouco sensato acreditá-lo, porque tudo na natureza se sucede, se encadeia e se desdobra, de elo em elo, por gradativas transições. Em parte alguma há salto brusco, hiato, vácuo. O que resulta destas considerações é simplesmente a insuficiência do nosso organismo, demasiado pobre para perceber todas as modalidades da energia.

O que dizemos das forças em ação no universo, aplica-se igualmente ao conjunto dos seres e das coisas em suas diversas formas, em seus diferentes graus de condensação ou de rarefação.

O nosso conhecimento do universo se restringe ou amplia conforme o número e a delicadeza de nossos sentidos. O nosso organismo atual não nos permite abranger mais que limitadíssimo círculo do império das coisas. A maior parte das formas da vida nos escapa. Venha, porém, um novo sentido se nos acrescentar aos atuais, e imediatamente se há de o invisível revelar, será preenchido o vácuo, animado o que era soturna insensibilidade.

Poderíamos mesmo possuir sentidos diferentes que, por sua estrutura anatômica, modificariam totalmente a natureza de nossas sensações atuais, de modo a nos fazer ouvir as cores e saborear os sons. Bastaria para isso que no lugar e posição da retina um feixe de nervos pudesse ligar o fundo do olho ao ouvido.

Nesse caso ouviríamos o que vemos. Em lugar de contemplar o céu estrelado, perceberíamos a harmonia das esferas e não seriam por isso menos exatos os nossos conhecimentos astronômicos. Se os nossos sentidos, em lugar de separados, estivessem reunidos, não possuiríamos mais que um único sentido generalizado, que perceberia ao mesmo tempo os diversos gêneros de fenômenos.

Estas considerações, deduzidas das mais rigorosas observações científicas, nos demonstram a insuficiência das teorias materialistas. Pretendem estas fundar o edifício das leis naturais sobre a experiência adquirida mediante o nosso atual organismo, ao passo que, com uma organização mais perfeita, esta experiência seria bem diversa.

Pela simples modificação dos nossos órgãos, com efeito, o mundo, tal como o conhecemos, se poderia transformar e mudar de aspecto, sem que de leve a realidade total das coisas se alterasse. Seres constituídos de modo diferente poderiam viver no mesmo meio sem se verem, sem se conhecerem.

E se, em consequência do desenvolvimento orgânico de alguns desses seres, em seus diversos apropriados *habitats,* seus meios de percepção lhes permitissem entrar em relações com aqueles cuja organização é diferente, nada haveria nisso de sobrenatural nem de miraculoso, mas simplesmente um conjunto de fenômenos naturais, regidos por leis ainda ignoradas desses seres, entre os outros, menos favorecidos no que se refere ao conhecimento.

Ora, é o que precisamente se produz em nossas relações, com os Espíritos dos homens falecidos, em todos os casos em que é possível a um médium servir de intermediário entre as duas humanidades, visível e invisível. Nos fenômenos espíritas, dois mundos, cujas organizações e leis conhecidas são diferentes, entram em contato, e assomando a essa linha divisória, a essa fronteira que os separava, mas que desaparece, o pensador ansioso vê desdobrarem-se perspectivas infinitas. Vê bosquejarem-se os elementos de uma ciência do universo muito vasta e mais completa que a do passado, conquanto seja o seu prolongamento lógico; e essa ciência não vem destruir a noção das leis atualmente conhecidas, mas ampliá-la em vastas proporções, pois que traça ao espírito humano a rota segura que o conduzirá à aquisição dos conhecimentos e dos poderes necessários a firmar em sólidas bases sua tarefa presente e seu destino futuro.

Acabamos de aludir ao papel dos médiuns. O médium é o agente indispensável, com cujo auxílio se produzem as manifestações do mundo invisível.

Assinalamos a impotência dos nossos sentidos, desde que são aplicados aos estudos dos fenômenos da vida. Nas ciências experimentais, não tardou a ser preciso recorrer a instrumentos para suprir essa deficiência do organismo humano e ampliar o nosso campo de observação. Vieram assim o télescópio e o microscópio revelar-nos a existência do infinitamente grande e do infinitamente pequeno.

A partir do estado gasoso, a matéria escapava aos nossos sentidos. Os tubos de Crookes, as placas sensíveis nos permitem prosseguir os estudos no domínio, por muito tempo inexplorado, da matéria radiante.

Aí, por enquanto, se detêm os meios de investigação da Ciência. Mais além, todavia, se entreveem estados da matéria e da força que um instrumento aperfeiçoado, mais dia menos dia, nos tornará familiares.

Onde faltam ainda os meios artificiais, vêm certos indivíduos trazer ao estudo dos fenômenos vitais o concurso de preciosas faculdades. É assim que o sensitivo hipnótico representa o instrumento que tem permitido sondar as profundezas ainda misteriosas do "eu humano", o proceder a uma análise minuciosa de todos os modos de sensibilidade, de todos os aspectos da memória e da vontade.

O médium vem, por sua vez, desempenhar um papel essencial no estudo dos fenômenos espíritas. Participando simultaneamente, por seu invólucro fluídico, da vida do Espaço e, pelo corpo físico, da vida terrestre, é ele o intermediário obrigatório entre dois mundos.

O estudo, pois, da mediunidade prende-se intimamente a todos os problemas do Espiritismo; é mesmo a sua chave. O mais importante, no exame dos fenômenos, é distinguir a parte que é preciso atribuir ao organismo e à personalidade do médium e a que provém de uma intervenção estranha, e determinar em seguida a natureza dessa intervenção.

O Espírito, separado da matéria grosseira pela morte, não pode mais sobre ela agir, nem se manifestar na esfera humana sem o auxílio de uma força, de uma energia, que ele haure no organismo de um ser vivo. Toda pessoa suscetível de fornecer, de exteriorizar essa força, é apta para desempenhar um papel nas manifestações físicas: deslocação de objetos sem contato, transportes, sons de pancadas, mesas giratórias, levitações, materializações. E essa a mais comum, a mais generalizada forma da mediunidade; não requer nenhum desenvolvimento intelectual, nem adiantamento moral. É uma simples propriedade fisiológica, observada em pessoas de todas as condições. Em todas as formas inferiores da mediunidade o indivíduo é comparável, quer a um acumulador de força, quer a um aparelho telegráfico ou telefônico, transmissor do pensamento do operador.

A comparação é tanto mais exata quanto a força psíquica se esgota, como todas as forças não renovadas; a intensidade das manifestações está na razão direta do estado físico e mental do médium. Seria um erro considerar este como um histérico ou um doente; é simplesmente um indivíduo dotado de capacidades mais extensas ou de mais sutis percepções que outro qualquer.

A saúde do médium parece-nos ser uma das condições de sua faculdade. Conhecemos um grande número de médiuns que gozam de perfeita saúde; temos notado mesmo um fato significativo, e é que, quando a saúde se lhes altera, os fenômenos se enfraquecem e cessam até de se produzir.

A mediunidade apresenta variedades quase infinitas, desde as mais vulgares formas até as mais sublimes manifestações. Nunca é idêntica em dois indivíduos, e se diversifica segundo os caracteres e os temperamentos. Em um grau superior, é como uma centelha do céu a dissipar as humanas tristezas e esclarecer as obscuridades que nos envolvem.

A mediunidade de efeitos físicos é geralmente utilizada por Espíritos de ordem vulgar. Requer contínuo e atento exame. E pela mediunidade de efeitos intelectuais – inspiração escrita

– que habitualmente nos são transmitidos os ensinos dos Espíritos elevados. Para produzir bons resultados, exige conhecimentos muito extensos. Quanto mais instruído e dotado de qualidades morais é o médium, maiores recursos facilita aos Espíritos. Em todos os casos, contudo, o indivíduo não é mais do que um instrumento; este, porém, deve ser apropriado à função de que é encarregado. Um artista, por mais hábil que seja, nunca poderá tirar de um instrumento incompleto mais que medíocre partido. O mesmo se dá com o Espírito em relação ao médium intuitivo, no qual um claro discernimento, uma lúcida inteligência, o saber mesmo, são condições essenciais.

Verdade é que se têm visto sensitivos escreverem em línguas desconhecidas ou tratar de questões científicas e abstratas, muito acima de sua capacidade. São raros, porém, esses casos, que exigem grandes esforços da parte dos Espíritos. Estes preferem recorrer a intermediários maleáveis, aperfeiçoados pelo estudo, suscetíveis de os compreender e lhes interpretar fielmente os pensamentos.

Nessa ordem de manifestações, os Invisíveis atuam sobre o intelecto do sensitivo e lhes projetam na esfera mental suas ideias. Às vezes os pensamentos se confundem; os dois Espíritos revestem uma forma, uma expressão, em que se acham reproduzidos o estilo e a linguagem habitual do médium. Ainda aí se requer escrupuloso exame. Será, todavia, fácil ao observador destacar, da insignificância de inúmeros ditados e do contingente pessoal dos sensitivos, o que pertence aos Espíritos adiantados, cujas comunicações revestem um caráter grandioso, um cunho de verdade muito acima das possibilidades do médium.

Nos fenômenos de transe ou do sonambulismo em seus diversos graus, os sentidos materiais vêm a ser pouco a pouco substituídos pelos sentidos psíquicos, os meios de percepção e de atividade aumentam em proporções tanto mais consideráveis quanto mais profundo é o sono e mais completo o desprendimento perispiritual.

Nesse estado, nada percebe o corpo físico; serve simplesmente de transmissor, quando o médium ainda pode exprimir suas sensações. Já na exteriorização parcial se produz esse fenômeno. No estado de vigília, sob a influência oculta, a tal ponto o invólucro fluídico do sensitivo se desprende e irradia que, permanecendo embora intimamente ligado ao corpo, começa a perceber as coisas ocultas aos nossos sentidos exteriores; é o estado de clarividência, ou dupla vista, de visão a distância através dos corpos opacos, audição, psicometria, etc.

Em mais elevadas graduações, no estado de hipnose, a exteriorização se acentua até ao desprendimento completo. A alma, liberta de sua prisão carnal, paira nas alturas; seus modos de percepção, subitamente recobrados, lhe permitem abranger um vasto círculo e se transporta com a rapidez do pensamento. A essa ordem de fenômenos pertence o estado de transe, que torna possível a incorporação de Espíritos desencarnados ao envoltório do médium, deixado livre, semelhante a um viajante que penetra em casa devoluta.

Os sentidos psíquicos, inativos no estado de vigília na maior parte dos homens, podem, entretanto, ser utilizados. Basta, para isso, abstrair-se das coisas materiais, cerrar os sentidos físicos a todo ruído e toda visão exterior, e, por um esforço de vontade, interrogar esse sentido profundo em que se resumem todas as nossas faculdades superiores e que denominamos o sexto sentido, a intuição, a percepção espiritual. É por ele que entramos em contato direto com o mundo dos Espíritos, mais facilmente que por qualquer outro meio; porque esse sentido constitui atributo da alma, o próprio fundo de sua natureza, e acha-se fora do alcance dos sentidos materiais, de que difere inteiramente.

A Ciência menosprezou até hoje esse sentido – o mais belo de todos; e é por isso que se tem conservado ignorante de tudo o que se refere ao mundo do invisível. As regras que ela aplica ao plano físico serão insuficientes, sempre que as quiserem aplicar ao mundo dos Espíritos. Para penetrar neste, é preciso antes de tudo compreender que nós mesmos somos Espíritos, e que não podemos entrar em relação com o universo espiritual senão pelos sentidos do Espírito.

V - EDUCAÇÃO E FUNÇÃO DOS MÉDIUNS

Nada verdadeiramente importante se adquire sem trabalho. Uma lenta e laboriosa iniciação se impõe aos que buscam os bens superiores. Como todas as coisas, a formação e o exercício da mediunidade encontram dificuldades, bastantes vezes já assinaladas; convém insistirmos nisso, a fim de prevenir os médiuns contra as falsas interpretações, contra as causas de erro e de desânimo.

Desde que, por um trabalho preparatório, as faculdades do médium adquirem certa flexibilidade, os resultados que se começam a obter são quase sempre devidos às relações estabelecidas com os elementos inferiores do mundo invisível.

Uma multidão de Espíritos nos cerca, sempre ávidos de se comunicar com os homens. Essa multidão é sobretudo composta de almas pouco adiantadas, de Espíritos levianos, algumas vezes maus, que a densidade de seus próprios fluidos conserva presos à Terra. As inteligências elevadas, animadas de nobres aspirações, revestidas de fluidos sutis, não permanecem escravizadas à nossa atmosfera depois da separação carnal: remontam mais alto, a regiões que o seu grau de adiantamento lhes indica. Daí baixam muitas vezes – é certo – para velar pelos seres que lhes são caros; imiscuem-se conosco, mas unicamente para um fim útil e em casos importantes. Donde resulta que os principiantes quase nunca obtêm senão comunicações sem valor, respostas chocarreiras, triviais, às vezes inconvenientes, que os impacientam e desanimam.

Noutros casos o médium inexperto recebe, pela mesinha ou pelo lápis,[1] ditados subscritos por nomes célebres, contendo

---

[1] Ver no cap. X deste livro, os processos a empregar para tornar-se médium.

revelações apócrifas que lhe captam a confiança e o enchem de entusiasmo. O inspirador invisível, conhecendo-lhe os lados vulneráveis, lisonjeia-lhe o amor-próprio e as opiniões, superexcita-lhe a vaidade, cumulando-o de elogios e prometendo-lhe maravilhas. Pouco a pouco o vai desviando de qualquer outra influência, de todo exame esclarecido e o leva a se insular em seus trabalhos. É o começo de uma obsessão, de um domínio exclusivista, que pode conduzir o médium a deploráveis resultados.

Esses perigos foram, desde os primórdios do Espiritismo, assinalados por Allan Kardec; todos os dias, estamos ainda vendo médiuns deixarem-se levar pelas sugestões de Espíritos embusteiros e serem vítimas de mistificações que os tornam ridículos e vêm a recair sobre a causa que eles julgam servir.

Muitas decepções e dissabores seriam evitados se se compreendesse que a mediunidade percorre fases sucessivas, e que, no período inicial de desenvolvimento, o médium é sobretudo assistido por Espíritos de ordem inferior, cujos fluidos, ainda impregnados de matéria, se adaptam melhor aos seus e são apropriados a esse trabalho de bosquejo, mais ou menos prolongado, a que toda faculdade está sujeita.

Só mais tarde, quando a faculdade mediúnica, suficientemente desenvolvida, adquiriu a necessária maleabilidade, e se tornou dúctil o instrumento, é que os Espíritos elevados podem intervir e utilizá-la para um fim moral e intelectual.

O período de exercício, de trabalho preparatório, tão fértil muitas vezes em manifestações grosseiras e mistificações, é, pois, uma fase normal de desenvolvimento da mediunidade; é uma escola em que a nossa paciência e discernimento se exercitam, em que aprendemos a nos familiarizar com o modo de agir dos habitantes do Além.

Nessa fase de prova e de estudo elementar, deve sempre o médium estar de sobreaviso e nunca se afastar de uma prudente reserva. Cumpre-lhe evitar cuidadosamente as questões ociosas ou interesseiras, os gracejos, tudo em suma que reveste caráter frívolo e atrai os Espíritos levianos.

É preciso não se deixar esmorecer pela mediocridade dos primeiros resultados, pela abstenção e aparente indiferença dos nossos amigos do Espaço.

Médiuns principiantes, ficai certos de que alguém vela por vós e de que a vossa perseverança é posta à prova. Quando houverdes chegado ao ponto requerido, influências mais altas baixarão a vós e hão de continuar a vossa educação psíquica.

Não procureis na mediunidade um objetivo de mera curiosidade ou de simples diversão; considerai-a de preferência um dom do Céu, uma coisa sagrada, que deveis utilizar com respeito, para o bem de vossos semelhantes. Elevai o pensamento às almas generosas que trabalham no progresso da humanidade; elas virão a vós e vos hão de amparar e proteger. Graças a elas, as dificuldades do começo, as inevitáveis decepções que experimentareis não terão desagradáveis consequências; servirão para vos esclarecer a razão e vos desenvolver as forças fluídicas.

A boa mediunidade se forma lentamente, no estudo calmo, silencioso, recolhido, longe dos prazeres mundanos e do tumulto das paixões. Depois de um período de preparação e expectativa, o médium colhe o fruto de seus perseverantes esforços; recebe dos Espíritos elevados a consagração de suas faculdades, amadurecidas no santuário de sua alma, ao abrigo das sugestões do orgulho. Se guarda em seu coração a pureza de ato e de intenção, virá, com a assistência de seus guias, a se tornar cooperador utilíssimo na obra de regeneração que eles vêm realizando.

Terminada a primeira fase de desenvolvimento de suas faculdades, o importante para o médium é obter a proteção de um Espírito bom, adiantado, que o guie, inspire e preserve de qualquer perigo.

Na maior parte das vezes é um parente, um amigo desaparecido que desempenha ao pé dele essas funções. Um pai, uma mãe, uma esposa, um filho, se adquiriram a experiência e o adiantamento necessários, podem-nos dirigir no delicado exercício da mediunidade. Mas o seu poder é proporcionado ao grau de elevação a que chegaram, e nem sempre a sua ternura e solicitude bastam para nos defender das investidas dos Espíritos inferiores.

Dignos de louvor são os médiuns que, por seu desinteresse e fé profunda, têm sabido atrair, como uma espécie de aliados, os Espíritos de escol, e participar de sua missão. Para fazer baixar das excelsas regiões esses Espíritos, para os decidir a mergulhar em nossa espessa atmosfera, é preciso oferecer-lhes aptidões, notáveis qualidades.

Seu ardente desejo de trabalhar na regeneração do gênero humano torna, entretanto, essa intervenção muito menos rara do que se poderia imaginar. Centenas de Espíritos superiores pairam acima de nós e dirigem o movimento espiritualista, inspirando os médiuns, projetando sobre os homens de ação as vibrações de sua vontade, a fulguração do seu próprio gênio.

Conheço vários grupos que possuem uma assistência dessa ordem. Pela pena, pelos lábios dos médiuns, os Espíritos guias ditam instruções, fazem ouvir exortações; e não obstante as imperfeições do meio e as obscuridades que lhes amortecem e velam as irradiações do pensamento, é sempre um penetrante enlevo, um gozo d'alma, um gratíssimo conforto saborear a beleza de seus pensamentos escritos, escutar as inflexões de sua palavra, que nos vem como longínquo e mavioso eco das regiões celestes.

A descida ao nosso mundo terrestre é um ato de abnegação e um motivo de sofrimento para o Espírito elevado. Nunca seriam demasiados a nossa admiração e reconhecimento à generosidade dessas almas, que não recuam diante do contato dos fluidos grosseiros, à semelhança dessas nobres damas, delicadas, sensitivas, que, ao impulso da caridade, penetram em lugares repugnantes, para levar socorros e consolações.

Quantas vezes, em sessões de estudo, temos ouvido dizerem os nossos guias:

> Quando, do seio dos Espaços, vimos até vós, tudo se restringe, se amesquinha e se vai pouco a pouco retraindo. Lá, nas alturas, possuímos meios de ação que nem podeis compreender; esses meios se enfraquecem logo que entramos em relação com o ambiente humano.

Tanto que um desses grandes Espíritos baixa ao nosso nível e se demora em nossas obscuras regiões, logo o invade uma impressão de tristeza; ele sente como que uma depressão, uma diminuição de seus poderes e percepções. Só por um constante exercício da vontade, com o auxílio das forças magnéticas hauridas no Espaço, é que se habitua ao nosso mundo e nele cumpre as missões de que é encarregado.

Porque, na obra providencial, tudo se acha regulado para o ensino gradual e o progresso da humanidade. Os Espíritos missionários e instrutores vêm revelar, por meio das faculdades mediúnicas, as verdades que o nosso grau de evolução nos permite apreender e compreender. Desenvolvem, na esfera humana, as elevadas e puras concepções da divindade e nos vão, passo a passo, conduzindo a uma compreensão mais vasta do objetivo da existência e dos humanos destinos. Não se deve esperar de tais Espíritos as provas banais, os testemunhos de identidade que tantos experimentadores exigem; mas de nossos colóquios com eles se exala uma impressão de grandeza, de elevação moral, uma irradiação de pureza, de caridade, que sobreexcederá todas as provas materiais e constituirá a melhor das demonstrações morais.

Os Espíritos superiores leem o que em nosso íntimo se passa, conhecem as nossas intenções e dão muito pouco apreço às nossas fantasias e caprichos. Para atender aos nossos chamados e prestar-nos assistência, exigem de nossa parte uma vontade firme e perseverante, uma fé elevada, um veemente desejo de nos tornarmos úteis. Reunidas essas condições, aproximam-se de nós; começa então, muitas vezes sem o sabermos, um demorado trabalho de adaptação dos seus fluidos aos nossos. São as preliminares forças de toda relação consciente. À medida que se estabelece a harmonia das vibrações, a comunicação se acentua sob formas apropriadas às aptidões do sensitivo: audição, visão, escrita, incorporação.

Os Espíritos superiores, indiferentes às satisfações de opiniões materiais e interesseiras, comprazem-se ao pé dos homens que procuram no estudo um meio de aperfeiçoamento. A pureza de nossos sentimentos lhes facilita a ação e aumenta a influência.

Outros Espíritos de menor categoria, por um impulso de dedicação, ligam-se a nós e nos acompanham até ao termo de nossa peregrinação terrestre. São os gênios familiares ou Espíritos protetores. Cada pessoa tem o seu. Eles nos guiam, em meio das provações, com uma paciência e uma bondade admiráveis, sem jamais se cansarem. Os médiuns devem recorrer à proteção desses amigos invisíveis, quase sempre membros adiantados de nossa família espiritual, com quem outrora vivemos neste mundo. Aceitaram a missão, tantas vezes ingrata, de velar por nós; através de nossas alegrias e aflições, de nossas quedas e reabilitações, nos encaminham para uma vida melhor, em que nos acharemos de novo reunidos para uma mesma tarefa, identificados em um mesmo amor.

Em todo ser humano existem rudimentos de mediunidade, faculdades em gérmen, que se podem desenvolver pelo exercício. Para o maior número, um longo trabalho perseverante é necessário. Em alguns, essas faculdades se revelam desde a infância, e sem esforço vêm a atingir, com os anos, um alto grau de perfeição. Representam em tal caso o resultado das aquisições anteriores, o fruto dos labores efetuados na Terra ou no Espaço, fruto que conosco, ao renascer, trazemos.

Entre os sensitivos, muitos têm a intuição de um mundo superior, extraterrestre, em que existem, como em reserva, poderes que lhes é possível adquirir mediante íntima comunhão e elevadas aspirações, para em seguida os manifestarem sob diversas formas, apropriadas à sua natureza: adivinhação, ensinamentos, ação curativa, etc.

Aplicada em tal sentido, a mediunidade torna-se uma faculdade preciosa, por meio da qual podem ser liberalizados imensos benefícios e realizadas grandes obras.

À humanidade seria facultado um poderoso elemento de renovação, se todos compreendessem que há, acima de nós, um inesgotável manancial de energia, de vida espiritual, que se pode atingir por gradativo adestramento, por constante orientação do pensamento e da vontade no sentido de assimilar as suas ondas e radiações, e com o seu auxílio desenvolver as faculdades que em nós jazem latentes.

A aquisição dessas forças nos abroquela contra o mal, nos coloca acima dos conflitos materiais e nos torna mais firmes no cumprimento do dever. Nenhum dentre os bens terrenos é comparável à posse desses dons. Sublimados a seu mais alto grau, fazem os grandes missionários, os renovadores, os grandes inspirados.

Como podemos adquirir esses poderes, essas faculdades superiores? Descerrando nossa alma, pela vontade e pela prece, às influências do Alto. Do mesmo modo que abrimos as portas da nossa casa, para que nela penetrem os raios do Sol, assim também por nossos impulsos e aspirações podemos franquear aos eflúvios celestes o nosso "ego" interior.

É aí que se manifesta a ação benéfica e salutar da prece. Pela prece humilde, breve, fervorosa, a alma se dilata e dá acesso às irradiações do divino foco. A prece, para ser eficaz, não deve ser uma recitação banal, uma fórmula decorada, senão antes uma solicitação do coração, um ato da vontade, que atrai o fluido universal, as vibrações do dinamismo divino. Ou deve ainda a alma projetar-se, exteriorizar-se por um vigoroso surto e, consoante o impulso adquirido, entrar em comunicação com os mundos etéreos.

Assim, a prece rasga uma vereda fluídica pela qual sobem as almas humanas e baixam as almas superiores, de tal modo que uma íntima comunhão se estabeleça entre umas e outras, e o espírito do homem seja iluminado e fortalecido pelas centelhas e energias despendidas das celestiais esferas.

Em Espiritismo, a questão de educação e adestramento dos médiuns é capital; os bons médiuns são raros – diz-se muitas vezes, e a ciência do Invisível, privada de meios de ação, só com muita lentidão vem a progredir.

Quantas faculdades preciosas, todavia, não se perdem, à míngua de atenção e de cultura! Quantas mediunidades malbaratadas em frívolas experiências, ou que, utilizadas ao sabor do capricho, não atraem mais que perniciosas influências e só maus frutos produzem! Quantos médiuns inconscientes de seu ministério e do valor do dom que lhes é outorgado, deixam inutilizadas forças capazes de contribuir para a obra de renovação!

A mediunidade é uma delicada flor que, para desabrochar, necessita de acuradas precauções e assíduos cuidados. Exige o método, a paciência, as altas aspirações, os sentimentos nobres, e, sobretudo, a terna solicitude do bom Espírito que a envolve em seu amor, em seus fluidos vivificantes. Quase sempre, porém, querem fazê-la produzir frutos prematuros, e desde logo se estiola e fana ao contato dos Espíritos atrasados.

Na Antiguidade, os jovens sensitivos que revelavam aptidões especiais eram retirados do mundo, segregados de toda influência degradante, em lugares consagrados ao culto, rodeados de tudo o que lhes pudesse elevar o sentido do belo. Tais eram as vestais, as druidesas, as sibilas, etc.

O mesmo acontecia nas escolas de profetas e videntes da Judeia, situadas longe do ruído das cidades. No silêncio do deserto, na paz dos alterosos cimos, melhor podiam os iniciados atrair as influências superiores e interrogar o invisível. Graças a essa educação, obtinham-se resultados que a nós nos surpreendem.

Tais processos são hoje inaplicados. As exigências sociais nem sempre permitem ao médium dedicar-se, como conviria, ao cultivo de suas faculdades. Sua atenção é distraída pelas mil necessidades da vida de família, suas aspirações estorvadas pelo contato da sociedade mais ou menos corrompida ou frívola.

Muitas vezes, é ele chamado a exercer suas aptidões em círculos impregnados de fluidos impuros, de inarmônicas vibrações, que reagem sobre o seu orgínismo tão impressionável e lhe produzem desordens e perturbações.

É preciso que, ao menos, o médium, compenetrado da utilidade e grandeza de sua função, se aplique a aumentar seus conhecimentos e procure espiritualizar-se o mais possível, que se reserve horas de recolhimento e tente então, pela visão interior, alçar-se até às coisas divinas, à eterna e perfeita beleza. Quanto mais desenvolvidos forem nele o saber, a inteligência, a moralidade, mais apto se tornará para servir de intermediário às grandes almas do Espaço.

Uma organização prática do Espiritismo comportará, no futuro, a criação de asilos especiais, onde os médiuns encontrarão reunidas, com os meios materiais de existência, as satisfações do coração e do espírito, as inspirações da arte e da natureza, tudo o que às suas faculdades pode imprimir um caráter de pureza e elevação, fazendo em torno deles reinar uma atmosfera de paz e confiança.

Em tais meios, poderiam os estudos experimentais produzir muito melhores resultados do que os que até agora se têm, muitas vezes, obtido em condições defeituosas. A intrusão dos Espíritos levianos, as tendências à fraude, os pensamentos egoísticos e os malévolos sentimentos se atenuariam pouco a pouco e terminariam por desaparecer. A mediunidade se tornaria mais regular, mais segura em suas aplicações. Não mais se havia de, com tanta frequência, observar esse mal-estar que experimenta o sensitivo, nem ocorreriam esses períodos de suspensão das faculdades psíquicas, culminando mesmo em seu completo desaparecimento em seguida ao mau uso delas feito.

Os espiritualistas de além-mar cogitam de fundar, em muitos dos grandes centros americanos, *homes* ou edifícios dotados de certo número de salas apropriadas aos diferentes gêneros de manifestações e munidas de aparelhos de experimentação e fiscalização. Cada sala, vindo com o uso a impregnar-se do magnetismo particular que convém a tais experiências, seria destinada a uma ordem especial de fenômenos: materializações, incorporações, escrita, tiptologia, etc. Um órgão, colocado no centro do edifício, propagaria a todas as suas partes, nas horas de sessão, enérgicas vibrações, a fim de estabelecer nos fluidos circulantes e no pensamento dos assistentes a unidade e harmonia tão necessárias. A música exerce, com efeito, uma soberana influência nas manifestações, facilitando-as e tornando-as mais intensas, como inúmeros experimentadores o têm reconhecido.

Merecem inteira aprovação esses projetos, e devemos fazer votos pela sua realização em todos os países, porque viriam, por sua natureza, uma vez realizados, a dar vigoroso impulso aos estudos psíquicos e facilitar em larga escala essa comunhão dos vivos e dos mortos, mediante a qual se afirmam tantas verdades de valor incalculável, capazes de, em sua propagação pelo mundo, renovar a Fé e a Ciência.

O importante para o médium, dissemos mais acima, é assegurar-se uma proteção eficaz. O auxílio do Alto é sempre proporcionado ao fim que nos propomos, aos esforços que empregamos para o merecer. Somos auxiliados, amparados, conforme a importância das missões que nos incumbem, tendo-se em vista o interesse geral. Essas missões são acompanhadas de provas, de dificuldades inevitáveis, mas sempre reguladas conforme as nossas forças e aptidões.

Desempenhadas com dedicação, com abnegação, as nossas tarefas nos elevam na hierarquia das almas. Negligenciadas, esquecidas, não realizadas, nos fazem retrotrair a escala de progresso. Todas acarretam responsabilidades. Desde o pai de família que incute em seus filhinhos as noções elementares do bem, o preceptor da mocidade, o escritor moralista, até o orador que procura arrebatar as multidões às culminâncias do pensamento, cada um tem sua missão a preencher.

Não há mais nobre, mais elevado cargo que ser chamado a propagar, sob a inspiração das potências invisíveis, a verdade pelo mundo, a fazer ouvir aos homens o atenuado eco dos divinos convites, incitando-os à luz e à perfeição. Tal é o papel da alta mediunidade.

Falamos de responsabilidade. É necessário insistir sobre esse ponto. Muitos médiuns procuram, no exercício de suas faculdades, satisfações de amor-próprio ou de interesse. Descuram de fazer intervir em sua obra esse sentimento grave, refletido, quase religioso, que é uma das condições de êxito. Esquecem muitas vezes que a mediunidade é um dos meios de ação por que se executa o plano divino, e que ele não tem o direito de utilizá-la ao sabor de sua fantasia.

Enquanto se não tiverem compenetrado os médiuns da importância de sua função e da extensão de seus deveres, haverá no exercício de suas faculdades uma fonte de abusos e de males. Os dons psíquicos, desviados de seu eminente objetivo, utilizados para fins de interesses medíocres, pessoais e fúteis, revertem contra os seus possuidores, atraindo-lhes, em lugar dos gênios tutelares, as potências malfazejas do Além.

Fora das condições de elevação de pensamento, de moralidade e desinteresse, pode a mediunidade constituir-se um perigo; ao passo que tendo por fim firme propósito no bem, por suas aspirações ao ideal divino, o médium se impregna de fluidos purificados; uma atmosfera protetora se forma em torno dele, o envolve, o preserva dos erros e das ciladas do Invisível.

E se, por sua fé e comprovado zelo, pela pureza d'alma em que nenhum cálculo interesseiro se insinue, obtém ele a assistência de um desses Espíritos de luz, depositários dos segredos do Espaço, que pairam acima de nós e projetam sobre a nossa fraqueza as suas irradiações; se esse Espírito se constitui seu protetor, seu guia, seu amigo, graças a ele sentirá o médium uma força desconhecida penetrar-lhe todo o ser, uma chama lhe iluminar a fronte. Todos quantos tomarem parte em seus trabalhos, e colherem os seus resultados, sentirão reanimar-se-lhes o coração e a inteligência às fulgurações dessa alma superior; um sopro de vida lhes transportará o pensamento às regiões sublimes do Infinito.

VI - COMUNHÃO DOS VIVOS E DOS MORTOS

Certas pessoas consideram, mas sem razão, a mediunidade um fenômeno peculiar aos nossos tempos. A mediunidade, realmente, é de todos os séculos e de todos os países. Desde as idades mais remotas existiram relações entre a humanidade terrestre e o mundo dos Espíritos.

Se interrogarmos os Vedas da índia, os templos do Egito, os mistérios da Grécia, os recintos de pedra da Gália, os livros sagrados de todos os povos, por toda parte, nos documentos escritos, nos monumentos e tradições, encontraremos a afirmação de um fato que tem permanecido através das vicissitudes dos tempos; e esse fato é a crença universal nas manifestações das almas libertas de seus corpos terrestres. Veremos essas manifestações associadas de um modo íntimo e constante à evolução das raças humanas, a tal ponto que são inseparáveis da história da humanidade.

É ao começo o culto dos antepassados, a homenagem prestada aos manes[1] dos heróis e aos lares,[2] gênios tutelares da família. Erigem-lhes altares; dirigem-lhes invocações; depois o culto se estende a todas as almas amadas; ao esposo, ao filho, ao amigo falecido. Segundo Lucano, as sombras dos mortos se misturam com os vivos; deslizam pelas ruas e se introduzem nas habitações; aparecem, falam, na vigília como no sonho, e revelam o futuro. A telepatia, a premonição, a psicografia, as materializações de fantasmas são abundantes por toda a parte e sempre.

Em Delfos, em Elêusis, o Espírito inspira a pítia convulsa e lhe dita seus oráculos. Nas praias da Jônia, sob a brancura dos

---

[1] N.E.: Segundo a mitologia romana, almas dos entes queridos falecidos.
[2] N.E.: Divindades domésticas romanas.

mármores, ao murmúrio das vagas azuis, Pitágoras ensina aos iniciados os divinos mistérios e, pelos lábios de Teocleia adormecida, conversa com os gênios invisíveis.

Em Endor, a sombra de Samuel responde às invocações de Saul. Um gênio previne a César, na véspera de sua morte, que não vá ao Senado, e mais tarde, quando Domiciano cai sob o ferro dos conjurados, da extremidade da Europa, Apolônio de Tiana assiste, em visão, a esse drama sangrento.

Nos círculos de pedra da Gália, sob a fronde sombria dos carvalhos ou nas linhas sagradas em torno das quais ruge espumante o oceano, e até nos templos da América Central, a comunhão das almas se efetua. Por toda a parte a vida interroga a morte, e esta responde.

Sem dúvida os abusos, as superstições pueris, os sacrifícios supérfluos se misturam com o culto dos invisíveis; mas nesse íntimo comércio haurem os homens novas forças. Sabem que podem contar com a presença e o amparo dos que amavam, e esta certeza os torna mais firmes em suas provações. Aprendem a não mais temer a morte.

Os laços de família se fortalecem com isso intimamente. Na China, como na Índia, como no território céltico, havia reuniões em dia fixo, na "câmara dos antepassados". São numerosos então os médiuns; ardente é sua fé, poderosas e variadas são as suas faculdades e os fenômenos obtidos ultrapassam em intensidade tudo o que observamos em nossos dias.

Em Roma eram instituídas cerimônias públicas em honra dos mortos. A multidão se aglomerava à entrada das criptas. As sibilas praticavam as encantações, e dos lugares obscuros, dizem os escritores da época,[3] tal como atualmente dos gabinetes de materialização, via-se emergirem sombras e se apresentarem em plena luz. Às vezes, mesmo os camaradas, os amigos de outrora retomavam por momentos seu lugar à mesa e no lar comuns.

Nos mistérios órficos, dizem Porfírio e Proclus,[4] as almas dos defuntos apareciam sob a forma humana, e conversavam com os assistentes.

---

[3] Tácito, *Histórias*; Suetônio, *Augusto*; Plínio, o Jovem, *Cartas*, livro VIII; Cícero, *De Divinatione*, 2; Apuleio, *De Gen. Socrat.*; Ammien Marcelin, *Histoire*, 1, 20, cap. 6, p. 267.

[4] Comentários sobre *A república, de Platão*.

Ensinavam-lhes a sucessão das existências e a ascensão final do Espírito à luz divina, mediante vidas puras e laboriosas. Essas práticas comunicavam aos iniciados uma fé profunda no futuro, incutiam-lhes uma força moral, uma serenidade incomparáveis; transportavam seus pensamentos às regiões sublimes em que tanto se comprouve o gênio grego.

Eis que chega, porém, a época de decadência, e aí temos a depressão dos estudos; as intrigas sacerdotais, as rivalidades dos potentados e, finalmente, as grandes invasões, a ruína e a morte dos deuses.

Um vento de barbaria sopra sobre os mistérios sagrados. Os Espíritos, os gênios tutelares desertaram. A divina Psiquê, banida dos altares, remontou às celestes regiões. Uma a uma, se vão extinguindo as luzes do templo. A grande noite, uma noite de dez séculos, se estende sobre o pensamento humano.

Surge, entretanto, o Cristianismo. Também ele se baseia nas manifestações de Além-túmulo. O Cristo atravessa a existência, rodeado de uma multidão invisível, cuja presença se revela em todos os seus atos. Ele mesmo aparecerá, depois da morte, aos discípulos consternados, e sua presença lhes fortalecerá o ânimo. Durante dois séculos, comunicaram abertamente os primeiros cristãos com os Espíritos, deles recebendo instruções.[5] Cedo, porém, a Igreja, inquieta com as ingerências ocultas, muitas vezes em oposição com seus intuitos, procurará impedi-las. Interditará aos fiéis todas as relações com os Espíritos, reservando-se direito exclusivo de provocar e interpretar os fenômenos.

A religião do Cristo é, todavia, portadora de uma noção inteiramente nova: a utilidade da dor, benéfica e purificadora divindade, cuja ação não foi pelo mundo pagão compreendida em toda a sua amplitude. Graças a essa noção, a alma lutará mais vantajosamente contra a matéria e suplantará a sensualidade. É de toda a vida essa luta, cujo objetivo é o triunfo alcançado pelo Espírito sobre o corpo e a posse da virtude. Alguns clérigos ou leigos chegarão a adquirir o poder da fé que domina os sentidos e transporta a alma para além das regiões terrestres, às esferas em que se dilata e exalta o pensamento.

---

[5] DENIS, Léon. Cristianismo e espiritismo, cap. V.

É esse ainda um meio de penetração no Invisível. A alma, desprendida das coisas humanas, na contemplação e no êxtase, comunica-se com as potências superiores e lhes atribui as formas angélicas ou divinas, familiares à sua própria crença. Nesses fenômenos – simples lei da natureza – verá milagres a Igreja e deles se apropriará. As outras manifestações dos mortos serão consideradas diabólicas e conduzirão os videntes ao suplício. Sob a cinza das fogueiras se há de procurar extinguir a ideia renascente.

Mas "o Espírito sopra onde quer". Fora da Igreja, entre os heréticos, prosseguem as manifestações. Com Joana d'Arc vêm revestir um caráter de grandeza tal que, diante delas, a crítica mais virulenta hesita, depõe as armas e emudece.

Mudaram-se os tempos. No passado, a comunhão das almas foi sobretudo o privilégio dos santuários, a preocupação de alguns limitados grupos de iniciados. Fora desses esclarecidos círculos – asilos da sabedoria antiga – as manifestações de Além-túmulo eram muitas vezes consideradas sobrenaturais e associadas a práticas supersticiosas que lhes deturpavam o sentido. O homem, ignorante das leis da natureza e da vida, não podia apreender o ensino que sob os fenômenos se ocultava.

Para preparar o atual movimento das ideias e a compreensão desses fatos, foram necessários o imenso trabalho dos séculos e as descobertas da Ciência. Esta realizou a sua tarefa. Posto que bem incompleta, ainda, pelo menos explorou o domínio material, desde as camadas profundas do solo aos abismos do Espaço. Descreveu a história da Terra, sua gênese e evolução; enumerou os mundos que gravitavam no Céu e lhes calculou o peso, as dimensões, a órbita. Ficou o homem conhecendo o mesquinho lugar que ocupa no universo: se aprendeu a conhecer a grandeza de sua inteligência, pôde em contraposição medir a debilidade de seus sentidos.

A vida se patenteou por toda a parte, no domínio dos seres microscópicos como na superfície dos globos que rolam na imensidade. O estudo do mundo invisível vem completar essa ascensão da Ciência; rasga ao pensamento novos horizontes, perspectivas infinitas. De ora em diante o conhecimento da alma e de seus destinos não será mais o privilégio dos iniciados e dos doutos. A humanidade toda é chamada a participar dos benefícios espirituais que constituem seu patrimônio. Assim como o Sol se levanta visível para todos, a luz do Além deve irradiar sobre todas as inteligências, reanimando todos os corações.

VII - O ESPIRITISMO E A MULHER[1]

Encontram-se, em ambos os sexos, excelentes médiuns; é à mulher, entretanto, que parecem outorgadas as mais belas faculdades psíquicas. Daí o eminente papel que lhe está reservado na difusão do novo Espiritualismo.

Malgrado as imperfeições inerentes a toda criatura humana, não pode a mulher, para quem a estuda imparcialmente, deixar de ser objeto de surpresa e algumas vezes de admiração. Não é unicamente em seus traços pessoais que se realizam, na natureza e na arte, os tipos da beleza, da piedade e caridade; no que se refere aos poderes íntimos, à intuição e adivinhação, sempre foi ela superior ao homem. Entre as filhas de Eva é que obteve a Antiguidade as suas célebres videntes e sibilas. Esses maravilhosos poderes, esses dons do Alto, a Igreja entendeu, na Idade Média, aviltar e suprimir, mediante os processos instaurados por feitiçaria.[2] Hoje encontram eles sua aplicação, porque é sobretudo por intermédio da mulher que se afirma a comunhão com a vida invisível.

Mais uma vez se revela a mulher em sua sublime função de mediadora, que o é em toda a natureza. Dela provém a vida; é ela a própria fonte desta, a regeneradora da raça humana, que não subsiste e se renova senão por seu amor e seus ternos cuidados. E essa função preponderante que desempenha no domínio da vida, ainda a vem preencher no domínio da morte. Mas nós sabemos que a morte e a vida são uma, ou

---

[1] N.E.: As ideias expostas neste capítulo encerram opinião pessoal do autor e refletem o espírito da época em que foram emitidas.

[2] Ver Michelet, *A feiticeira*, passim; Joseph Fabre, *Processo de condenação de Joana d'Arc*, Delagrave, editor. A Sra. Piper, diz: "A derradeira vítima dos processos de feitiçaria foi Ana Gaeldi, supliciada em Glaris (Suíça), a 7 de junho de 1874. Durante catorze séculos foram executados mais de meio milhão de homens e mulheres, sob pretexto de feitiçaria".

antes, são as duas formas alternadas, os dois aspectos contínuos da existência.

Mediadora também é a mulher no domínio das crenças. Sempre serviu de intermediária entre a nova fé que surge e a fé antiga que definha e vai desaparecendo. Foi o seu papel no passado, nos primeiros tempos do Cristianismo, e ainda o é na época presente.

O Catolicismo não compreendeu a mulher, a quem tanto devia. Seus monges e padres, vivendo no celibato, longe da família, não poderiam apreciar o poder e o encanto desse delicado ser, em quem enxergavam antes um perigo.

A Antiguidade pagã teve sobre nós a superioridade de conhecer e cultivar a alma feminina. Suas faculdades se expandiam livremente nos mistérios. Sacerdotisa nos tempos védicos, ao altar doméstico, intimamente associada, no Egito, na Grécia, na Gália, às cerimônias do culto, por toda a parte era a mulher objeto de uma iniciação, de um ensino especial, que dela faziam um ser quase divino, a fada protetora, o gênio do lar, a custódia das fontes da vida. A essa compreensão do papel que a mulher desempenha, nela personificando a natureza, com suas profundas intuições, suas percepções sutis, suas adivinhações misteriosas, é que foi devida a beleza, a força, a grandeza épica das raças grega e céltica.

Porque, tal seja a mulher, tal é o filho, tal será o homem. E a mulher que, desde o berço, modela a alma das gerações. É ela que faz os heróis, os poetas, os artistas, cujos feitos e obras fulguram através dos séculos. Até aos sete anos o filho permanecia no gineceu sob a direção materna. E sabe-se o que foram as mães gregas, as romanas e as gaulesas. Para desempenhar, porém, tão sagrada missão educativa, era necessária a iniciação no grande mistério da vida e do destino, o conhecimento da lei das preexistências e das reencarnações; porque só essa lei dá à vida do ser, que vai desabrochar sob a égide materna, sua significação tão bela e tão comovedora.

Essa benéfica influência da mulher iniciada, que irradiava sobre o mundo antigo como uma doce claridade, foi destruída pela lenda bíblica da queda original.

Segundo as Escrituras, a mulher é responsável pela proscrição do homem; ela perde Adão e, com ele, toda a humanidade; atraiçoa Sansão. Uma passagem do *Eclesiastes* a declara "uma coisa mais amarga que a morte". O casamento mesmo parece um mal: "Que os que têm esposas, sejam como se não as tivessem", exclama Paulo.

Nesse ponto, como em tantos outros, a tradição e o espírito judaico prevaleceram, na Igreja, sobre o modo de entender do Cristo, que foi sempre benévolo, compassivo, afetuoso para com a mulher. Em todas as circunstâncias a escuda ele com sua proteção; dirige-lhe suas mais tocantes parábolas. Estende-lhe sempre a mão, mesmo quando decaída. Por isso, as mulheres reconhecidas lhe formam uma espécie de cortejo; muitas o acompanharão até a morte.

Durante longos séculos a mulher foi relegada para segundo plano, menosprezada, excluída do sacerdócio. Por uma educação acanhada, pueril, supersticiosa, a maniataram; suas mais belas aptidões foram comprimidas, conculcado e obscurecido o seu caráter.[3]

A situação da mulher, na civilização contemporânea, é difícil, não raro dolorosa. Nem sempre a mulher tem por si os usos e as leis; mil perigos a cercam, se ela fraqueja, se sucumbe, raramente se lhe estende mão amiga. A corrupção dos costumes fez da mulher a vítima do século. A miséria, as lágrimas, a prostituição, o suicídio – tal é a sorte de grande número de pobres criaturas em nossas sociedades opulentas.

Uma reação, porém, já se vai operando. Sob a denominação de feminismo, um certo movimento se acentua legítimo em seu princípio, exagerado, entretanto, em seus intuitos; porque, ao lado de justas reivindicações, enuncia propósitos que fariam da mulher, não mais mulher, mas cópia, paródia do homem. O movimento feminista desconhece o verdadeiro papel da mulher e tende a transviá-la do destino que lhe está natural e normalmente traçado. O homem e a mulher nasceram para

---

[3] *O Concílio de Mâcon* (585) discutiu "se a mulher tem ou não tem alma".

funções diferentes, mas complementares. No ponto de vista da ação social, são equivalentes e inseparáveis.

O Moderno Espiritualismo, graças às suas práticas e doutrinas, todas de ideal, de amor, de equidade, encara a questão de modo diverso e resolve-a sem esforço e sem estardalhaço. Restitui à mulher seu verdadeiro lugar na família e na obra social, indicando-lhe a sublime função que lhe cabe desempenhar na educação e no adiantamento da humanidade. Faz mais: reintegra-a em sua missão de mediadora predestinada, verdadeiro traço de união que liga as sociedades da Terra às do Espaço.

A grande sensibilidade da mulher a constitui o médium por excelência, capaz de exprimir, de traduzir os pensamentos, as emoções, os sofrimentos das almas, os altos ensinos dos Espíritos celestes. Na aplicação de suas faculdades encontra ela profundas alegrias e uma fonte viva de consolações. A feição religiosa do Espiritismo a atrai e lhe satisfaz as aspirações do coração, as necessidades de ternura, que se estendem, para além do túmulo, aos entes desaparecidos. O perigo para ela, como para o homem, está no orgulho dos poderes adquiridos, na suscetibilidade exagerada. O ciúme, suscitando rivalidades entre médiuns, torna-se muitas vezes motivo de desagregação para os grupos.

Daí a necessidade de desenvolver na mulher, ao mesmo tempo que os poderes intuitivos, suas admiráveis qualidades morais, o esquecimento de si mesma, o júbilo do sacrifício, numa palavra, o sentimento dos deveres e das responsabilidades inerentes à sua missão mediatriz.

O Materialismo, não ponderando senão o nosso organismo físico, faz da mulher um ser inferior por sua fraqueza e a impele à sensualidade. Ao seu contato, essa flor de poesia verga ao peso das influências degradantes, se deprime e envilece. Privada de sua função mediadora, de sua imaculada auréola, tornada escrava dos sentidos, não é mais que um ser instintivo, impulsivo, exposto às sugestões dos apetites mórbidos. O respeito mútuo, as sólidas virtudes domésticas desaparecem; a discórdia e o adultério se introduzem no lar; a família se dissolve, a felicidade se aniquila. Uma nova geração, desiludida e cética, surge do seio de uma sociedade em decadência.

Com o Espiritualismo, porém, ergue de novo a mulher a inspirada fronte; vem associar-se intimamente à obra de harmonia social, ao movimento geral das ideias. O corpo não é mais que uma forma tomada por empréstimo; a essência da vida é o Espírito, e nesse ponto de vista o homem e a mulher são favorecidos por igual. Assim, o Moderno Espiritualismo restabelece o mesmo critério dos celtas, nossos pais; firma a igualdade dos sexos sobre a identidade da natureza psíquica e o caráter imperecível do ser humano, e a ambos assegura posição idêntica nas agremiações de estudo.

Pelo Espiritismo se subtrai a mulher ao vértice dos sentidos e ascende à vida superior. Sua alma se ilumina de clarão mais puro; seu coração se torna o foco irradiador de ternos sentimentos e nobilíssimas paixões. Ela reassume no lar a encantadora missão que lhe pertence, feita de dedicação e piedade, seu importante e divino papel de mãe, de irmã e educadora, sua nobre e doce função persuasiva.

Cessa, desde então, a luta entre os dois sexos. As duas metades da humanidade se aliam e equilibram no amor, para cooperarem juntas no plano providencial, nas obras da divina Inteligência.

VIII - AS LEIS DA COMUNICAÇÃO ESPÍRITA

Sabemos que tudo vibra e irradia no universo porque tudo é força, luz e vida. Penetra a natureza, em seus menores átomos, uma energia infinita – origem de todos os fenômenos. Identicamente, cada Espírito, livre ou encarnado, possui, conforme o seu grau de adiantamento e de pureza, uma irradiação cada vez mais rápida, intensa, luminosa.

A lei das atrações e correspondências rege todas as coisas; as vibrações, atraindo vibrações similares, aproximam e vinculam as almas, os corações, os pensamentos.

Nossos maus desejos e concupiscências criam em torno de nós uma atmosfera fluídica impura, propícia à ação das influências da mesma ordem, ao passo que as nobres aspirações atraem as salutares vibrações, as irradiações das esferas superiores.

Tal é o princípio da evolução; reside na capacidade, que possui o indivíduo, de assimilar as forças misteriosas da natureza, para se elevar, mediante o seu auxílio, e ascender, gradualmente, até a causa das causas, à fonte inexaurível de que procede toda a vida.

A escala ascensional comporta planos sucessivos e superpostos; em cada um deles os seres são dotados do mesmo estado vibratório, de meios análogos de percepção que lhes permitem reconhecer-se mutuamente, ao passo que se lhes conservam invisíveis e muitas vezes mesmo incognoscíveis os seres dos planos superiores, em consequência de seu estado vibratório mais acelerado e de suas condições de vida mais sutis e mais perfeitas.

É o que aos Espíritos acontece, entre si, conforme seus diferentes graus de purificação, e a nós mesmos em relação a eles. Assim, porém, como se pode ampliar o campo da visão humana com o auxílio dos instrumentos de óptica, também se pode aumentar ou reduzir a soma das vibrações, de sorte que atinjam um estado intermédio em que os modos de existência de dois planos distintos se combinem e entrem em correspondência.

Para comunicar-se conosco deverá o Espírito amortecer a intensidade de suas vibrações, ao mesmo tempo que ativará as nossas. Nisso o pode o homem voluntariamente auxiliar; o ponto a atingir constitui para ele o estado de mediunidade.

Sabemos que a mediunidade, no maior número de suas aplicações, é a propriedade que têm alguns dentre nós de se exteriorizar em graus diversos, de se desprender do envoltório carnal e imprimir mais amplitude a suas vibrações psíquicas. Por seu lado, o Espírito libertado pela morte se impregna de matéria sutil e atenua suas radiações próprias, a fim de entrar em uníssono com o médium.

Aqui se fazem necessários uns algarismos explicativos. Admitamos, a exemplo de alguns sábios, que sejam de 1.000 por segundo as vibrações normais do cérebro humano. No estado de "transe", ou de desprendimento, o invólucro fluídico do médium vibra com maior intensidade, e suas radiações atingem a cifra de 1.500 por segundo. Se o Espírito, livre no Espaço, vibra à razão de 2.000 no mesmo lapso de tempo, ser-lhe-á possível, por uma materialização parcial, baixar esse número a 1.500. Os dois organismos vibram então simpaticamente; podem estabelecer-se relações, e o ditado do Espírito será percebido e transmitido pelo médium em transe sonambúlico.

É essa harmonização das ondas vibratórias que imprime, às vezes, ao fenômeno das incorporações tamanha precisão e nitidez. Nos outros estados de mediunidade o pensamento do Espírito se poderá igualmente comunicar por vibrações correspondentes, posto que menos intensas que as vibrações iniciais, do mesmo modo que uma nota musical se repete, de oitava em oitava, desde a clave mais alta à mais baixa da vibração harmônica.

No homem, a inteligência e o desenvolvimento do cérebro se acham em íntima correlação; uma não se pode manifestar sem o outro. À medida que o ser se eleva na escala humana, do mais selvagem ao mais civilizado, a fronte avulta, o crânio se amplia, ao mesmo tempo que se expande a inteligência. Quando o desenvolvimento exterior atinge o apogeu, o pensamento aumenta a energia interna do cérebro, multiplicando as linhas, cavando sulcos; desenha estrias, inúmeras circunvoluções; forma protuberâncias. Faz do cérebro um mundo maravilhoso e complicado, a tal ponto que o exame desse órgão, ainda vibrante das impressões da vida que acaba de escapar-se, é um dos mais atraentes espetáculos para o fisiologista.

Temos nisso uma prova de que o pensamento trabalha e afeiçoa o cérebro, e de que há íntima relação entre eles. Um é o admirável instrumento, o teclado, que o outro dedilha, fazendo-o desferir todas as harmonias da inteligência e do sentimento. Como, porém, se exerce a ação do pensamento sobre a matéria cerebral? Pelo movimento. O pensamento imprime às moléculas do cérebro movimentos vibratórios de variada intensidade.

Vimos[1] que tudo na natureza se resume em vibrações, perceptíveis para nós enquanto estão em harmonia com o nosso próprio organismo, mas que nos escapam desde que são muito rápidas ou demasiado lentas. Nossa capacidade de visão e de audição é limitadíssima; mas, além do limite que nos traça, as forças da natureza continuam a vibrar com vertiginosa rapidez, sem que percebamos coisa alguma.

Pois bem: exatamente como os sons e a luz, os sentimentos e os pensamentos se exprimem por vibrações, que se propagam pelo espaço com intensidades diferentes. Os pensamentos de cólera e de ódio, as eternas súplicas de amor, o lamento do desgraçado, os gritos de paixão, os impulsos de entusiasmo, vão, pela imensidade afora, referindo a todos a história de cada um e a história da humanidade. As vibrações de cérebros pensantes, de homens ou de Espíritos, se cruzam e entrecruzam ao infinito, sem jamais se confundirem. Em torno de nós, por toda a parte, na atmosfera, rolam e passam, como

---

[1] Ver a Primeira parte, cap. IV – "A mediunidade".

torrentes incessantes, fluxos de ideias, ondas de pensamentos, que impressionam os sensitivos e são muitas vezes causa de perturbação e erro nas manifestações.

Dizemos: homens ou Espíritos. Com efeito, o que o cérebro humano emite sob forma de vibrações, o cérebro fluídico do Espírito projeta sob forma de ondas mais extensas, de radiações que vibram com mais largo e poderoso ritmo, por isso que as moléculas fluídicas, mais flexíveis, mais maleáveis que os átomos do cérebro físico, obedecem melhor à ação da vontade.

Entretanto esses cérebros, humanos e espirituais, encerram as mesmas energias. Ao passo que, porém, em nosso cérebro mortal essas energias dormitam ou vibram debilmente, nos Espíritos atingem o máximo de intensidade. Uma comparação nos fará melhor apreender esse fenômeno.

Encontra Ch. Drawbarn[2] essa comparação em um bloco de gelo, em que se acham contidas em estado latente todas as potencialidades que mantêm unidos os cristais de que ele se compõe. Submetido esse bloco à ação do calor, desprendem-se forças, que irão crescendo até que, transformado o gelo para o estado de vapor, tenha ele readquirido e manifestado todas as energias que encerra. Poder-se-ia comparar o nosso cérebro a esse bloco de gelo, debilmente vibratório sob a ação restrita do calor, ao passo que o do Espírito será o vapor tornado invisível, porque vibra e irradia com demasiada rapidez para que possa ser percebido pelos nossos sentidos.

A diferença dos estados se complica com a variedade das impressões. Sob a influência dos sentimentos que os animam, desde a calma do estudo às tempestades da paixão, as almas e os cérebros vibram em graus diversos, obedecendo a velocidades diferentes; a harmonia não se pode estabelecer entre eles senão quando se igualam suas ondas vibratórias, como acontece com os diapasões idênticos ou com as placas telefônicas. Um cérebro de lentas e débeis excitações não se pode harmonizar com outros cujos átomos são animados de um movimento vertiginoso.

Nas comunicações espíritas a dificuldade, portanto, consiste em harmonizar vibrações e pensamentos diferentes. É na combinação das forças psíquicas e dos pensamentos entre

---

[2] Professor Ch. Drawbarn – *The Science of the Communication*.

os médiuns e os experimentadores, de um lado, e entre estes e os Espíritos, do outro, que reside inteiramente a lei das manifestações.

São favoráveis as condições de experimentação quando o médium e os assistentes constituem um grupo harmônico, isto é, quando pensam e vibram em uníssono. No caso contrário, os pensamentos emitidos e as forças exteriorizadas se embaraçam e anulam reciprocamente. O médium, em meio dessas correntes contrárias, experimenta uma opressão, um mal-estar indefinível; sente-se mesmo, às vezes, como que paralisado, sucumbido. Será necessária uma poderosa intervenção oculta para produzir o mínimo fenômeno.

Mesmo quando é completa a harmonia entre as forças emanadas dos assistentes, e os pensamentos convergem para um objetivo único, uma outra dificuldade se apresenta. Pode essa união de forças e vontade ser suficiente para provocar efeitos físicos e mesmo fenômenos intelectuais, que vão logo sendo atribuídos à intervenção de personalidades invisíveis. É prudente e de bom aviso só admitir, por conseguinte, essa intervenção, quando estabelecida por fatos rigorosos.

Muitas pessoas se admiram e ficam hesitantes às primeiras dificuldades que encontram em suas tentativas de comunicar-se com os Espíritos. E perguntam por que é tão rara, tão pouco concludente a intervenção destes, e por que não está a humanidade inteira familiarizada com um fato de tal magnitude.

Outras, prosseguindo as investigações, obtêm provas satisfatórias e tornam-se adeptas convictas. Entretanto, objetam ainda que os seres amados que têm no Espaço, parentes e amigos falecidos, apesar de seus veementes desejos e reiteradas solicitações, nunca lhes deram o menor testemunho de sua presença, e esse insucesso lhes deixa uns restos de dúvida, de desagradável incerteza. Era esse o sentimento que o próprio Sr. Flammarion exprimia numa publicação recente.

Ora, todo experimentador esclarecido facilmente a si mesmo explicará a razão de tais malogros. Vosso desejo de comunicar com determinado Espírito e igual desejo da parte deste não bastam por si só; é preciso que ainda outras condições se reúnam, determinadas pela lei das vibrações.

Vosso amigo invisível escuta os chamados que lhe dirigis e procura responder-vos. Sabe que, para comunicar convosco, é preciso que vosso cérebro físico e o cérebro fluídico dele vibrem em uníssono. Aí surge uma primeira dificuldade. Seu pensamento irradia com demasiada velocidade para que o possais perceber. Será, pois, o seu primeiro cuidado imprimir às suas vibrações um movimento mais lento. Para isso um estudo mais ou menos prolongado se tornará preciso, variando as probabilidades de êxito conforme as aptidões e experiências do operador. Se falha a tentativa, toda comunicação direta se torna impossível, e ele terá que confiar a um Espírito mais poderoso ou mais hábil a transmissão de seus ditados. É o que frequentemente acontece nas manifestações. Supondes receber o pensamento direto de vosso amigo, e, entretanto, ele não vos chega senão graças ao auxílio de um intermediário espiritual. Daí certas inexatidões ou obscuridades, atribuíveis ao transmissor, que vos deixam perplexo, ao passo que a comunicação, em seu conjunto, apresenta todos os caracteres de autenticidade.

Na hipótese de que vosso amigo do outro mundo disponha dos poderes necessários, ser-lhe-á preciso procurar um médium cujo cérebro, por seus movimentos vibratórios, seja suscetível de se harmonizar com o seu. Há, porém, tão grande variedade entre os cérebros como entre as vozes ou as fisionomias; identidade absoluta não existe. O Espírito será forçado a contentar-se com o instrumento menos impróprio ao resultado que se propõe. Achado esse instrumento, aplicar-se-á a lhe desenvolver as qualidades receptivas. Poderá conseguir o desejado êxito em pouco tempo; algumas vezes, porém, serão necessários meses, anos, para conduzir o médium ao requerido grau de sensitividade.

Ou bem podeis ser vós mesmos esse médium, esse sensitivo. Se tendes consciência de vossas faculdades, se vos prestais à ação do Espírito, alcançareis decerto o fim que ele atingir. Para isso se requerem, ao mesmo tempo, paciência, perseverança, continuidade, regularidade de esforços. Possuireis acaso essas qualidades? Vossa força de vontade será sempre igual e inquebrantável? Se procedeis de modo incoerente, hoje com ardor, amanhã tíbio, de tal jeito que as vibrações do vosso cérebro variem em consideráveis proporções, não tereis de vos admirar da diferença e mesmo da nulidade dos resultados.

Pode acontecer que, sentindo-se impotente para ativar em grau suficiente, no estado de vigília, as vibrações do vosso cérebro, recorra o vosso amigo invisível ao "transe" e, pelo sono, vos procure tornar inconsciente. Então vosso perispírito se exterioriza; suas irradiações aumentam, se dilatam; a transmissão se faz possível; exprimis o pensamento do Espírito. Ao despertardes, contudo, não conservareis lembrança alguma do ocorrido, e pelos outros é que sabereis o que tiverem proferido vossos lábios.

Todos esses fenômenos são regidos por leis rigorosas; quaisquer que sejam vossas faculdades, vossos desejos, se não podeis satisfazer as suas exigências, vossos pais e amigos falecidos, todas as legiões invisíveis, debalde agiriam sobre vós. Ocorre, todavia, encontrardes desconhecidos, homens ou mulheres, que o acaso parece colocar em vosso caminho. Nada sabem dessas coisas. A ciência do Além-túmulo pode ser para eles letra morta; entretanto, possuem um organismo que vibra harmonicamente com o pensamento de vossos parentes, de vosso irmão ou mãe, e por seu intermédio podem estes convosco entreter colóquios expansivos.

Poderei, a título de exemplo, citar o seguinte fato: meu pai, falecido havia quinze anos, nunca se tinha podido comunicar, no seio do grupo cujos trabalhos muito tempo dirigi, por nenhum dos médiuns que aí se haviam sucedido. Apenas um deles o tinha podido entrever como vaga e indistinta sombra. Perdera eu toda a esperança de conversar com ele, quando uma noite, em Marselha, por ocasião de uma visita de despedida feita a uma família amiga, chega uma senhora, que não aparecia há mais de um ano, e, trocados os cumprimentos habituais, toma lugar ao nosso lado. Em meio de nossa conversação ela cai num sono espontâneo, e, com grande surpresa minha, o Espírito de meu pai, que ela jamais havia conhecido, se manifesta por seu intermédio, dá-me as mais irrecusáveis provas de identidade e, numa enternecida efusão, descreve as sensações, as emoções que experimentara desde o momento da separação.

Do conjunto dos estudos sobre as vibrações harmônicas dos cérebros uma comprovação resulta: é que, pela orientação e persistência de nossos pensamentos, podemos modificar as influências que nos rodeiam e entrar em relação com inteligências e forças similares. Esse fato não é unicamente exato a respeito dos sensitivos e dos médiuns; também se dá com todo ser pensante. As influências do Além podem irradiar sobre nós, sem que haja comunicação consciente com os seres que o povoam. Não é necessário acreditar na existência do mundo dos Espíritos e querer conhecê-lo, para lhe experimentar os efeitos. A lei das atrações é inelutável; tudo no homem lhe está submetido. Por isso, a censura que dirigem aos espíritas, acusando-os de atrair exclusivamente, em virtude de suas práticas, as forças maléficas do universo, é insubsistente diante dos fatos.

Depende do homem receber as mais diversas inspirações, desde as sublimes às mais grosseiras. O nosso estado mental é como uma brecha por onde amigos ou inimigos podem penetrar em nós. Os sensuais atraem Espíritos sensuais que se associam a seus atos e desejos e lhes aumentam a intensidade; os criminosos atraem violentos que os impelem cada vez mais longe na prática do mal. O inventor é auxiliado por investigadores do Além. O orador tem a percepção de imagens, que fixará em arroubos de eloquência próprios a emocionar as multidões. O pensador, o músico, o poeta receberão as vibrações das esferas em que o verdadeiro e o belo constituem um objeto de culto; almas superiores e poderosas lhes transfundirão as opulências da inspiração, o sopro divino que acaricia as frontes sonhadoras e produz as maravilhas do gênio, do talento.

Assim, de um ao outro plano, responde o Espírito às solicitações do Espírito. Todos os planos espirituais se ligam entre si. Os instintos de ódio, de depravação e crueldade atraem os Espíritos do abismo. A frivolidade atrai os Espíritos levianos; mas a prece do homem de bem, a súplica por ele dirigida aos Espíritos celestes se eleva e repercute nota a nota, na gama ascensional, até as mais elevadas esferas, ao mesmo tempo que das regiões profundas do Infinito descem sobre ele as ondas vibratórias, os eflúvios do pensamento eterno, que o penetram de uma corrente de vida e de energia. O universo inteiro vibra sob o pensamento de Deus.

IX - CONDIÇÕES DE EXPERIMENTAÇÃO

O estudo dos fenômenos é de importância capital, pois que nele é que se baseia inteiramente o Espiritismo. Muitas vezes, porém, a ausência de método, a falta de continuidade e direção nas experiências tornam estéreis a boa vontade dos médiuns e as legítimas aspirações dos investigadores. A essas causas se devem atribuir os resultados pouco decisivos que tantas pessoas obtêm. Experimentam ao acaso desordenadamente, sem preocupação das condições indispensáveis; têm pressa de obter fenômenos transcendentes. Em consequência mesmo do estado de espírito em que fazem as pesquisas, acumulam dificuldades, e se ao fim de algumas sessões não obtêm mais que fatos insignificantes, banalidades ou mistificações, desanimam e abandonam a investigação.

Se, ao contrário, se produzem resultados satisfatórios, determinam eles muitas vezes, com irrefletido entusiasmo, uma tendência prejudicial para a credulidade, uma disposição para atribuir aos Espíritos desencarnados todos os fenômenos obtidos. Em casos tais não se fazem esperar as decepções necessárias, todavia, porque fazem nascer a dúvida e, com ela, restabelecem o equilíbrio mental, o senso crítico, indispensável em todo estudo experimental e, mais que qualquer outro, nesse domínio das investigações psíquicas, em que a sugestão, o inconsciente e a fraude se podem a cada passo misturar com as manifestações do mundo invisível.

Noutros lugares fazem-se críticas levianas, são acusados os grupos de má direção, os médiuns de incapacidade e os assistentes de ignorância ou misticismo. Queixam-se de não obter senão comunicações destituídas de interesse científico e consistindo de repisadas exortações morais.

Essas críticas nem sempre são infundadas; mas é preciso não esquecer, como geralmente se faz, que nenhum bem se adquire sem trabalho, e que se não deve procurar colher os frutos antes da maturação. Em tudo se requer moderação e paciência. As faculdades mediúnicas, como todas as coisas, estão submetidas à lei de progressão e desenvolvimento. Em lugar de estéreis críticas, mais vale, pelo concurso de boas vontades reunidas, facilitar a tarefa do médium, formando em torno dele uma atmosfera de simpatia que lhe seja ao mesmo tempo sustentáculo, estímulo e proteção.

É indispensável submeter as produções mediúnicas a rigoroso exame e conduzir as investigações com espírito analítico sempre vigilante.

A falta de benevolência, a crítica exagerada, a malsinação sistemática podem, entretanto, desanimar o médium, compelido a abandonar tudo, ou pelo menos afastá-lo das reuniões numerosas, para se incorporar aos grupos familiares, aos círculos restritos, onde encontrará sem dúvida mais favorável ambiente, mas em que os seus trabalhos só aproveitarão a reduzido número de escolhidos.

Há, portanto, antes de tudo um duplo inconveniente a remover. Se demasiado ceticismo é prejudicial, a credulidade excessiva constitui perigo não menor. É preciso evitar um e outra com igual cuidado, e conservar-se num prudente meio-termo.

Entre os homens de ciência é que se encontram os mais inveterados preconceitos e prevenções a respeito dos fatos espíritas.

Querem eles impor a essas investigações as regras da ciência ortodoxa e positiva, que consideram os únicos fundamentos da certeza; e se não são adotadas e seguidas essas regras, rejeitam implacavelmente todos os resultados obtidos.

Entretanto, a experiência nos demonstra que cada ciência tem suas regras próprias. Não se pode estudar com proveito uma nova ordem de fenômenos, socorrendo-se de leis e condições que regem fatos de uma ordem inteiramente diversa. Só mediante pesquisas pessoais, ou graças à experiência nesse domínio adquirida pelos investigadores conscienciosos, e não em virtude de teorias a priori, é que se podem determinar as leis que governam os fenômenos ocultos. São das mais sutis e complicadas essas leis. Seu estudo exige espírito refletido e imparcial. Mas como exigir imparcialidade àqueles cujos interesses, nomeada e amor-próprio, estão intimamente ligados a teorias ou a crenças que o Espiritismo pode aniquilar?

"Para achar a verdade" – disse notável pensador – "é preciso procurá-la com o coração simples." É, sem dúvida, por isso que certos sábios, imbuídos de teorias preconcebidas, escravizados pelo hábito aos rigores de um método rotineiro, colhem menos resultados nessas investigações do que homens simplesmente inteligentes, mas dotados de senso prático e de espírito independente. Esses se limitam a observar os fatos em si mesmos e lhes deduzir as consequências lógicas, ao passo que o homem de ciência se aferrará principalmente ao método, ainda quando improdutivo. O que nesse domínio importa antes de tudo são os resultados, e o único método que os favorecer, mesmo que pareça defeituoso a alguns, deve ser por nós considerado bom.

Não é necessário ser matemático, astrônomo, médico de talento, para empreender, com probabilidade de êxito, investigações em matéria de Espiritismo: basta conhecer as condições a preencher e submeter-se a elas. Nenhuma outra ciência pode nos indicar essas condições. Só a experimentação assídua e as revelações dos Espíritos guias no-las permitem estabelecer com precisão.

Os sábios tomam muito pouco em consideração as afinidades psíquicas e a orientação dos pensamentos, que, entretanto, constituem um importante fator do problema espírita. Encaram o médium como um aparelho de laboratório, como máquina que deve produzir efeitos à vontade, e procedem a seu respeito com excessiva desatenção. As inteligências invisíveis que o dirigem são por eles equiparadas a forças mecânicas. Nelas recusam-se, em geral, a ver seres livres e conscientes, cuja vontade entra numa considerável proporção, nas manifestações – seres que têm suas ideias, seus desígnios, seu objetivo, desconhecidos para nós, e que nem sempre julgam conveniente intervir: uns, porque o desembaraço e os intuitos excessivamente materiais dos experimentadores os afastam; outros, porque, demasiado inferiores, não se preocupam com a necessidade de demonstrar aos homens as realidades da sobrevivência.

Força é, todavia, reconhecer que as exigências e os processos dos sábios podem, num certo limite, ser justificados, em vista de fraudes com que têm sido muitas vezes desfigurados ou simulados os fenômenos.

Não somente hábeis prestidigitadores têm praticado esse gênero de exercícios, mas verdadeiros médiuns têm sido, não raro, surpreendidos em flagrante delito de simulação. Daí a bem legítima prevenção de certos investigadores e a obrigação, que se lhes impõe, de eliminar, nas experiências, tudo o que apresenta caráter suspeito, todo elemento de dúvida, todo motivo de ilusão.

É indubitável que, no fenômeno de transportes, por exemplo, será preciso uma grande acumulação de provas, irrecusável evidência, para acreditar-se na desmaterialização e sucessiva reconstituição de objetos, passando através das paredes, de preferência a admitir que tenham sido trazidos por algum dos assistentes.

A desconfiança, entretanto, não deve ser levada ao extremo de impor ao fenômeno condições que o tornem impossível, como no caso do Dr. Ferroul e dos professores do Montpellier, que exigiam a leitura a distância, através de placas de vidro.

A interposição desse corpo, criando um obstáculo insuperável à ação do médium, tornava essa experiência equivalente à que, num intuito de verificação, consistisse em inundar de luz intensa a câmara escura de um fotógrafo, no momento de praticar as suas operações peculiares.

A ignorância das causas em ação e das condições em que elas se manifestam explica os frequentes insucessos daqueles mesmos que, supondo dar lições aos outros, só conseguem demonstrar insuficiência das regras de sua própria ciência, quando as querem aplicar a esta ordem de pesquisas.

Além disso, o espírito de suspeita e malevolência em que envolvem o médium atrai as entidades inferiores, que se comprazem em perturbar e impelem o sensitivo à prática de atos fraudulentos. Quando esses elementos fazem irrupção num grupo, o melhor alvitre a adotar é suspender a sessão. É sobretudo nesse caso que a presença e os conselhos de um Espírito guia são de grande utilidade; e os que, deles privados, se entregam a experiências, ficam expostos a graves decepções.

O médium é um instrumento delicado, repositório de forças que se não renovam indefinidamente, e que é preciso utilizar, com moderação. Os Espíritos esclarecidos, os experimentadores sensatos, aos quais merece cuidado a saúde dos sensitivos, sabem deter-se aos primeiros sintomas de esgotamento; os Espíritos levianos e embusteiros, que afluem às reuniões mal dirigidas, em que não reina a harmonia nem a elevação de pensamentos, têm menos escrúpulos. Senhores dos intuitos dos investigadores inexpertos, não trepidarão em exceder o limite das forças do médium, para produzirem fenômenos sem interesse, e mesmo para mistificarem os assistentes.

Quase sempre, forças, causas, influências diversas intervêm nas experiências; algumas vezes mesmo se contrariam e hostilizam. Daí uma certa confusão, uma mescla de verdadeiro e falso, de coisas evidentes e duvidosas que nem sempre é fácil distinguir.

Os próprios sábios reconhecem que, na maior parte dos casos, pode a sugestão intervir numa considerável proporção; do que resulta que, para obter fenômenos espíritas verdadeiramente autênticos e espontâneos, se deve evitar com cuidado tudo o que pode influenciar o médium e perturbar a ação dos Espíritos. Ora, é do que parece menos se preocuparem certos homens de ciência.[1] Julgam lícito embaraçar o sensitivo com perguntas inoportunas, pueris, insidiosas. Perturbam as sessões, entretendo-se em conversas particulares e colóquios. Quando são indispensáveis a calma, o silêncio, a atenção, uns mudam de lugar, entram e saem, interrompem as manifestações em curso, apesar das injunções dos Espíritos; outros, como certo doutor de nosso conhecimento, fumam e tomam cerveja durante as experiências.

---

[1] Ver as experiências do Sr. Flournoy, professor de Psicologia na Universidade de Genebra, e a judiciosa crítica que delas fez o Sr. Dr. Metzger – *Autour des Indes à la Planète,* Leymarie, editor.

Em tais condições tão pouco sérias, tão pouco honestas, como é possível ousar legitimamente formular conclusões?

Algumas vezes a experiência segue uma direção normal, satisfatória; o fenômeno se desenvolve com feição prometedora. E subitamente age uma nova causa; uma vontade intervém; uma corrente de ideias contrárias entra em jogo; a ação mediúnica se perturba e transvia; já não produz senão efeitos em desacordo com as esperanças do começo. Fatos reais parecem ladear coisas ilusórias; às sessões imponentes sucedem manifestações vulgares. Como destrinçar essa complicação que vos deixa perplexo? Como evitar a sua reprodução?

É aí que a necessidade da disciplina nas sessões se faz vivamente sentir e, mais ainda, a assistência de um Espírito elevado, cuja vontade enérgica exerça império sobre todas as correntes adversas.

Quando a harmonia das condições se estabelece e a força do Alto é suficiente, já não se produzem essas contradições, essas incoerências que provêm, quer das forças inconscientes, quer de Espíritos atrasados, quer mesmo do estado mental dos assistentes. O fenômeno se desenvolve então em sua majestosa grandeza, e o fato probatório se apresenta.

Mas para isso, para obter essa assistência do Alto, fazem-se precisas a união, a elevação dos pensamentos e dos corações; são necessários o recolhimento e a prece.

As entidades superiores não se põem de boa mente ao serviço dos experimentadores que não são animados do sincero desejo de instruir-se, de um amor profundo ao bem e à verdade.

Aqueles que fazem do Espiritismo um passatempo, uma frívola diversão, não têm que contar senão com incoerências e mistificações.

Pode haver mesmo nisso, às vezes, um perigo. Certas pessoas se comprazem em conversas mediúnicas com os Espíritos inferiores, com almas viciosas e degradadas, e isso sem intenção benéfica, sem intuito de regeneração, movidas por sentimento de curiosidade, pelo desejo de divertir-se. Ao passo que não teriam suportado a convivência desses seres, na vida terrestre, não receiam atraídos, depois de desencarnados, e com eles entreter palestras de mau gosto, sem reparar em que desse modo se abandonam a perigosas influências magnéticas.

Se entrardes em relação com almas perversas, fazei-o com o fim de sua redenção, de sua reabilitação moral, sob o amparo de um guia respeitável; doutro modo vos exporeis a nociva promiscuidade, a obsessões temíveis. Não abordeis essas regiões do Além senão com o propósito firme e elevado, que vos seja como a arma assestada contra o mal.

A mediunidade, esse poder maravilhoso, foi concedida ao homem para um nobre uso. Aviltando-a, aviltareis a vós mesmos, e de um puríssimo eflúvio celeste fareis um sopro envenenado.

O antigo iniciado, como os orientais em nossos dias, só se entregava às evocações depois de se haver purificado pela abstinência, pela prece e pela meditação. A comunicação com o Invisível era um ato religioso, que ele executava com sentimento de respeito e de veneração pelos mortos.

Nada há mais diametralmente oposto que o modo de proceder de certos experimentadores atuais. Apresentam-se nos lugares de reunião depois de copioso jantar, impregnados do cheiro do fumo, com o desejo intenso de obter manifestações ruidosas ou indicações favoráveis aos seus interesses materiais. E admiram-se, em tais condições, de só se apresentarem Espíritos fraudulentos e mentirosos que os enganam e se divertem em lhes causar inúmeras decepções!

Malgrado a repugnância dos modernos sábios pelos meios com cuja aplicação se realiza a elevada comunhão das almas, será forçoso a eles recorrer, a não ser que se queira fazer do Espiritismo uma nova fonte de abusos e de males.

O estado de espírito dos assistentes, sua ação fluídica e mental, é por conseguinte, nas sessões, um importante elemento de êxito ou de insucesso. Quanto mais sensível é o médium tanto mais receptivo é à influência magnética dos experimentadores. Em uma assembleia na maioria composta de incrédulos, cujos pensamentos hostis convergem para o sensitivo, o fenômeno dificilmente se produz. A primeira das condições é abster-se de toda ideia preconcebida, a fim de deixar ao Espírito a necessária liberdade de ação. Tenho, por minha parte, em certos casos, podido verificar que uma vontade enérgica e persistente pode paralisar o sensitivo, se é fraco, e constituir obstáculo às manifestações.

Os pensamentos divergentes se chocam e formam uma espécie de caos fluídico, que a vontade dos invisíveis nem sempre consegue dominar. É o que torna tão problemáticos os resultados nas assembleias numerosas, de composição heterogênea, nas sessões teatrais, por exemplo, como o tem demonstrado a experiência. As pessoas ávidas de propaganda pública, que, sem cogitar das necessárias precauções, se aventuram nesse terreno, expõem-se a bem graves reveses. Aí correm os médiuns grande risco: não somente se acham à mercê dos Espíritos atrasados que se comprazem na permanência entre as turbas, mais ainda ficam à discrição de todo mal-intencionado que, aparentando de sábio, deles exigirá experiências contrárias às verdadeiras leis do Espiritismo. E quando tiver usado e abusado de suas forças sem resultado prático, persuadirá os espectadores de que, nessa ordem de ideias, não há mais que fraude ou erro.

Compreende-se, depois disso, que haja quase sempre afinidade entre os membros de um círculo e as entidades atuantes. As influências humanas atraem inteligências similares, e as manifestações revestem um caráter em harmonia com as disposições, as preferências, as aptidões do meio.

Certos críticos têm pretendido concluir daí que as comunicações espíritas não passam de reflexos dos pensamentos dos assistentes. Fácil de refutar é essa opinião. Basta recordar as revelações de nomes, fatos, datas, desconhecidos de todos, as quais se têm produzido em tantos casos e foram reconhecidas exatas depois de verificação.[2]

Têm-se obtido palavras, ditadas em línguas ignoradas dos assistentes; a assinatura, o estilo, a maneira de escrever de pessoas falecidas têm sido mecanicamente reproduzidas por

---

[2] Ver a Segunda parte, cap. XVII a XXI.

médiuns que nunca as haviam conhecido. Às vezes, também, experimentadores instruídos só obtêm coisas vulgares, ao passo que em reuniões de iletrados têm sido transmitidas comunicações notáveis pela elevação e beleza de linguagem.

As analogias que se notam entre os membros de um grupo e os Espíritos que o dirigem não provêm unicamente das simpatias adquiridas e da similitude de opiniões; radicam-se também nas exigências da transmissão fluídica.

Nas manifestações intelectuais o Espírito necessita de um agente e de um meio que lhe forneçam os elementos necessários para expor suas ideias e as fazer compreender. Daí a tendência para se aproximar dos homens com quem se acha em comunhão de ideias ou de sentimentos.

É sabido que nos fenômenos de escrita, de incorporação e, às vezes, mesmo, de tiptologia, o pensamento do Espírito se transmite através do cérebro do médium e este não deixa passar senão um certo número de vibrações – as que se acham em harmonia com o seu próprio estado psíquico.[3]

Do mesmo modo que um raio de luz, atravessando os vidros coloridos de uma janela, se decompõe e não projeta do outro lado senão uma quantidade reduzida de vibrações, assim o ditado do Espírito, seja qual for a opulência dos termos e das imagens que o compõem, será transmitido no restrito limite das formas e das expressões familiares ao médium e contidas em seu cérebro.

Esta regra é geral. Temos, entretanto, observado que um Espírito, poderoso em vontade e energia, consegue fazer um médium transmitir ensinos superiores a seus conhecimentos e indicar fatos que sua memória não registra.

Quanto às lacunas e contradições que entre si apresentam as comunicações, e de que tantas vezes se faz um argumento contra o Espiritismo, convém não esquecer que os Espíritos, como os homens, representam todos os graus da evolução. A morte não lhes confere a ciência integral, e, posto que suas percepções sejam mais extensas que as nossas, não penetram eles senão pouco a pouco, e na medida do seu adiantamento, os segredos do universo imensurável.

[3] Ver a Primeira parte, cap. VIII – "As leis da comunicação espírita".

A atmosfera terrestre está povoada de Espíritos inferiores, em inteligência e em moralidade, aos quais o peso específico que lhes é próprio não permite elevarem-se mais alto. São os que acodem aos nossos chamados e se comunicam a maior parte das vezes. Os que se elevaram a uma vida superior não volvem até nós senão em missão. Suas manifestações são mais raras. Revestem-se de caráter grandioso que não as permite confundir no conjunto das outras comunicações.

Se os pensamentos divergentes dos circunstantes são uma causa de perturbação e de insucesso, por um efeito contrário, os pensamentos dirigidos para um objetivo comum, sobretudo quando elevado, produzem vibrações harmônicas que difundem no ambiente uma impressão de calma, de serenidade, que penetra o médium e facilita a ação dos Espíritos. Estes, em vez de lutarem, empregando o poder da vontade, não têm mais que associar seus esforços às intenções dos assistentes; e desde logo a diferença dos resultados é considerável.

É por isso que nas reuniões do nosso grupo de estudos reclamamos constantemente o silêncio, o recolhimento, a união dos pensamentos, e, a fim de facilitá-los e de orientar a assistência no sentido de elevados assuntos, abrimos sempre as sessões com uma prece coletiva, com uma invocação improvisada ao Poder infinito e aos seus invisíveis agentes, pondo nessa invocação todas as forças de nosso espírito, todos os espontâneos surtos de nosso coração.

Além disso, nas sessões de efeitos físicos, quando se pretende obter fenômenos de transporte, escrita direta, materializações, é conveniente empregar um meio artificial para fixar num ponto os pensamentos dos circunstantes. Pode-se adotar um signo e colocar imaginariamente acima do médium, como, por exemplo, uma cruz, um triângulo, uma flor, e, de quando em quando, no curso da sessão, lembrar o signo convencional, atrair para ele a atenção oscilante e prestes sempre a desviar-se.

Esse processo substitui com vantagem as cantarolas vulgares, pouco edificantes, a que muitos costumam recorrer em certas reuniões e que impressionam desagradavelmente as pessoas de fino gosto e espírito culto, e só tem aplicação na obscuridade. A luz geralmente exerce uma ação dissolvente sobre os fluidos. Em todos os casos em que não seja indispensável, como para obter-se a escrita semimecânica, será conveniente diminuir-lhe a intensidade e mesmo suprimi-la inteiramente, desde que, por exemplo, se dispõe de médiuns videntes e de incorporação.

A música, os cantos graves e religiosos podem também contribuir poderosamente para determinar a harmonia dos pensamentos e dos fluidos. Isto não é, porém, suficiente. Nas sessões, à união dos pensamentos é necessário acrescentar a união dos corações. Quando reina a antipatia entre os membros de um grupo, a ação dos Espíritos elevados se enfraquece e aniquila. Para obter sua intervenção assídua é preciso que a harmonia moral, mãe da harmonia fluídica, se estabeleça nos corações, e que todos os adeptos sintam-se na conjunção de esforços por alcançar um objetivo comum, ligados por um sentimento de sincera e benévola cordialidade.

As mais secretas leis do pensamento se revelam nas experiências. Quando, às vezes, os membros de um grupo estão agitados por intensas preocupações, pode a linguagem do médium ressentir-se desse fato. O mesmo se dará com a ação dos Espíritos sobre o médium e reciprocamente. Qualquer que seja o predomínio de um Espírito sobre o sensitivo, se este se acha desassossegado, inquieto, agitado, as comunicações apresentarão o cunho desse estado de perturbação. As inteligências que se manifestam, quando sejam pouco adiantadas, podem também sofrer a influência dos assistentes.

Há, de modo geral, entre o meio terrestre e as entidades invisíveis uma reciprocidade de influências que é preciso ter em consideração na análise dos fenômenos. O Espírito elevado, porém, mesmo em virtude de sua superioridade e das forças de que dispõe, escapa a essas influências, as domina e governa, e se afirma com uma autoridade que não deixa lugar à menor dúvida. É por isso que convém acima de tudo captarmos a intervenção das almas superiores e facilitá-la, colocando-nos nas condições que elas nos impõem, sem as quais não podemos atrair senão Espíritos medíocres, pouco aptos a nos servir de guias e traduzir fielmente os altos ensinamentos do Espaço.

Os grupos pouco numerosos e de composição homogênea são os que reúnem as maiores probabilidades de êxito. Se já é difícil harmonizar as vibrações de cinco ou seis pessoas entre si e com os fluidos do Espírito, é evidente, *a fortiori,* que as dificuldades aumentam com o número dos assistentes. É prudente não exceder o limite de dez a doze pessoas, de um e outro sexo, quando possível sempre as mesmas, sobretudo no começo das experiências.

A renovação frequente da assistência, reclamando contínuo trabalho de fusão e assimilação da parte dos Espíritos, compromete ou pelo menos atrasa os resultados. Se é excelente, no ponto de vista da propaganda, franquear os círculos a novos adeptos, é necessário que ao menos um núcleo de antigos membros permaneça compacto e constitua invariável maioria.

Convém reunir-se em dias e horas fixos e no mesmo lugar. Os Espíritos podem se apropriar, assim, dos elementos fluídicos que lhes são necessários, e os lugares de reunião, impregnando-se desses fluidos, tornam-se cada vez mais favoráveis às manifestações.

A perseverança é uma das qualidades indispensáveis ao experimentador. Aborrece muitas vezes passar um serão infrutífero na expectativa dos fenômenos. Sabemos contudo que uma ação insensível, lenta e progressiva, se realiza no curso das sessões. A concentração das forças necessárias não se efetua, às vezes, senão depois de repetidos esforços, em reuniões de tentativas e de ensaios.

Os seguintes exemplos nos demonstram que a paciência é frequentemente a condição do êxito.

Em 1855 o professor Mapes formou, em Nova Iorque, um grupo de doze pessoas, homens cultos e céticos, que combinaram reunir-se, com um médium, vinte vezes seguidas.

Durante as dezoito primeiras noites os fenômenos apresentaram caráter tão indeciso e trivial que muitos dentre os assistentes deploravam a perda de um tempo precioso; no curso das duas últimas sessões, porém, produziram-se fatos de tal modo notáveis que o estudo foi prosseguido pelo mesmo grupo durante quatro anos; todos os seus membros se tornaram convencidos adeptos.[4]

Em 1861, o banqueiro Livermore, experimentando com a médium Kate Fox, com o fim de obter materializações do Espírito de sua esposa Estelle, só à 24ª sessão viu desenhar-se a sua forma. Pôde mais tarde conversar com esse Espírito e obter comunicações diretas.[5] A falta de perseverança nenhum desses resultados teria permitido colher.

Compreende-se, à vista desses fatos, quanto é necessário aplicar uma atenção rigorosa à composição dos grupos e às condições de experimentação. Tal seja a natureza do meio, a faculdade do médium produzirá efeitos muitíssimo diversos. Ora se manifestará em fenômenos, de caráter equívoco, que despertarão a dúvida e a desconfiança, fazendo que as sessões, em tal caso, deixem uma impressão de mal-estar indefinível; ora dará lugar a efeitos tão poderosos que diante deles toda incerteza se dissipará.

Tenho, por minha parte, assistido a muitas sessões nulas ou insignificantes; mas também posso afirmar que tenho visto médiuns admiravelmente inspirados em suas horas de êxtase e de sono magnético. Outros tenho eu visto escrever de um jato, às vezes mesmo na obscuridade, páginas magníficas de estilo, esplêndidas de elevação e de vigor. Tenho assistido, aos milhares, a fenômenos de incorporação que permitiam a habitantes do Espaço apoderar-se, durante algumas horas, do órgão de um médium e proferir frases, discursos, com inflexões tais que todos quantos os ouviam guardavam dessas reuniões uma recordação imorredoura.

Para o observador atento, que estudou todos os aspectos do fenômeno, há como que uma gradação, uma escala

---

[4] Russel Wallace – *Os milagres e o moderno espiritualismo*, p. 205.

[5] Ver Robert Dale Owen, *Região em litígio*, passim; Aksakof, *Animismo e espiritismo*, cap. IV, B.

ascensional, que vai desde os ligeiros ruídos e os movimentos de mesas até as mais altas produções do pensamento. É uma engrenagem que se apodera do experimentador imparcial, e cujo poder todos os homens que têm a preocupação da verdade cedo ou tarde reconhecerão.

Apesar das hostilidades, das repulsas e hesitações, forçoso virá a ser um dia consagrar-se, de modo geral, ao estudo das manifestações físicas; este, por um rigoroso encadeamento, conduzirá à psicografia e, em seguida, pela visão e audição, à incorporação; e desde que se quiser investigar as causas reais desses fenômenos, defrontar-se-á com o grande problema da sobrevivência.

A medida que o observador penetrar nesse domínio, sentir-se-á pouco a pouco elevado acima do plano material. Será induzido a reconhecer que os fatos de ordem física não são mais que preparação para fenômenos mais eminentes, e que todos, em conjunto, convergem para a manifestação desta verdade: que a alma humana é imperecível e os seus destinos são eternos. Conceberá, desde então, das leis do universo, da ordem e da harmonia das coisas, uma ideia cada vez mais grandiosa, com uma noção sempre mais profunda do objetivo da existência e dos imprescritíveis deveres que ela impõe.

Nos fenômenos é, portanto, necessário distinguir três causas em ação: a vontade dos experimentadores – as forças exteriorizadas do médium e dos assistentes – e a intervenção dos Espíritos.

Os próprios fenômenos se podem dividir em duas grandes categorias: os fatos magnéticos e os fatos mediúnicos; uns e outros, porém, intimamente se entrelaçam e muitas vezes se confundem.

O médium, uma vez mergulhado em sono magnético, acha-se em três estados distintos que se podem nele suceder, a cada um dos quais corresponde uma ordem de fenômenos. São eles:

1º - O estado superficial de hipnose, favorável aos fatos telepáticos e à transmissão de pensamento; os que, todavia, se produzem nesse estado são em geral pouco concludentes; o desprendimento do corpo fluídico do médium é incompleto, e sua ação pessoal pode se misturar à sugestão do Espírito.

2º - O sono magnético real, que permite ao corpo fluídico do médium exteriorizar-se e agir a distância.

3º - O sono profundo, graças ao qual se produzem as aparições, as materializações, a levitação do médium, as incorporações. O sono mediúnico, em suas várias fases, pode ser provocado, ora por um dos experimentadores, ora diretamente pelo Espírito. Julgamos preferível deixar agir a influência oculta, quando suficiente. Assim se evitará a objeção habitual de que a ação do magnetizador favorece a sugestão.

Os fatos espíritas podem ser subdivididos em quatro classes:

1ª - A tiptologia e o fenômeno das mesas - Neste gênero de experiências é preciso eliminar com cuidado as causas físicas, os movimentos involuntários, o magnetismo dos assistentes, a sugestão mental. Excluídos todos os fatos explicáveis por essas causas, restará um número considerável de fenômenos que demonstram a intervenção de inteligências alheias às pessoas presentes.

2ª - A escrita automática - Muitos ditados obtidos por esse processo podem ser atribuídos à sugestão inconsciente.

Podendo o pensamento, como vimos, exteriorizar-se, acontece em certos casos que o pensamento do médium responde à pergunta por ele próprio formulada. Dar-se-ia então um fenômeno de autossugestão involuntária, ou de sugestão dos assistentes. A ação dos Espíritos, porém, se revela nos casos em que escritas desconhecidas são traçadas, e fatos, particularidades, revelações, que constituem outros tantos elementos de identidade, são obtidos por esse modo de experimentação.[6]

3ª - A incorporação - Nos fenômenos desta ordem pode

---

[6] Ver a Segunda parte, cap. XVIII.

Muitos outros exemplos poderiam ser mencionados. O doutor Cyriax, diretor da *Spiritualistiche Blaetter,* de Berlim, não obteve a escrita mecânica senão na 21ª sessão (L. Gardy, Cherchons, p. 164). Vários membros do nosso grupo tiveram que aplicar-se a exercícios preparatórios, traçar sinais e caracteres informes durante muitos meses, antes de obter ditados legíveis.

o inconsciente do médium exercer certa intervenção. Há em cada um de nós aquisições mentais, aptidões, reminiscências, uma extensa acumulação de riquezas intelectuais, fruto de nossas anteriores existências, as quais, sepultadas nas profundezas da consciência, se nos conservam ignoradas no estado de vigília. E o que constitui o inconsciente, ou antes, o subconsciente.

Nos casos de desprendimento sonambúlico e de exteriorização, essas energias despertam, vibram e irradiam em torno do corpo fluídico do médium; a psique readquire suas recônditas capacidades e entra em ação. Fácil, porém, é reconhecer os numerosos casos em que ocultas personalidades se apoderam do organismo do médium e se substituem ao seu próprio espírito. Essas personalidades se evidenciam por sinais característicos, gestos, voz, que lhes são próprios, como por certas particularidades psicológicas que não as permitem confundir com o inconsciente do médium.[7]

4ª - As materializações - Esses fenômenos, em virtude de se produzirem na obscuridade, exigem rigorosa verificação. Pode-se, para isso, fazer uso, quer de balanças munidas de aparelhos registradores que permitam averiguar a diminuição de peso do médium, como nas experiências de Armstrong e Reimers,[8] quer, a exemplo de W. Crookes e do engenheiro Varley, de baterias elétricas, a que é ligado o médium por uma corrente que impede todo movimento equívoco de sua parte.

No que se refere às manifestações espíritas, propriamente ditas, qual será o critério de certeza? Onde estará a prova da intervenção dos Espíritos?

Essa prova, já o dissemos, reside no conjunto das particularidades que permitem estabelecer uma identidade positiva. Só o experimentador pode nesse caso ser juiz, e sua convicção não se pode basear senão sobre o reconhecimento desses indícios característicos desconhecidos do médium e, às vezes, mesmo dos assistentes, mediante os quais se revela a personalidade do ser invisível.[9]

---

[7] Ver a Segunda parte, cap. XIX.

[8] Ver Aksakof – *Animismo e espiritismo*, cap. I, B e neste livro, cap. XX.

[9] Ver a Segunda parte, cap. XXI – "Identidade dos Espíritos".

Para adquirir certeza e multiplicar os meios de verificação é conveniente variar as experiências, completar umas com as outras, recorrendo aos diversos gêneros de mediunidade. Do conjunto dos testemunhos e dos resultados obtidos poderemos assim coligir a mais considerável soma de provas que seja possível obter nesse domínio, em que múltiplas causas intervêm e não raro se confundem.

É, às vezes, cruel e desolador sabermos, sentirmos, ao pé de nós, um ente amado e desaparecido, sem podermos com ele conversar; e se, dotado de mediunidade, procurarmos obter uma comunicação, não o é menos percebermos, enquanto o lápis corre veloz sobre o papel, que o nosso pensamento se intercala ao seu de um modo tão íntimo que não podemos separar um do outro e determinar o que emana de nós ou provém dele.

Recorremos então a outro médium. Quer ele escreva, porém, quer fale por sua boca, durante o sono mediúnico, o Espírito evocado, reconhecemos ainda, por um efeito dessa malfadada sugestão, que por toda parte se insinua, que a personalidade do médium se mistura com a do ser que nos é caro. E a dúvida nos assalta, a angustiosa incerteza nos oprime. Súbito, porém, uma prova de identidade brota como uma faísca, tão viva, tão brilhante, tão incontestável que, diante dela, todas as hesitações desaparecem, todas as dúvidas se dissipam e a nossa razão satisfeita e o nosso coração emocionado entram, num transporte de amor e de fé, em comunhão com a alma idolatrada que de modo tão claro e inconfundível acudiu ao nosso reclamo e para sempre firmou a certeza de sua presença e de sua proteção.

Quanto às comunicações de caráter geral e que revestem a forma de ensino filosófico, devem ser cuidadosamente examinadas, discutidas, julgadas com rigor, com a mais completa liberdade de apreciação. A humanidade invisível se compõe dos Espíritos que viveram neste mundo, em cujo número – sabemos – contam-se muitos, bem pouco adiantados. Mas no Espaço há também inteligências brilhantes, iluminadas pelos esplendores do Além. E quando anuem a vir até nós, podemos reconhecê-las na elevação do pensamento, como na judiciosa retidão das apreciações.

Nesta ordem de ideias o discernimento é uma qualidade indispensável. O investigador deve ser dotado de critério seguro, que lhe permitirá distinguir o verdadeiro do falso e, depois de haver tudo examinado, conservar o que tem legítimo valor.

Nada é mais prejudicial à causa do Espiritismo que a excessiva credulidade de certos adeptos e as experiências mal dirigidas. Estas produzem aos pesquisadores novatos uma deplorável impressão; fornecem alimento à crítica e ao motejo e dão uma ideia falsíssima do mundo dos Espíritos. Muitos saem dessas reuniões ainda mais incrédulos que dantes.

O homem crédulo é dotado de boa-fé; a si mesmo se engana inconscientemente e torna-se vítima de sua própria imaginação. Aceita as coisas mais inverossímeis e muitas vezes as afirma e propaga com entusiasmo extravagante. É isso um dos maiores estorvos para o Espiritismo, uma das causas que dele afastam muitas pessoas sensatas, muitos sinceros investigadores, que não podem tomar a sério uma doutrina e fatos tão mal-apresentados.

É preciso não aceitar cegamente coisa alguma. Cada fato deve ser objeto de minucioso e aprofundado exame. Só nessas condições é que o Espiritismo se imporá aos homens estudiosos e racionalistas. As experiências feitas superficialmente, sem conhecimento de causa, os fenômenos apresentados em más condições fornecem argumentos aos céticos e prejudicam a causa a que se pretende servir.

Podemos, em resumo, dizer que o principal motivo dos erros e insucessos, em matéria de psiquismo experimental, é a falta de preparação. Os povos do Ocidente abordam aí um novo domínio, ignorado ou esquecido, e que não é isento de perigos para eles; só excepcionalmente o fazem munidos desse elevado sentimento, dessa luz interior, desse sentido penetrante da alma que os grandes iniciados possuíram e são os únicos que nos podem preservar dos embustes e ciladas do Invisível.

A primeira das condições, por conseguinte, é aparelhar-vos moral e mentalmente. Não provoqueis os fatos antes de vos haverdes tornado aptos para os compreender e dominar, mediante demorado e paciente estudo das obras fundamentais, a reflexão, o desenvolvimento da vontade e o exercício de um raciocínio claro e firme. Se não preencheis essas condições, mais prudente seria vos absterdes, a menos que vos consagreis a essas experiências sob a direção de um homem esclarecido e orientado, a quem auxiliareis com a vossa boa vontade e deixareis o cuidado de vos guiar.

Os processos de investigação usados no mundo físico não se podem adaptar ao plano psíquico. Neste são os pensamentos que entram em ação. Os pensamentos são forças. São eles que lapidam e lentamente modelam o nosso ser interior; influem mesmo em nossa forma exterior, ao ponto de ser fácil distinguir, pelos traços e expressão da fisionomia, o sábio do homem vicioso. Esses efeitos do pensamento não são, porém, circunscritos aos limites do nosso ser material: estendem-se em torno de nós e formam uma atmosfera que serve de laço entre nós e os seres de pensamentos similares.

Nisso reside o segredo da inspiração, da fecundação do espírito pelo espírito. Dessa lei resulta um fato: aquele que, por meio de evocações, de reclamos, entra em relação com o mundo invisível, atrai seres em afinidade com o seu próprio estado mental. O mundo dos Espíritos fervilha de entidades benfazejas e maléficas, e, se não soubermos purificar-nos, orientar os nossos pensamentos e forças no sentido da vida superior, poderemos tornar-nos vítimas das potências malfazejas que em torno de nós se agitam, e têm, em certos casos, conduzido o indivíduo imprudente ao erro, à obcecação, a obsessões vizinhas da loucura.

Mas, se sabeis dominar os sentidos, elevar a alma acima das curiosidades vãs e das preocupações materiais, fazer do Espiritismo um meio de educação e de disciplina moral, entrareis no domínio do verdadeiro conhecimento; influências regeneradoras baixarão sobre vós; uma luz suave e penetrante vos iluminará o caminho, vos preservará das quedas, dos desfalecimentos e de qualquer perigo.

X - FORMAÇÃO E DIREÇÃO DOS GRUPOS. PRIMEIRAS EXPERIÊNCIAS

A constituição dos grupos – dissemos – comporta regras e condições cuja observância influi consideravelmente no resultado a alcançar. Conforme o seu estado psíquico, os assistentes favorecem ou embaraçam a ação dos Espíritos. Enquanto uns, só com sua presença facilitam as manifestações, outros lhes opõem um quase insuperável obstáculo.

É, conseguintemente, necessário proceder a uma certa escolha, sobretudo no começo das experiências. Essa escolha não pode ser ditada, sancionada, senão pelos resultados obtidos, ou ainda pelas indicações de um Espírito guia. Quando, ao fim de certo número de sessões, nenhum efeito satisfatório se produziu, pode-se adotar o processo de eliminação e substituição, até que a assistência pareça composta de modo a fornecer aos invisíveis os meios fluídicos necessários a sua ação.

Assim, também, a direção do grupo deve ser confiada a uma pessoa excelentemente dotada, no ponto de vista das atrações psíquicas, digna, além disso, de simpatia e confiança.

Há, nessa ordem de estudos, um conjunto de regras a observar, e precauções a adotar que desanimam os investigadores. Cumpre, entretanto, advertir que essas exigências se apresentam em toda experiência delicada, em todo estudo psicológico e, mesmo, na aplicação cotidiana de nossas próprias faculdades. Não experimentamos, agradável ou desagradavelmente, a influência dos nossos semelhantes? Em presença de uns, sentimo-nos como animados, atraídos, inspirados. O nosso pensamento ganha surto; a palavra se torna mais fácil, mais vivas se tornam e mais coloridas as imagens. Outros nos tolhem e paralisam. Não é de admirar que os Espíritos, em suas tão complexas manifestações, encontrem, num grau mais elevado, as mesmas dificuldades, e que nas experiências seja preciso tomar em rigorosa consideração o estado de espírito e vontade dos assistentes.

Com o tempo, quando estiver o grupo solidamente constituído e forem os seus trabalhos coroados de êxito, será então possível abrir mão do rigor dos primeiros dias e admitir novos membros numa limitada proporção.

É das mais delicadas a tarefa de dirigir um grupo. Exige qualidades raras, extensos conhecimentos e sobretudo longa prática do mundo invisível.

Nenhum grupo, sem ser submetido a certa disciplina, pode funcionar. Esta se impõe não somente aos experimentadores, como também aos Espíritos. O diretor do grupo deve ser um homem de dupla enfibratura, assistido por um Espírito guia que estabelecerá a ordem no meio oculto, como ele próprio a manterá no meio terrestre e humano. Essas duas direções devem mutuamente completar-se, inspirar-se num pensamento igualmente elevado, unir-se na prossecução de um objetivo comum.

Nos casos de ausência dessa proteção oculta, a missão do diretor do grupo ainda se torna mais difícil. Exige da sua parte a máxima experiência necessária para discernir a natureza dos Espíritos que intervêm, desmascarar os impostores, moralizar os atrasados, opor uma vontade firme aos Espíritos levianos e perturbadores e emitir esclarecida apreciação sobre as comunicações obtidas.

Os próprios membros do grupo não lhe devem merecer menos cuidado. Sofrear as exigências e as opiniões demasiado pessoais de uns, a possível rivalidade de outros, principalmente dos médiuns que atraem os maus elementos do Além e imprimem aos fenômenos estranhas e desordenadas modalidades – eis a tarefa do presidente, como se vê, das mais delicadas.

No grupo, que por muito tempo dirigimos, a assistência eficaz dos Invisíveis se fez sentir desde o começo, e poucas dificuldades desse gênero encontramos. Por impulso dos nossos corações e pensamentos, esforçávamo-nos por nos colocar em uníssono com os nossos guias, e graças aos nossos esforços, e com o seu auxílio, havíamos chegado a criar em torno de nós, pelas irradiações mentais, uma atmosfera de paz e de serenidade que imprimia às manifestações, em sua maioria, um caráter de elevação moral, de sinceridade e de franqueza que impressionava os assistentes e afugentava os Espíritos embusteiros.

Mais tarde, em consequência da introdução em nosso grupo de um experimentador entusiasta de fatos materiais, e assistido por um cortejo de Espíritos inferiores, fenômenos vulgares vieram acrescentar-se às elevadas manifestações. Espíritos leviNais, propensos às trivialidades, se imiscuíram entre nós, e foi preciso toda a energia de nossas vontades reunidas para reagir contra as más influências invasoras.

Antes, porém, desse período de perturbação, graças à nossa persistência e união, as manifestações tinham gradualmente adquirido um cunho de limpidez e de grandeza que nos cativara; as provas se multiplicavam, fortalecendo as nossas convicções, tornando-as definitivas. Predições de natureza íntima se haviam realizado. Conselhos, instruções, dissertações científicas e filosóficas, constituindo matéria para alguns volumes, foram obtidos.

Conseguimos atrair e conservar em nossas sessões homens de valor pertencentes a todas as esferas, partilhando todas as opiniões: materialistas, indiferentes, crentes religiosos e até padres, a cujo espírito liberal e pesquisador não repugnavam as nossas investigações.

Muitas tentativas se tornam infrutíferas, grande número de grupos não têm mais que uma existência efêmera, em consequência da falta de paciência, de dedicação e coesão.

Procura-se com avidez obter os fenômenos transcendentes; desde que, porém, para os obter se fica sabendo que é preciso submeter-se a uma disciplina gradual de muitos meses, de muitos anos, reunir-se em dia fixo, todas as semanas pelo menos, e não desanimar com os repetidos insucessos, muitos hesitam e recuam. É preciso, pois, nos grupos em formação só admitir membros absolutamente resolvidos a perseverar, não obstante a lentidão e os obstáculos. Só com o tempo e mediante esforços reiterados é que o organismo dos médiuns e dos experimentadores pode sofrer as profundas modificações que permitem exteriorizar as forças indispensáveis à produção dos fenômenos.

Se é conveniente escolher com cuidado os colaboradores, é preciso, entretanto, não levar as coisas ao extremo, nem ser demasiado exclusivista. Com o auxílio do Alto e a assistência dos Espíritos guias, as discordâncias que reinam ao começo em alguns círculos podem-se atenuar e ceder lugar à homogeneidade. E o que nos dizem as entidades do Espaço:

> Estais em contato cotidiano com muitíssimas pessoas que agem fatalmente sobre vós como sobre elas agis por vossa vez. Essas ações e reações são necessárias, porque sem elas não se poderia realizar o progresso. Crede em nossa constante assistência, em nossa afetuosa presença ao pé de vós. É em nosso amor que haurimos a força para nos conservar perto dos que nos amam, como seus guias, seus dedicados protetores. Imitai-nos. Bani todo pensamento malévolo ou invejoso. Aprendei a sacrificar-vos, a viver e trabalhar em comum. Não vos poupeis, isto é: não temais as perturbações que podem resultar de certas relações com vossos semelhantes. Elas vos acarretam, sem dúvida, uma diminuição de gozos; mas essas relações constituem a lei da humanidade. Não deveis viver como egoístas, mas fazer participarem os outros dos vossos próprios bens (Comunicação mediúnica).

Estas instruções indicam, no que se refere à frequência às sessões, a nossa linha de conduta. A similitude de aspirações, as afinidades que entre os homens criam as condições sociais e a cultura de espírito hão de necessariamente influir, numa certa medida, sobre a constituição dos grupos. Mas, por altamente colocado que esteja na escala social, não deve o adepto desdenhar as reuniões populares, nem incomodar-se com a falta de instrução ou de educação dos que as compõem. Os intelectuais provarão sua superioridade associando-se aos trabalhos dos grupos operários, esforçando-se em pôr ao alcance de seus irmãos menos favorecidos seus conhecimentos e apreciações. É sobretudo nas associações espíritas que a fusão das classes se deve efetuar.

O Espiritismo no-lo demonstra: as nossas vantagens sociais são transitórias; o progresso e a educação do Espírito o induzem a nascer e renascer sucessivamente nas mais diversas condições de vida, a fim de adquirir os méritos inerentes a esses meios. Ele põe em relevo, com um poder de lógica não alcançado por nenhuma outra doutrina, a fraternidade e a solidariedade das almas, consequentes de sua origem e de seus destinos comuns. A verdadeira superioridade consiste nas qualidades adquiridas e se traduz principalmente por um sentimento profundo dos nossos deveres para com os humildes e os deserdados deste mundo.

Do princípio, entretanto, à aplicação vai sensível distância. Se os progressos da ideia espírita são menos acentuados na França que em certos países estrangeiros, é sobretudo à indiferença, à apatia dos espíritos descuidosos que esse estado de coisas se deve atribuir. Unicamente um reduzido número parece preocupar-se com as responsabilidades contraídas. Força é reconhecer: são os grupos operários que mais facilmente se organizam e mais subsistem. Seus membros sabem encarnar em si as próprias crenças; compreendem-se, auxiliam-se mutuamente por meio de caixas de socorros, com sacrifício alimentadas soldo a soldo[1] e destinadas a socorrer os que entre eles são visitados pela provação.

Alguns desses grupos funcionam há dez e vinte anos. Todos os domingos, à hora fixa, se reúnem os seus membros para ouvir as instruções dos Espíritos. Sua assiduidade é notável e neles a prática do Espiritismo produz sensíveis resultados. Aí encontram eles um derivativo à sua vida de miséria e de trabalho, doces consolações e ensinamentos. A descrição, feita pelos desencarnados, das sensações que experimentam, da situação em que se encontram depois da morte, as consequências dos maus hábitos contraídos durante a vida terrestre, tudo o que esses colóquios põem em evidência os impressiona, comove e influi poderosamente em seu caráter e em seus atos. Formam pouco a pouco opinião sobre as coisas do Além; uma exata noção do objetivo da vida se lhes oferece e lhes torna a resignação mais fácil, mais agradável o dever.

---

[1] Nota do tradutor: Moedinha do valor da vigésima parte do franco.

Já não são as eruditas exortações de um pregador, as especulações de um professor de Filosofia ou os ensinos rígidos de um livro: é o exemplo vivo, dramático, às vezes terrível, que lhes dão os que eles conheceram, com os quais conviveram e que colhem no Além os frutos de uma vida interna; são as vozes de Além-túmulo que se fazem ouvir, em sua rude e simples eloquência, o apelo vibrante, espontâneo do sofrimento moral, a expressão de angústia do Espírito culpado que vê sempre se dissiparem as quimeras terrestres, se patentearem os seus erros e atos vergonhosos, e que sente o remorso, como chumbo derretido, penetrar-lhe os recessos da consciência, sutilizada pelo desprendimento de toda a matéria corporal.

No dia em que essas práticas se tiverem generalizado, e em todas as regiões do globo a comunicação dos vivos com os mortos der ao homem o antecipado conhecimento do destino e de suas leis, novo princípio de educação e regeneração terá surgido, e com ele um incomparável instrumento de reação contra os mórbidos efeitos produzidos sobre as massas pelo materialismo e a superstição.

Constituído o grupo e composto de quatro a oito pessoas dos dois sexos, por que experiências se deverá começar?

Se nenhuma mediunidade se tiver ainda revelado, será bom começar pela mesa. É o meio mais simples, mais rudimentar; por isso mesmo está ao alcance do maior número.

Colocados alternadamente homens e senhoras em torno de uma mesa leve, com as mãos espalmadas sobre a madeira pura, os assistentes dirigirão um apelo aos seus amigos do Espaço, depois ficarão à espera, em silêncio, com o desejo de obter alguma coisa, mas sem pressão dos dedos, sem tensão de espírito.

É inútil prolongar as tentativas por mais de meia hora. Quase sempre, desde a primeira sessão, sentem-se impressões fluídicas; das mãos dos experimentadores se desprendem correntes, que revelam, por sua intensidade, o grau de aptidão de cada um deles; fazem-se ouvir crepitações no móvel, que acaba por oscilar, agitar-se, e em seguida se destaca do solo e fica suspenso, apoiado sobre um dos pés.

Convém desde logo combinar um certo número de sinais. Pede-se à força-inteligência que se manifeste batendo, ou com os pés ou no interior da mesa, um número de pancadas correspondente ao das letras do alfabeto. Por esse modo podem ser compostas palavras; um diálogo se estabelecerá entre o chefe do grupo e a Inteligência invisível. Pode-se abreviar e simplificar o processo por meio de sinais convencionais; por exemplo: uma pancada para a afirmativa, duas para a negativa. Esse modo de comunicação, lento e fastidioso a princípio, virá com a prática a tornar-se bastante rápido.

Quando se conhecer quais são os médiuns, bastará colocá-los no centro do grupo, em torno de um velador, a fim de acelerar os movimentos e facilitar as comunicações, fazendo círculo os outros membros ao redor deles. Tendo-se o prévio cuidado de colocar à mão algumas folhas de papel e lápis, as perguntas e respostas serão fielmente transcritas. Desde que se tiver a Inteligência revelado mediante respostas precisas, sensatas, características, poder-se-á consultá-la sobre a constituição do grupo, as aptidões mediúnicas dos assistentes, o rumo a imprimir aos trabalhos. Deve-se, todavia, estar de prevenção contra os Espíritos levianos e fúteis que afluem em torno de nós e não trepidam em tomar nomes célebres para nos mistificar.

Pode-se experimentar simultaneamente por meio da mesa e da escrita. Os fenômenos desta ordem conduzem geralmente a outras manifestações mais elevadas, ao transe ou sono magnético, por exemplo, e à incorporação. Será conveniente, ao começo, consagrar sucessivamente a esse exercício metade de cada sessão.

Quase sempre cada um dos assistentes tem ao pé de si Espíritos desejosos de se comunicarem e transmitirem afetuoso ditado aos que deixaram na Terra. Em todas as sessões do nosso grupo os médiuns videntes descreviam esses Espíritos, e à vista de certas particularidades de costumes, de certos sinais característicos, a pessoa assistida reconhecia um parente, um amigo falecido, personalidades que, muitas vezes, os médiuns não haviam conhecido.

O modo de proceder, quanto à escrita automática, é muito simples. O experimentador, munido de um lápis cuja ponta se apoia ligeiramente no papel, evoca mentalmente algum dos seus, e espera. Ao fim de certo lapso de tempo, extremamente variável, conforme os casos e as pessoas, sente na mão, ou no braço, uma agitação febril, que se vai acentuando; depois, um impulso estranho o faz rabiscar sinais informes, linhas, garatujas. É preciso obedecer a esse impulso e submeter-se com paciência a exercícios de estranho feitio, necessários, porém, para tornar flexível o organismo e regularizar a emissão fluídica.

Pouco a pouco, ao cabo de algumas sessões, aparecerão letras no meio dos sinais incoerentes, depois virão palavras e frases. O médium obterá ditados, ao começo breves, resumidos em algumas linhas, mas que se tornarão cada vez mais longos, à medida que a sua faculdade se desenvolver. Virão por último instruções mais positivas e extensas.

Durante o período dos exercícios o médium poderá trabalhar fora das reuniões, a hora fixa em cada dia, a fim de ativar o desenvolvimento de sua faculdade; logo que, porém, for terminado esse período, desde que as manifestações revestirem caráter intelectual, deverá evitar o insulamento, não trabalhar mais senão em sessão e submeter as produções recebidas ao exame do presidente e dos guias do grupo.

Há vários processos para facilitar a comunicação alfabética. Traçam-se as letras em um quadrante, sobre cuja superfície gira um triângulo móvel. Basta o contato dos dedos de um médium para transmitir a esse leve aparelho a força fluídica necessária. Sob essa influência o triângulo se desloca rapidamente e vai designar as letras escolhidas pelo Espírito. Em certos grupos, as letras são indicadas por meio de pancadas no interior da mesa. Outros se servem, com resultado, da cestinha de escrever ou prancha americana. Os sistemas são numerosos e variados. Pode-se ensaiá-los até que se tenha encontrado aquele que melhor se adapta aos elementos fluídicos e ao gosto dos experimentadores.

Nunca seria demasiado insistirmos sobre os perigos que resultam da intrusão dos maus Espíritos nas sessões de um grupo em formação ou nos ensaios de um médium insulado. Muitas vezes são os nossos pensamentos que os atraem.

Abstende-vos, pois, em vossas reuniões – diremos aos investigadores sinceros – de toda preocupação de negócios ou prazeres. Não deixeis flutuar o pensamento em torno de vários assuntos, mas fixai-o num elevado objetivo; ponde-vos em harmonia de vistas e de sentimentos com as almas superiores. Conservando-vos nesse estado de espírito, sentireis pouco a pouco baixarem sobre vós correntes de energia, das quais ficareis impregnados, e que aumentarão a sensibilidade de vosso organismo fluídico. Efêmera e intermitente ao começo, essa sensibilidade se acentuará e tornará permanente. Vosso perispírito, dilatando-se, purificando-se, ganhará mais afinidade com os Espíritos guias, e faculdades ignoradas se vos revelarão: mediunidade vidente, falante, auditiva, curadora, etc. Mediante o aperfeiçoamento e a elevação moral, é que adquirireis essa profunda sensibilidade, essa sensitividade psíquica que permite obter as mais altas manifestações, as provas mais convincentes, de mais positiva identidade.

Orai ao começo e ao fim de cada sessão; ao começo, para elevardes vossas almas e atrairdes os Espíritos esclarecidos e benevolentes; ao terminar, para agradecer os benefícios e ensinos que houverdes recebido. Seja a vossa prece curta e fervorosa, e muito menos uma fórmula que um transporte do coração.

A prece desprende a alma humana da matéria, que a escraviza, e a aproxima do divino Foco. Estabelece uma sorte de telegrafia espiritual, por cujo intermédio o pensamento do Alto, respondendo à solicitação de baixo, desce às nossas obscuras regiões. As nossas explorações nos abismos do Invisível seriam inçadas de perigos, se não tivéssemos acima de nós seres mais poderosos e perfeitos para nos dirigir e esclarecer-nos o caminho.

Não é indispensável fazer evocações determinadas. Em nosso grupo raramente as praticávamos. Preferíamos dirigir um apelo aos nossos guias e protetores habituais, deixando a qualquer Espírito a liberdade de se manifestar, sob sua vigilância. O mesmo acontece em muitos grupos de nosso conhecimento. Assim cai, de si mesmo, por terra o grande argumento de certos adversários do Espiritismo, no sentido de ser reprovável entregar-se a evocações e constranger os Espíritos a voltarem à Terra. O Espírito, como o homem, é livre e não responde, senão quando lhe apraz, aos chamados que lhe são dirigidos. Toda injunção é vã; toda encantação, supérflua. São processos arranjados para iludir a gente simples.

É excelente começar as sessões por uma leitura séria e atraente, feita de uma das obras ou revistas espíritas escolhidas.[2] Essa leitura deve ser objeto de comentários e permuta de apreciações entre os assistentes, sob a direção do presidente. Acontece com frequência que as comunicações, dadas pelos Espíritos, em seguida a tais leituras, se referem aos assuntos discutidos e os desenvolvem, completando-os. É esse um modo de ensino mútuo, que nunca seria demais recomendar.

Podem-se também formular perguntas aos Espíritos sobre todos os inúmeros problemas pertencentes ao domínio da Filosofia e da vida social, sobre as condições de existência no mundo espiritual, as impressões depois da morte, a evolução da alma, etc. Todas essas perguntas devem ser apresentadas pelo presidente, simples e claras, sempre de ordem moral e desinteressadas. Interrogando os Invisíveis sobre interesses pessoais, tesouros ocultos, etc., pedindo-lhes a revelação dos sucessos futuros, formando pactos cabalísticos, fazendo uso de emblemas, talismãs, fórmulas extravagantes, não somente se oferecerá margem à crítica e à zombaria, mas serão atraídos os Espíritos trocistas e ficar-se-á exposto às ciladas em que são vezeiros.

Cogitando, ao contrário, dos assuntos elevados do Espiritismo, nos asseguramos a colaboração de Espíritos sérios, que consideram um dever de sua parte cooperar em nosso adiantamento e educação. Empreendendo essa ordem de estudos, não tardaremos a reconhecer a rica extensão e variedade dos ensinos espíritas e quão fácil se torna resolver, com o seu auxílio, mil problemas até hoje inextricáveis e obscuros.

---

[2] N.E.: Na Federação Espírita Brasileira são usados os livros da coleção "Fonte Viva"

Se o concurso dos Espíritos superiores é desejável e deve ser procurado com empenho, o dos Espíritos vulgares e atrasados tem algumas vezes sua utilidade. Convém reservar-lhes um lugar nos trabalhos dos grupos solidamente constituídos e que contam com suficiente proteção. Em virtude de sua própria inferioridade, eles proporcionam um motivo de estudo bem característico; sua identidade se patenteia às vezes com indícios pessoais que impõem a convicção. A situação que ocupam no Espaço e as consequências que resultam de seu passado são elementos preciosos para o conhecimento das leis universais.

Certos grupos adotam como tarefa especial evocar os Espíritos inferiores e, mediante conselhos e exortações, instruí-los, moralizá-los, ajudá-los a desembaraçar-se dos laços que ainda os prendem à matéria. É das mais meritórias essa missão: exige a perfeita união das vontades, uma profunda experiência das coisas do invisível, que só se encontra nos meios de longa data dedicados ao Espiritismo.

Nos casos em que faltem os médiuns, ou sejam improdutivos, não deve ficar por isso o grupo reduzido à inação. A exemplo das sociedades ou agremiações científicas, deve ele procurar um alimento em todas as questões relacionadas com o objeto de suas predileções, as quais serão postas na ordem do dia e, do mesmo modo que as leituras de que falávamos acima, comentadas e discutidas, com grande aproveitamento para os ouvintes. De tempos a tempos podem algumas sessões ser consagradas a conferências ou palestras, terminadas as quais cada um apresentará seus argumentos e objeções. Por essa forma os trabalhos de um grupo se tornarão não só um excelente meio de instrução, mas também um exercício oratório que virá preparar os seus membros para a propaganda pública. Aparelhando-se para as discussões e as justas da palavra, poderão estes tornar-se úteis defensores e propagandistas da ideia espírita.

É sempre em debates dessa natureza que se formam os oradores; por esse meio é que eles adquirem a eloquência, esse dom de emocionar as almas, empolgá-las para um elevado objetivo. Os adeptos do Espiritualismo não devem desprezar nenhum meio de se preparar para as vindouras lutas, de se apropriar desse duplo poder da palavra e da sabedoria, que permite a uma doutrina afirmar-se vitoriosamente em nosso mundo.

XI - APLICAÇÃO MORAL E FRUTOS DO ESPIRITISMO

Não será inútil, ao terminarmos a primeira parte desta obra, inquirir quais têm sido as consequências do fenômeno espírita sobre o estado de espírito da nossa época.

À primeira vista, não parecerão consideráveis os resultados. Não é preciso a ação do tempo, a lenta incubação dos séculos, para que uma ideia produza todos os seus frutos?

E, entretanto, apreciando as coisas de perto, não se tardará em reconhecer que o Espiritismo já tem exercido enorme influência sobre o estado de espírito de nossos contemporâneos. Não somente descerrou à Ciência completo e ignorado domínio, e a obrigou a reconhecer a realidade de fatos – sugestão, exteriorização, telepatia – que ela por tanto tempo havia negado ou repelido, mas ainda fez que os pensamentos se voltassem para o Além; despertou nas consciências adormecidas e enevoadas de nossa época o sentimento da imortalidade; tornou mais viva, mais real e tangível a crença na sobrevivência dos desaparecidos. Onde não havia mais que esperança e crenças, ele implantou certezas.

Sob a exterioridade do fenômeno completa revelação se ocultava. Da comunhão das almas nasceu uma doutrina. E por ela o problema do Destino, tormento perpétuo da humanidade, revestiu novo aspecto, recebendo, com os elementos de definitiva solução, os meios de análise e de verificação que lhe haviam completamente faltado até agora.

As revelações de Além-túmulo são concordes em um ponto capital: depois da morte, como no vasto encadeamento de nossas existências, tudo é regulado por uma lei suprema. O destino, feliz ou desgraçado, é a consequência de nossos atos. A alma edifica por si mesma o seu futuro. Por seus próprios esforços se emancipa das materialidades subalternas, progride e se eleva para a luz divina, sempre mais intimamente se identificando com as sociedades radiosas do Espaço, e tomando parte, por uma colaboração constantemente mais extensa, na obra universal.

O Espiritismo oferece esta inapreciável vantagem de, ao mesmo tempo, satisfazer à razão e ao sentimento. Até agora essas duas faculdades da alma se têm conservado em luta aberta, num perpétuo conflito. Daí uma causa profunda de sofrimento e de desordem para as sociedades humanas. A Religião, apelando para o sentimento e excluindo a razão, caía muitas vezes no fanatismo e no erro. A Ciência, procedendo em sentido contrário, permanecia inerte e seca, impotente para regular a conduta moral.

Qual não será a superioridade de uma doutrina que vem restabelecer o equilíbrio e a harmonia entre essas duas forças, uni-las e imprimir-lhes um impulso uniforme para o bem?! Há nesse fato, como se deve compreender, o princípio de uma revolução imensa. Por essa conciliação do sentimento e da razão o Espiritismo se torna a religião científica do futuro. O homem, desembaraçado dos dogmas que constrangem e das infalibilidades que oprimem, readquire sua independência e o uso de suas faculdades. Examina, aprecia livremente e só aceita o que lhe parece bom.

O Espiritismo amplia a noção de fraternidade. Demonstra por meio de fatos que ela não é unicamente um mero conceito, mas uma lei fundamental da natureza, lei cuja ação se exerce em todos os planos da evolução humana, assim no ponto de vista físico como no espiritual, no visível como no invisível. Por sua origem, pelos destinos que lhes são traçados, todas as almas são irmãs.

Assim, essa fraternidade, que os messias proclamaram em todas as grandes épocas da História, encontra no ensino dos Espíritos uma base nova e uma sanção. Não é mais a inerte e banal afirmação inscrita na fachada de nossos monumentos, é a fraternidade palpitante das almas que emergem, conjuntas, das obscuridades do abismo, e palmilham o calvário das existências dolorosas; é a iniciação comum no sofrimento; é a reunião final na plena luz.

Com o Espiritismo, coração e razão, tudo tem sua parte. O círculo dos afetos se dilata. Sentimo-nos mais bem amparados na prova, porque aqueles que em vida nos amavam, nos amam ainda além do túmulo e nos ajudam a carregar o fardo das misérias terrestres. Não estamos deles separados senão em aparência. Na realidade, os humanos e os Invisíveis caminham muitas vezes lado a lado, através das alegrias e das lágrimas, dos êxitos e reveses. O amor das almas que nos são diletas nos envolvem, nos consola e reanima. Cessaram de nos acabrunhar os terrores da morte.

O Espiritismo, criteriosamente praticado, não é só uma fonte de ensinamentos, é também um meio de preparação moral. As exortações, os conselhos dos Espíritos, suas descrições da vida de Além-túmulo vêm a influir em nossos pensamentos e atos e operam lenta modificação em nosso caráter e em nosso modo de viver.

Nada é mais impressionante que ouvir, no curso das sessões de evocação, a narrativa, a confissão das angústias suportadas pelo Espírito que empregou mal sua vida terrestre: do egoísta, que só encontra em torno de si a indiferença e o vácuo, do invejoso, que se vê imerso em uma sorte de noite profunda, pela acumulação de seus maus pensamentos, de seus malévolos propósitos.

Entre inúmeros fatos, citaremos o que se deu em nosso grupo de estudos: o Espírito de uma antiga vendedora de legumes de Amiens gostava de nos recordar sua perturbação e ansiedade quando, após o falecimento, se achou em meio de espessas trevas, efeito das rixas e maledicências a que frequentemente se entregava. Longa e penosa foi sua expectativa. Afinal, depois de anos de incerteza, de sombrio insulamento, escutou vozes: "Ora, Sofia; ora, e arrepende-te", lhe diziam. Sofia orou; e sua prece fervorosa foi iluminando, como um pálido clarão, a noite fluídica que a envolvia. Segundo suas próprias expressões, "a escuridão se tornava cinzenta", de um cinzento que se ia cada vez mais atenuando, até que ela readquiriu a relativa liberdade dos Espíritos pouco adiantados.

Não há nisso um exemplo a ponderar? Reparemos sobretudo em que o deslize do Espírito, no mal, implica fatalmente na diminuição proporcional de liberdade. Os pensamentos e os atos criam em torno da alma culpada uma sombria atmosfera fluídica, que se condensa, pouco a pouco se vai contraindo e a encerra como numa prisão.

Vemos na Terra uma aplicação dessa lei de equilíbrio moral e de justiça nas enfermidades cruéis, na privação dos órgãos dos sentidos, nas paralisias prolongadas, que são muitas vezes as consequências do passado, a longínqua repercussão das faltas cometidas.

Voltemos ao caso da Sofia. Durante cinco anos esse Espírito tomou parte em nossos trabalhos, e, ainda que pouco adiantado, suas comunicações e as opiniões que externava não eram destituídas de interesse. Com muita antecedência nos anunciou ela sua reencarnação, na cidade que já havia habitado. Reveste atualmente um novo corpo terrestre, como a primeira filha de pobres operários, a primogênita de um rancho de pequeninos seres, cuja vinda ela predisse, preparando-se assim uma existência laboriosa e obscura, que facilitará o seu adiantamento e cujas vicissitudes serão compensadas pela posse de uma bela faculdade mediúnica.

Frequentes vezes, no curso de nossas sessões, orgulhosos nos vinham exprimir seu despeito e humilhação, ao terem-se encontrado, no Espaço, abaixo daqueles que haviam desprezado; avarentos se lastimavam da dissipação de seus bens; sensuais deploravam amargamente verem-se privados de tudo o que fazia a sua satisfação exclusiva neste mundo.

Suicidas nos descreviam suas angústias. Experimentavam, desde longo tempo, a sensação do gênero de morte que haviam escolhido. Um deles ouvia a detonação contínua de um tiro de pistola. Outro sentia os horrores da asfixia. Todos se achavam acabrunhados por um profundo abatimento. Tarde compreendiam que a prova, que tinham julgado evitar, era a reparação devida, o resgate do passado, e que seria preciso afrontá-la novamente, em condições mais duras, pela reencarnação em outro corpo.

Mais desoladora é ainda a condição dos que maculam a existência com a perpetração de assassínios e expoliações, que da vida, honra e bens e dignidade dos outros fizeram degraus de sua fortuna e de sua glória efêmera. Eles se acham incessantemente em face desse quadro acusatório com a perspectiva da repercussão dos atos sobre as vindouras existências e das inúmeras encarnações de purificação e dor que serão necessárias para repará-los.

Por sobre tais lamentos e perturbadoras confissões se elevava, porém, ao fim de cada sessão, a voz de Jerônimo, nosso guia, que tirava as consequências dessas revelações, punha em relevo as grandes leis do destino e mostrava os caminhos do arrependimento e da reparação franqueados a todos. Todos, depois das culpas e das quedas, tornarão a adquirir, mediante as provas e o trabalho, a paz de consciência e a reabilitação.

Esses ensinos, essas descrições das recompensas ou dos sofrimentos vêm a exercer, com o tempo, sensível influência no estado de espírito dos experimentadores, induzindo-os a considerar a vida e suas responsabilidades sob um aspecto mais grave, a submeter mais estritamente seus atos à regra austera do dever.

Muitas vezes, são nossos parentes – pai, mãe, um irmão mais velho – que do Além nos vêm guiar e consolar, chamar-nos a atenção às imperfeições de nossa natureza, fazer-nos sentir a necessidade de nos reformarmos. Ao lado das tocantes exortações dos que nos foram caros, como parecem descoloridos os ensinos do saber humano!

O nosso grupo achava-se sob a proteção de dois Espíritos elevados, um dos quais Jerônimo, de que falei acima; o outro, um Espírito feminino, cuja personalidade se ocultava sob vago pseudônimo, o "Espírito Azul",[1] era dotado de maravilhosa penetração. Lia no recesso dos corações, escrutava-lhes os mais secretos refolhos e, com admirável tato, numa voz doce e penetrante, pelo médium sonambulizado, nos ensinava a melhor nos conhecermos e nos indicava os meios de nos aperfeiçoarmos.

---

[1] Assim o designávamos, porque os nossos médiuns o viam envolto num véu azul.

Cada membro do grupo, no curso das sessões, era a seu turno objeto de sua atenção e solicitude, e recebia seus conselhos maternais. Quando o "Espírito Azul" se incorporava, nós o reconhecíamos às primeiras frases proferidas, pelas suaves inflexões da voz; aguardávamos suas palavras e apreciações com verdadeira avidez. Ao retirar-se, deixava-nos sob uma impressão profunda, como se uma alma angélica tivesse pairado sobre nós e nos houvesse penetrado de seus eflúvios. Essa ação moralizadora e educativa durou anos, e foram sensíveis os seus resultados.

É preciso notar que, em sua maioria, os homens são inconscientes de seus defeitos. Ignoram-se a si mesmos e acumulam faltas sobre faltas, sem disso advertir-se. Nesse ponto de vista, as indicações de nossos guias espirituais são preciosas. As do "Espírito Azul" produziram em muitos dentre nós sérias modificações, e, quanto a mim, posso dizer que com elas muito aproveitei.

Como tantos outros de meus semelhantes, certos aspectos defeituosos de meu caráter me haviam escapado. Às vezes, a força do pensamento me brotava em jatos bruscos, em impulsos rápidos, em expressões exageradas, que me causavam muitos dissabores. Meus guias me atraíam sobre esse ponto a atenção e, com seus conselhos, me ensinaram a dominar-me, a impor silêncio aos impetuosos surtos da minha natureza.

É assim que, pela prática do Espiritismo e com as instruções dos Espíritos elevados, pode o homem adquirir essa preciosa ciência da vida: a disciplina das emoções e das sensações, o domínio de si mesmo, essa arte profunda de se observar e, depois, de se assenhorear dos secretos impulsos de seu próprio ser.

O novo Espiritualismo já vincula entre si adeptos de todas as classes e de todos os países; um dia ligará todas as religiões, todas as sociedades humanas.

Até agora a diversidade das raças e das crenças tinha sido um elemento essencial do desenvolvimento da humanidade.

As oposições e divergências eram necessárias para criar a magnífica variedade das formas e dos grupamentos. Cada indivíduo, como cada povo, teve que antes de tudo isolar-se para tornar-se ele mesmo, para constituir o seu "eu" distinto e adquirir sua consciência e livre autonomia. Na sucessão dos tempos, o princípio de individualidade devia, em suas aplicações, preceder a vida coletiva e solidária, sem o que todos os elementos vitais se teriam confundido, neutralizado.

Pouco a pouco se foi dilatando o círculo da vida coletiva; constituíram-se grupamentos, que entraram em conflito. Sucederam-se as guerras. Através de lutas perpétuas, lutas de raças, de religiões e de ideias, é que se efetua a dolorosa peregrinação e a consciência da humanidade se desperta.

Cada religião, cada sociedade, cada nacionalidade contribui com seu contingente de ideias; dá origem a formas especiais, a manifestações particulares da arte e do pensamento. No seu grande concerto da História, cada povo fornece sua nota pessoal, a colaboração de seu gênio. Da luta, da concorrência vital nasce a evolução; surgem obras sólidas dos conflitos e recontros.

E agora uma grande ideia se vai delineando. Pouco a pouco, da penumbra dos séculos se destaca uma outra concepção da vida universal. Em meio da aparente confusão, do caos dos acontecimentos, outras formas sociais e religiosas se elaboram. Do estado de diversidade e de separação, encaminhamo-nos para a harmonia e a solidariedade.

Malgrado os ódios e as paixões, as barreiras se vão abatendo entre os povos; as relações se multiplicam, tornando-se mais fáceis; permutam-se as ideias, as civilizações se penetram e fecundam. A noção de humanidade una se edifica: sonha-se, fala-se em paz, língua, religião universais.

Mas para satisfazer a essas aspirações ainda vagas, para transformar o sonho em realidade, para fazer das diversas crenças uma fé comum, era necessário que uma poderosa revelação viesse iluminar as inteligências, aproximar os corações, fazer convergir todas as forças vivas da alma humana para um mesmo objetivo, para uma mesma concepção da vida e do destino.

O novo Espiritualismo, apoiado na Ciência, é o portador dessa concepção, dessa revelação em que se fundem e revivem, sob formas mais simples e elevadas, as grandes concepções do passado, os ensinos dos messias enviados pelo Céu à Terra. E aí estará um novo elemento de vida e regeneração para todas as religiões do globo.

Toda crença deve ser baseada em fatos. As manifestações das almas libertadas da carne, e não a textos obscuros e envelhecidos, é que se deve pedir a revelação das leis que regem a vida futura e a ascensão dos seres.

As religiões do futuro terão por fundamento a comunhão dos vivos e dos mortos, o ensino mútuo de duas humanidades. Apesar das dificuldades que ainda apresenta a comunicação com o invisível – e que é provável se aplainem com o tempo e a experiência – pode-se desde já verificar que há uma base, muito mais ampla que todas, sobre que se apoia a ideia religiosa. Será um dos mais assinalados méritos do Espiritismo tê-la proporcionado ao mundo, por esse modo preparando, facilitando a unidade moral e religiosa. A solidariedade que vincula os vivos da Terra aos do Céu se estenderá pouco a pouco a todos os habitantes do nosso globo, e todos comungarão um dia em um mesmo ideal realizado.

A alma humana aprenderá a conhecer-se em sua natureza imortal, em seu futuro eterno. Espíritos, de passagem por esta Terra, compreenderemos que o nosso destino é viver e progredir incessantemente, através do infinito dos espaços e do tempo, a fim de nos iniciarmos sempre e cada vez mais nas maravilhas do universo, para cooperarmos sempre mais intimamente na obra divina.

Compenetrados destas verdades, saberemos desprender-nos das coisas materiais e elevar bem alto as nossas aspirações. Sentir-nos-emos ligados aos nossos companheiros de jornada, na grande romaria eterna, ligados a todas as almas pela cadeia de atração e de amor que a Deus se prende e a todos nos mantém na unidade da vida universal.

Então as mesquinhas rivalidades, os odiosos preconceitos terão cessado para sempre. Todas as reformas, todas as obras de solidariedade receberão vigoroso impulso. Acima das pequenas pátrias terrestres veremos desdobrar-se a grande pátria comum: o céu iluminado.

De lá nos estendem os braços os Espíritos superiores. E todos, através das provas e das lágrimas, subimos das obscuras regiões às culminâncias da divina luz. O carreiro da misericórdia e do perdão está sempre franqueado aos culpados. Os mais decaídos podem-se reabilitar, pelo trabalho e pelo arrependimento, porque Deus é justiça, Deus é amor.

Assim a revelação dos Espíritos dissipa as brumas do ódio, as incertezas e os erros que ainda nos envolvem. Faz resplandecer sobre o mundo o grande sol da bondade, da concórdia e da verdade!...

SEGUNDA PARTE

O ESPIRITISMO EXPERIMENTAL: OS FATOS

XII Exteriorização do ser humano. Telepatia. Desdobramento. Os fantasmas dos vivos
XIII Sonhos premonitórios. Clarividência. Pressentimentos
XIV Visão e audição psíquicas no estado de vigília
XV A força psíquica. Os fluidos. O magnetismo
XVI Fenômenos espontâneos. Casas mal-assombradas. Tiptologia
XVII Fenômenos físicos. As mesas
XVIII   Escrita direta ou psicografia. Escrita mediúnica
XIX Transe e incorporações
XX Aparições e materializações de espíritos
XXI Identidade dos espíritos

XII - EXTERIORIZAÇÃO DO SER HUMANO. TELEPATIA. DESDOBRAMENTO. OS FANTASMAS DOS VIVOS

O homem é para si mesmo um mistério vivo. De seu ser não conhece nem utiliza senão a superfície. Há em sua personalidade profundezas ignoradas em que dormitam forças, conhecimentos, recordações acumuladas no curso das anteriores existências, um mundo completo de ideias, de faculdades, de energias, que o envoltório carnal oculta e apaga, mas que despertam e entram em ação no sono normal e no sono magnético.

Esse é o mistério da psique, isto é, da alma encerrada com seus tesouros na crisálida de carne, e que dela se evade em certas horas, se liberta das leis físicas, das condições de tempo e de espaço, e se afirma em seu poder espiritual.

Tudo na natureza é alternativa e ritmo. Do mesmo modo que o dia sucede à noite e o verão ao inverno, a vida livre da alma sucede à estância na prisão corpórea. Mas a alma se desprende também durante o sono; reintegra-se em sua consciência amplificada, nessa consciência por ela edificada lentamente através da sucessão dos tempos; entra na posse de si mesma, examina-a, torna-se objeto de admiração para ela própria. Seu olhar mergulha nos recessos obscuros de seu passado, e aí vai surpreender todas as aquisições mentais, todas as riquezas acumuladas no curso de sua evolução, e que a reencarnação havia amortalhado. E o que o cérebro concreto era impotente para exprimir, seu cérebro fluídico o patenteia, o irradia com tanto mais intensidade quanto mais completo é o desprendimento.

O sono, em verdade, outra coisa não é que a evasão da alma da prisão do corpo. No sono ordinário o ser psíquico se afasta pouco; não readquire senão em parte a sua independência, e quase sempre fica intimamente ligado ao corpo. No sono provocado, o desprendimento atinge todas as gradações. Sob a influência magnética, os laços que prendem a alma ao corpo se vão afrouxando pouco a pouco. Quanto mais profunda é a hipnose, o transe, mais se desprende e se eleva a alma. Sua lucidez aumenta, sua penetração se intensifica, o círculo de suas percepções se dilata. Ao mesmo tempo as zonas obscuras, as regiões ocultas do "eu" se ampliam, se esclarecem e entram em vibração: todas as aquisições do passado ressurgem. As faculdades psíquicas – vista a distância, audição, adivinhação – entram em atividade. Com os estados superiores da hipnose chegamos aos últimos confins, aos extremos limites da vida física. O ser já vive então da vida do Espírito e utiliza as suas capacidades. Mais um grau, e o laço fluídico que liga a alma ao corpo se despedaçaria. Seria a separação definitiva, absoluta – a morte.

Vamos indicar alguns dentre os fatos à vista dos quais se pode estabelecer que a alma tem uma existência própria, independente do corpo, e possui um conjunto de faculdades que se exercem sem o concurso dos sentidos físicos.

Em primeiro lugar, durante o sono normal quando o corpo descansa e os sentidos estão inativos, podemos verificar que um ser vela e age em nós, vê e ouve através dos obstáculos materiais, paredes ou portas, e a qualquer distância. No sonho sucedem-se imagens, desenrolam-se quadros, ouvem-se vozes, travam-se conversações com diversas pessoas. O ser fluídico se desloca, viaja, paira sobre a natureza, assiste a uma multidão de cenas, ora incoerentes, ora definidas e claras, e tudo isso se realiza sem a intervenção dos sentidos materiais, estando fechados os olhos, e os ouvidos nada percebendo.

Em certos casos, a visão psíquica durante o sono caracteriza-se por uma nitidez e exatidão idênticas às da percepção física no estado de vigília. Os testemunhos de experimentadores conscienciosos e esclarecidos o demonstram.

O Sr. Varley, engenheiro-chefe dos Telégrafos da Grã-Bretanha, em seu depoimento por ocasião da investigação empreendida pela Sociedade de Dialética de Londres, refere o seguinte fato:[1]

> Achando-se em viagem, apeou-se, noite alta, em um hotel, recolheu-se ao aposento e adormeceu. Durante o sono viu, em sonho, o pátio desse hotel e notou que nele trabalhavam uns operários. Tendo-se a si mesmo sugerido a ideia de despertar, logo que se levantou pôde verificar a realidade do sonho. A disposição do pátio e o lugar ocupado pelos operários eram exatamente como o tinha visto em espírito. Ora, era a primeira vez que ele se achava em tal lugar.

O Sr. Camille Flammarion, em seu livro *O desconhecido e os problemas psíquicos*,[2] cita grande número de casos de visão a distância durante o sono. Eis aqui alguns deles:

> O Sr. G. Parent, *maire* de Wiége (Aisne), assiste, em sonho, a um incêndio que destrói a herdade de um de seus amigos, em Chevennes.
>
> O Sr. Palmero, engenheiro de pontes e calçadas em Toulon, é informado, por um sonho de sua mulher, da chegada inesperada de seu pai e de sua mãe, que ela vê, no mar, em um paquete.
>
> O Dr. P., formado em Direito por Philippeville, refere o sonho de uma dama de companhia de amigas suas. No sonho, ela viu um naufrágio que ocasionou a perda de um navio, e de umas cem pessoas, fato que foi confirmado, no dia seguinte, em todas as suas particularidades.
>
> O Sr. Lee, filho do bispo protestante de Iowa (Estados Unidos), viu em sonho, à distância de mais de 5 quilômetros, seu pai rolar de uma escada. O fato é atestado por várias testemunhas e, entre outras, pelo Sr. Sullivan, bispo de Algowa.
>
> O Sr. Carrau, de Angeres, viu morrer seu irmão em S. Petersburgo, e os filhos, de joelhos, em torno do leito de morte.

---

[1] *Proceedings*, tomo I.
[2] Cap. VIII.

Um francês, mecânico em Foutchéou, viu uma noite seu filhinho, que havia deixado em França, morto de crupe, estendido em um móvel encarnado. Narrou o seu sonho a um amigo, que se pôs a rir de sua credulidade. A primeira carta que recebeu era de sua mulher e comunicava-lhe o falecimento nas mesmas condições que ele vira em sonho.

O Sr. Orieux, inspetor-chefe das estradas do Loire inferior, achando-se em Cartagena, assiste, em sonho, às exéquias de sua melhor amiga, cujo trespasse ignorava, a qual residia em Nantes.

O Sr. Jean Dreuilhe, de Paris, percebe, em sonho, a queda mortal que dera, numa escada, o General de Cossigny, amigo de sua família.

O Marechal Serrano anuncia em Madri a morte inesperada de Afonso XII, no Prado, morte que ele havia percebido em sonho.

Eis aqui um caso respigado nos *Proceedings* (processos verbais da Sociedade de Investigações Psíquicas de Londres):[3]

A Sra. Broughton acordou certa noite, em 1844, em Londres e despertou seu marido para lhe dizer que um grave acontecimento ocorrera em França. Ela havia sido testemunha, em sonho, do desastre de carruagem de que foi vítima o Duque de Orléans. Tinha visto o duque estendido em um leito; amigos, membros da família real, chegavam a toda a pressa; o rei e a rainha apareceram e assistiram, chorando, aos últimos momentos do duque. Logo que amanheceu, ela anotou em um diário de lembranças as particularidades de tal sucesso. Passava-se isso antes da invenção da telegrafia, e só dois dias depois é que o *Times* noticiou a morte do duque. Visitando Paris, algum tempo depois, ela viu e reconheceu o lugar onde se dera o acidente.

Fenômenos da mesma ordem se produzem no sono magnético. Camille Flammarion cita vários exemplos, entre outros o da esposa de um coronel de cavalaria que, em estado magnético, presencia o suicídio de um oficial, a 4 quilômetros de distância.[4]

O Espírito de certas pessoas continua a trabalhar durante o sono, e com o auxílio dos conhecimentos adquiridos no passado chega a realizar obras consideráveis. Disso se podem citar exemplos célebres:

---

[3] Tomo I, p. 30; tomo II, p. 160.
[4] Ver *O desconhecido e os problemas psíquicos*, vol. II, cap. IX.

Voltaire declara ter, uma noite, concebido em sonho um canto completo da *Henriade.*

La Fontaine compôs, sonhando, a fábula dos *Dois Pombos...*

Coleridge adormeceu lendo e, ao despertar, lembrou-se de haver composto, enquanto dormia, duzentos versos, que apenas teve o trabalho de escrever.

Compositores, Sebastian Bach, Tartini, ouvem, durante o sono, a execução de sonatas que não haviam conseguido terminar de modo que lhes satisfizesse. Apenas despertos, as escrevem de memória.

Em todos esses casos, a atividade intelectual e a aptidão de trabalho parecem maiores no sono que durante a vigília.

Às vezes, a alma, desligada dos liames corporais, comunica, por meio do sonho, com outras pessoas, vivas ou falecidas, e delas recebe indicações e avisos.

O correspondente de Le Matin, de Paris, Sr. Scarfoglio, enviado especialmente a Messina, por ocasião do terremoto que a assolara, daí telegrafava, em 5 de janeiro de 1909, a esse jornal:[5]

> [...] Ainda hoje foram retiradas muitas pessoas vivas das ruínas. A esse propósito convém assinalar um caso extremamente comovedor, que ocorreu esta manhã. Um jovem marinheiro do encouraçado Regina Elena era noivo de uma jovem, que se achava soterrada nos escombros de uma casa. Tendo obtido do comandante autorização para trabalhar, com alguns companheiros, no salvamento da sua noiva e das outras pessoas que ali se achavam igualmente soterradas, o marinheiro fizera obstinadas e infrutíferas pesquisas durante quatro dias. Hoje, no auge do desespero e esgotado de cansaço, adormeceu. De repente sonhou com sua noiva, que lhe dizia: "Estou viva. Acode! Salva-me!". Imediatamente despertou, e pediu com instância aos companheiros que recomeçassem a escavação pela última vez. Seus esforços foram milagrosamente coroados de êxito, pois que ao fim de algumas horas encontrou a noiva e retirou-a viva das ruínas. A moça, que se achava em estado comatoso, apenas salva, recuperou os sentidos e estendeu os braços

---

[5] Ver *Le Matin*, 7 jan. de 1909.

ao marinheiro, abraçando-o com delírio. Referiu que um sono profundo se havia dela apoderado logo após a catástrofe e sonhara que falava com o noivo algumas horas antes do salvamento.

Aí está um singular e comoventíssimo caso de telepatia. A moça, com lágrimas nos olhos, agradeceu a todos os seus salvadores, e assegurou que em breve desposaria o seu noivo e salvador.

Os *Annales des Sciences Psychiques,* de outubro de 1901, publicaram a descrição de um sonho, referido em 18 de abril de 1908 pelo cura de Domdidier, cantão de Friburgo (Suíça), ao Sr. Rolline, que realizava nessa localidade uma conferência, descrição que este por sua vez transmitiu ao Sr. Camille Flammarion e cujo resumo é o seguinte:

> Em 1859, o Sr. Doutax, de 18 anos de idade, acabava de se deitar, depois de haver preparado a sua tese de Filosofia para o dia seguinte. Adormecido, teve ele uma visão estranha, que duas vezes seguintes se lhe apresentou. Viu seu pai, que residia a 24 quilômetros de distância e que, da primeira vez, lhe disse: "Meu caro José, tua pobre irmã Josefina está, em Paris, a expirar", e da segunda vez: "Meu caro José... etc.; mas tua mãe ainda não recebeu a dolorosa notícia". No dia seguinte, o Sr. Doutax ia a caminho do liceu, quando lhe foi entregue uma carta de seu pai, com a exata confirmação do que ouvira à noite, durante o sonho.

A revista *Zeitschrift für Spiritismus,* de 9 de julho de 1910, cita o seguinte sonho comunicado pelo conde Henri Sterkij:

> Um rico proprietário dos subúrbios de Tarnoff perdeu, durante um passeio, 600 florins. Parando numa estalagem, referia esse desagradável incidente ao rendeiro Kuhusteiner, quando um almocreve, chamado Kosminter, que acabava de entrar, lhe perguntou em que circunstâncias perdera aquela soma. Não lhe deu resposta e continuou a conversar com o estalajadeiro, quando Kosminter, espontaneamente, lhe entregou a bolsa perdida. Admirado e reconhecido, o proprietário lhe deu 300 florins como recompensa.
>
> Mas, semanas depois, Kosminter lhe apareceu, ensanguentado, em sonho, e acusou o estalajadeiro de o haver assassinado. Outras duas semanas mais tarde o mesmo sonho se reproduziu, mas

com maiores particularidades, e à terceira vez, induzido pela precisão extraordinária das revelações, denunciou ele o caso à justiça. Kuhusteiner foi preso e, provado o crime, condenado à morte.

A ação da alma, a distância, sem o concurso dos sentidos, se revela mesmo no estado de vigília, nos fenômenos da transmissão de pensamento e da telepatia.

Sabemos[6] que cada ser humano possui um dinamismo próprio, um estado vibratório que varia ao infinito, conforme os indivíduos, e os torna aptos a produzir nos outros e perceberem eles próprios sensações psíquicas extremamente variadas.

As vibrações de nosso pensamento, projetadas com intensidade volitiva, se propagam ao longe e podem influenciar organismos em afinidade com o nosso, e depois, suscitando uma espécie de ricochete, voltar ao ponto de emissão. Assim, duas almas, vinculadas pelas ondulações de um mesmo ritmo psíquico, podem sentir e vibrar em uníssono. Às vezes, um diálogo misterioso se trava, de perto ou de longe; permutam-se pensamentos, demasiados sutis para que possam ser expressos por palavras; imagens, temas de conversação, chamados, flutuam ou voam na atmosfera fluídica entre essas almas que, apesar da distância, sentem-se unidas, penetradas de um mesmo sentimento, e fazem irradiar de uma a outra os eflúvios de sua personalidade psíquica.

Os que se amam, assim se correspondem muitas vezes: permutam suas alegrias e tristezas. Mas o coração tem seus segredos que não revela de bom grado. Uma mãe ouve através do espaço os apelos de seu filho infortunado. Somos assediados de mil impressões, provenientes dos pensamentos longínquos dos que nos são caros.[7]

Esta teoria apoia-se em provas indiscutíveis:

Recordemos antes de tudo as experiências relatadas nos

---

[6] Ver Primeira parte, cap. VIII desta obra.

[7] Ver Camille Flammarion – O *desconhecido e os problemas psíquicos,* vol. II, cap. VI.

134 | NO INVISÍVEL

Proceedings (processos verbais) da Sociedade de Investigações Psíquicas, de Londres. O operador e o sensitivo, colocados na mesma sala, mas separados por uma cortina, sem fazer um gesto, sem proferir uma palavra, se transmitem silenciosamente os pensamentos. A mesma experiência foi em seguida realizada com êxito, colocando-se o operador e o percipiente, a princípio, em duas salas, depois em duas casas diferentes. A fim de evitar toda combinação fraudulenta, os pensamentos a transmitir eram previamente escritos e tirados à sorte.

O *Daily Express*, de setembro de 1907, divulgou várias sessões de transmissão de pensamento, dadas ao rei Eduardo VII e a outras personagens da Corte por dois sensitivos, o Sr. e a Sra. Zancig. Os resultados foram tornados conhecidos pelo próprio rei, e foi principalmente depois disso que a atenção pública se encaminhou, na Inglaterra, para essa ordem de fatos.

O rei submeteu os dois sensitivos às mais difíceis provas, sempre com êxito completo. Ficou evidenciado que a comunhão de pensamentos existia, não uma vez ou outra, mas de modo constante e normal, entre o marido e a mulher. Se, por exemplo, o primeiro lia uma carta, a segunda, a grande distância e com os olhos vendados, percebia imediatamente o seu conteúdo. Tudo o que se comunica ao marido é conhecido no mesmo instante pela mulher. Os dois sensitivos vibram em uníssono. Além disso, a Sra. Zancig deu prova ao rei da sua faculdade de visão psíquica, falando-lhe de coisas que ele tinha a certeza de ser o único a saber.

As experiências feitas pelos psicólogos e magnetizadores são inúmeras e acompanhadas de particularidades tão precisas que seria impossível explicá-las como alucinações.[8]

Citemos alguns casos recentes, muitos dos quais são inéditos:

---

[8] Ver-se as experiências do Barão Du Potet, no Hospital Geral (Du Potet, *Traité de Magnétisme,* passim), do magnetizador La Fontaine (La Fontaine, *L'Art de Guérir),* do professor Charles Richet e do Dr. Ochorowicz, *La Suggestion Mentale*; Dr. Moutin, *Le Diagnostic de la Suggestibilité*; do senhor Boirac, reitor na Universidade de Grenoble, *Annales des Sciences Psychiques,* 1896, p. 36; Flammarion, *O desconhecido e os problemas psíquicos* (edição, em português, FEB, 1954): 57 experiências de transmissão de pensamentos sem o concurso dos sentidos, cap. VI.

O Dr. Balme, de Nancy, tinha a seus cuidados a Condessa de L., afetada de dispepsia. Ela o ia procurar em seu consultório, nunca tendo ele, pois, entrado em casa de sua cliente, situada fora da cidade. Três dias depois de uma de suas visitas, a 19 de maio de 1899, entrando em casa e atravessando a antessala, ouviu ele distintamente estas palavras: "Como me sinto mal! E ninguém para me socorrer". Depois ouviu o ruído de um corpo que caía em uma espreguiçadeira. A voz era da Sra. de L. Procurou informar-se, mas em casa ninguém tinha visto nem ouvido essa senhora. Foi para seu gabinete de trabalho, concentrou-se e, colocando-se voluntariamente em ligeiro estado de hipnose, transportou-se à casa da condessa e viu-a. Acompanhou todos os seus movimentos e gestos, e os anotou minuciosamente.

Quando a Sra. de L. foi novamente consultá-lo, ele lhe comunicou suas impressões, que foram verificadas exatas em todos os pontos e conforme à realidade dos fatos. "Depois de vos terdes recolhido a vosso aposento" – perguntou ele – "que era o que parecíeis procurar em torno de vós?". "Parecia que alguém me espreitava", respondeu a senhora.[9]

A exemplo do Dr. Hilbert e do Sr. Pierre Janet, cujo sensitivo, Léonie, obedecia à sugestão a um quilômetro de distância,[10] o Dr. Balme tinha o poder de transmitir mentalmente sua vontade a uma senhorita de Lunéville. Obrigava-a assim a vir ao seu gabinete, em Nancy, reclamar os seus cuidados. Um dia, tendo concentrado e dirigido para ela o pensamento, proferiu estas palavras: "Venha; espero-a no trem do meio-dia". A hora fixada a moça entrava em casa dele, dizendo: "Aqui estou".[11]

Camille Flammarion, em sua obra *O desconhecido e os problemas psíquicos,* vol. II, cap. VI, cita o caso de um menino que, na idade de cinco anos, resolvia problemas complicadíssimos e repetia palavras e frases que sua mãe lia mentalmente em um livro. A criança não calculava, o que fazia era unicamente ler no pensamento de sua mãe a solução dos problemas propostos. Desde que esta se retirava, ele era incapaz de obter a mínima solução.

[9] *Bulletin de la Société d'Études Psychiques de Nancy*, abr. 1901.
[10] Ver Pierre Janet, Revue de Philosophie, ago. 1886.
[11] *Bulletin de la Société d'Études Psychiques de Nancy,* abr. 1901.

Na opinião do Sr. Gabriel Delanne,[12] os estados vibratórios individuais devem ser classificados em três tipos que ele denomina visuais, auditivos e motores, e pelos quais se explicaria a variedade das percepções nos sensitivos e nos médiuns. Nos sensitivos pertencentes a esses diversos tipos, as impressões produzidas por uma mesma causa revestirão formas diferentes. A ação psíquica de um vivo, a distância, ou a de um Espírito provocará em uns a percepção visual de uma figura de fantasma; em outros, a audição de sons, de ruídos, de palavras; em um terceiro suscitará movimentos.[13]

As impressões podem igualmente variar nos sensitivos pertencentes ao mesmo tipo sensorial. O pensamento inicial será por eles percebido sob formas distintas, posto que o sentido da manifestação seja idêntico no fundo. É o que temos frequentes vezes verificado em nossas próprias experiências. Diversos médiuns auditivos percebiam o pensamento do Espírito e o traduziam em termos diferentes.

Esse fato nos demonstra que um grande número de fenômenos telepáticos devem ser incluídos na ordem subjetiva, no sentido de que se produzem unicamente no cérebro do percipiente. Posto que internos, não são contudo menos reais. A onda vibratória, emanada de um pensamento estranho, penetra o cérebro do sensitivo e lhe produz a ilusão de um fato exterior que, segundo o seu estado dinâmico, parecerá visual, auditivo ou tátil.

Sabemos que as impressões dos sentidos se centralizam todas no cérebro. Este é o verdadeiro receptáculo, que arquiva as sensações e as transmite à consciência. Ora, conforme o seu estado vibratório, somos levados a referir as nossas sensações a um dos três estados sensoriais supraindicados. Daí a variedade das impressões sugestivas percebidas pelos sensitivos.

Eis aqui vários casos inéditos em que a ação telepática se manifesta por meio de ruídos e visões:

---

[12]Revue *Scientifique et Morale du Spiritisme*, out. 1901, p. 193 e 194.

[13] Podem ver-se exemplos dessa natureza na obra de Myers, Gurney e Podmore, *Les Fantômes des Vivants* (edição francesa), p. 350 e 354 e na de Camille Flammarion, O *desconhecido e os problemas psíquicos,* vol. I, cap. III.

A Sra. Troussel, cujo sobrenome em solteira era Daudet, parenta do ilustre escritor e residente em Alger; à rua Daguerre, comunica-se telepaticamente, a horas convencionadas, com algumas de suas amigas, cada uma das quais serve a seu turno de transmissor e receptor. Elas estabelecem reciprocamente o processo verbal dos pensamentos emitidos e das impressões recebidas e os comparam em seguida. Perguntas mentais formuladas a distância obtêm respostas precisas: um problema complicado foi resolvido. Na média, sete experiências sobre dez são coroadas de êxito. Às vezes, o pensamento projetado com intensidade produz uma ação física sobre os móveis, fazendo-os vibrar fortemente. A Sra. Troussel fez a mesma experiência com uma de suas amigas de Marselha. Deviam pôr-se em comunicação na quinta-feira santa, às 8h30 min da noite. Não sendo, porém, idêntico o meridiano, e sendo a hora de Marselha adiantada em relação à de Alger, ao subir a Sra. Troussel para o seu quarto em busca do insulamento, sentiu-se invadida por um sentimento de tristeza. Um instante depois, tendo-se recolhido, viu aparecer uma jovem de Marselha; junto a ela estava uma criancinha que lhe estendia os braços, sorrindo, e lhe mostrava um raio luminoso que parecia vir do céu. A Sra. Troussel apressou-se em transmitir à sua amiga a narrativa dessa experiência. Suas cartas se cruzaram. A de Marselha continha as seguintes linhas: "Escolhi a quinta-feira santa, querida amiga, por ser o aniversário da morte de meu idolatrado filhinho. À hora indicada, viestes consolar-me. Pensei, nesse momento, no pequenino ser querido. Pensastes também nele? Eu vos vi subir do pavimento térreo ao primeiro andar. Trazíeis um vestido que eu não conheço (pormenor exato). Coisa singular: pensando em todas essas coisas, eu via ao mesmo tempo a imensidade do mar; o raio luminoso do farol parecia vir do céu e chegava até junto de mim".

Comunicações escritas têm sido transmitidas, a grandes distâncias, por pessoas vivas exteriorizadas. Aksakof refere os seguintes fatos:[14]

O Sr. Tomás Everitt, de Londres, obteve, pelo punho de sua mulher, uma comunicação de um de seus amigos, médium, em viagem

---

[14] Aksakof– *Animismo e espiritismo,* vol. 2, cap. IV, I. Ver também dois outros casos curiosos, no mesmo capítulo·

para a América. O eminente juiz Edmonds, de Nova Iorque, refere que dois grupos espíritas, reunidos à mesma hora, em Boston e em Nova Iorque, se correspondiam por seus respectivos médiuns. Assim também dois grupos de experimentadores, reunidos em Madri e em Barcelona, se comunicavam simultaneamente pelo mesmo processo. Ao fim de cada sessão, redigia cada um por sua parte uma ata, que era posta imediatamente no Correio. As duas mensagens combinavam sempre fielmente.[15]

A *Revue Scientifique et Morale du Spiritisme,* em seu número de janeiro de 1908, cita um fato interessante, extraído das *Memórias* da Sra. Adelma de Vay:

A Sra. De Vay refere que, durante a campanha de 1866, o conde Wurmbrandt, seu primo, fazia parte do Exército austríaco. No dia 25 de maio, recebeu dele uma extensa comunicação, em que lhe afirmava ser ele próprio, "seu primo Luís Wurmbrandt", acrescentando que "estava passando bem, que seu espírito se achava ao pé dela e o corpo no campo, em companhia dos soldados". A 15 de junho, nova comunicação: "Esperamos uma batalha... meu corpo está completamente adormecido". E afirmava estar nela pensando intensamente. A 4 de julho, ainda uma comunicação: "Não duvide da presença de meu espírito... Acabamos de travar uma grande batalha. Vou passando bem". No dia 5 de julho, o nome de Wurmbrandt figura na lista dos mortos. Entretanto, a 9 do mesmo mês, a senhora De Vay recebe uma comunicação de seu primo, assegurando ter "felizmente sobrevivido à batalha de Honig Gratz" e que dentro de três dias lho confirmaria por carta. A Sra. De Vay recebeu efetivamente de seu primo uma carta enumerando, com particularidade, as enormes perdas sofridas pelo seu batalhão, o que explica a errônea suposição de sua morte.

Todos esses fatos estabelecem de modo positivo, desde esta vida, a ação mental e recíproca de alma a alma e a possível intervenção dos vivos exteriorizados nos fenômenos psíquicos.

Para praticar a telepatia são necessárias duas condições: de um lado, no operador, a concentração e a exteriorização do pensamento. Para agir mentalmente, a distância, é preciso recolher-se e dirigir com persistência o pensamento ao alvo

---

[15] Eugène Nus – *Choses de l'autre monde,* p. 365.

predeterminado. Provoca-se assim um desprendimento parcial do ser psíquico, e origina-se uma corrente de vibrações que nos põe em relação com o nosso correspondente. – Neste se requer, por sua parte, um grau suficiente de sensibilidade.

Estas condições não se encontram tão frequentemente como se poderia supor. É preciso criá-las por uma ação demorada da vontade e, em seguida, melhorá-las mediante o exercício cotidiano das faculdades adquiridas.

O Dr. Balme observa[16] que, tendo experimentado com uma senhora de sua amizade, nenhum resultado obteve ao começo. Todos os dias, à mesma hora e durante muito tempo, prosseguiram ambos a tentativa. Os pensamentos trocados foram a princípio contraditórios. Um dia, entretanto, foi percebida uma palavra com perfeita exatidão; depois foram seguidamente transmitidas frases de quatro a cinco palavras. Finalmente, ao cabo de dois anos, conseguiam comunicar-se, a distância, a qualquer hora do dia indiferentemente, começando apenas por bater palmas.

Nessas experiências, como se vê, a perseverança é o elemento essencial de todo o êxito. É preciso, antes de tudo, aprender a fixar os pensamentos. Estes são por natureza instáveis, flutuantes; variam muito amiúde de um a outro objeto. Saibamos mantê-los sob a ação da vontade e impor-lhes um determinado objetivo. É dos mais salutares esse exercício, no sentido de habituar-nos a praticar a disciplina mental.

Uma vez fixado o pensamento e estabelecida a corrente vibratória, torna-se possível a comunicação. Chegamos a corresponder-nos telepaticamente, não só com os nossos amigos terrestres, mas também com os do Espaço, porque a lei das correspondências é a mesma nos dois casos. Não é mais difícil conversarmos mentalmente com os seres amados cujo invólucro a morte destruiu, que com aqueles que, permanecendo na Terra, foram afastados para longe de nós pelas exigências da vida. O poder da evocação que vai atingir o ser espiritual, através da imensidade, numa região desconhecida do evocador, é a mais evidente demonstração da energia do pensamento.

---

[16] *Bulletin de la Société d'Études Psychiques de Nancy*, abr. 1901.

Às vezes, durante o sono ou na vigília, a alma se exterioriza, se objetiva em sua forma fluídica e aparece, a distância. Daí o fenômeno dos fantasmas dos vivos.

Um dos mais notáveis casos é o de Emilie Sagée, professora em Volmar, cujo desdobramento pôde ser, inúmeras vezes, observado pelas 42 pessoas residentes no internato.[17]

A esse pode-se acrescentar o caso do reverendo Tr. Benning, citado pela Sra. Hardinge-Britten no *Banner of Light*. Seu duplo se transportou a Troy, onde devia realizar uma conferência no dia seguinte, a fim de dar aviso de que uma indisposição o impedia de cumprir sua promessa. Lá esteve e foi visto e ouvido por três pessoas, em uma das quais deu um empurrão. Durante esse tempo seu corpo não havia deixado Nova Iorque.[18]

Uma jovem criada alemã, de Boston (Massachusetts), acometida de febre acompanhada de delírio, se transportava, em sonho, à casa de sua família, na Europa. Aí, durante quinze noites consecutivas, todos os seus parentes a ouviram bater à porta da casa paterna e viram entrar o seu fantasma. Todos a acreditaram morta; ela, porém, se restabeleceu.[19]

O *Times*, em sua edição hebdomadária de 1º de janeiro de 1908, consagra um longo artigo a um fato de desdobramento, que teria ocorrido na paróquia de East Rudham. O reverendo Dr. Astley, que aí exerce suas funções, em seguida a um acidente de estrada de ferro, na linha de Biskra, foi conduzido para o hospital dos ingleses, em Alger. Enquanto nele se achava em tratamento, seu fantasma foi, repetidas vezes, percebido e distintamente reconhecido por três pessoas, particularmente pelo reverendo Brock, vigário encarregado de substituir o Dr. Astley, na paróquia de East Rudham, durante o seu impedimento.

Os mais numerosos testemunhos são fornecidos pela Sociedade de Investigações Psíquicas, de Londres. Essa sociedade, composta de homens eminentes, erigiu um verdadeiro

---

[17] *Aksakof– Animismo e espiritismo*.
[18] Id. Ibid.
[19] Aksakof – *Animismo e espiritismo.*.

monumento científico com a publicação do livro The *Phantasms of the Living*[20] e a dos *Proceedings*, compilação de narrativas, que formam vinte e dois volumes e abrange um período de vinte anos de estudos. Essas obras relatam milhares de casos de aparições, observados com todo o rigor que os sábios aplicam ao estudo dos fenômenos, e assinalam as circunstâncias e as provas que dão a cada fato o seu cunho de autenticidade e o apoio de testemunhos severamente esmerilhados.

Esses fatos estabelecem de modo incontestável as relações que existem entre a aparição do duplo e a pessoa viva que ele representa.

Não seria lícito atribuir a todos esses fenômenos um caráter subjetivo. Em certos casos, como vimos, só o cérebro do percipiente é impressionado pelas vibrações de um pensamento longínquo, as vibrações que se transmitem ao foco visual e aí fazem surgir a imagem do manifestante. Aqui, porém, na maior parte dos casos, os fenômenos observados não se prestam de modo algum a essa interpretação. Sua objetividade fica demonstrada no fato de serem vistos os fantasmas por muitas pessoas ao mesmo tempo, ou ainda sucessivamente quando, por exemplo, o fantasma se transporta aos diversos pavimentos de uma casa.

Os fantasmas dos vivos atuam sobre a matéria; abrem e fecham portas, agitam campainhas,[21] fazem ouvir acordes em pianos fechados.[22] Impressionam animais domésticos, deixam sinais de mãos e dedos na poeira dos móveis e, às vezes, mesmo comunicações escritas, que permanecem como uma irrecusável prova de sua passagem.[23]

Os desdobramentos dos vivos têm sido comprovados em todos os tempos. Deles relata a História numerosos casos, firmados em valiosos testemunhos.

Tácito refere[24] que Basilides apareceu a Vespasiano em um templo de Alexandria, achando-se na ocasião retido pela enfermidade a muitas léguas de distância.

---

[20] *Os fantasmas dos vivos* (edição francesa, resumida sob o nome de *Hallucinations Télépathiques*), Paris, 1891, in 8. ed„ Alcan.

[21] *Hallucinations Télépathiques*, p. 237.

[22] Aksakof – *Animismo e espiritismo*, cap. IV, III.

[23] Id. Ibid.

[24] Tácito – *Histórias,* livro IV, cap. 81 e 82.

A mística cristã[25] registra, como fatos miraculosos, casos de bilocação ou bicorporeidade, em que facilmente reconhecemos fenômenos de exteriorização.

Santo Afonso de Liguori foi canonizado por se ter mostrado simultaneamente em dois lugares diferentes. Achando-se adormecido em Arienzo, pôde assistir à morte do papa Clemente XIV, em Roma, e anunciou, ao despertar, que acabava de ser testemunha desse acontecimento.

O caso de Santo Antônio de Pádua é célebre. Estando em Pádua a pregar, interrompeu-se de repente, em meio do sermão, e adormeceu. Nesse mesmo instante, em Lisboa, seu pai, acusado falsamente de homicídio, era conduzido ao suplício. Santo Antônio aparece, demonstra a inocência de seu pai e faz conhecer o verdadeiro culpado.[26]

Encontram-se numerosos fatos análogos na vida dos santos, particularmente nas de Santo Ambrósio, São Francisco Xavier, São José de Cupertino, Santa Maria d'Agreda, Santa Liduína, etc.

O ser humano, desprendido dos liames carnais pela prece, pelas elevadas aspirações e por uma vida pura e sóbria, torna-se mais apto a exteriorizar-se.

A possibilidade dessas manifestações acha-se igualmente demonstrada pelas experiências dos magnetizadores, como Du Potet, Deleuze, Billot, por Kerner, Perty, D'Assier, etc.

Convém notar que esses fenômenos não se produzem somente durante o sono. Uma emoção violenta, certas enfermidades, a agonia, a morte, podem provocar o desprendimento psíquico.

O Sr. Camille Flammarion, em *O desconhecido e os problemas psíquicos,* volume II, capítulo VII, cita 186 casos em que moribundos se manifestam, a distância, falando, ou apenas visíveis.[27]

---

[25] J. Ribet – *La Mystique Divine,* t. II.

[26] Nota do tradutor: Tomamos – data vênia – a liberdade de ressalvar este final, em que há um evidente equívoco. Antônio de Pádua, segundo a história que conhecemos de sua vida, limitou-se a demonstrar cabalmente a inocência de seu pai, alegando que "não viera a condenar o culpado, senão salvar o inocente", e assim se esquivando ao odioso papel de delator. Nem outro procedimento seria compatível com o caráter daquele eminente Espírito.

[27] Ver também Aksakof, Animismo e spiritismo, cap. IV, III, e D'Assier, *L'Humanité Posthume,* p. 147. *The Phantasms of the Living* relatam igualmente numerosos casos de aparições de moribundos e de pessoas falecidas, com coincidência de morte.

Na *Revue des Revues* (resposta a Saint-Saëns), o ilustre astrônomo relata o seguinte fato:

Uma jovem, ao fim de sete anos de afetuosas relações, se havia separado do homem que amava. Este casou-se e ela nunca mais teve notícias suas. Passaram-se alguns anos, quando, em uma noite de abril de 1893, ela viu entrar em seu quarto uma forma humana, que se aproximou e sobre ela se debruçou. Sentiu então, nos lábios, com terror, o demorado beijo de uma boca gelada. No dia seguinte, cerca de meio-dia, correndo a vista por um jornal, leu a notícia do falecimento e dos funerais do que fora seu amante.

Publicou o *L'Éclair* de 24 de novembro de 1908:[28]

O comandante de um navio de guerra inglês fazia um cruzeiro nos mares do Sul. Estava, uma noite, encerrado em seu camarote, a fazer cálculos algébricos a giz, no quadro-negro, e, em dado momento, sentou-se à mesa para anotar no canhenho os resultados obtidos. Ao voltar-se, para ler no quadro a última equação, viu de repente aparecer uma mão, com um vago começo de antebraço, tomar a esponja e apagar as fórmulas. Ficou estupefato, imóvel. Uma figura, ao começo nebulosa e indistinta, se tornou visível; era um homem, uniformizado, em quem reconheceu um dos seus antigos companheiros de escola, oficial de Marinha como ele, e que deixara de ver, havia muitos anos. Notou que estava envelhecido. A figura tomou um pedaço de giz, escreveu uma latitude, uma longitude, e desapareceu. O comandante, apenas dissipado o assombro que o tomara, sai rapidamente do camarote, chama os seus oficiais e lhes refere o que acabava de presenciar, mostrando-lhes as indicações inscritas no quadro e fazendo-lhes notar que nunca escrevia, como ali estavam, os algarismos. Tomaram nota da hora e data e, obedecendo a um mesmo sentimento, fizeram rumo a todo vapor para o ponto do oceano indicado no quadro. Ao fim de cinco dias o alcançaram e durante longas horas cruzaram nas imediações do lugar, situado em pleno mar, a milhares de milhas de toda costa e fora das rotas de navegação. Afinal, na manhã do sexto dia, perceberam ao longe alguma coisa que flutuava, ponto negro no horizonte claro, em que se esgarçavam as névoas matutinas. Ao alcançá-lo, verificaram ser uma jangada,

---

[28] Conforme a *Revue Spirite,* fev. 1909.

feita de tábuas apenas reunidas, à qual, sem víveres, sem água, à mercê do mais ligeiro vento, se achavam agarrados três agonizantes – como o referiram 48 horas mais tarde, quando puderam falar – únicos sobreviventes do naufrágio de um grande navio que se tinha incendiado e soçobrado em pouco tempo. Era seu comandante o oficial que aparecera diante do quadro-negro. O sinistro havia ocorrido no ponto inscrito pelo fantasma e precisamente à hora em que este se tinha manifestado.

O capitão anotou o fato em seu diário de bordo. Pode, sem dúvida, acreditar-se que ele próprio escrevera, inconscientemente, os algarismos no quadro-negro. Mas é preciso então admitir que ele agiu sob a influência do Espírito de seu antigo companheiro, que estava a morrer nas chamas e lhe transmitiu a latitude e a longitude do lugar em que se produzia a catástrofe.

Esses casos são múltiplos e jamais se poderia explicá-los pela teoria da alucinação. Neles há relação de causa e efeito. A morte coincide com as aparições, e estas são demasiado numerosas para que se possam considerar as coincidências como produto do acaso. As vozes que se ouvem são de pessoas que se acham longe; as visões representam figuras conhecidas; as roupas, verifica-se que são tais quais as que as pessoas vestiam na ocasião. Particularidade digna de nota: cães e cavalos se mostram assustados e inquietos à aproximação dos fenômenos, dos quais parecem ter a visão ou o pressentimento, muito tempo antes que sejam perceptíveis ao homem.

Os fenômenos devidos à exteriorização ou ação extracorpórea da alma humana foram estudados com atenção e classificados por Aksakof sob a denominação geral de animismo. Esse erudito observador quis estabelecer uma distinção formal entre esses fatos e as manifestações dos denominados mortos. Tal distinção, realmente, não existe; esses fatos, como veremos adiante, são sempre idênticos quer antes, quer depois da morte. A alma do homem pode, exatamente, como a alma desencarnada, atuar sobre médiuns, ditar comunicações, avisos, tanto por escrito como por meio de mesinhas, provocar deslocações de objetos materiais, aparecer a grande distância de seu próprio corpo, e impressionar chapas fotográficas.

Allan Kardec consagrou um capítulo inteiro de *O livro dos médiuns*[29] aos estudos das aparições de vivos. Esses fenômenos, pois, não eram ignorados pelos espíritas, como se tem pretendido, e Aksakof, em *Animismo e espiritismo,* apenas confirmou o que muito antes dele já havia sido reconhecido.

Experiências mais recentes têm demonstrado a possibilidade, para certos indivíduos, de se desdobrarem parcialmente, de materializarem determinadas partes de sua forma fluídica e produzirem vários fenômenos.

Médiuns, como Eusapia Palladino e Eglinton, têm provocado, a muitos metros de distância e sem contato físico, a deslocação de corpos inertes em plena luz e deixado impressões de seus membros fluídicos em substâncias moles: argila, parafina ou papel enegrecido ao fumo.[30]

Não nos seria lícito deixar de mencionar ainda os casos de incorporação de vivos no organismo de médiuns adormecidos. Esse gênero de manifestações introduz quase sempre um elemento de confusão e erro nos fenômenos de "transe", e é preciso uma experiência consumada para os não confundir com as manifestações dos desencarnados. Com efeito, os vivos incorporados em um organismo estranho nem sempre têm a noção perfeita de sua verdadeira situação.

Aqui está um exemplo que demonstra quanto é necessário, no curso de tais experiências, ter sempre a máxima atenção:

Durante três anos consecutivos, pôde o Espírito de um vivo manifestar-se, por via de incorporação, no grupo que dirigíamos em Tours, sem que o pudessem distinguir dos Espíritos desencarnados que intervinham habitualmente em nossas sessões. Os pormenores mais positivos nos eram, entretanto, por ele fornecidos acerca de sua identidade. Dizia chamar-se B., e havia sido sacristão da vila de D., na Sarthe. A voz arrastada, o·

---

[29] Cap. VII, nos 114 et. seq. Ver também O *livro dos espíritos,* Segunda Parte, cap. VIII, "Visitas espíritas entre pessoas vivas", e *Revue Spirite,* 1860, p. 81 – Evocação do Espírito do Dr. Vignal, adormecido.

[30] Ver Aksakof, *Animismo e espiritismo,* cap. IV, ver de Rochas, *Extériorisation de la sensibilité e Extériorisation de la motricité,* passim. (Experiências feitas com Eusapia pelos Srs. Lombroso, Schiapparelli, Finzi, Ermacora, Wagner, Charles Richet, de Rochas, Flammarion, Lodge, Ochorowicz, etc.).

gesto lento e fatigado, a atitude curvada contrastavam com as atitudes e gestos próprios do médium e dos outros Espíritos familiares. Nós o reconhecíamos logo às primeiras palavras proferidas. Punha-se ele então a narrar por miúdo os menores incidentes de sua vida, as admoestações do cura, por motivo de sua preguiça e das bebedeiras que tomava, o mau estado da igreja e dos paramentos confiados aos seus cuidados, e até suas infrutíferas pesquisas no Espaço, a fim de encontrar a confirmação do que lhe havia sido ensinado! Tudo nele – propósitos, recordações, pesares – nos dava a firme convicção de estarmos tratando com um desencarnado.

Não foi pequena por isso a surpresa que experimentamos, quando um membro do nosso grupo, tendo ido à indicada região e sido encarregado de proceder a uma pesquisa, nos informou que B. ainda pertencia a este mundo. Tudo o que nos havia ele dito, era, ao demais, exato. Nosso secretário pôde vê-lo e conversar com ele. Achando-se velho e cada vez mais dado à preguiça e à embriaguez, tivera que abandonar suas funções. Todas as noites, às primeiras horas, se deitava e adormecia profundamente. Podia assim exteriorizar-se, transportar-se até junto de nós e incorporar-se em um dos nossos médiuns, a quem o prendiam laços de afinidade cuja causa se nos conservou sempre ignorada.

Pergunta-se como pode a alma dos vivos chegar a produzir, durante o sono, fenômenos tão surpreendentes quão complexos. Em certos casos as aparições, as materializações, exigem uma força considerável, um profundo conhecimento do que chamaremos a química espiritual; e fica-se maravilhado de que, apenas afastada de seu envoltório carnal, possa a alma apreender as suas leis.

Parece que a energia necessária para produzir esses fenômenos é haurida no corpo físico, a que se acha ligada a forma fantásmica por uma espécie de cordão fluídico, seja qual for a distância a que se encontre. A existência desse laço é atestada pelos videntes e confirmada pelos Espíritos. Tão sutil é ele que, a cada sensação um pouco viva que afete o corpo material, a alma, bruscamente atraída, retoma posse deste imediatamente. Esse ato constitui o despertar.

Convém não esquecer que o Espírito dirige a matéria. A alma dispõe a seu talante dos elementos imponderáveis da natureza, com os quais constrói, a princípio, o corpo fluídico, modelo estrutural do corpo físico, e depois forma este com o auxílio dos elementos terrestres, que reúne e assimila.

Durante o sono normal, como no sono magnético, o laço que une os dois corpos se afrouxa, sem se quebrar. Os dois invólucros ficam separados. Se, ao afastar-se, o corpo fluídico absorve a necessária energia, pode condensar-se, solidificar-se, atuar sobre a matéria, produzir sons, ruídos, tornar-se até visível.

O grande motor em tudo isso é a vontade. Essa faculdade é criadora; e o demonstram os fenômenos de sugestão, mediante os quais a vontade interveniente pode ocasionar profundas modificações no corpo humano. Assim, o Espírito pela ação mental pode imprimir à matéria sutil as formas, os atributos, as aparências de trajes, de roupas que permitirão reconhecê-lo. Além disso, na maioria dos casos, o manifestante é assistido por amigos invisíveis, como evidentemente o prova a intervenção do Espírito John King nas sessões de Eusapia, e Abdullah nas de Eglinton, etc. Os habitantes do Espaço em geral possuem experiência e conhecimento mais extenso das coisas desse meio. Grande é a sua força de vontade, e eles podem auxiliar eficazmente a produção de certos fatos telepáticos, que o manifestante não seria capaz de realizar sem o concurso deles.

Todos os fenômenos que acabamos de descrever pertencem ao domínio das observações. Podem-lhes ser, entretanto, acrescentados fatos de experiência, provocados voluntariamente, e que permitem verificar simultaneamente a presença do corpo material e a do duplo fluídico da alma em dois lugares diferentes.

Aí já não há que recorrer ao acaso nem a coincidências fortuitas. O resultado a obter, previamente indicado pelo experimentador, é alcançado mediante processos e em condições que desafiam toda crítica. São numerosos esses fatos, dentre os quais indicaremos os seguintes:

O Sr. Desmond-Fitz-Gérald, engenheiro, tomou parte em uma experiência decisiva. O espírito de uma jovem, exteriorizado durante o sono, foi enviado a sua casa e aí se materializou. Sua presença foi reconhecida por diversas pessoas, uma das quais se sentiu tocar pelo fantasma, o que lhe produziu um grande terror.[31] É uma experiência de desdobramento com resultado positivo.

A Sra. de Morgan, esposa do professor a quem se deve a obra intitulada *From Matter to Spirit*, hipnotiza uma senhorita e ordena ao seu duplo exteriorizado que vá bater à porta da rua. As pancadas foram ouvidas por várias pessoas, que abriram imediatamente aquela porta e verificaram que a rua se achava deserta.[32]

Podem-se encontrar em certas obras e revistas numerosos casos em que pessoas vivas, evocadas durante o sono, vêm dar, utilizando-se de médiuns, comunicações que encerram provas de identidade.[33]

A esses fatos acrescentaremos os de reproduções fotográficas de duplos ou fantasmas de vivos exteriorizados. O testemunho é em tal caso irrecusável, e nenhuma ilusão é possível. Não se poderia suspeitar a chapa sensível de estar sujeita a alucinações.

O professor Istrati, membro do Conselho de Ministros da Romênia, concentrando a própria vontade antes de adormecer, pôde exteriorizar-se, aparecer ao doutor Hasden, senador romeno, a mais de 50 quilômetros de distância, e por ele se fazer fotografar em Espírito. Na chapa distingue-se a imagem fluídica do professor, encarando o obturador do aparelho.[34]

Uma certeza resulta deste conjunto de fatos; é que a alma humana, ao contrário do que pretendem os materialistas, não

---

[31] Aksakof – *Animismo e espiritismo*, cap. IV. Ver também, no mesmo capítulo, o caso da sonâmbula Suzette B., cujo duplo aparece ao Dr. Ruffi e apaga-lhe a vela.

[32] *Light*, 1883, p. 458; Aksakof, *Animismo e spiritismo,* cap. IV. Ver também *The Phantasms of the Living,* edição francesa, p. 45.

33 Ver *Revue Spirite*, 1860, p. 81, 88 e 173; Allan Kardec, *O céu e o inferno*, Segunda parte, cap. VIII, "Charles de Saint-G... (idiota)"; Aksakof, *Animismo e espiritismo*, cap. IV, I; Banner of Light, de 6 nov. e 11 dez. 1875.

[34] Dr. Baraduc, A *alma humana, seus movimentos, suas luminosidades*. Ver também o caso de Humber (Aksakof, *Animismo e espiritismo,* cap. I); o do juiz Carter (*Banner of Light,* 31 jul. 1875); o caso de W. Stead (*Borderland,* abr. 1896).

é uma resultante do organismo, transitória como ele, uma função do cérebro, que se aniquile por ocasião da morte, mas um ser em si mesmo real, independente dos órgãos.

Sua ação se pode exercer fora dos limites do corpo; a alma pode transmitir a outros seres seus pensamentos, suas sensações, e mesmo desdobrar-se e aparecer em forma fuídica. Sobranceira às leis do tempo e do espaço, ela vê, a distância, e se transporta ao longe; lê no passado e pode penetrar o futuro.

A existência da alma se revela, conseguintemente, por fatos. O corpo não é uma condição indispensável de sua existência, e se a ele se acha ligada durante a passagem terrestre, esse laço é apenas temporário. Depois de sua separação do organismo físico ela continua a manifestar-se por fenômenos de ordem espírita, cujo estudo fará o objeto dos capítulos que se vão seguir.

O estudo da alma exteriorizada durante a vida nos conduz assim ao estudo de suas manifestações depois da morte. As leis que regem esses fenômenos são idênticas. A exteriorização não é mais que uma preparação do Espírito para o estado de liberdade, para essa outra forma de existência em que ele se encontra desembaraçado dos liames da matéria.

Não será dos menores títulos de glória desse Espiritismo, tanto tempo repudiado, o haver ensinado a alma humana a estudar-se em suas profundezas, a entreabrir o espesso véu que ocultava o segredo de sua natureza e de sua grandeza insuspeita.

XIII - SONHOS PREMONITÓRIOS. CLARIVIDÊNCIA. PRESSENTIMENTOS

Nas páginas que precedem, tocamos apenas ligeiramente na questão dos sonhos. Este assunto reclama outra explicação.

Os sonhos, em suas variadas formas, têm uma causa única: a emancipação da alma. Esta se desprende do corpo carnal durante o sono e se transporta a um plano mais ou menos elevado do universo, onde percebe, com o auxílio de seus sentidos próprios, os seres e as coisas desse plano.

Podem dividir-se os sonhos em três categorias principais:

Primeiramente, o sonho ordinário, puramente cerebral, simples repercussão de nossas disposições físicas ou de nossas preocupações morais. É também o reflexo das impressões e imagens arquivadas no cérebro durante a vigília; na ausência de qualquer direção consciente, de toda intervenção da vontade, elas se desenvolvem automaticamente ou se traduzem em cenas indecisas, destituídas de coordenação e de sentido, mas que permanecem gravadas na memória.

O sofrimento em geral e, particularmente, certas enfermidades, facilitando o desprendimento do Espírito, aumentam ainda mais a incoerência e a intensidade dos sonhos. O Espírito, obstado em seu surto, empuxado a cada instante para o corpo, não pode se elevar. Daí o conflito entre a matéria e o princípio espiritual, que reciprocamente se influenciam. As impressões e imagens se chocam e confundem.

No primeiro grau de desprendimento, o Espírito flutua na atmosfera, sem se afastar muito do corpo; mergulha, por assim dizer, no oceano de pensamentos e imagens, que de todos os lados rolam pelo espaço, deles se impregna, e aí colhe impressões confusas, tem estranhas visões e inexplicáveis sonhos; a isso se mesclam, às vezes, reminiscências de vidas anteriores, tanto mais vivazes quanto mais completo é o desprendimento, que assim permite entrarem em vibração as camadas profundas da memória. Esses sonhos, de infinita diversidade, conforme o grau de emancipação da alma, afetam sobretudo o cérebro material, e é por isso que deles conservamos a lembrança, ao despertar.

Por último vêm os sonhos profundos, ou sonhos etéreos. O Espírito se subtrai à vida física, desprende-se da matéria, percorre a superfície da Terra e a imensidade, onde procura os seres amados, seus parentes, seus amigos, seus guias espirituais. Vai, não raro, ao encontro das almas humanas, como ele desprendidas da carne durante o sono, com as quais se estabelece uma permuta de pensamentos e desígnios. Dessas práticas conserva o espírito impressões que raramente afetam o cérebro físico, em virtude de sua impotência vibratória. Essas impressões se gravam, todavia, na consciência, que lhes guarda os vestígios, sob a forma de intuições, de pressentimentos, e influem, mais do que se poderia supor, na direção da nossa vida, inspirando os nossos atos e resoluções. Daí o provérbio: "A noite é boa conselheira".

Na *Revue Spirite* de 1866, página 172, Allan Kardec fala do desprendimento do Espírito de uma jovem de Lyon, durante o sono, e de sua vinda a Paris, em meio de uma reunião espírita em que se achava sua mãe:

> O médium, em estado de transe, vai a Lyon, a pedido de uma senhora presente, ao aposento de sua filha, que descreve fielmente. A moça está adormecida; seu Espírito, conduzido por um guia espiritual, se aproxima de sua mãe, a quem vê e ouve.
>
> É para ela um sonho, diz o guia do médium, de que, ao despertar, não guardará lembrança clara; conservará apenas o pressentimento do bem que se pode auferir de uma crença firme e pura.
>
> Ela faz sentir a sua mãe que, se pudesse recordar-se tão bem de suas precedentes encarnações, no estado normal, como se lembra agora, não permaneceria muito tempo na situação estacionária em que se encontra.
>
> Porque vê claramente e sente-se capaz de progredir sem hesitação; ao passo que no estado de vigília nós temos uma venda sobre os olhos. "Obrigada" – diz ela aos assistentes – "por vos

terdes ocupado comigo." Em seguida, abraça sua mãe. O médium acrescenta, ao terminar: "Ela sente-se feliz com esse sonho, de que se não há de lembrar, mas que nem por isso lhe deixará de produzir salutar impressão".

Algumas vezes, quando suficientemente purificada, a alma, conduzida por Espíritos angélicos, chega em seus transportes a alcançar as esferas divinas, o mundo em que se geram as causas. Aí paira, sobranceira ao tempo, e vê desdobrarem-se o passado e o futuro. Se acaso comunica ao invólucro humano um reflexo das sensações colhidas, poderão estas constituir o que se denomina sonho profético.

Nos casos importantes, quando o cérebro vibra com demasiada lentidão para que possa registrar as impressões intensas ou sutis percebidas pelo Espírito, e este quer conservar, ao despertar, a lembrança das instruções que recebeu, cria então, pela ação da vontade, quadros, cenas figurativas das imagens fluídicas, adaptadas à capacidade vibratória do cérebro material, sobre o qual, por um efeito sugestivo, as projeta energicamente. E, conforme a necessidade, se é inábil para isso, recorrerá ao auxílio dos Espíritos mais adiantados, e assim revestirá o sonho uma forma alegórica.

Entre os deste gênero, há alguns célebres, como, por exemplo, o sonho do Faraó, interpretado por José.[1]

Muitas pessoas têm sonhos alegóricos, os quais nem sempre traduzem as impressões recebidas diretamente pelo espírito do indivíduo adormecido, mas, na maior parte das vezes, revelações provenientes das almas, que todos temos, prepostas a nossa guarda.

Achando-me gravemente enfermo e quase desenganado, obtive, sob significação figurada, o aviso de minha própria cura. No sonho, eu percorria com muita dificuldade um caminho coberto de escombros; à medida que me adiantava, os obstáculos se me acumulavam sob os pés. Súbito, um riacho largo e profundo surge à minha vista, e sou obrigado a interromper a marcha. Sento-me, cheio de angústia, à beira

---

[1] Gênesis, 41:1 a 38.

d'água; mas da outra margem mão invisível estende-me uma prancha, cuja extremidade se inclina a meus pés. Não tenho mais que me firmar nela e, por esse meio, consigo transpor o curso da água. Do lado oposto o caminho é livre e desembaraçado, e eu sigo com o passo mais firme, em meio de aprazível planície.

Eis aqui o sentido desse sonho:

Informado, algum tempo depois, por uma mulher imersa em sono magnético, da causa de minha enfermidade, causa assaz vulgar, com que nenhum médico havia podido atinar, nem com os remédios aplicáveis, readquiri pouco a pouco a saúde e pude recomeçar os meus trabalhos.

Nos sonhos são, com frequência, registrados fenômenos de premonição, isto é, comprova-se a faculdade que possuem certos sensitivos de perceber, durante o sono, as coisas futuras. São abundantes os exemplos históricos:

Plutarco (*Vida de Júlio César*) faz menção do sonho premonitório de Calpúrnia, mulher de César. Ela presenciou durante a noite a conjuração de Brutus e Cassius e o assassínio de César, e fez todo o possível por impedir este de ir ao Senado.

Pode-se também ver em Cícero (*De Divinatione,* I, 27) o sonho de Simônides; em Valério Máximo (VII, pt. I, 8), o sonho premonitório de Atério Rufo e (VII, pt. I, 4) o do rei Creso, anunciando-lhe a morte de seu filho Athys.

Em seus *Comentários,* refere Montlue que assistiu, em sonho, na véspera do acontecimento, à morte do rei Henrique II, traspassado por um golpe de lança, que num torneio lhe vibrou Montgommery.

Sully, em suas *Memórias* (VII, 383), afirma que Henrique IV tinha o pressentimento de que seria assassinado em uma carruagem.

Fatos mais recentes, registrados em grande número, podem ser comprobatoriamente mencionados:

Abraham Lincoln sonhou que se achava em uma calma silenciosa, como de morte, unicamente perturbada por soluços; levantou-se, percorreu várias salas e viu, finalmente, ao centro de uma delas, um catafalco em que jazia um corpo vestido de preto, guardado por soldados e rodeado de uma multidão em pranto. "Quem morreu na Casa Branca?" – perguntou Lincoln. "O presidente" – respondeu um soldado – "foi assassinado!". Nesse momento uma prolongada aclamação do povo o despertou. Pouco tempo depois morria ele assassinado.[2]

Em seu livro *O desconhecido e os problemas psíquicos*, C. Flammarion cita 76 sonhos premonitórios, dois dos quais por sua mãe (cap. IX). Na maior parte revestem eles o caráter da mais absoluta autenticidade.

Um dos mais notáveis é o caso do Sr. Bérard, antigo magistrado e deputado (cap. IX). Obrigado pelo cansaço, durante uma viagem, a pernoitar em péssima estalagem, situada entre montanhas selváticas, ele presenciou, em sonho, todos os detalhes de um assassínio que havia de ser cometido, três anos mais tarde, no quarto que ocupava, e de que foi vítima o advogado Vitor Arnaud. Graças à lembrança desse sonho é que o Sr. Bérard fez descobrir os assassinos.

Esse fato é igualmente referido pelo Sr. Goron, chefe de polícia, em suas Memórias (t. II, p. 338).

Pode-se também citar:

O sonho da mulher de um mineiro, que vê cortarem a corda do cesto que servia para descerem os operários aos poços de extração. Logo no dia seguinte o fato se verificou, e muitos mineiros deveram a vida a esse sonho (cap. IX).

Uma jovem irmã de caridade (Nièvre) viu em sonho o rapaz, para ela então desconhecido, com quem depois haveria de casar-se. Graças a esse sonho ela se tornou *Mme.* de la Bédollière (cap. IX).

Conscritos veem em sonho os números que tiraram no dia seguinte ou dias depois (cap. IX).

Muitas pessoas veem em sonho cidades, sítios, paisagens, que realmente visitariam mais tarde (cap. IX).

O Sr. Henri Horet, professor de Música em Estrasburgo, viu certa noite, em sonho, saírem cinco féretros de sua casa. Pouco depois deu-se aí um escapamento de gás e cinco pessoas morreram asfixiadas (cap. IX).

Aos sonhos etéreos pode-se juntar o fenômeno de êxtase ou arroubo. Considerado por certos sábios, pouco competentes

---

[2] *The Two Worlds.*

em matéria de Psiquismo, como estado mórbido, o êxtase é em verdade um dos mais belos apanágios da alma afetuosa e crente, que, na exaltação de sua fé, reúne todas as suas energias, se desembaraça momentaneamente dos empecilhos carnais e se transporta às regiões em que o belo se ostenta em suas infinitas manifestações.

No êxtase, o corpo se torna insensível; a alma, libertada de sua prisão, tem concentradas toda a sua energia vital e toda a sua faculdade de visão em um ponto único. Ela não é mais deste mundo, mas participa já da vida celeste.

A felicidade dos extáticos, o júbilo que experimentam, contemplando as magnificências do Além, seriam só por si suficientes para nos demonstrar a extensão dos gozos que nos reservam as esferas espirituais, se as nossas grosseiras concepções não nos impedissem muitíssimas vezes de os compreender e pressentir.

A clarividência ou adivinhação é essa faculdade, que possui a alma, de perceber no estado de vigília os acontecimentos passados e futuros, no mundo intelectual como no domínio físico. Esse dom se exerce através do tempo e da distância, independentemente de todas as causas humanas de informação.

A adivinhação foi praticada em todos os tempos. Seu papel na Antiguidade era considerável, e, qualquer que seja a parte de alucinação, de erro ou fraude que se lhe deva atribuir, já não é possível, depois das recentes comprovações da psicologia transcendental, rejeitar em massa os fatos dessa ordem atribuídos aos profetas, aos oráculos e às sibilas.

Essas estranhas manifestações reaparecem na Idade Média:
Jan Huss anuncia, do alto da fogueira, a vinda de Lutero.

Joana d'Arc havia predito, desde Domrémy, o livramento de Orléans e a sagração de Carlos VII. Anuncia também que será ferida defronte de Orléans.

Uma carta escrita pelo encarregado de negócios de Brabant, a 22 de abril de 1429, quinze dias antes do acontecimento e conservada nos arquivos de Bruxelas, contém esta passagem: "Ela predisse que será ferida por uma seta durante o assalto, mas que não morrerá; que o rei será sagrado em Reims, no próximo verão".[3] Profetiza seu encarceramento e morte. Junto aos fossos de Melun, suas "vozes" a haviam advertido de que seria entregue aos ingleses antes do dia de São João.[4] Durante o processo, anuncia a completa expulsão dos ingleses, antes de sete anos. Sucedem-se depois, em toda essa vida maravilhosa, profecias de ordem secundária: em Chinon, a morte de um soldado que a escarnecia, o qual, na mesma noite, se afogou no riacho de Vienne; em Orléans, a morte do capitão Glasdale; o livramento de Compiègne antes de Saint-martin-d'Hiver, etc.

Os casos de clarividência são numerosos em nossa época. Citaremos alguns deles.

Os *Annales des Sciences Psychiques* (1896, p. 205) refere que Lady A., tendo sido vítima de um roubo em Paris, conseguiu descobrir, por intermédio de uma vidente, o autor do delito, que ela estava longe de suspeitar, com todas as particularidades complicadíssimas do fato. O culpado não era outro senão Marchandon, um de seus criados que, por suas boas maneiras, havia captado a inteira confiança de sua patroa, e que veio a ser mais tarde o assassino da Sra. Cornet.

O pressentimento é a vaga e confusa intuição do que vai acontecer.

J. de Maistre fez notar que "o homem é informado naturalmente de todas as verdades úteis".

Soldados e oficiais têm, na manhã do dia em que se vai travar uma batalha, o nítido sentimento de sua morte próxima. Por uma averiguação procedida em tal sentido, ficou provado que uma religiosa de São Vicente de Paulo, na véspera do incêndio do Bazar de Caridade, havia predito que aí morreria queimada.

Essa faculdade se encontra com frequência em certos países, como, por exemplo, nas regiões altas da Escócia, na Bretanha, na Alemanha, na Itália. Um pouco, porém, por toda a parte, em torno de nós, podemos coligir fatos de pressentimentos,

---

[3] *Dicionário Larousse.*
4 *Id.*

baseados em testemunhos inequívocos. São tão numerosos que julgamos supérfluo insistir nisso. Citemos apenas os três seguintes casos:

> O coronel Collet, no *Bulletin de la Société d'Études Psychiques de Nancy* (fevereiro de 1902, p. 6), refere que seu sogro, o Sr. Vigneron, emérito caçador e pescador, saía quase todos os dias para se entregar a seus prazeres favoritos, sem que por esse motivo sua mulher de modo algum se inquietasse. Um dia, entretanto, ela o quis impedir de ir à pesca, tendo o pressentimento de que ele se afogaria. O marido, porém, não fez caso, e, ao regressar à noite, pôs-se a gracejar da puerilidade dos seus temores. No dia seguinte confessava em particular a seu genro que, tendo o seu barco soçobrado, ele só conseguira sair da água e do lodo, em que se ia afundando, graças a um ramo de salgueiro a que se agarrara a tempo. Havia posto as roupas a secar e as limpara antes de entrar em casa.

O Dr. Max Simon, no *Monde des Rêves,* narra um fato da mesma natureza:

> Um jovem doutor alemão, voltando de uma visita a seus pais, encontrou dois oficiais e com eles combinou tomarem um carro. No momento de subir ao veículo, sentiu-se tolhido por uma estranha influência, que o fez recusar-se terminantemente a partir, apesar das instâncias dos oficiais. Mal se haviam posto eles a caminho, a influência dissipou-se. O jovem doutor aproveitou então a primeira ocasião para continuar a viagem. Ao chegar às margens do Elba, notou um ajuntamento: os dois oficiais se haviam afogado no rio, onde tombara a carruagem.

Pode, finalmente, ver-se nos *Annales des Sciences Psychiques,* de agosto de 1905, a narrativa de um caso descrito pelo *Messaggero,* de Roma:

> Um certo Marino Tonelli, de 27 anos de idade, residente em Rancidello (República de San Marino), regressava a casa, em seu cabriolé, na noite de 13 de junho. Adormecera e, ao passar por um lugar perigoso da estrada, conhecido sob a denominação de

Coste di Borgo, de repente sentiu-se violentamente sacudido e despertou. Achou-se estendido num campo, ao fundo de pequena ribanceira, por onde acabava de rolar com o cavalo e o cabriolé. Felizmente não estava ferido, e começara, com o auxílio de algumas pessoas que o haviam acudido, a pôr a salvo sua pequena equipagem, quando viu aparecer, com grande espanto, sua mãe. A pobre senhora, chorando de comoção, o abraçou, perguntando-lhe se não se machucara e acrescentou: "Eu te vi, sabes? Não conseguia dormir. Tua mulher e os teus dois pequeninos já estavam dormindo há algum tempo; mas eu sentia uma inquietação, um mal-estar extraordinário, desconhecido, que não podia explicar. De repente vi aparecer diante de mim este caminho, exatamente este lugar, com a ribanceira ao lado; vi o cabriolé virar e seres precipitado neste campo; tu me chamavas em teu socorro. Senti, por último, a necessidade irresistível de aqui vir e, sem despertar pessoa alguma, resistindo ao pavor da solidão, da obscuridade e da tempestade ameaçadora, aqui estou, depois de uma caminhada de quatro quilômetros".

O correspondente do *Messaggero* termina dizendo: "Aí está o fato, aí a narrativa exata que colhi dos lábios, ainda trêmulos de comoção, dessa honrada gente".

De acordo com uma indagação a que procedeu o senhor Francisci, a inquietação da mãe do rapaz precedeu de algumas horas a visão do acidente, e este ocorreu três quartos de hora depois da visão, isto é, o tempo necessário para percorrer a pé a distância que separa a casa dos Tonelli do lugar do acidente.

A premonição e os pressentimentos são difíceis de analisar-se no ponto de vista científico. Não são explicáveis, senão em certos casos, quando o acontecimento pressentido tem precedentes, subjetivos ou objetivos. Na maioria dos casos, porém, os fatos anunciados nada oferecem que se preste à ideia de sucessão ou encadeamento.

Donde vem o poder de certas almas, de lerem no futuro? Questão profunda e obscura, que causa vertigem como o abismo, e que não propomos sem uma certa perturbação, porque a sentimos quase insolúvel para a nossa mesquinha ciência.

Do mesmo modo que, girando no espaço, cada mundo se comunica, através da noite, com a grande família dos astros pelas leis do magnetismo universal, assim também a alma humana, centelha emanada do divino Foco, se pode comunicar com a grande Alma eterna e dela receber instruções, inspirações, lampejos instantâneos.

Desta explicação podem sorrir os céticos. Não é, porém, de nossa elevação para Deus que derivam as forças vivas, os socorros espirituais, tudo o que nos engrandece e faz melhores? Cada um de nós possui, nas profundezas de seu ser, como que uma fresta rasgada sobre o infinito. No estado de desprendimento psíquico – sonho, êxtase, transe –, o círculo de nossas percepções se pode dilatar em proporções incalculáveis; entramos em contato com a imensa hierarquia das almas e dos poderes celestes. Gradual e sucessivamente, pode o Espírito remontar até à causa das causas, à Inteligência divina, para quem o passado, o presente e o futuro se confundem num todo único, e que do conjunto dos fatos conhecidos sabe deduzir todas as consequências que comportam.

XIV - VISÃO E AUDIÇÃO PSÍQUICAS NO ESTADO DE VIGÍLIA

A visão e audição psíquicas em estado de vigília estão ligadas aos fenômenos de exteriorização, neste sentido: necessitam de um começo de desprendimento no percipiente. Não se trata mais de fatos fisiológicos ou de manifestações do ser vivo, a distância, e sim de uma das formas de mediunidade.

Na visão espírita, a alma do sensitivo já se acha parcialmente exteriorizada, isto é, fora do organismo material. Sua faculdade própria de visão se vem acrescentar ao sentido físico da vista. Às vezes a substituição deste pelo sentido psíquico é completa. Demonstra-o o fato de, em certos casos, o médium ver com os olhos fechados. Fui muitas vezes testemunha desse fenômeno.

Convém ter o cuidado de distinguir a clarividência da visão mediúnica. Acontece que sonâmbulos muito lúcidos, no que se refere aos seres e às coisas deste mundo, são inteiramente cegos a respeito de tudo o que concerne ao mundo dos Espíritos. Prende-se isso à natureza das irradiações fluídicas de seu invólucro exteriorizado e ao modo peculiar de adestramento a que os submete o magnetizador. É o que distingue o estado de simples lucidez do de mediunidade. Neste último caso, já não é o magnetismo humano que intervém. O vidente se acha sob a influência do Espírito que sobre ele opera, visando produzir determinada manifestação. Provocando o estado de semidesprendimento, faculta ao sensitivo a visão espiritual.

O sentido psíquico, como vimos, é muito mais sutil que o sentido físico; pode distinguir formas, radiações, combinações da matéria que a vista normal não seria capaz de perceber. Para tornar mais distinta sua aparição, o Espírito muitas vezes recorre a um começo de materialização. Objetiva-se mediante as forças hauridas nos assistentes. Nessas condições, sua forma fluídica penetra no campo visual do médium e pode mesmo, em certos casos, impressionar a placa'fotográfica.

Os videntes descrevem os Espíritos com particularidades que são outros tantos elementos de comprovação. Depois vem a fotografia confirmar, ao mesmo tempo, a fidelidade da descrição e a identidade dos Espíritos que se manifestam. Estes são muitas vezes desconhecidos dos médiuns.

No grupo de estudos psíquicos de Tours,[1] de 1897 a 1900, possuíamos três médiuns videntes, auditivos e de incorporação. Antes de adormecerem, feita a obscuridade, eles divisavam, ao pé de cada um dos assistentes, Espíritos de parentes ou de amigos que nomeavam quando os conheciam, ou que descreviam minuciosamente quando os viam pela primeira vez. Nesse caso, a descrição era tal que, conforme a atitude ou o vestuário, os assistentes reconheciam facilmente a personalidade do manifestante. Além disso, os médiuns ouviam e transmitiam a linguagem dos Espíritos e os desejos que estes formulavam.

A impressão produzida nos videntes variava de modo muito sensível, conforme o desenvolvimento das faculdades mediúnicas ou o adiantamento dos Espíritos. Onde uns só distinguiam um ponto brilhante, uma chama, outro via uma forma radiosa. O mesmo acontecia com a audição, que variava de intensidade e precisão conforme os sensitivos. Quando um não percebia mais que um vago som, uma simples vibração, outro escutava uma harmonia doce e penetrante que o comovia até as lágrimas.

O estado de adiantamento do Espírito, como o sabemos, se revela, à primeira vista, no Espaço, pelo brilho ou obscuridade do seu invólucro. Em nossas experiências, já os videntes reconheciam o grau de elevação das almas pela intensidade de suas irradiações. Muitas vezes fizemos este reparo: médium acordado, com os olhos abertos, percebia um certo número de Espíritos de todas as ordens. Fechados os olhos, distinguia

---

[1] Ver *Resenha do congresso espírita e espiritualista*, de 1900, p. 521.

somente alguns deles, os mais adiantados, aqueles cujas irradiações sutis – a exemplo dos raios X em relação às placas fotográficas – podiam, através das pálpebras cerradas, influenciar o sentido visual.[2]

A História está cheia de fenômenos de visão e de aparição. Na Judeia, a sombra de Samuel exorta Saul. No mundo latino, aparecem fantasmas a Numa, Brutus e Pompeu. Os anais do Cristianismo são ricos em fatos desse gênero.[3]

Na Idade Média os mais notáveis fenômenos de visão e audição conhecidos são os de Joana d'Arc. A essa virgem incomparável, o mais portentoso dos médiuns que já produziu o Ocidente, é que se deverá sempre recorrer, toda vez que se quiser citar brilhantes provas da intervenção do mundo invisível em nossa História.

A vida inteira da heroína está cheia de aparições e vozes, sempre idênticas, e que jamais são desmentidas. Nos vales de Domrémy, nos campos de batalha, em presença de seus arguidores de Poitiers e dos juízes de Rouen, por toda parte a assistem e inspiram os Espíritos. Suas "vozes" ressoam-lhe aos ouvidos, marcando sua tarefa cotidiana e imprimindo à sua vida uma direção precisa e um glorioso objetivo. Elas anunciam acontecimentos que, sem exceção, se realizam. Em seu doloroso encarceramento, essas vozes a encorajam e consolam: "Leva tudo com paciência; não te inquietes com o teu martírio; chegarás por fim ao reino do paraíso".[4] E os juízes, a quem ela comunica esses colóquios, aparecem desassossegados com semelhante predição, cujo sentido compreendem.

---

[2] Ver também Aksakof, *Animismo e espiritismo,* cap. IV, B, IV, vários casos de aparições de pessoas falecidas, corroborados pelo testemunho visual de médiuns e confirmados pela fotografia transcendental, ou pela simples fotografia; na ausência de pessoas que conhecem o desencarnado, o que exclui toda hipótese de leitura ou de fotografia do pensamento. Exemplos referidos por Oxon (Moses), Down, Sra. Conant, Johnstone; provas de identidade das aparições citadas pelo Dr. Thompsom, Sra. Down, Evans, Snipe e Sra. Conant. Ver também Russel Wallace, *Les Miracles et le Modern Spiritualisme,* p. 102.
[3] Ver minha obra *Cristianismo e espiritismo,* cap. V e nota n. 6.
[4] Joseph Fabre – *Processo de condenação,* 5° interrogatório secreto.

A todas as perguntas pérfidas, insidiosas, que lhe dirigem, as vozes ditam a resposta, e, se esta se fez esperar, ela o declara: "Louvar-me-ei em meu conselho".

Quando as vozes se calam, abandonada a si mesma, ela não é mais que uma mulher; fraqueja, se retrata, se submete. Durante a noite, porém, a voz se faz novamente ouvir. E ela o repete aos seus juízes: "A voz me disse que era pecado abjurar; o que eu fiz está bem feito".

Certos sensitivos só obtêm a visão por meio de objetos em que se concentra o pensamento dos Espíritos sob a forma de imagens ou quadros, como, por exemplo, um copo d'água, um espelho, um cristal. Quando o Espírito é impotente para fazer vibrar o cérebro do médium ou provocar uma exteriorização suficiente, impregna de fluidos os objetos que acabamos de indicar; faz, pela ação da vontade, aparecerem imagens, cenas muito nítidas, que o sensitivo descreverá em suas menores particularidades e que outros assistentes poderão igualmente ver.[5]

Eis aqui um dos casos mais notáveis, assinalado pelo *Light* de 16 de fevereiro de 1901. O Espírito de um homem assassinado faz encontrarem seu corpo, a princípio por meio da visão no cristal, e depois, diretamente, pelos sentidos psíquicos do médium:

> O Sr. Perey-Foxwell, corretor de câmbio, residente em Thames Ditton, a pequena distância de Londres, saiu de casa no dia 20 de dezembro de 1900, pela manhã, e dirigiu-se para seu escritório, na cidade. Aí não apareceu ele nesse dia nem nunca mais. Verificado o seu desaparecimento, a polícia procedeu a longas e minuciosas pesquisas, mas inutilmente. Desesperançada, a Sra. Foxwell recorreu a um médium, o Sr. Von Bourg, que obteve, em um espelho, a visão do corretor de câmbio, vivo, e depois o seu corpo debaixo d'água. Numa outra sessão o médium vê um Espírito de pé junto à Sra. Foxwell, indicando com insistência um relógio, uma cadeia e berloques que tem na mão. Naquele se vê gravado um nome. A Sra.

---
[5] Ver Antoinette Bourdin, *La Médiumnité au Verre d'Eau,* passim, Leymarie, editor.

Foxwell, pela descrição, reconhece seu marido e o relógio, graças ao qual pôde mais tarde ser o corpo identificado. O Espírito pede que procurem seu despojo e promete conduzir o médium ao lugar em que foi lançado à água. Faz-se uma nova reunião, e o Espírito desenha, pelo punho do Sr. Von Bourg, a planta do caminho que será preciso percorrer. Acompanhado de muitos amigos do finado, o médium toma esse caminho e segue-lhe todas as sinuosidades. Experimenta a repercussão muito viva das impressões sentidas pela vítima. No próprio local em que esta foi ferida, quase perdeu os sentidos. Tiveram que percorrer diversas veredas, contornar casas, transpor barreiras, como o haviam feito os assassinos. Toda vez que vacilavam na direção a tomar, os médiuns, Srs. Von Bourg e Knowles, "viam claramente o Espírito adiante deles indicando o caminho". Chegaram finalmente à borda de um riacho, de águas tranquilas e profundas. "É aqui!" declararam os médiuns. Mas havia já anoitecido, e foi preciso voltar ao ponto de partida. No dia seguinte fizeram-se pesquisas. Indivíduos munidos de varas sondaram o fundo do riacho; e, pouco depois, abaixo do sítio em que se faziam as sondagens, mesmo no lugar em que o riacho se encontra com o Tâmisa, viu-se boiar um cadáver à flor d'água. Um relógio, encontrado com o fúnebre despojo, permitiu reconhecer o corpo do Sr. Foxwell. Uma permanência de seis semanas debaixo d'água dera lugar à decomposição das carnes. O corpo se achava revestido com os objetos descritos pelo médium. Pôde-se então reconhecer a identidade, não somente pela presença do relógio e dos berloques, como também por certas particularidades observadas nos dentes, etc.

O professor Bessi relata na *Revue des Études Psychiques* (maio de 1901) um outro fenômeno de visão espontânea, de que foi testemunha em uma casa mal-assombrada da Umbria. O caso é tanto mais digno de nota quanto o professor, segundo sua própria confissão, era absolutamente refratário a toda ideia espírita:

Trabalhava ele alta noite, escrevendo as derradeiras páginas de uma brochura que ia publicar, quando de repente se apagou a lâmpada. O gabinete continuava, entretanto, iluminado por débil claridade um tanto fosca. Diante dele um espelho refletia uma luz ainda mais viva, e, com ela, um quarto e móveis que lhe eram desconhecidos. Uma senhora idosa, sentada em frente a uma mesa, escrevia lentamente, em atitude muito absorta; meteu depois a folha escrita em um envelope, que guardou na gaveta. Por último encostou a cabeça no espaldar da poltrona e pareceu adormecer. A luz se extinguiu e a visão desapareceu. Horas depois, vinha o professor a ter notícia do falecimento de uma tia de sua mulher, a qual havia sido encontrada morta, em sua poltrona, encontrando-se também na gaveta da mesa um testamento hológrafo.

"Das respostas pelo Sr. Bessi dadas às perguntas que lhe dirigi" – diz o Sr. César de Vesme, diretor da *Revue des Études Psychiques* –, "resulta que a visão se produziu à meia-noite, e que a senhora idosa foi encontrada morta às primeiras horas da manhã." O agente teria sido, por conseguinte, a própria finada, amparada por alguma assistência oculta; e como só o Sr. Bessi estava acordado em casa, à hora da manifestação, foi ele o único que a apreciou.

O órgão da audição, em condições idênticas ao fenômeno da visão, pode ser igualmente influenciado pelos Espíritos. Myers refere o seguinte fato:[6]

Lady Caidly, na ocasião de tomar um banho, achando-se já fechada no banheiro e despida, ouviu uma voz estranha e claramente distinta que dizia: "Puxe o ferrolho!". Ela ficou surpreendida e olhou para todos os lados, mas em vão. Quando se meteu no banho, ouviu ainda a voz repetir três vezes seguidas, com insistência crescente: "Puxe o ferrolho!". Saiu então da banheira e puxou o ferrolho. Mas ao voltar ao banho, perdeu os sentidos e caiu com a cabeça dentro d'água. Por fortuna pôde, na queda, puxar o cordão da campainha. A criada de quarto acudiu. Se a porta estivesse trancada, ela se teria infalivelmente afogado.

O Sr. François Coppée, o poeta acadêmico, ouviu muitas vezes uma voz misteriosa. É o que nos informa o Sr. Jules Bois em sua pesquisa sobre *L'Au-de là et les forces inconnues,* publicada pelo jornal *Le Matin* (7 de outubro de 1901):

---

[6] Subliminal *Self,* reproduzido por Jules Bois em *Le Monde Invisible*, p. 274. Ver também um notável caso de audição narrado pelo Dr. Berget, examinador na Faculdade de Ciências de Paris, em *L'Inconnu et les Problèmes Psychiques,* de Camille Flammarion, p. 79.

É sempre quando estou deitado – escreve o poeta – e pouco depois de ter apagado a luz, que se produz o fenômeno. Ouço então distintamente uma voz que me chama por meu apelido de família: Coppée!

É absolutamente certo que eu não estou dormindo nesse momento; e a prova é que, apesar da viva emoção e do acelerado palpitar do coração que sinto, tenho sempre retorquido imediatamente: "Quem está aí? Quem me fala?". Mas nunca a voz acrescentou coisa alguma no seu simples chamado. Essa voz me é desconhecida. Não me faz lembrar a voz de meu pai, nem a de minha mãe, nem a de qualquer outra pessoa que particularmente me estimasse, ou que eu amasse extremosamente e que já não exista. Mas, repito-o, é clara e distinta, e, o que é verdadeiramente notável, e vo-lo asseguro, espantoso, pela inflexão que dá ao meu nome, tão breve como é, parece corresponder ao sentimento que me anima. Só muito raramente me tem acontecido ouvir essa voz, e em circunstâncias bastantes graves da minha vida moral, quando acabrunhado por um desgosto ou descontente de mim mesmo. E sempre a voz traduziu uma expressão, ou compadecida ou de reprovação, já seja condoendo-se da minha aflição, ou censurando meu sentimento mau. E nisso tenho a certeza a mais de que não é em sonho que ouço essa voz; porque nunca me falou senão quando precisamente eu me achava bem desperto por minhas preocupações.

Em certos médiuns, o sentido psíquico pode apreender as vibrações mais sutis do pensamento dos Espíritos e mesmo perceber as penetrantes harmonias dos espaços e dos mundos, os concertos dos Espíritos celestes. A faculdade de audição se torna, às vezes, extensiva a todas as pessoas presentes.

Em sua *História do espiritualismo na América,* a Sra. Hardinge-Britten refere que a Sra. Tamlin foi, nesse país, a primeira médium por cuja intervenção se ouviram árias tocadas em instrumentos invisíveis com a maior perfeição. Os sons variavam, desde os mais intensos aos mais graves. Em certos momentos, dir-se-ia serem os acordes de uma harpa eólica. Parecia que os sons se iam transformar em voz humana de esquisita doçura.

Esses fatos se repetiam depois em meios muitíssimo diversos.

Durante as célebres sessões dadas por Jesse Shepard em todas as grandes capitais e em presença de vários soberanos, como nas do Dr. Sant'Ângelo, em Roma, ouviram-se coros celestes e os acordes de múltiplos instrumentos invisíveis. Solos, que eram entoados, permitiam reconhecer as vozes de cantores ou cantoras falecidos:[7]

Quase todos os grandes compositores são sensitivos, médiuns auditivos ou inspirados. Seus próprios testemunhos em tal sentido são dignos de fé.

Encontram-se em Goethe (*Cartas a um filho*) as seguintes particularidades acerca de Beethoven:

> Beethoven, referindo-se à fonte de que lhe provinha a concepção de suas obras-primas, dizia a Bettina: "Sinto-me obrigado a deixar transbordar de todos os lados as ondas de harmonia provenientes do foco da inspiração. Procuro acompanhá-las e delas me apodero apaixonadamente; de novo me escapam e desaparecem entre a multidão de distrações que me cercam. Daí a pouco, torno a apreender com ardor a inspiração; arrebatado, vou multiplicando todas as modulações, e venho por fim a me apropriar do primeiro pensamento musical. Vede agora: é uma sinfonia...
>
> "Tenho necessidade de viver só comigo mesmo. Sinto que Deus e os anjos estão mais próximos de mim, na minha arte, do que os outros. Entro em comunhão com eles, e sem temor. A música é o único acesso espiritual nas esferas superiores da inteligência".
>
> Em seguida a haver composto suas mais suaves harmonias, exclamava ele: "Tive um êxtase".

Mozart, por sua vez, numa de suas cartas a um amigo íntimo, nos inicia nos mistérios da inspiração musical:[8]

> Dizes que desejarias saber qual o meu modo de compor e que método sigo. Não te posso verdadeiramente dizer a esse respeito senão o que se segue, porque eu mesmo nada sei e não mo posso explicar.

[7] Ver *Mind and Matter,* de 10 nov. 1883; *Revue Spirite,* abr. 1884, p. 228 e 231.
[8] Essa carta foi publicada na *Vida de Mozart,* por Holmes, Londres, 1845.

Quando estou em boas disposições e inteiramente só, durante o meu passeio, os pensamentos musicais me vêm com abundância. Ignoro donde procedem esses pensamentos e como me chegam; nisso não tem a minha vontade a menor intervenção.

No declínio de sua vida, quando já sobre ele se estendia a sombra da morte, em um momento de calma, de perfeita serenidade, ele chamou um de seus amigos que se achavam no quarto: "Escuta" – disse ele – "estou ouvindo música". O amigo lhe respondeu: "Não ouço nada". Mozart, porém, tomado de arroubo, continua a perceber as harmonias celestes. E seu pálido semblante se ilumina. Cita depois o testemunho de S. João: "E eu ouvi música no céu!".

Foi então que compôs o seu "Réquiem". Logo que o concluiu, chamou sua filha Émélie e lhe disse: "Vem, minha Émélie, minha tarefa está terminada: meu Réquiem está concluído!". Sua filha cantou algumas estrofes; depois, quando terminou, demorando-se nas notas melancólicas e profundas do trecho, voltou-se docemente a procurar o sorriso aprobativo de seu pai, mas só encontrou o sorriso calmo e repousado da morte. Mozart não era mais deste mundo.[9]

Massenet, a propósito de seu poema sinfônico Visões, interpretado em Leeds, em 1898, escrevia estas linhas reproduzidas pelo *Light,* de Londres, 1898:

Há alguma coisa de mais ou menos experimental nesta composição, e eu desejo que os primeiros que a ouvirem não formem a seu respeito uma ideia falsa. Vou referir-vos a história da sua gênese. Há muito pouco tempo viajava eu no Simplon. Tendo chegado a um pequeno hotel, situado em meio das montanhas, tomei a resolução de aí passar alguns dias numa tranquilidade absoluta.

Instalei-me, pois, para gozar um pouco de repouso; mas na primeira manhã, enquanto estava sentado, sozinho, em meio desse majestoso silêncio das montanhas, escutei uma voz. Que cantava

---

[9] Allan Kardec, na *Revue Spirite,* de 1859, p. 123, reproduz a seguinte comunicação do Espírito Mozart sobre a música celeste: "Vós na Terra fazeis música; aqui toda a natureza faz ouvir melodiosos sons. Há obras musicais e meios de execução de que os vossos não podem sequer dar uma ideia".

ela? Não sei. Mas sempre essa voz espiritual, estranha, me ressoava aos ouvidos, e eu fiquei absorto em um sonho, nascido da voz e da solidão das montanhas.

Massenet e Mozart recebiam, pois, as inspirações do exterior, independentemente de sua vontade.

Pode-se dizer que a intervenção do Alto, a comunhão do Céu e da Terra se afirmam de mil modos na concepção do pensamento e do gênio, para a vitória do belo e a realização do ideal divino.

É esta uma verdade de todos os tempos. Até agora foi imperfeitamente compreendida. Mas a luz se faz, e, dentro em pouco, a humanidade se adiantará, mais cheia de confiança, por essa via fecunda. A comunhão entre os mortos e os Espíritos inspiradores tornar-se-á mais efetiva, mais consciente, e com isso ganhará em vigor e amplitude a obra humana.

XV - A FORÇA PSÍQUICA. OS FLUIDOS. O MAGNETISMO

O estudo dos fenômenos espíritas nos fez conhecer estados de matéria e condições de vida que a Ciência havia longo tempo ignorado. Ficamos sabendo que, além do estado gasoso e mesmo do estado radiante descoberto por W. Crookes, a matéria, tornada invisível, imponderável, se encontra sob formas cada vez mais sutis, que denominamos "fluidos". À medida que se rarefaz, adquire novas propriedades e uma capacidade de irradiação sempre crescente; torna-se uma das formas da energia. É sob esse aspecto que se revela na maior parte das experiências de que falaremos nos capítulos seguintes.

Quando um Espírito se manifesta no meio humano, só o pode fazer com o auxílio de uma força haurida nos médiuns e nos assistentes.

Essa força é gerada pelo corpo fluídico. Tem sido alternativamente designada sob os nomes de força ódica, magnética, nêurica, etérica; chamar-lhe-emos, por nossa parte, força psíquica, pois que obedece à vontade, que é de fato o seu motor; os membros lhe servem de agentes condutores; ela se desprende mais particularmente dos dedos e do cérebro.

Existe em cada um de nós um foco invisível cujas radiações variam de intensidade e amplitude conforme nossas disposições mentais. A vontade lhes pode comunicar propriedades especiais; nisso reside o segredo do poder curativo dos magnetizadores.

A estes, efetivamente, é que em primeiro lugar se revelou essa força, em suas aplicações terapêuticas. Reichenbach a estudou em sua natureza e deu-lhe o nome de "od". William Crookes foi o primeiro a medir-lhe a intensidade.[1]

Os médiuns de efeitos físicos exteriorizam essa força em grande abundância; todos nós, porém, a possuímos em diversos graus. Mediante essa força é que se produz a suspensão de mesas ao ar, a mudança de objetos, sem contato, de um lugar para outro, o fenômeno dos transportes, a escrita direta em ardósia, etc. É constante a sua ação em todas as manifestações espíritas.

Os eflúvios do corpo humano são luminosos, coloridos de tonalidades diferentes – dizem os sensitivos – que os distinguem na obscuridade. Certos médiuns os veem, mesmo em plena luz, a escapar-se das mãos dos magnetizadores. Analisados ao espectroscópio, a extensão de suas ondas tem sido determinada segundo cada uma das cores.

Esses eflúvios formam em torno de nós camadas concêntricas que constituem uma espécie de atmosfera fluídica. É a "aura" dos ocultistas, ou fotosfera humana, pela qual se explica o fenômeno de exteriorização da sensibilidade, estabelecida pelas numerosas experiências do coronel de Rochas, do Dr. Luys, do Dr. Paul Joire, etc.[2]

O Dr. Baraduc fabricou um aparelho, denominado biômetro, com o qual conseguiu medir a força psíquica.

Esse aparelho compõe-se de uma agulha de cobre suspensa por um fio de seda, acima de um quadrante numerado,

---

[1] W. Crookes, *Recherches sur le Spiritualisme*, p. 62 et. seq.; *Le Fluide des Magnetiseurs*, tradução de Rochas, passim. "A emissão de radiações pelo sistema nervoso" – disse o professor D'Arsonval, do Colégio de França, em sua nota à Academia de Ciências, em 28 de dezembro de 1903 – "pode, em certas condições, persistir depois da morte, pelo menos aparente, do organismo e ser aumentada por excitações de origem reflexa".
E mais adiante: "Tenho motivos para crer que o pensamento não expresso, a atenção, e o esforço mental produzem uma emissão de raios que agem sobre a fosforescência".

[2] Ver coronel de Rochas, *Extériorisation de la Sensibilité*, passim; Dr. Luys, *Phénomènes Produits par l'action des Medicaments à Distance,* passim. Já desde 1860 *(Revue Spirite,* p. 81), Allan Kardec afirmava, de acordo com as revelações do Espírito do Dr. Vignal, que os corpos emitem vibrações luminosas, invisíveis aos sentidos materiais, o que mais tarde a Ciência confirmou. O Espiritismo tem, pois, o mérito de haver, em primeiro lugar, sobre esse como sobre tantos outros pontos, apresentado teorias físicas que a Ciência não admitiu senão trinta anos depois, sob a reiterada pressão dos fatos.

tudo isso disposto sob um globo de vidro, ao abrigo do ar e das influências exteriores. Nessas condições, a agulha pode ser influenciada sem contato, através do vidro, pelas radiações que se escapam da mão do experimentador, colocado a distância. Por esse processo se obtêm desvios da agulha, que variam entre 40 e 75 graus, nos dois sexos, sendo a agulha atraída ou repelida conforme o estado de saúde ou as disposições mentais das pessoas. Em geral, a mão direita atrai e a esquerda repele.

A força invisível pode influenciar a agulha através de um pedaço de vidro de dez centímetros de espessura, através de uma lâmina de mica, de alúmen, de colódio isolador, etc.

O Dr. Baraduc[3] efetuou, no espaço de dez anos, mais de duas mil experiências que lhe permitiram estabelecer, com a mais rigorosa exatidão, a existência dessa força e a intensidade de sua emissão ou o grau de atração sobre ela exercida, segundo o vigor ou a debilidade de nossa natureza.[4]

As experiências de W. Crookes ainda são mais demonstrativas. Operando em seu próprio laboratório com o médium Home, serviu-se o eminente sábio de uma balança de grande precisão. A mão do médium chegou a influenciar o aparelho, sem contato, ao ponto de produzir desvios de uma das conchas e aumento de peso até 8 libras. As experiências foram repetidas múltiplas vezes, sob as mais rigorosas condições de verificação, em presença de várias testemunhas, com o auxílio

---

[3] Ver sua exposição, *Resenha do congresso espírita e espiritualista*, de 1900, p. 99 et. seq.

[4] Uma objeção tem sido feita no sentido de que os desvios da agulha se podiam explicar pela ação calorífica dos dedos. Essa ação se exerce evidentemente em um certo limite; além dessa, porém, existe uma outra ação que se não pode explicar senão pelo dinamismo vital. Suprimida, com efeito, a influência do calor pela interposição de uma lâmina de alúmen ou um pedaço de vidro entre o aparelho e a mão, apesar disso produzem-se desvios, sendo estes em sentidos opostos, na mesma extremidade da agulha, conforme se apresenta a mão direita ou a esquerda. Sendo a mesma, nos dois casos, a posição da mão, não poderiam ser as vibrações caloríficas que agissem ora em um sentido ora no outro, pois que irradiam identicamente do mesmo modo nos dois casos.
Além disso, as experiências do Sr. Geoffriault, relatadas em *Annales Psychiques* de dezembro de 1901, demonstraram que todos os seres vivos, abstração feita do calor animal, exercem ação atrativa.

de aparelhos construídos com o máximo cuidado e de uma extrema sensibilidade. Todas as precauções foram tomadas para excluir a possibilidade de qualquer fraude.[5]

As irradiações da força psíquica podem ser fotografadas. Se, em completa obscuridade, se coloca a mão acima de uma placa sensível imergida no banho revelador, ao fim de alguns minutos de exposição verifica-se que a placa se acha impressionada. Se a ela aderiram os dedos, da mancha que cada um deles produzir se vê, como de outros tantos focos, desprenderem-se, e irradiarem em todos os sentidos, ondulações, espirais, o que demonstra que a força psíquica, como os raios ultravioleta ou os raios Roentgen, atua sobre os sais de prata.

Esse fenômeno foi posto em evidência, pela primeira vez, em 1872, pelas experiências dos Srs. Beattie,[6] Taylor, Dr. Thompson, professor Wagner, etc. O Sr. de Rochas o obteve no curso de suas experiências com a Sra. Lux.[7]

A placa colocada a seco sobre a fronte, o coração ou a mão, lhes reproduz as irradiações conforme a intensidade dos pensamentos, dos sentimentos, das emoções. A cólera, a dor, o êxtase, a prece, o amor têm suas irradiações especiais.[8]

Assim, a placa fotográfica, esse "olhar lançado ao invisível", vem a ser o irrecusável testemunho da irradiação da alma humana.

Negado muito tempo pelas corporações doutas, como negadas foram, por elas, a circulação do sangue, a vacina, o

---

[5] W. Crookes – *Recherches sur le Spiritualisme*, p. 37.
[6] Ver Aksakof, *Animismo e Espiritismo*, p. 27 et. seq. Pode-se ver, no fim dessa obra, a reprodução de uma série de clichês, que mostram de que modo a força psíquica age sobre a mesa e como pode ela, sob a direção dos Espíritos, revestir as mais variadas formas.
[7] Ver de Rochas, *Exteriorização da sensibilidade*.
[8] Fiz diversas vezes esta experiência; colocada a extremidade dos dedos sobre a placa mergulhada no banho revelador, se, elevando o pensamento, num subitâneo e ardente impulso, fazemos uma prece, verificaremos em seguida que as irradiações adquiriram no vidro uma forma particular – a de uma coluna de chamas que se eleva de um jato. Esse fato demonstra, não somente a ação do nosso pensa¬mento sobre os fluidos, mas também quanto influem as nossas disposições psíquicas sobre o meio em que operamos e lhe podem modificar as condições vibratórias.

método antisséptico e tantas outras descobertas, o magnetismo, tão antigo quanto o mundo, acabou por penetrar no domínio científico sob o nome de hipnotismo.

É verdade que os processos diferem. No hipnotismo, é pela sugestão que se atua sobre o sensitivo, a princípio para o adormecer, e em seguida para provocar fenômenos. A sugestão é a subordinação de uma vontade a outra. O sensitivo se abandona ao experimentador e executa suas ordens, expressas pela palavra e pelo gesto, ou simplesmente pelo pensamento. Pode obter-se o mesmo resultado com as práticas magnéticas. A única diferença consiste nos meios empregados. Os dos hipnotizadores são, antes de tudo, violentos. Se podem curar certas afecções – e não é possível desconhecer que sua aplicação à terapêutica tenha dado resultados apreciáveis –, na maior parte das vezes ocasionam desordens no sistema nervoso e, com a continuação, desequilibram o sensitivo, ao passo que os eflúvios magnéticos, bem dirigidos, quer em estado de vigília, quer no sono, restabelecem com frequência a harmonia nos organismos perturbados.

Vimos que a sugestão pode ser exercida de perto ou de longe, tanto no plano visível quanto no invisível, quer por operadores humanos, quer por agentes ocultos. Permitindo ao indivíduo agir mentalmente sobre outro, sem o concurso dos sentidos, ela nos faz melhor compreender a ação do Espírito sobre o médium. O que, com efeito, pode obter o homem, cuja ação e poder são limitados, mesquinhos, restritos, uma inteligência desembaraçada dos obstáculos da matéria grosseira muito melhor o poderá: conseguirá influenciar o sensitivo, inspirá-lo, servir-se dele para realizar os fins que se propõe.

O magnetismo, considerado em seu aspecto geral, é a utilização, sob o nome de fluido, da força psíquica por aqueles que abundantemente a possuem.

A ação do fluido magnético está demonstrada por exemplos tão numerosos e comprobativos que só a ignorância ou a má-fé poderiam hoje negar-lhe a existência. Citemos um caso entre mil:[9]

[9] *Bulletin de la Société d'Études Psychiques de Nancy*, fev. 1901, p. 60.

O Sr. Boirac, reitor da Academia de Grenoble, foi vice-presidente da Sociedade Hipnótica de Paris, e abandonou o hipnotismo pelo magnetismo depois da seguinte experiência: entrando em casa um dia, à tarde, encontrou seu criado a dormir. O Sr. Boirac o avistou desde o patamar da escada em que se achava, e teve a ideia de tentar uma experiência magnética. Do lugar onde estava estendeu a mão direita na direção e à altura dos pés do criado adormecido. Após um ou dois minutos, tendo levantado a mão, viu, com surpresa, elevarem-se os pés do criado e acompanharem o movimento ascensional da mão. Renovou diversas vezes a experiência, e de todas elas os resultados foram idênticos.

A vontade de aliviar, de curar – dissemos – comunica ao fluido magnético propriedades curativas. O remédio para os nossos males está em nós. Um homem bom e sadio pode atuar sobre os seres débeis e enfermiços, regenerá-los por meio de sopro, pela imposição das mãos e mesmo mediante objetos impregnados da sua energia. Opera-se mais frequentemente por meio de gestos, denominados passes, rápidos ou lentos, longitudinais ou transversais, conforme o efeito, calmante ou excitante, que se quer produzir nos doentes.

Esse tratamento deve ser seguido com regularidade, e as sessões renovadas todos os dias até a cura completa.

Pode assim a pessoa, pela automagnetização, tratar-se a si mesma, descarregando com o auxílio de passes ou de fricções os órgãos enfraquecidos e impregnando-os das correntes de força desprendidas das mãos.

A fé vivaz, a vontade, a prece e a evocação dos poderes superiores amparam o operador e o sensitivo. Quando ambos se acham unidos pelo pensamento e pelo coração, a ação curativa é mais intensa.

A exaltação da fé, que provoca uma espécie de dilatação do ser psíquico e o torna mais acessível aos influxos do Alto, permite admitir e explicar certas curas extraordinárias operadas nos lugares de peregrinação e nos santuários religiosos. Esses casos de curas são numerosos e baseados em testemunhos muito importantes para que se possa a todos pôr em dúvida. Não são peculiares a tal ou tal religião: encontram-se indistintamente nos mais diversos meios: católicos, ortodoxos, muçulmanos, hindus, etc.

Livre de todo acessório teatral, de todo móvel interesseiro, praticado com o fim de caridade, o magnetismo vem a ser a medicina dos humildes e dos crentes, do pai de família, da mãe para seus filhos, de quantos sabem verdadeiramente amar. Sua aplicação está ao alcance dos mais simples. Não exige senão a confiança em si, a fé no Poder infinito que por toda a parte faz irradiar a vida e a força. Como o Cristo e os Apóstolos, como os santos, os profetas e os magos, todos nós podemos impor as mãos e curar, se temos amor aos nossos semelhantes e o desejo ardente de aliviá-los.

Quando o paciente se acha adormecido sob a influência magnética e parece oferecer-se à sugestão, não a empregueis senão com palavras de doçura e de bondade. Persuadi, em lugar de intimar. Em todos os casos, recolhei-vos em silêncio, sozinho com o paciente, e apelai para os Espíritos benfazejos que pairam sobre as dores humanas. Então sentireis descer do Alto sobre vós e propagar-se ao sensitivo o poderoso influxo. Uma onda regeneradora penetrará por si mesma até à causa do mal; e demorando, renovando semelhante ação, tereis contribuído para aligeirar o fardo das misérias terrestres.

Quando se observa o grande poder do magnetismo curativo e os serviços que já tem prestado à humanidade, sente-se que nunca seria demasiado protestar contra as tendências dos poderes públicos, em certos países, no sentido de lhe embaraçar o livre exercício. Assim procedendo, eles violam os mais respeitáveis princípios, calcam aos pés os sagrados direitos do sofrimento. O magnetismo é um dom da natureza e de Deus. Regular-lhe o uso, coibir os abusos, é justo. Impedir, porém, a sua aplicação seria usurpar a ação divina, atentar contra a liberdade e o progresso da Ciência e fazer obra de obscurantismo.

O magnetismo não se limita unicamente à ação terapêutica; tem um alcance muito maior. É um poder que desata os laços constritores da alma e descerra as portas do mundo invisível; é uma força que em nós dormita e que, utilizada, valorizada por uma preparação gradual, por uma vontade enérgica e persistente, nos desprende do pesadume carnal, nos emancipa das leis do tempo e do espaço, nos dá poder sobre a natureza e sobre as criaturas.

O sono magnético tem diversas graduações, que se desdobram e vão do sono ligeiro até ao êxtase e ao transe. O coronel de Rochas considera os três primeiros graus como superficiais e constitutivos da hipnose. A sugestão é aplicável a esses estados; desde que, porém, aos processos hipnóticos se acrescentam os dos magnetizadores, fenômenos superiores se apresentam: catalepsia, sonambulismo, transe. No primeiro caso, verifica-se o estado favorável às manifestações espíritas: materializações de Espíritos, aparições de clarões, mãos, fantasmas, etc.; no segundo, apresenta-se a lucidez, o estado de clarividência, que permite ao médium guiar o magnetizador em sua ação curativa, descrevendo a natureza das enfermidades, indicando remédios, etc.[10]

Nos estados superiores do sonambulismo, o sensitivo escapa à ação do magnetizador e readquire sua liberdade própria, sua vida espiritual. Quanto mais se acentua o desprendimento do corpo fluídico, mais inerte se torna o corpo físico, em um estado semelhante à morte. Ao mesmo tempo, os pensamentos, as sensações se apuram, a repulsa à vida terrestre se manifesta. A volta ao organismo provoca cenas pungitivas, acessos de lágrimas, amargos queixumes.

O mundo dos fluidos, mais que qualquer outro, está submetido às leis da atração. Pela vontade, atraímos forças boas ou más, em harmonia com os nossos pensamentos e sentimentos. Delas se pode fazer uso formidável; mas aquele que se serve do poder magnético para o mal, cedo ou tardeo vê contra si próprio voltar-se. A influência perniciosa exercida sobre os

---

[10] Ver em Flammarion, *O desconhecido e os problemas psíquicos*, cap. IX, dois exemplos notáveis.

outros, em forma de sortilégios, de feitiçaria, de enguiço, recai fatalmente sobre aquele que a engendrou.

Em hipnotismo, como em magnetismo, se o operador não tem intenções puras, caráter reto, a experimentação será arriscada tanto para ele quanto para o sensitivo.

Não penetreis, pois, nesse domínio sem a pureza de coração e a caridade. Nunca ponhais em ação as forças magnéticas, sem lhes acrescentar o impulso da prece e um pensamento de amor sincero por vossos semelhantes. Assim procedendo, estabelecereis a harmonia de vossos fluidos com o dinamismo divino e tornareis sua ação mais profunda e eficaz.

Pelo magnetismo transcendente – o dos grandes terapeutas e dos iniciados – o pensamento se ilumina; sob o influxo do Alto os nossos sentimentos se exaltam; uma sensação de calma, de vigor, de serenidade nos penetra; a alma sente, pouco a pouco, dissiparem-se todas as mesquinhas subalternidades do "eu" humano e surgirem os aspectos superiores de sua natureza. Ao mesmo tempo que aprende a esquecer-se de si, em benefício e para salvação dos outros, sente despertarem--se-lhe novas e desconhecidas energias.

Possa o magnetismo benfazejo desenvolver-se na Terra, pelas aspirações generosas e pela elevação das almas! Tenhamos bem presente que toda ideia contém no estado potencial sua realização, e saibamos comunicar a nossas vibrações fluídicas a irradiação de nobres e elevados pensamentos. Que uma vigorosa corrente ligue entre si as almas terrestres e as vincule a suas irmãs mais velhas do Espaço! Então as maléficas influências, que retardam a marcha e o progresso da humanidade, se dispersarão sob os influxos do espírito de amor e sacrifício.

XVI - FENÔMENOS ESPONTÂNEOS. CASAS MAL-ASSOMBRADAS. TIPTOLOGIA

Logo que se esflora o estudo das manifestações espíritas, uma primeira necessidade se impõe: a de uma classificação metódica e rigorosa. Ao primeiro aspecto, a massa dos fatos é considerável e apresenta certa confusão. Tanto que, porém, ao examinarmos de perto, acompanhando o desenvolvimento do Moderno Espiritualismo, há meio século, reconhecemos que esses fatos se têm graduado, desdobrado em série, obedecendo a um programa traçado, a um método preciso, de modo a pôr cada vez mais em evidência a causa que os produzia.

Vaga e confusa a princípio, nos fenômenos das casas mal-assombradas, a personalidade oculta começa a afirmar-se na tiptologia e depois na escrita; adquire caracteres determinados na incorporação mediúnica e torna-se visível e tangível nas materializações. Nessa ordem é que se têm desenvolvido os fatos, multiplicando-se progressivamente, de modo a atrair a atenção dos indiferentes, a forçar a opinião dos céticos e a demonstrar a todos a sobrevivência da alma humana.

Essa ordem, a que se poderia chamar histórica, é a que por nossa parte adotaremos em nosso estudo dos fenômenos espíritas. Poder-se-ia igualmente dividir este em duas categorias: os fatos de natureza física e os fatos intelectuais. Nos primeiros, o médium desempenha papel passivo; é o foco de emissão, de que emanam os fluidos e as energias com cujo concurso os Invisíveis atuarão sobre a matéria e manifestarão sua presença. Nos outros fenômenos, o médium exerce função mais importante. É ele o agente transmissor dos pensamentos do Espírito; e, como vimos precedentemente, seu estado psíquico, suas aptidões, seus conhecimentos, influem, às vezes, de modo sensível nas comunicações obtidas.

A história do Moderno Espiritualismo começou por um caso de natureza mal-assombrada. As manifestações da casa de Hydesville, assim visitada, em 1848, e as tribulações da família Fox, que nela residia, são bem conhecidas. Recordá-las-emos apenas em um breve resumo.

Todas as noites, uma inteligência invisível acusava estar presente por meio de ruídos violentos e contínuos, abrindo e fechando as portas, arrastando os móveis, arrebatando as roupas das camas. Mãos frias e rudes agarravam as Srtas. Fox, e o soalho oscilava sob uma ação desconhecida.

Mediante pancadas nas paredes – sendo cada letra do alfabeto designada por um número correspondente de pancadas –, essa inteligência afirmava ter vivido na Terra. Soletrava seu nome, Carlos Rosna, indicava sua profissão de mascate e entrava em muitas particularidades acerca do seu fim trágico, particularidades ignoradas de todos, e cuja exatidão foi reconhecida pela descoberta de ossadas humanas na adega, precisamente no lugar indicado pelo Espírito como o do enterramento do seu cadáver, após o assassínio.[1]

Essas ossadas achavam-se misturadas com resíduos de carvão e cal, que demonstravam a evidente intenção de fazer desaparecer todo vestígio desse misterioso acontecimento.

Afluíram os curiosos; a casa tornou-se insuficiente para conter a multidão, vinda de todas as partes. Ocasião houve em que se reuniram quinhentas pessoas para ouvirem os ruídos.

Foi por essa manifestação, tão nova e tão estranha para aqueles que a testemunharam, numa humilde casa de uma

---

[1] Ver, quanto a maiores detalhes, Emma Hardinge, *History of Modern American Spiritualism, passim*; Aksakof, *Animismo e espiritismo*, cap. I, IV, "d" e "e"; Lea Underhill, *The Missing Link on Modern Spiritualism*, Nova Iorque, 1855, p. 48; W. Capron, *Modern Spiritualism its Facts and Fanaticisms*, Boston, 1855.

pobre vila do estado de Nova Iorque, em presença de pessoas da mais modesta condição, que o segredo da morte foi divulgado por um ser invisível, no silêncio da noite. Pela primeira vez, nos tempos modernos, um pouco de claridade penetrou por sob a porta que separa o mundo dos vivos do mundo dos desencarnados.[2]

Por sua natureza espontânea, inesperada, pelas comovedoras circunstâncias que a rodeiam, essa manifestação escapa a todas as explicações e teorias que se tem procurado opor ao Espiritismo. A sugestão, do mesmo modo que a alucinação e o inconsciente, é impotente para explicá-la. A família Fox era de uma honorabilidade a toda prova, ligada à Igreja Episcopal Metodista, cujos ofícios frequentava com regularidade. Educados na mais estrita rotina religiosa, todos os seus membros ignoravam a possibilidade de tais fatos, a cujo respeito se achavam absolutamente desprevenidos.

Longe de obterem de tais manifestações a mínima vantagem, estas foram para eles a causa de desgostos e de perseguições sem conta. Com elas perderam a saúde e o sossego. Sua reputação e seus recursos ficaram destruídos. Apesar de todos os esforços que empregaram para evitá-los, e de uma partida precipitada e da mudança de residência, os fenômenos os perseguiram sem tréguas, sendo tudo inútil para escaparem à ação dos Espíritos. A reiteradas injunções dos Invisíveis, não houve remédio senão tornar públicas as manifestações, afrontar o palco do Corinthian-Hall, em Rochester, suportar os humilhantes rigores de muitas comissões de exame e os insultos de um público hostil, para provar a possibilidade das relações entre os dois mundos, visível e invisível.

Voltemos à casa mal-assombrada de Hydesville. Carlos Rosna não era o único a aí manifestar-se. Um grande número de Espíritos de todas as condições, parentes ou amigos das pessoas presentes, intervinham, respondendo por pancadas às perguntas feitas, soletrando seus nomes próprios, fornecendo indicações exatas e inesperadas de sua identidade, dando explicações sobre os fenômenos produzidos e o modo

---

[2] De 1837 a 1840, uma série de manifestações se havia já produzido entre os Shakers, mas tiveram apenas uma escassa repercussão.

de os obter, explicações que tiveram como resultado a formação dos primeiros círculos ou grupos, nos quais os fatos foram estudados e provocados com o auxílio de mesinhas, pranchetas e outros objetos materiais.

Os Espíritos precursores declaravam não agir por sua iniciativa. Essas manifestações, diziam eles, eram o resultado da vontade e da direção dos Espíritos mais elevados, filósofos e sábios, executores, por sua vez, de ordens vindas de mais alto e tendo por objetivo uma vasta e importante revelação que se devia estender ao mundo inteiro.

Com efeito, a intervenção desses Espíritos e, entre outros, do Dr. Benjamim Franklin, foi repetidas vezes comprovada. Mais tarde, nas sessões de aparição de Estelle Livermore, em Nova Iorque, esse mesmo Benjamim Franklin se tornou visível e foi reconhecido por várias pessoas.

Dentro em pouco as manifestações se multiplicam e propagam. De cidade em cidade, de estado em estado, invadem todo o norte da América. O poder mediúnico se revela num grande número de pessoas e até no seio de famílias ricas, influentes, ao abrigo de toda suspeita de fraude.

Houve, sem dúvida, ao começo muita incerteza e confusão. Nem sempre os atores invisíveis eram sérios: Espíritos levianos e atrasados se imiscuíam nas sessões, ditando comunicações pueris, absurdas, e permitindo-se toda sorte de divagações e excentricidades; mas também se obtinham fatos importantes, ditados de real merecimento, como o atestam o reverendo Jervis, ministro metodista de Rochester, o Dr. Langworth, o reverendo Ch. Hannon,[3] etc. Todos esses fatos tiveram sua utilidade, no sentido de ensinarem a conhecer os diferentes aspectos do mundo invisível. Graças aos erros e decepções, pôde ser adquirida a experiência das coisas ocultas, e pouco a pouco se fez luz sobre as condições da vida no Além-túmulo.

O movimento se tornou permanente e simultâneo. Pode-se dizer que o Espiritismo não partiu de um ponto fixo; brotou espontaneamente de todos os estados da União, independente da

---

[3] Ver as obras precitadas.

iniciativa humana, e prosseguiu sua rota, apesar dos obstáculos de toda ordem acumulados pela ignorância e pelos malévolos preconceitos. Desde seu aparecimento, sublevou contra si todos os poderes constituídos, todas as influências, todas as autoridades deste mundo, e por único sustentáculo teve alguns humildes servidores da verdade, pessoas na maior parte obscuras, mas que uma legião invisível fortalecia e amparava. Nada mais tocante que as exortações e conselhos prodigalizados às irmãs Fox por seus Espíritos protetores, conselhos sem os quais, mocinhas tímidas e assustadiças, jamais teriam ousado arrostar, com risco da própria vida, um público ameaçador, nem suportar as cenas tumultuosas do Corinthian-Fiall.

As injúrias, as calúnias, todos os excessos de uma imprensa em delírio tiveram sobretudo como resultado atrair a atenção pública para esses fenômenos estranhos e demonstrar aos observadores sérios que aí intervinham causas independentes da vontade do homem. Delineado por mãos poderosas e impalpáveis, desdobrava-se um plano, cuja realização nada poderia embaraçar.

Ao movimento espiritualista não tardaram em aderir homens eminentes pelo saber, pelo caráter e pela posição social. O reverendo Brittain, o Dr. Hallock, o reverendo Griswold, os professores Robert Hare e Mapes, o grande juiz Edmonds, o senador Tallmadge, o diplomata R. Dale Owen, etc., estudaram atenta e demoradamente os fenômenos e afirmaram publicamente a intervenção dos Espíritos.

Enumerar aqui suas experiências, citar seus depoimentos, seria exorbitar do plano deste estudo. Sua exposição se encontra na notável obra da Sra. Emma Hardinge, da qual apenas destacaremos algumas atestações acerca de fenômenos físicos extrordinários.

O senador Tallmadge, ex-governador do Wisconsin, descreve um caso de levitação de que foi objeto, em Washington:[4]

---

[4] Ver Emma Hardinge, *History of Modern American Spiritualism*.

A mesa tinha quatro pés; era uma grande mesa para chá. Sentei-me ao centro. As três senhoras colocaram as mãos em cima, aumentando assim o peso de 200 libras que nela já existia. Ao começo, dois pés se elevaram do solo, depois outros dois se puseram ao nível dos primeiros, e a mesa ficou completamente suspensa no ar, a seis polegadas de altura. Tendo-me sentado em cima, senti um movimento brando, como se ela flutuasse. A mesa ficou alguns instantes suspensa, e tornou a descer docemente.

Veremos, dentro em breve, fatos semelhantes se produzirem em diferentes pontos da Europa, em particular, nas sessões da médium napolitana Eusapia Palladino. Em rigor se poderia explicá-los pela ação de forças fluídicas emanadas dos assistentes, posto que pareça bem pouco provável que forças humanas exteriorizadas sejam, só por si, suficientes para pôr em movimento objetos tão pesados. Aqui estão, porém, outros fatos que denotam a intervenção de inteligências invisíveis.

É sempre o senador Tallmadge quem fala:

O fenômeno seguinte se produziu numa outra sessão com as senhoritas Fox. Estávamos presentes, os generais Hamilton e Waddy Thompson e eu. Recomendaram-nos que colocássemos a *Bíblia,* fechada, em uma gaveta sob a mesa. Era uma pequena *Bíblia* de algibeira, impressa em caracteres minúsculos.

Durante algum tempo numerosos *raps* (pancadas vibradas) tamborilaram uma marcha que havíamos pedido. Foram depois se enfraquecendo como passos que se afastam, e cessaram inteiramente; e outros raps, dado o sinal do alfabeto, soletraram esta única palavra: "Olhai".

Tomei o livro com precaução, porque estava aberto. Soletraram: "Lede", indicando os números dos versículos que desejavam que eu lesse. Durante essa leitura, pancadas violentas acentuaram com uma força estranha os sentimentos traduzidos.

O livro estava aberto no evangelho de João, capítulo 3; os versículos a ler eram os seguintes:

8 – O Espírito sopra onde quer, e tu ouves a sua voz, mas não sabes donde ele vem nem para onde vai; assim é todo aquele que é nascido do Espírito.

11 – Em verdade, em verdade te digo que nós dizemos o que sabemos e que damos testemunho do que vimos; e vós, com tudo isso, não recebeis o nosso testemunho.

19 – E a causa desta condenação é: que a luz veio ao mundo, e os homens amaram mais as trevas do que a luz; porque eram más as suas obras.

34 - Porque aquele que Deus enviou fala palavras de Deus; porque não lhe dá Deus o espírito por medida.

Depois disso, mandaram-me colocar diversas folhas de papel para carta, com um lápis, na gaveta sob a mesa. Daí a pouco ouvimos o ruído do lápis no papel, e bateram. Olhei debaixo da mesa; as folhas que eu aí havia colocado estavam em desordem, e na folha de cima estava escrito: *I'm with you still* (estou ainda convosco) – John C. Calhoun.

Mostrei essa frase ao general Hamilton, antigo governador da Carolina do Sul, ao general Waddy Thompson, antigo ministro do México, ao general Robert Campbell, de Havana, assim como a outros amigos íntimos do senhor Calhoun.

Mostrei-a também a um de seus filhos, e todos afirmavam que era um *fac-símile* perfeito da escrita de John Calhoun. O general Hamilton e a generala Macomb, que possuem muitas cartas particulares de Calhoun, indicaram como particularmente significativo o hábito constante que ele tinha de abreviar *I am* em *I'm*, de sorte que essa frase *I'm with you still,* breve como é, caracteriza perfeitamente o seu estilo e o seu modo peculiar de dizer.

Na mesma ordem de fatos, citemos ainda o testemunho de Charles Cathcart, antigo membro do Congresso, homem instruído e influente, e que ocupa em Indiana uma elevada posição social:[5]

Constituído o círculo, reconheci que o médium mais poderoso era meu filho Henry, criança de 7 anos apenas. A família não tivera ainda tempo de habituar-se a essa mediunidade, e inesperadas demonstrações se produziram. O pequeno Henry era balouçado no quarto como uma pena. Suspenso pelos Espíritos, era transportado

---

[5] Ver sua carta ao *Spiritual Telegraph*, de Nova Iorque, reproduzida na *History of Modern American Spiritualism,* de Emma Hardinge.

até ao teto, às cornijas das janelas, aos recantos mais elevados dos aposentos, fora do alcance das mãos humanas.

Às vezes, ficava o menino em transe mediúnico, e nesse estado dizia coisas admiráveis de sabedoria e de beleza; mas, apesar da confiança que a família depositava nos ternos cuidados e no caráter perfeitamente bom dos Espíritos seus amigos, a mãe não podia ver sem inquietação seu filhinho sob esse poder anormal, e suplicava aos Invisíveis que não o sonambulizassem. Eles lhe repetiam constantemente, por intermédio da mesa, que essa influência era benéfica para o menino e lhes permitia a realização de atos muito importantes, como doutro modo não o poderiam fazer; mas como a Sra. Cathcart não se pôde conformar com essa fase de mediunidade, os Espíritos se abstiveram benevolamente de continuar os transes.

O grande juiz Edmonds, presidente da Corte Suprema de Nova Iorque, em seu "Apelo ao público", no qual refuta as malévolas imputações de que fora objeto após as suas investigações espiritualistas, assim resume o problema dos fenômenos e de sua causa:[6]

Vi uma mesa de pinho, de quatro pés, levantada do soalho, em meio de uma reunião de oito pessoas, derribada desordenadamente aos nossos pés, elevada acima de nossas cabeças, em seguida apoiada no encosto de um sofá em que estávamos sentados. Vi essa mesma mesa levantar-se sobre dois pés com uma inclinação de 45°, e assim permanecer, sem que se pudesse fazê-la voltar à sua posição normal. Vi uma mesa de acaju, de um único pé e tendo em cima uma lâmpada acesa, erguida à distância de, pelo menos, um pé acima do soalho, apesar dos nossos esforços em contrário, e agitada como um copo que se tivesse empunhado, conservando-se a lâmpada em seu lugar, mas entrechocando-se os pingentes. Vi essa mesa oscilar com a lâmpada em cima, a qual deveria ter caído, se não fosse amparada por outro meio que não pelo seu próprio peso, e, entretanto, não caiu e nem sequer se moveu.

---

[6] Ver sua obra *Spiritualism*, por J. W. Edmonds, com apêndice de Tallmadge, Nova Iorque, 1851.

Vi, muitas vezes, mais de uma pessoa ser puxada com uma força a que lhe era impossível resistir, mesmo em ocasião em que eu juntava os meus esforços aos da pessoa empuxada.

O que refiro não é sequer a centésima parte do que presenciei, mas é suficiente para mostrar o caráter do fenômeno.

Nessa época, os jornais formularam diferentes explicações para "desmascarar a farsa", como diziam eles. Li-os atentamente, contando receber auxílio em minhas pesquisas, e não pude menos que sorrir da audácia e inanidade dessas explicações. Enquanto, por exemplo, certos professores de Buffalo se jactavam de tudo haverem explicado pelo estalo das articulações dos dedos e dos joelhos, as manifestações consistiam no tilintar de uma campainha, que soava debaixo de uma mesa, e que era depois transportada de um para outro aposento.

Ouvi médiuns servirem-se de termos gregos, latinos, espanhóis e franceses, quando sei que não conheciam outra língua além da sua. E é um fato que muitas pessoas podem atestar, esse de terem os médiuns, muitas vezes, falado e escrito em línguas que lhes eram desconhecidas.

Pergunta-se então se, por qualquer misteriosa operação do Espírito, tudo isso não é simplesmente um reflexo mental de algum dos assistentes. E a resposta é que se tem recebido comunicação de fatos ignorados e que em seguida são reconhecidos verdadeiros.

O autor cita vários casos e depois acrescenta:

Muitos pensamentos que me não estavam na mente, ou que eram mesmo contrários às minhas ideias, me foram revelados. Isso me aconteceu várias vezes, a mim como a outras pessoas, como para me convencer de que o nosso próprio espírito não toma parte alguma nessas comunicações. Tudo isso, porém, e muitas outras coisas semelhantes têm me demonstrado que existe nesse fenômeno uma classe de inteligências elevadas, colocadas fora da humanidade; porque não há outra hipótese que eu possa imaginar, que explique todos os fatos estabelecidos pelo testemunho de dez mil pessoas, os quais podem ser verificados por quem quer que se dê ao trabalho de procurar.

Reconheci que essas inteligências invisíveis comunicavam conosco de vários modos, sem contar os *raps*,[7] as mesas giratórias, e que, mediante esses outros processos, se obtinham, não raro, comunicações eloquentes e da mais pura e alta moralidade, entre muitas inconsequências e contradições.

O fenômeno das casas mal-assombradas é um dos mais conhecidos e frequentes. Encontramo-lo um pouco por toda a parte. Numerosíssimos são os lugares mal-assombrados, as casas, em cujas paredes e em cujos soalhos e móveis se ouvem ruídos e pancadas. Em certas habitações, os objetos se deslocam sem contato; caem pedras lançadas do exterior por uma força desconhecida; ouvem-se estrépitos de louça a quebrar-se, gritos, rumores diversos, que incomodam e atemorizam as pessoas impressionáveis.

Visitei algumas dessas casas, nelas permaneci demoradamente e pude quase sempre certificar-me da presença de seres invisíveis, com os quais era possível entrar em comunicação, quer pela mesa, quer pela escrita mediúnica. Em tais casos adquiri eu a convicção de que os agentes das manifestações eram as almas das pessoas que haviam habitado esses lugares, almas sofredoras, que procuravam atrair a atenção; na maior parte das vezes, bastam pensamentos compassivos e preces para lhes dar alívio. Certos Espíritos são levados a esses sítios pela recordação de remotos crimes; outros, por um desejo de vingança; outros, ainda, por seu apego aos bens terrestres.

As pesquisas da polícia jamais conseguem descobrir os autores de semelhantes fatos. Mesmo nos arremessos de pedras, nota-se que os projetis são dirigidos por uma inteligência invisível.

---

[7] Nota do tradutor: Ruídos particulares produzidos pelos Espíritos, no interior dos móveis, paredes, etc.

No caso da paróquia de Groben (Alemanha), descrito pelo pastor Hennisch,[8] no de Munchkof, que foi objeto de uma investigação dirigida pelo professor Arschauer, viam-se pedras descreverem um arco de círculo, depois um ângulo. Em Munchkof, mais de 60 pessoas viram pedras saírem por uma janela, depois voltarem ao interior, descrevendo uma curva. Esses projetis nunca feriram pessoa alguma: quando atingiam as testemunhas de tais cenas, resvalavam-lhes ao longo do corpo, sem produzir choque. Objetos que se procuravam interpor, a fim de lhes servirem de anteparo, eram arrebatados, por uma força oculta, das mãos dos que os sustinham e recolocados em seu lugar habitual.

O mesmo aconteceu na chácara de La Liodière, próximo a Tours. As pedras aí caíam em profusão, sem ferir ninguém. Parecia provirem de muito longe e eram de uma natureza geológica diferente da do país.

Em Izeures (Indre-et-Loire), numa casa habitada pela família do empreiteiro Sr. Saboureau, ouvia-se, durante a noite, um corpo pesado, uma massa enorme, descer as escadas, fazendo ranger ao seu peso os degraus e os tabiques. Logo que se fazia luz, restabelecia-se o silêncio.

A Srta. Saboureau, que é médium,[9] foi várias vezes levantada, com a cadeira em que se achava sentada, e depois atirada ao chão. Estabeleceu-se um diálogo, por meio de pancadas convencionais, com um ser invisível que disse chamar-se Roberto e, por suas familiaridades, veio, com o tempo, a ser considerado amigo da casa.

Em *Animismo e espiritismo* (cap. III, 1), Aksakof refere diversos casos de natureza mal-assombrada. Um deles teve por teatro uma chácara do distrito de Uralsk, no leste da Rússia. O proprietário, Sr. Schtchapov, transmitiu ao "Mensageiro do Ural", em 1886, a circunstanciada narrativa das perseguições ocultas a que esteve exposta sua família durante seis meses. Em vão se havia ele dirigido a todas as pessoas esclarecidas de seu conhecimento, algumas das quais se distinguiam por grande erudição:

[8] Ver a obra de Carl du Prel, de Munique, *Universal Bibliothek der Spiritism,* e seus artigos, no *Sphinx* e no *Uebersinnliche Welt,* sobre as casas mal-assombradas.

[9] Ver *Resenha do congresso espírita e espiritualista*, de 1900, p. 161.

Todas as suas teorias científicas – diz ele – se aniquilavam diante da evidência dos fatos. É preciso ter feito por si mesmo a experiência; é preciso ter visto e ouvido, ter passado noites em claro e experimentado moral e fisicamente verdadeiras torturas até ao esgotamento das próprias forças, para adquirir finalmente a convicção inabalável de que há coisas que os sábios nem mesmo suspeitam. As pancadas se faziam ouvir dia e noite. Os objetos cuidadosamente guardados em armários e cofres eram espalhados pelos quartos. A inteligência oculta se revelava acompanhando de pancadas ritmadas os cantos, as palavras e mesmo os pensamentos. Mediante pancadas e ruídos peculiares, como de arranhadelas de unhas, se estabeleceram diálogos entre o Sr. Akoutine, engenheiro químico, adido do governador do Oremburgo, e os agentes invisíveis, sobre assuntos superiores aos conhecimentos dos habitantes da chácara. Globos luminosos surgiam de sob os leitos e dos recantos do quarto e flutuavam no espaço. A mão de uma criança aparece. Coisa mais grave: atearam fogo em diversos lugares e até nas roupas da Sra. Schtchapov, que escapou de ficar queimada. Foi preciso abandonar a toda pressa a casa tornada perigosa.

Allan Kardec, na *Revue Spirite,* assinala vários fenômenos de natureza mal-assombrada, entre outros o caso do Espírito batedor de Bergzabern, cujas proezas duraram oito anos (números de maio a julho de 1858); o do padeiro de Grandes-Ventes, próximo a Dieppe (março de 1860); o da rua des Noyers n° 95, em Paris (agosto de 1860); depois, sob o título "História de um condenado", a história do Espírito batedor de Castelnaudary (fevereiro de 1860); a de um industrial de São Petersburgo (abril de 1860), etc.

A *Revue des Études Psychiques,* de dezembro de 1903, refere, transcrevendo-o do *Daily Express,* de Londres, os curiosos sucessos que ocorreram na Raikes Farm, ocupada pela família Webster, em Beverley:

O pão comprado ou fabricado para o consumo da casa diminuía, desaparecia de modo inexplicável, assim durante o dia como à noite. Um redator do *Express* fez uma pesquisa minuciosa a tal respeito e não pôde encontrar uma explicação razoável. Um ex-comissário de polícia, de Bishop-Burton, chamado Berridge, a quem foi, dias seguidos, confiada a guarda do lugar em que se arrecadava a farinha e fabricava o pão, confessou francamente que o fenômeno o desorientava por completo. Um dia, resolvido a tirar o caso a limpo, trouxe para o sítio dois pãezinhos que havia comprado em Beverley, guardou-os no compartimento da casa, cuja vigilância lhe fora confiada, reforçou com uma outra fechadura a que já existia, e esperou. O pão estava intacto. Cortando, porém, um dos pãezinhos que trouxera, ficou surpreendido o comissário de achá-lo metade oco. O próprio Sr. Webster, desconfiado antes de tudo de uma pilhéria de mau gosto, guardou o pão fresco no guarda-comidas, polvilhou de farinha o soalho do compartimento, perfeitamente seco, fechou a porta à chave e selou-a com duas tiras de percal. No dia seguinte, estava tudo intacto, menos os dois pãezinhos ali guardados, um dos quais havia desaparecido e estava o outro reduzido à metade. A situação se tornava cada vez mais inquietadora, apesar de toda a vigilância exercida, resultando ao mesmo tempo numa perda sensível de dinheiro, pelo que resolveu o Sr. Webster mudar-se. Outros fenômenos igualmente se produziram no aludido sítio. Depois que vinha a noite, começavam a ouvir-se estranhos ruídos de passos na escada e mudança de cadeiras e de utensílios de ferro do fogão, de um lugar para outro, despertando os moradores da casa. O rendeiro e o comissário faziam numerosas rondas e não descobriam coisa alguma. Certa noite, a Sra. Webster e um filho seu, de 14 anos, foram despertados por uma música extremamente doce. "Dir-se-ia um coro" – referiu no dia seguinte a Sra. Webster.

Os *Annales des Sciences Psychiques,* de novembro de 1907, publicaram um memorial, redigido pelo eminente advogado de Nápoles, Francisco Zingaropoli, a favor da duquesa de Castelpoto e contra a baronesa Laura Engien, relativamente à rescisão de arrendamento, quando se trate de casa frequentada por Espíritos. Eis os fatos que motivaram esse processo:

No segundo andar do prédio pertencente à baronesa de Engien, no largo de San Carlo alle Mortelle n° 7, arrendado pela Duquesa de Castelpoto, decorreram misteriosas manifestações, tão variadas e incômodas que perturbaram profundamente a tranquilidade dos moradores. Ao começo, eram pancadas e rumores estranhos no corredor; em seguida, começaram a observar-se mudanças de móveis de um lugar para outro, com tamanho ruído que provocaram reclamações dos locatários dos pavimentos inferiores. Uma noite, foram três camas completamente desfeitas: colchões, lençóis e travesseiros foram arrebatados e espalhados pelo chão. Noutra noite, ao regressarem, os locatários da casa encontraram a porta da rua atravancada pelo lado de dentro com móveis pesadíssimos. E não houve recurso que pusesse termo à desordem; nem o comissário de polícia, nem a Cúria Arquiepiscopal, para que apelaram, nem os exorcismos deram resultado algum. A duquesa foi por isso obrigada, em 4 de outubro de 1906, a requerer ao juiz a rescisão do contrato, que tinha, de locação.

Em seu memorial, cita o Sr. Zingaropoli um outro caso do mesmo gênero, cuja narrativa foi publicada pelo engenheiro professor Henrique Pássaro:

Em Florença, na Rua Ghibellina nº 14, produziam-se, em fins de setembro de 1867, fenômenos consistentes em rumores ou estrondos subterrâneos e pancadas, que se faziam de repente ouvir na mesa em torno da qual se achava reunida a família B... Um dos filhos, confiante em sua incredulidade e na robustez dos próprios braços, propôs-se a ficar sozinho de vigília uma noite e descobrir a causa de tais fenômenos. Passada meia-noite, desceu à cozinha a verificar o barulho, que ouvira, dos objetos nos armários; um formidável rumor o assustou; sentiu que lhe apertavam os braços e que, ao mesmo tempo, lhe davam um soco. Em seguida a esses outros numerosos fatos, o locatário abandonou a casa, citou o proprietário, reclamando indenização dos prejuízos causados, e ganhou a demanda. Os pormenores foram relatados na crônica judiciária da *Opinione*, de 18 de julho de 1868. Várias testemunhas depuseram no tribunal, atestando os fatos.

Finalmente, os *Annales des Sciences Psychiques,* de novembro de 1907, ainda publicaram uma narrativa do professor Cesare Lombroso, escrita especialmente para os leitores dessa revista:

O célebre chefe da escola positivista italiana trata de um caso de natureza "mal-assombrada" que não pôde observar de visu, a cujo respeito fez uma pesquisa, que deu os mais atraentes resultados.

Tinha ele que, porém, visitar uma dessas casas mal-assombradas, logo que se lhe oferecesse a ocasião. Esta se apresentou, em novembro de 1900, na taverna situada na rua Bava n° 6, em Turim, de propriedade de um Sr. Tunero. Lombroso ali compareceu no dia 12 de novembro e pediu informações acerca dos fenômenos divulgados. Os donos do local lhe responderam que à chegada do professor Lombroso tudo havia cessado. Muito intrigado, o professor pediu explicações, a fim de averiguar se alguém teria abusado de seu nome, pois que jamais pusera os pés em semelhante lugar. Soube então que fora pelo receio da polícia e para evitar a curiosidade do público que haviam inventado aquela notícia de que a sua visita afugentava "os Espíritos", mas que infelizmente continuavam na adega. Aí desceu Lombroso e ouviu imediatamente um ruído de vidros a quebrar-se. Fez colocar seis velas acesas numa mesa, na esperança de que sob uma viva claridade cessassem os fenômenos. Bem ao contrário, porém, viu garrafas vazias ou cheias saírem das prateleiras onde estavam, elevarem-se, caírem por terra lentamente e, antes na descida que propriamente na queda, quebrarem-se no chão. Lombroso se havia previamente assegurado de que nenhum fio de arame ou barbante poderia explicar tais insólitos movimentos.

No mês de maio de 1903, teve ainda o professor ocasião de examinar *de visu*[10] fenômenos de natureza mal-assombrada, numa outra casa de Turim: a do tipógrafo Mignóti, na rua Massena n° 30, tendo-se feito acompanhar pelo Dr. Imoda. Apenas o filho do dono da casa se havia deitado, ouviram pancadas muito fortes na parede. Estabelecendo uma combinação dessas pancadas com as letras do alfabeto, puderam travar conversação com o ser invisível.

Depois disso, idênticas manifestações se produziram um pouco por toda parte. Mal cessam num lugar esses fenômenos, reaparecem noutros. Não parece haver nisso um encadeamento de fatos sucessivos e volitivos, com o fim de atrair e prender a atenção, de provocar investigações e pesquisas? Apreciadores superficiais consideram essas manifestações vulgares, grotescas, indignas de interesses de sua parte. Em verdade, elas são perfeitamente adaptadas às exigências positivas e materialistas da nossa época. Eram necessários

---

[10] N.E.: Expressão latina que significa de vista, com os próprios olhos.

fenômenos ruidosos e repetidos para sacudir a indiferença e inércia de nossos contemporâneos.

Essa indiferença é das mais difíceis de vencer-se. Os sábios franceses, sobretudo, se têm esquivado sistematicamente e têm evitado estudar esses fatos. Em vão se repetem e permanecem insistentes os casos. Em certos lugares, como em Valence-en-Brie, às portas de Paris, as manifestações duraram meses inteiros, sem que nenhum sábio oficial se resolva a incomodar-se, o que não impedirá esses senhores de declarar, quando se ofereça ocasião, como o fez um grande químico, a respeito do Espiritismo, "que nada viram e são obrigados a negar".[11]

Uma exceção cumpre fazer-se em favor do Sr. Maxwell, doutor em Medicina, atualmente procurador-geral perante a Corte de Apelação do Sena. Em seu número de julho de 1905, a *Revue Scientifique et Morale du Spiritisme* publicou um resumo da conferência "sobre os fenômenos de natureza mal-assombrada", por ele feita em Bordeaux, a 19 de junho do mesmo ano.

Em 16 casos de que teve conhecimento, a polícia efetuou pesquisas para descobrir o autor dos fenômenos: arremessos de pedras, mudanças de objetos de lugar, etc., e só em dois casos o conseguiu descobrir. "Observei de perto um desses casos", diz ele, "na aldeia de Objat (Corrèze), em uma casa denominada 'La Constantinie'".

O Sr. Maxwell destacou dos *Proceedings,* da Sociedade de Investigações Psíquicas, 235 casos de casas mal-assombradas, em que as manifestações foram apreciadas por todos. Encontram-se, ao demais, nos arquivos do Tribunal Superior de Guiana vários processos de rescisão de contratos por motivo de "mal-assombrado", que datam do século XVIII.

Sobre as casas mal-assombradas, acrescentarei meu testemunho pessoal aos que acabo de citar.

---

[11] Asserção atribuída ao Sr. Berthelot pelo *Soir* de 20 dez. 1896.

Residi, por muito tempo, em Tours, numa casa em que se ouviam ruídos de passos, pancadas nas paredes e nos móveis. Abriam-se portas, logo após haver a mão invisível mexido na fechadura e dado volta à chave. A campainha tinia, sem que alguém a tivesse tocado. Algumas vezes, no momento mesmo em que uma visita levava a mão em sua direção, antes que a houvesse alcançado, já estava ela vibrando.

Durante a guerra de 1870, sendo eu oficial dos mobilizados do Indre-et-Loire, aboletei-me durante alguns dias em uma vasta e antiga casa, nas proximidades do campo de Dompierre, onde estava aquartelado o nosso batalhão. Quando à noite eu regressava ao meu quarto, através das escadas e dos extensos corredores, experimentava singulares sensações: sopros e contatos indefiníveis me impressionavam. Toda a noite era incomodado por misteriosos ruídos, por vibrações que faziam tremer cama e soalho.

Como fosse médium um sargento da minha companhia, levei-o a esse aposento, em uma noite de inverno, e ambos nos sentamos a uma mesa, buscando penetrar o segredo dessas manifestações. A mesa foi, dentro em pouco, sacudida e logo derribada por uma força invisível. Quebraram-se os lápis, o papel ficou rasgado; pancadas abalavam as paredes; faziam-se ouvir surdos ruídos, que pareciam provir das profundezas do solo. De repente, apagou-se a luz. Um estrondo, mais forte que todos os precedentes ruídos, fez estremecer a casa e em seguida perdeu-se ao longe, no silêncio da noite.

Antes de deixar essa casa mal-assombrada soubemos que ela outrora havia sido teatro de cenas sanguinolentas.

Almas penadas também frequentam os palácios. A duquesa de Pomar, cuja perda seus amigos hão de sempre deplorar, pelo encanto, pelas elevadas aspirações de sua alma e pelo carinho de sua hospitalidade principesca, possuía em Paris, na Avenida de Wagram, um suntuoso palácio, aberto a todos os que se tornaram conhecidos no domínio das investigações psíquicas. Aí reservara ela para si uma espécie de oratório, em forma de capela. Numa indecisa claridade, coada por vitrais, em meio de um recolhimento provocado pelos sons graves de um harmónio, rodeada de vários médiuns, recebia ela muitas vezes as instruções das inteligências invisíveis, e em particular as do Espírito Mary Stuart, que ela considerava sua assídua inspiradora.

Em uma tarde de sessão, as paredes do oratório vibraram sob violentas correntes fluídicas; soaram pancadas no retrato, em pé, de Mary Stuart, colocado em uma espécie de santuário. Uma estatueta de bronze agitou-se e a mesa, em torno da qual estávamos colocados, se pôs a oscilar e a gemer. Digo gemer, e, com efeito, do pequeno móvel parecia saírem gemidos. O general C. de B. formulou algumas perguntas, e por meio de *raps*, entrecortados de gemidos semelhantes a soluços, um Espírito, que dizia ser o general Boulanger, que se suicidou recentemente em Ixelles, nos referiu sua angústia, seus sofrimentos morais.

Apesar dos laços de amizade que uniam os dois generais, nada obtivemos que pudesse estabelecer de modo positivo a identidade do manifestante; mas os gemidos que se ouviram, impossíveis de imitar-se, nos deixaram penosíssima impressão.

XVII - FENÔMENOS FÍSICOS. AS MESAS

Os fenômenos físicos se apresentam sob as mais variadas formas. A força que serve para produzi-los presta-se a todas as combinações; penetra todos os corpos, atravessa todos os obstáculos, transpõe todas as distâncias. Sob a ação de uma vontade poderosa, consegue decompor e recompor a matéria compacta. É o que demonstra o fenômeno dos *apports,* ou transportes de flores, frutos e outros objetos através das paredes, em aposentos fechados.[1] Zöllner, o astrônomo alemão, observou a penetração da matéria por uma outra matéria, sem que fosse possível distinguir solução de continuidade em um e outro corpo.[2]

Com o auxílio da força psíquica, as entidades a que são devidas as manifestações chegam a imitar os mais estranhos ruídos.

W. Crookes, em sua obra já citada, ocupa-se desse gênero de fenômenos.[3]

> O nome popular de *raps* (percussões) dá uma ideia muito pouco verdadeira desses fenômenos. Repetidas vezes, durante minhas experiências, ouvi pancadas delicadíssimas, que dir-se-ia produzidas pela ponta de um alfinete, uma cascata de sons penetrantes como os de máquina de indução em pleno movimento, detonações no ar, ligeiros ruídos metálicos agudos, sons que se assemelhavam a raspaduras, trinados como os de um pássaro, etc.

Entende o célebre químico que esses toques, que ele diz "haver sentido em seus próprios ombros e nas mãos", devem ser atribuídos, na maioria dos casos, a inteligências invisíveis,

---

[1] Russel Wallace, *Os Milagres e o Moderno Espiritualismo*, p. 226; W. Crookes, *Investigações sobre os fenômenos do Espiritualismo*, p. 164 e 167.

[2] Eug. Nus, *Choses de l'Autre Monde*, p. 362 e 393; Zöllner, *Wissenschaftliche Abhandlungen*.

[3] P. 145 a 147.

pois que, mediante sinais convencionados, se pode conversar, horas inteiras, com essas entidades (op. cit., p. 147).

Em presença do médium Home, um acordeão, encerrado numa caixa ou suspenso no ar, tocava sozinho doces melodias.[4] O peso dos corpos aumentava ou diminuía à vontade. Uma mesa tornava-se alternadamente pesada, ao ponto de se não poder levantá-la, ou tão leve que se suspendia ao menor esforço.

Home foi recebido por vários soberanos. O imperador Alexandre II obteve em sua presença uma manifestação pouco comum:

> Em plena luz, a mão de um Espírito abriu um medalhão que se ajustava sobre um dos botões do uniforme que o imperador trazia, medalhão em que estava encerrado o retrato do falecido *czarevitch,* uma comunicação, ditada por pancadinhas sobre o botão, veio em seguida demonstrar ao czar que o Espírito que se manifestava era exatamente aquele em que havia pensado.[5]

Em memorável sessão, a 16 de dezembro de 1868, em Ashleyhouse, Londres, sessão a que assistiu lorde Lindsay, lorde Adare e o capitão Wyne, seu primo, Home, em transe mediúnico, foi levantado e projetado da parte de fora de uma janela, suspenso a essa altura da rua, e entrou por uma outra janela.

Lorde Lindsay foi convidado a dar testemunho desse fato perante a Sociedade Dialética. Diz ele:[6]

> Víamos Home flutuando no ar, fora da janela, a uma distância de seis polegadas. Depois de ter ficado nessa posição durante alguns segundos, levantou a outra janela, resvalou pelo quarto, com os pés para a frente, e voltou a sentar-se. As duas janelas ficam a 70 pés acima do solo, separadas entre si de sete pés e seis polegadas.

Esses fenômenos se produziam em casas em que Home jamais havia penetrado antes, e onde não poderia fazer preparativo algum, nem recorrer a artifícios especiais.

A 27 de maio de 1886, em Paris, o Dr. Paul Gibier, preparador do Museu de História Natural, observou, em presença do médium Slade, o caso de levitação de uma mesa, que se

---

[4] Louis Gardy – *Le Médium D. Home,* p. 41.
[5] *Life and Mission,* p. 363. Traduzido por L. Gardy, *Le Médium Home,* p. 39.
[6] Ver *Quartely Journal of Science*, jan. 1874; W. Crookes, op. cit., p. 151.

ergue, vira-se e vai tocar com os quatro pés o forro da sala, "em menos tempo que o necessário para o referir".[7]

Com um fim de experimentação psíquica, viu-se depois ilustres sábios – Charles Richet, Lombroso, A. de Rochas, Flammarion, etc. – colocarem as mãos nessas mesas tão ridicularizadas, em companhia da médium napolitana Eusapia Palladino, e interrogarem o fenômeno. Numerosas fotografias, tiradas durante essas sessões, mostram a mesa completamente afastada do solo, enquanto a médium tem as mãos e os pés seguros pelos experimentadores.

Essas sessões começaram em Nápoles, em 1891, em seguida a um desafio lançado pelo cavalheiro Chiaia ao professor Lombroso.[8] Foram renovadas em Milão, em 1892; depois em Nápoles, em 1893; em Roma e em Varsóvia, em 1894; em 1895, em casa do Sr. Charles Richet, no castelo de Carqueiranne e na ilha Roubaud, nas costas da Provença; em 1896, em Agnelas, em casa do coronel de Rochas; em 1897, em Montfort-l'Amaury, em presença do Sr. Flammarion; em 1901, em Auteil, onde Sully-Prudhomme se reuniu aos experimentadores habituais.[9]

Outras sessões se efetuaram no círculo "Minerva", em Gênova, em 1901, as quais tiveram grande repercussão na Itália.

O Sr. Vassalo, diretor do *Secolo XIX,* reuniu em um volume[10] as narrativas dessas sessões, que ele acompanhou com escrupulosa atenção. A 5 de abril de 1902, realizava ele, sobre o mesmo assunto e sob o título "A mediunidade e a teoria espírita", na Associação da Imprensa, em Roma, uma conferência presidida pelo ex-ministro Luzzatti, presidente da Associação, conferência de que todos os jornais italianos deram notícias em termos elogiosos e cujo resumo pode ser assim feito:

> 1ª Sessão – Em plena luz, a mesa de pinho tosco, de quatro pés, com um metro de comprimento, levanta-se, afasta-se do solo um grande número de vezes e fica suspensa a 10 centímetros do ladrilho, sem

---

[7] Dr. Paul Gibier – *O espiritismo: faquirismo ocidental,* p. 326.

[8] Ver *Depois da morte,* cap. XIX. O professor Lombroso, na ata redigida, atesta "que um guarda-louça caminhava sozinho em meio da sala como um paquiderme".

[9] Ver *Revue des Études Psychiques,* jan. 1902, p. 13.

[10] Vassalo – *Nel Mondo degl'Invisibili,* Roma, Voghera, editor.

que mão humana a tocasse. Durante esse tempo as mãos de Eusapia se conservaram seguras por seus vizinhos, que lhe examinavam igualmente os pés e as pernas, de modo que nenhuma parte de seu corpo pudesse exercer o mínimo esforço.

2ª Sessão – Pancadas violentas, de quebrar a mesa, ressoam. Aparecem mãos, cujo contato e cujas carícias se sentem – mãos largas e vigorosas de homens, mãos menores de mulher, mãozinhas minúsculas de crianças. Lábios invisíveis colam-se à fronte dos assistentes, e ouvem-se beijos. Impressões de mãos invisíveis são obtidas em plastilina.

5ª Sessão - O médium, cujas mãos estão sempre seguras, é levantado, com a cadeira, por uma ação oculta, sem choques, sem abalos, num movimento lento, e é conservado suspenso no ar, ficando com os dois pés e os pés anteriores da cadeira em cima da mesa, já estragada pelos trambolhões. O peso erguido é de 70 quilogramas e exige uma força considerável.

Coisa mais extraordinária: da superfície da mesa, Eusapia, com a cadeira, é ainda levitada de tal sorte que o professor Porro, astrônomo, e uma outra pessoa chegam a passar as mãos sobre os seus pés e os da cadeira, sem acordo prévio e com perfeita concordância de impressões.

O fato de destacar-se da mesa a cadeira, denota, mais ainda que o de se afastar do solo, a intervenção de uma força extrínseca ao médium, inteligente, calculadora, que soube proporcionar os atos aos resultados e evitar um acidente sempre possível, dado o peso de Eusapia, o apoio precário de uma mesa meio quebrada e o fato de que dois pés da cadeira se achavam suspensos no vácuo.

6ª Sessão–Transporte de objetos, sem contato: flores, anéis, instrumentos de música, ardósias, bússola e, sobretudo, um desses dinamômetros que servem para medir a força com que se pode apertar uma mola; quatro ou cinco vezes, como por brincadeira, esse dinamômetro é arrebatado ao seu proprietário, que o havia reposto na marcação de zero, depois restituído, de cada vez, com indicações variantes, desde um *maximum* correspondente a uma força hercúlea até um *minimum* igual à força de uma criancinha.

Como atribuir – diz o professor Porro – a uma emanação de Eusapia um processo tão complicado de atos volitivos e conscientes, acompanhados de tão acertada graduação de efeitos dinâmicos?

Poderia ela alternativamente simular diversas entidades e desenvolver em cada caso uma força apropriada?

No correr das sessões subsequentes produziram-se materializações, de que nos ocuparemos no capítulo especialmente consagrado a esse gênero de manifestações.

O Dr. Ochorowicz, de Varsóvia, obteve, em pleno dia, e muitas vezes à vontade, com o concurso da médium Srta. Stanislas Tomszick, deslocamentos, sem contato, de objetos materiais: lápis, agulhas, tubos de experiências, etc., e os conseguiu fotografar suspensos no vácuo.[11]

É um erro considerar-se, como se tem feito, o fenômeno da levitação uma violação das leis da gravidade. Ele demonstra simplesmente a ação de uma força e de uma inteligência invisíveis. O médium não poderia encontrar em si mesmo o poder de se elevar sem ponto de apoio e permanecer suspenso. É preciso admitir necessariamente a intervenção de uma vontade estranha, que acumula a força fluídica em quantidade suficiente para contrabalançar o peso do médium ou dos objetos levitados, e os afastar do solo. Os fluidos são fornecidos em parte pelo próprio médium que, em tal caso, desempenha a função de pilha, bem como pelas outras pessoas presentes e, ainda, se são insuficientes, por outras entidades invisíveis, que prestam seu concurso ao operador.

O mesmo se dá com os *raps* ou pancadas. Esses ruídos são produzidos pela condensação e projeção de aglomerações fluídicas sobre corpos resistentes. Essas aglomerações são, às vezes, luminosas. Lê-se nas notas do Sr. Livermore:[12]

> Todos esses fenômenos – é evidente – são conforme às leis físicas conhecidas. Basta apenas tornar extensiva a aplicação dessas leis ao mundo invisível como ao visível, e tudo imediatamente se explica e esclarece. Nada há nisso de sobrenatural. O Espiritismo é a ciência que nos ensina a conhecer a natureza e a ação das forças ocultas, como a Mecânica nos faz conhecer as leis do movimento e a óptica as da luz. Seus fenômenos vêm reunir-se aos fenômenos conhecidos, sem alterar nem destruir a ordem imponente que os

---

[11] Ver *Annales des Sciences Psychiques*, todo o ano de 1910.
[12] R. Dale Owen, *Região em litígio,* 25ª sessão.

rege. Dilata-lhes simplesmente a órbita de ação, ao mesmo tempo que nos faz penetrar nas remotas profundezas da vida e da natureza.

As mesas não representam unicamente um papel importante nas manifestações físicas espontâneas: figuram também nos fenômenos de ordem intelectual.

As mesas giratórias e falantes suscitaram muitas críticas e zombarias; mas, como o disse Victor Hugo: "essa zombaria é estulta". Se, pondo de parte o motejo, ocioso e estéril, consideramos o fato em si mesmo, que reconheceremos nas manifestações da mesa? Quase sempre o modo de ação de um ser inteligente e consciente.

A mesa é um dos móveis mais fáceis de manejar. Encontra-se por toda parte, em todos os aposentos. É por isso que de preferência é ela utilizada. O que é preciso ver antes de tudo nesses fatos são os resultados obtidos, e não o objeto que serviu para os produzir. Quando lemos uma bela página ou contemplamos um quadro, cuidamos acaso da pena que a escreveu ou do pincel que o executou? A mesa não tem maior importância; não passa do instrumento vulgar que transmite o pensamento dos Espíritos. Conforme os manifestantes, esse pensamento será alternativamente banal, grosseiro, espirituoso, poético, malicioso ou sublime. Os investigadores que por esse meio recebem testemunhos de afeto dos seres que lhes foram caros esquecem facilmente a insignificância do processo utilizado.

Certos movimentos da mesa podem, sem dúvida, ser atribuídos à ação de forças exteriorizadas pelos assistentes e transmitidas por suas próprias mãos ao móvel. Nessas experiências é preciso considerar sempre os movimentos involuntários dos operadores, quando se trata de fenômenos físicos, e a sugestão, quando se trata do fato intelectual.

Na maioria dos casos, entretanto, são insuficientes essas duas causas para explicar os fenômenos. Em primeiro lugar, o toque das mãos nem sempre é necessário para provocar os movimentos. Faraday, Babinet, Chevreul e outros sábios haviam adotado, para resolver o problema, a teoria dos movimentos musculares inconscientes. Eis que, porém, as mesas se moveram livres de todo contato humano. Foi o que ficou demonstrado nas experiências de Robert Hare e William Crookes, que fiscalizaram os movimentos da mesa por meio de registros de precisão empregados nos laboratórios de Física.

Um relatório da Comissão designada pela Sociedade Dialética de Londres em 1869[13] veio confirmar suas deduções. E concluía assim:[14] "1º - Uma força emanante dos operadores pode agir sem contato ou possibilidade de contato sobre objetos materiais; 2º - É frequentemente dirigida com inteligência".

As experiências, continuadas durante muitos anos em Paris, na rua de Beaune n° 2, por Eugène Nus, o argutíssimo escritor, e a quem vieram reunir-se o pintor Ch. Brunier, o compositor Allyre Bureau, o engenheiro Franchot, etc., são das mais célebres. Recordemo-las sucintamente.[15]

Utilizam-se, ao começo, de uma mesa de jantar, pesada e maciça, que se ergue sobre dois pés e permanece imóvel em equilíbrio. Uma enérgica pressão sobre ela consegue, com dificuldade, restituí-la à posição normal.

Experimentam, em seguida, com uma mesinha que, mais leve, saltita, erguendo-se sob as mãos nela apoiadas, imita o movimento oscilatório do berço e o arfar da vaga. "Já não é um objeto: é um ser. Não necessita, para compreender, nem de palavras, nem de gestos, nem de sinais. Basta querer-se, e, rápida como o pensamento, vai, volta, detém-se, ergue-se nos dois pés e obedece."

Fala... mediante a percussão de golpes, dita sentenças, ensinos, frases delicadas ou profundas. Por exemplo: "A experimentação solitária é fonte de erros, de alucinações, de loucura. Para fazer experiências proveitosas, é preciso ter o pensamento voltado para Deus. Elevai vossas almas a Deus, a fim de serdes fortalecidos contra os descoroçoamentos da dúvida".

Pedem-lhe que se exprima em inglês. Ela o faz de modo extremamente poético. Muitas expressões desconhecidas dos

---

[13] Ver W. Crookes, *Investigações sobre os fenômenos do espiritualismo*, p. 149 e 150.
[14] Ver o relatório in extenso; Eugène Nus, *Choses de 1'Autre Monde,* p. 234.
[15] Ibid, p. 2 a 218.

assistentes não conseguem ser traduzidas senão a poder de dicionário.

Vêm depois as definições em 12 palavras. Diz Eugène Nus:

> Desafio todas as academias reunidas a formular bruscamente, instantaneamente, sem preparo prévio, sem reflexão, definições circunscritas em doze palavras, tão claras, tão completas e, muitas vezes, tão elegantes como as improvisadas pela nossa mesa.

Eis aqui algumas delas:

> Harmonia é o equilíbrio perfeito do todo com as partes entre si.
> Amor: pólo das paixões mortais; força atrativa dos sentidos; elementos da continuação.
> Religião futura: ideal progressivo por dogma, artes por culto, natureza por templo.

Acrescenta o escritor:

> Às vezes para maior prova da espontaneidade do fenômeno, nos recusávamos a aceitar uma definição. A mesa recomeçava imediatamente e nos ditava uma frase de doze palavras, inteiramente nova. Outras vezes, interrompíamos o fenômeno para procurar por nós mesmos o fim da frase, e nunca o encontrávamos.
>
> Um exemplo: a mesa nos dava a definição da Fé: "A Fé diviniza o que o sentimento nos revela e...". "E... quê?" disse eu de repente, detendo a mesinha para impedir de terminar o ditado: nada mais que três palavras. Procuremos! Olhamos uns para os outros, refletimos e ficamos boquiabertos. Afinal, restituímos à mesa a liberdade de movimentos, e ela conclui tranquilamente a frase: "... a razão explica".[16]
>
> Por mais vontade que tivéssemos de nos limitar ao papel de experimentadores, não nos era possível permanecer indiferentes às afirmações desse interlocutor misterioso que exibia e impunha sua estranha personalidade com tanto vigor e independência, superior a todos nós, pelo menos na expressão e na concentração das ideias, não raro nos descerrando perspectivas de que cada um confessava de boa-fé não ter tido jamais a intuição.
>
> A mesma mesa compôs melodias. Ouviu-lhe Felicien David a execução e ficou encantado. Entre outras havia: O canto da Terra no

---

[16] Ou seja, em francês: "La foi déifie ce que le sentiment révèle et la raison explique".

Espaço; o canto do mar; a melodia do vento; o canto do satélite lunar, o canto de Saturno, de Júpiter, de Vesta; a Adoração, etc.[17]

Foram também ditadas comunicações mediante pancadas vibradas, não já sobre o soalho, mas na própria mesa. Depois, foi o lápis de Ch. Brunier, tornado médium escrevente, que interpretou o pensamento do invisível visitante. A uma pergunta formulada por Eugène Nus: "Que é o dever?" respondia ele: "O dever é o cumprimento, por livre volição, do destino do ser inteligente. O dever é proporcional ao grau do indivíduo, na grande hierarquia divina necessária. Digo necessária, porque sempre a necessidade implica Deus".

Uma comparação, para definir a prece:

> Suponhamos um ser representado por um círculo. Esse ser tem uma vida interna e uma vida externa. Sua vida externa ou irradiante, ou expansão divina, parte do ponto que está no centro e ultrapassa o círculo que corresponde ao finito para dirigir-se ao infinito. Aí está, portanto, a elevação na vida. Como religião atual, chama-se isso, no ponto de vista da prece, simples ascensão, para Deus. Sondai essas três palavras, e podereis concluir com a Ciência.

O misterioso interlocutor de Eugène Nus não se deu a conhecer.[18] Noutros casos, porém, manifestaram-se, por intermédio da mesa, personalidades invisíveis absolutamente desconhecidas dos experimentadores, e sua identidade pôde ser positivamente verificada.

Foi, entre outros, o caso de Anastasie Perelyguine, falecida no hospital de Tambov (Rússia), em novembro de 1887, e que se manifestou espontaneamente pela mesa, no dia seguinte ao de sua morte, em casa do Sr. Nartzeff, a um grupo de pessoas, as quais lhe desconheciam a existência.[19]

---

[17] Ver Eugène Nus, *Choses de l'Autre Monde,* p. 92 a 103.

[18] Entenderam certos críticos poder explicar as manifestações da Rua de Beaune pela teoria do inconsciente ou subliminal dos experimentadores. Se, entretanto, alguns dos fenômenos obtidos parece justificar essa explicação, o conjunto dos fatos lhe escapa completamente. Há contradição frequente entre as apreciações, as opiniões, os conhecimentos do manifestante e os dos operadores.

[19] Ver em Aksakof, *Animismo e espiritismo,* cap. III, 9,I, a reprodução das atas e de todas as peças referentes a esses dois casos de identidade. Ver também o caso de Luís Constant, citado por Eugène Nus em sua obra *A la Recherche des Destinées*, p. 224.

Depois foi Abraham Florentine, soldado da milícia americana, morto a 5 de agosto de 1874 em Brooklin (Estados Unidos), que se comunicou em Shanklyn, ilha de Wight (Inglaterra), no mesmo mês, indicando de modo claríssimo sua idade, seu endereço, com abundantes particularidades acerca de sua vida passada. De minuciosa pesquisa resultou constatar-se que todas essas particularidades eram exatas.[20]

As provas de identidade obtidas por intermédio da mesa são numerosas; muitas, porém, se têm perdido para a publicidade e para a Ciência, em virtude do caráter de intimidade associado a essas manifestações. Muitas almas sensíveis receiam expor à curiosidade pública o segredo de suas afeições e de seus padecimentos.

O Dr. Chazarain transmitiu duas comunicações dessa ordem ao Congresso de Paris, de 1900, nos termos seguintes:[21]

> Durante dez anos, em um grupo familiar a que eu presidia, e cujo médium (minha filha Joana) não tinha mais de 13 anos quando começaram as sessões, comunicamos de modo mais satisfatório com os nossos amigos do Além, pois que nos deram, sobre a vida do Espaço, instruções valiosas, como raramente se obtêm.
>
> A primeira comunicação, de 16 de maio de 1888, vinha ao encontro da grande dor que me causara a perda de meus dois melhores amigos, falecidos dois meses antes, com alguns dias de intervalo um do outro. É a seguinte: "Desejaríeis ouvir os festivos cânticos entoados lá em cima, quando uma alma querida e esperada faz seu reingresso no mundo dos Espíritos? Desejaríeis contemplar o espetáculo da felicidade desse novo encontro?
>
> Oh! nós que experimentamos essas alegrias, quereríamos vo-las fazer partilhar. Mas ai! Por que é forçoso que seja muitas vezes a nossa felicidade perturbada por vossas tristezas? Quando um de vós se acha voltado para o país das almas, é necessário que se eleve acima dos sofrimentos terrestres e despedace todos os laços

---

[20] Ver em Aksakof, *Animismo e espiritismo,* a reprodução das atas e de todas as peças referentes a esses dois casos de identidade. Ver também o caso de Luís Constant, citado por Eugène Nus em sua obra *A la Recherche des Destinées,* p. 224.

[21] Ver *Resenha do congresso espírita e espiritualista,* de 1900, p. 104 a 109. Encontrar-se-ão também, nas páginas 110, 120 e 121, quatro casos de identificação obtidos com a mesa.

que o prendam à Terra. Nada seria capaz de o reter ou encadear por mais tempo; semelhante ao prisioneiro, a quem foi restituída a liberdade, ala-se aos novos horizontes que se lhe descerram. Oh! não choreis pelos vossos caros libertados, porque, depois de haverdes conhecido as amarguras da separação, conhecereis também as doçuras de os tornar a ver".

As mesas foram consultadas por altas inteligências. Graças a elas, a Sra. E. de Girardin conversava com Espíritos de escol. Auguste Vacquerie, nas *Miettes de l'Histoire,* refere que em Jersey ela iniciou nessas práticas toda a família de Victor Hugo. Dentre outras, reproduziremos esta comovedora narrativa:

> Uma noite, a mesa soletrou o nome de uma morta, sempre, entretanto, viva na lembrança de todos os que ali se achavam... Era inadmissível a desconfiança; ninguém teria tido a coragem ou a ousadia de em nossa presença tripudiar sobre esse túmulo. Uma mistificação era já bem difícil de admitir, quanto mais uma infâmia! A suspeita seria de si mesma desprezível! O irmão interrogou a irmã, que surgia da morte para consolar o exilado; a mãe chorava; uma emoção inexprimível oprimia todos os corações; eu sentia distintamente a presença daquela que o vendaval arrebatara. Onde estava? Amava-nos sempre? Era feliz? – Ela satisfazia a todas as perguntas, ou respondia-o que lhe era defeso responder. A noite escoava, e nós permanecíamos ali, com a alma presa à invisível aparição. Afinal, nos disse ela: "Adeus!" e a mesa ficou imóvel.

Após a partida da Sra. De Girardin, o grande exilado continuou esses misteriosos exercícios e os consignou em muitos cadernos, que o Sr. Camille Flammarion pôde compulsar, e dos quais publicou alguns fragmentos em *Annales Politiques et Littéraires,* de 7 de maio de 1899. Ai se encontra o seguinte:

> A Sra. Victor Hugo[22] e seu filho François reuniam-se quase sempre em torno da mesa. Vacquerie e alguns outros não se aproximavam senão alternativamente; Hugo jamais. Ele desempenhava o papel de secretário, escrevendo, à parte, em folhas de papel os ditados

---

[22] Reproduzido por *Le Journal*, 20 jul. 1899.

da mesa. Esta, consultada, anunciava, geralmente, a presença de poetas, autores dramáticos e outras personagens célebres, como Molière, Shakespeare, Galileu, etc. Na maioria das vezes, porém, quando interrogados, em lugar do nome que se esperava, a mesa soletrava o de um ser imaginário, como este por exemplo, que reaparecia com frequência: a Sombra do Sepulcro.

Um dia, os Espíritos pediram que os interrogassem em verso. Victor Hugo declarou que não sabia improvisar como repentista, e pediu que fosse adiada a sessão. No dia seguinte, tendo Molière ditado seu nome, o autor de *La Légende des Siècles* recitou os seguintes versos:

VICTOR HUGO À MOLIÈRE
Toi qui du vieux Shakespeare as ramassé le ceste,
Toi qui, près d'Othello, sculpta le sombre Alceste,
Astre qui resplendis sur un double horizon,
Poète au Louvre, archange au ciel, ò grande Molière!
Ta visite splendide honore ma maison.

Me tendras-tu là haut ta main hospitalière?
Que la fosse pour moi s'ouvre dans le gazon,
Je vois sans peur la tombe aux ombres éternelles,
Car je sais que le corps y trouve une prison,
Mais que l'âme y trouve des ailes![23]

Espera-se. Não é Molière quem responde, mas ainda a Sombra do Sepulcro; e, em verdade, ninguém pode ler essa resposta sem ficar maravilhado de sua irônica imponência:

L'OMBRE DU SÉPULCRE À VICTOR HUGO
Esprit qui veux savoir le secret des ténèbres,
Et qui, tenant en main le terrestre flambeau,
Viens, furtif, à tâtons, dans nos ombres funèbres Crocheter l'immense tombeau!

Rentre dans ton silence et souffle tes chandelles!
Rentre dans cette muit dont quelques fois tu sors.

---

[23] Nota do tradutor: Unicamente aos leitores não versados no conhecimento da língua francesa, tomamos a liberdade de oferecer, embora desfigurada, a imitação destes esplêndidos versos, como dos que se vão seguir.

L'oeil vivant ne lit pas les choses étérnelles
Par-dessus l'épaule des morts!

A lição era ríspida. Indignado com a conduta dos Espíritos, Victor Hugo largou o caderno e abandonou a sala.

VICTOR HUGO A MOLIÈRE
Tu, que de Shakespeare a manopla empunhaste,
E que opuseste a Otelo o taciturno Alceste,
Astro a resplandecer num dúplice horizonte,
Já no Louvre, ou no céu, poeta, arcanjo, ó Molière!
Honrosa é para mim tua insigne visita.
No espaço prestar-me-ás hospitaleiro auxílio?
Seja-me sob a relva a sepultura aberta;
Encaro sem temor da eterna sombra a cova,
Porque nela, bem sei, se aprisiona o corpo,
De asas porém a alma se adorna.

A SOMBRA DO SEPULCRO A VICTOR HUGO
Espírito que a treva devassar pretendes,
E que, o facho terrestre empunhando, aqui vens,
Furtivo, a tatear, nestas funéreas sombras,
Forçar do túmulo os umbrais!
Recolhe-te ao silêncio e apaga essa candeia!
Volve à noite, da qual só a espaços emerges.
Não pode o humano olhar ler as eternas coisas
Dos mortos na espádua inclinado.

As comunicações ditadas pela mesa, em Jersey – conclui o Sr. Flammarion – apresentam uma grande elevação de pensamento e esplêndida linguagem. O autor das *Contemplações* acreditou sempre que nelas havia uma entidade exterior, independente dele, às vezes mesmo hostil, que com ele discutia e o chamava à ordem. E entretanto, examinando-se esses três cadernos, força é reconhecer que ali está Victor Hugo, algumas vezes mesmo o Victor Hugo sublime.

Longe de mim a ideia de acusar sequer de leve nem Victor Hugo, nem Vacquerie, nem alguns dos assistentes, de haver trapaceado, de ter conscientemente engendrado frases para as reproduzir pelo movimento da mesa. Isso está fora de questão. Restam, pois, duas hipóteses: ou uma ação inconsciente do Espírito Victor Hugo, de um ou de alguns dos assistentes – ou a presença de um Espírito independente.

Não nos seria possível partilhar da hesitação do Sr. Flammarion em face desse problema. Os versos da Sombra do Sepulcro não são o produto de Victor Hugo, pois que ele antecipadamente declara "não saber improvisar", e zanga-se com a resposta altaneira e espontânea do Espírito. Se não é admissível que se tivesse ele querido a si mesmo infligir uma lição, o respeito que lhe votavam ainda menos permite atribuir essa intenção às pessoas que o cercavam. Ademais – assegura-se – ele jamais estava ao pé da mesa. Quanto à linguagem, não esqueçamos que os Espíritos não a empregam entre si, mas se comunicam simplesmente pelo pensamento. Eles não se utilizam da linguagem articulada senão em relação conosco e sempre na forma que nos é habitual. Que admira que um Espírito de grande elevação, como parece o interlocutor de Victor Hugo, tenha querido falar ao poeta em sua própria linguagem? Qualquer outro estilo teria ficado abaixo das circunstâncias e do meio.

Os fenômenos da mesa têm trazido numerosas adesões ao Espiritismo. A mesa que se ergue e se move, com ou sem contato, e dita frases imprevistas, impressiona os céticos, abala a incredulidade. Mas as convicções não se firmam e consolidam senão quando o fenômeno reveste um caráter inteligente e fornece provas de identidade. Sem isso, a primeira impressão não tarda a dissipar-se, e chega-se a explicar o fato por qualquer outra coisa que não a intervenção dos Espíritos.

Os fatos puramente físicos são impotentes para produzir convicções duradouras. O próprio professor Charles Richet o reconhece. Ele presenciou em Milão, em Roma e Paris manifestações muito significativas; subscreveu relatórios concludentes; mas, a breve trecho, pela força do hábito, reincide em suas hesitações de antanho.

"Nossa convicção" – diz ele em seu discurso proferido em 1899 na Sociedade Inglesa de Investigações Psíquicas[24] – "isto é, a dos homens que observaram, deveria servir para convencer os outros; ao contrário, porém, é a convicção negativa dos que nada viram, e nada deveriam dizer, que enfraquece e chega a destruir a nossa."

Acabamos de ver, nos casos mencionados, que a mesa pode tornar-se o instrumento de Espíritos eminentes. Esses casos são bem raros. Na maioria das vezes são almas de fraca inteligência que se manifestam por esse processo. Suas comunicações são geralmente banais ou mesmo grosseiras e sem valor. Quanto mais inferior é o Espírito, mais fácil lhe é agir sobre os objetos materiais. Os Espíritos adiantados só excepcionalmente se servem da mesa, em falta de outro meio. O contato e a manipulação dos fluidos necessários às manifestações desse gênero impõem um certo constrangimento aos Espíritos de natureza etérea e delicada; não raro, contudo, o afeto e solicitude que nos votam lhes fazem superar muitas dificuldades.

As manifestações da mesa são apenas o vestíbulo do Espiritismo, uma preparação para fenômenos mais nobres e instrutivos. Não vos detenhais nas experiências físicas; logo que delas houverdes colhido o que vos podem fornecer como certeza, procurai modos de comunicação mais perfeitos, suscetíveis de vos conduzirem ao verdadeiro conhecimento do ser e de seus destinos.

---

[24] *Revue Scientifique et Morale du Spiritisme*, 1900, p. 517.

XVIII - ESCRITA DIRETA OU PSICOGRAFIA. ESCRITA MEDIÚNICA[1]

A escrita é também um dos meios por que os seres que amamos neste mundo podem comunicar-se conosco e transmitir-nos seus pensamentos. Duas são as formas que reveste: escrita direta, ou psicografia, e escrita mediúnica.

Desses dois modos de manifestação, a psicografia é certamente o mais seguro, o mais fácil de fiscalizar-se. Pode produzir-se em plena luz. O médium permanece em estado normal, estranho a suas peculiaridades, ao ponto de parecer que não tem a mínima intervenção no fenômeno. Colocadas algumas folhas de papel numa caixa ou numa gaveta fechadas à chave, ou ainda entre ardósias duplas, amarradas e lacradas, ao serem retiradas algum tempo depois, são encontradas escritas, assinadas com os nomes de pessoas falecidas.

Nos tempos modernos, o barão de Guldenstubbé foi o primeiro que chamou a atenção pública para essa ordem de fatos, com o seu livro *La Réalité des Esprits et le Phénomene de Leur Écriture Directe.*[2]

Sem o concurso de pessoa alguma, sendo ele próprio indubitavelmente médium, obteve, em variadíssimas condições, numerosas mensagens escritas. Suas mais notáveis experiências foram efetuadas no Louvre, no Museu de Versalhes, na basílica de Saint-Denis, na abadia de Westminster,

---

[1] Conforme Allan Kardec (*O livro dos médiuns*, Segunda parte, cap. XII, it. 146), *Escrita direta* ou *Pneumatografia* é a "[...] produzida diretamente pelo Espírito, sem nenhum intermediário. Difere da psicografia por ser esta a transmissão do pensamento do Espírito, mediante a escrita feita com a mão do médium." Representa uma espécie de "materialização" de palavras e frases. Já *Escrita mediúnica* é o que Kardec (*O livro dos médiuns*. Segunda parte, cap. XIII, it. 158) afirma ser *Psicografia:* "[...] Se a comunicação vem por meio da escrita, seja qual for o suporte do lápis, o que há, para nós, é psicografia; se chega por meio de pancadas é tiptologia."

[2] Leymarie, editor, 1857.

no British Museum e em diversas igrejas ou monumentos, em ruínas, da França, da Alemanha e da Inglaterra.

Entre as testemunhas desses fatos cita ele o Sr. Delamare, redator-chefe de La Patrie; Croisselat, redator do universo; R. Dale Owen, Lacordaire, irmão do grande orador, o historiador de Bonnechose, o príncipe Leopoldo Galitzin, o reverendo W. Mountfort cujo depoimento a esse respeito foi publicado pelo The Spiritualist, de 21 de dezembro de 1877.

O barão colocava algumas folhas de seu próprio canhenho em lugares ocultos, sem lápis nem coisa alguma que servisse para escrever. Afastava-se alguns passos, sem perder de vista um só instante o objeto da experimentação, e depois retirava o papel, em que se achavam escritas mensagens inteligíveis.

O volume é acompanhado de trinta fac-símiles de psicografias assim obtidas e escolhidas entre mais de duzentos espécimes em vinte línguas diferentes.

Em certos casos, disposto sobre mesas, ou no chão, folhas de papel e lápis, sob as vistas dos experimentadores erguia-se o lápis, como empunhado por mão invisível, e traçava caracteres. Algumas vezes, via-se essa mão guiar e dirigir os movimentos do lápis; noutras, parece a escrita ser o resultado de uma ação química.

Em seu livro *Investigações sobre os fenômenos do espiritualismo,* página 158, W. Crookes cita vários exemplos de psicografia:

> Havia-me sentado perto da médium, a Srta. Fox, e as outras únicas pessoas presentes eram minha mulher e uma de suas parentas. Eu mantinha as duas mãos da médium numa das minhas, enquanto os seus pés descansavam sobre os meus. Uma folha de papel havia sido colocada sobre a mesa, diante de nós, e com a mão que eu conservava livre segurava um lápis.
>
> Uma mão luminosa desceu do teto do salão e, depois de ter flutuado alguns segundos perto de mim, tomou-me o lápis da mão, escreveu rapidamente na folha de papel, atirou o lápis, depois elevou-se acima de nossas cabeças, perdendo-se pouco a pouco na obscuridade.

Aksakof, em *Animismo e espiritismo* (cap. I, B), cita diversos casos em que mãos de Espíritos materializados escrevem sob as vistas dos assistentes.

Aqui estão fatos mais recentes, obtidos na aldeia de Douchy (Norte) e apresentados ao Congresso Espírita de Paris, de 1900, pelo Dr. Dusart:[3]

> No dia 4 de março de 1898, a médium Maria D., rodeada de cinco pessoas, indica uma cadeira vazia, na qual diz ver o Espírito Agnês, sua prima, falecida há muitos anos, entretido a escrever em pedaços de papel recortados em forma de coração. Um momento depois, todos os assistentes veem uma mão depor sobre a mesa um pacotinho contendo cinco corações de papel, num dos quais estava escrita uma pequena prece. O Sr. e a Sra. N., pais de Agnês, reconhecem a escrita de sua filha e desfazem-se em lágrimas. Numa outra sessão viu-se, duas vezes seguidas, uma pena colocada sobre a mesa erguer-se, escrever por si mesma duas linhas e voltar à primitiva posição.

Noutros casos, é sobre a ardósia que são traçadas as comunicações diretas.

Uma observação aqui se impõe. É sabido que certas radiações exercem ação dissolvente sobre os fluidos. Uma luz demasiado viva, a fixação dos olhares no ponto em que se produzem as experiências podem paralisar a força psíquica e constituir obstáculos às manifestações, ao passo que a obscuridade as favorece. Esta, porém, torna mais difícil a verificação e diminui o valor dos resultados obtidos. É preciso, portanto, a ela recorrer o menos possível, salvo no que se refere aos fenômenos luminosos, que sem a obscuridade não poderiam ocorrer.

As experiências de escrita em ardósia oferecem a preciosa vantagem de se poderem realizar em plena luz e ser submetidas a uma severa fiscalização, ao mesmo tempo que reúnem as condições mais favoráveis à preparação dos fenômenos. As

---
[3] Ver *Resenha do congresso espírita e espiritualista*, de 1900, p. 186.

ardósias, com efeito, aplicadas uma contra a outra, constituem, com suas faces interiores, uma câmara completamente obscura, semelhante à câmara escura dos fotógrafos e, por isso mesmo, muitíssimo própria à ação fluídica.

Em todas as experiências que vamos mencionar, as ardósias eram novas, limpas de quaisquer caracteres, compradas e trazidas pelos experimentadores; muitas vezes, a fim de evitar alguma substituição fraudulenta, se lhes punha uma marca secreta. Eram, ou fortemente amarradas, ou lacradas e carimbadas, ou até, como no caso da Sra. L. Andrews e W. Petty, solidamente atarraxadas uma à outra. Nessas condições, aparecem mensagens escritas no interior de tais ardósias, que não se perderam de vista um só instante. Às vezes, mesmo as mãos dos experimentadores não as abandonam. Casos há também em que nem o médium, nem qualquer dos assistentes toca sequer nas ardósias. Colocando um pedaço de lápis no intervalo vazio, ouve-se, todo tempo que dura o fenômeno, o ranger desse lápis sobre a lousa e o ruído característico que se produz quando se põe a pontuação ou quando se cortam os tt.

Sob o título *Psychography,* Stainton Moses (Oxon) escreveu, acerca dos fenômenos da escrita em ardósia, uma obra muito documentada, em que refere numerosos casos por ele mesmo observados num período de dez anos; a esses fatos se vêm acrescentar outros da mesma natureza, presenciados e atestados por investigadores não menos sérios.

Aí se encontram testemunhos coletivos provenientes de notáveis personalidades ou de observadores céticos em cujo número o autor cita muitas vezes os nomes de O'Sullivan, ministro dos Estados Unidos na Corte de Portugal, o Conselheiro Thiersch, o professor de Direito Criminal Wach; os professores Zöllner, Fechner, Weber e Scheibner, da Universidade de Leipzig; Harrison, redator-chefe do *The Spiritualist*, de Londres; Robert Dale Owen, ministro dos Estados Unidos em Nápoles, etc.

Tendo sido em sua maioria reproduzidos esses fatos em diversos jornais e revistas,[4] deles não citaremos mais que um limitado número.

---

[4] Ver principalmente: *The Spiritualist,* de Londres, 21 set. 1877; *Light,* 3 fev. 1900; *Revue Spirite*, de Paris, números de junho a setembro, novembro e dezembro de 1900. Ver também Eugène Nus, *Choses de l'Autre Monde*, p. 333 e 336.

Sergeant Cox, presidente da Sociedade Psicológica da Grã-Bretanha, declara ter obtido diversas mensagens em ardósia com o concurso do médium Slade. Eis aqui um extrato do seu testemunho:

> Slade apoiava as mãos na mesa, e todo o seu corpo estava sob minhas vistas, da cabeça aos pés. Tomou a ardósia, que eu havia cuidadosamente inspecionado, para assegurar-me de que nela nenhum traço de escrita existia, e, colocando-lhe um fragmento de lápis, aplicou-a contra a face inferior da tábua da mesa. No mesmo instante ouvi um ruído como se estivessem a escrever na ardósia.
> Tendo algumas pancadas rápidas indicado que estava terminada a escrita, foi retirada a ardósia, e, então, pudemos ler a comunicação seguinte, escrita em caracteres nítidos e corretamente dispostos:
> "Caro Sergeant, estudais um assunto que merece toda a vossa atenção. O homem que chega a acreditar nesta verdade torna-se melhor, na maioria dos casos. Tal é nosso objetivo, quando volvemos à Terra, impelidos pelo desejo de tornar os homens mais conscientes e mais puros".

O reverendo J. Savage, pregador de nomeada, cita o testemunho de um seu amigo, rabino judeu, cético acerca da possibilidade de comunicar com um outro mundo.

> Tinha ele ido ver um médium de Chicago, munido de um bilhete que dirigira a seu pai, falecido alguns anos antes na Alemanha, e que redigira em alemão, em caracteres hebraicos, a fim de impedir que o médium, por um meio qualquer, descobrisse do que porventura se tratava. Colocou o bilhete entre duas ardósias, que amarrou solidamente, e prendeu-as a uma lâmpada suspensa que havia acima da mesa em que estavam sentados. Foi nestas condições que, ao abrir as ardósias ao fim de um instante, encontrou uma resposta ao seu bilhete, assinada por seu pai, e também escrita em alemão com caracteres hebraicos.

Algumas vezes, os caracteres traçados na ardósia são tão pequenos que só podem ser lidos com o auxílio de uma lente de fortíssimo grau. Os caracteres diferem, conforme as entidades que se comunicam, e o tipo de cada escrita se conserva uniforme durante todo o curso das experiências, por longo que seja. Não somente o caráter da escrita se mantém constante, mas as mensagens revelam a presença de uma individualidade consciente, que declara ter vivido na Terra, na condição humana. Elas têm sua originalidade, na forma e no fundo; as inteligências se distinguem claramente umas das outras por suas comunicações, como se distinguem do médium.

Certas mensagens, obtidas em presença de Slade, de Monck ou Watkins, foram escritas em grego antigo e moderno, em espanhol, português, russo, sueco, holandês, alemão, árabe e chinês. Ora, todas as testemunhas atestam que nem um nem outro desses médiuns conheciam tais línguas. Por isso mesmo havia impossibilidade de suspeitar, de sua parte, a mínima fraude.

Robert Dale Owen, experimentando com Slade, tinha colocado sobre seus próprios joelhos, em plena luz, uma ardósia coberta com uma folha de papel. Uma mão fluídica, semelhante à de que fala William Crookes, e vinda de sob a mesa, apareceu e traçou uma comunicação nessa folha de papel:

> A mão se assemelhava em tudo à de uma mulher, em mármore, e tinha dedos delicados. Destacava-se visivelmente e terminava em vapor ao nível do punho. Começou a escrever e continuou, à minha vista, durante dois ou três minutos. Em seguida resvalou docemente sob a mesa. Cinco minutos depois, uma segunda mão, menor que a primeira, veio, a seu turno, escrever, e desapareceu como a precedente. A primeira mensagem, em inglês, estava assinada com o nome da falecida mulher do Dr. Slade; a última estava escrita em grego.[5]

Nenhum desses fenômenos poderia ser considerado uma alucinação, pois que cada vez a escrita permanece como prova irrecusável da ação dos Espíritos.

A mais extensa comunicação recebida em ardósia é a que o Sr. Owen, redator do *Golden gate,* obteve a 24 de dezembro de 1892 com o concurso do médium Evans. Estendia-se ela por catorze ardósias duplas, amarradas e lacradas, que ficaram

---

[5] Oxon, *Psychography,* cap. II, tradução Dusart. Ver também *The Spiritualist,* 1876, II, p. 162, com o fac-símile da escrita.

inteiramente escritas num quarto de hora, e compunha-se de um milhar de palavras.[6]

Um outro jornalista, redator do *Light,* obteve, pelo mesmo processo, uma mensagem de seu falecido pai, em dez cores diferentes. As ardósias se conservaram fechadas entre suas mãos. Durante todo o tempo da experiência, conversava ele com o médium e desvia-lhe a atenção para vários assuntos. Cada linha da comunicação é de uma cor distinta, não escrita ou pintada, mas como precipitada, por meios que escapam à análise.[7]

Na França, o Dr. Paul Gibier, preparador do Museu, estudou muito particularmente o fenômeno da escrita direta. Em 33 sessões, obteve ele em Paris, no ano de 1886, com o concurso do médium Slade, mensagens, em ardósias duplas e fechadas, em diferentes línguas, algumas das quais desconhecidas do médium. Encontra-se a reprodução fotográfica dessas mensagens na obra do Dr. Gibier, *Espiritismo: faquirismo ocidental.*[8]

Nessas experiências, o médium punha simplesmente a extremidade dos dedos sobre as ardósias para transmitir a força psíquica. Uma vez, as ardósias lhe foram colocadas sobre a cabeça, à vista de todos.

Ao Congresso Espírita de Paris, em 1900, o professor Moutonnier apresentou ardósias em que estavam escritas mensagens de sua falecida filha. Essa manifestação se havia produzido na América, em casa das irmãs Bangs. O professor era completamente desconhecido nesse país, e os médiuns o viam pela primeira vez. Ele não perdeu de vista as ardósias, que não sofreram o mínimo contato. A escrita é idêntica à que na Terra usava a Srta. Moutonnier.[9]

---

[6] Erny – *Le Psychisme Expérimental*, p. 50.
[7] Ver *Moniteur Spirite et Magnétique*, Paris, 15 jul.l 899.
[8] Obra editada em português pela FEB.
[9] Ver a *Resenha do congresso espírita e espiritualista*, de 1900, p. 201 e *Annales des Sciences Psychiques,* de 1898, com os fac-símiles da escrita em ardósia e da Srta. Moutonnier.

Os fenômenos de escrita direta, posto que frequentes, são contudo excedidos em número pelos da escrita mediúnica. A faculdade dos médiuns escreventes é uma das mais generalizadas e a que apresenta os mais variados aspectos.

Tendo parecido demasiado lento a certos experimentadores o processo das comunicações por meio de pancadas, imaginaram eles a construção de aparelhos especiais, como o quadrante ou a prancheta de escrever,[10] a fim de facilitar as manifestações. Algumas pessoas tiveram a ideia de se substituírem elas próprias a qualquer aparelho. Tomando de um lápis, abandonaram-se ao impulso exterior e receberam comunicações, de que não tinham consciência, e que pareciam provir de Espíritos de pessoas falecidas.

Não tardaram, porém, a surgir numerosas dificuldades. Antes de tudo, reconheceu-se que o automatismo da mão que escreve não constitui, por si só, um fenômeno espírita.[11] As experiências de Gurney e Myers, na Inglaterra, acerca da escrita dos sonâmbulos acordados, as dos Srs. Pierre Janet, Ferré, Dr. Binet, etc., na França, demonstraram que se pode provocar a escrita automática num sensitivo, por meio da sugestão, e dar a esse fenômeno todas as aparências da mediunidade.

Sensitivos hipnotizados recebiam dos experimentadores ordem de representar, ao despertar, tal ou tal personagem, escrever ordens, ditados, referentes ao papel que lhes era imposto. Tendo-se a sugestão realizado exatamente, sem a menor falha, concluiu o Sr. Pierre Janet, e com ele outros sábios, que haviam descoberto na ação pós-hipnótica a explicação de todos os fenômenos de escrita mediúnica. Os médiuns – disseram eles – se sugestionam a si mesmos, ou então recebem uma sugestão exterior.

Outros, como Taine e o professor Flournoy, atribuem as comunicações à influência da personalidade secundária, isto é, de um segundo "eu" subconsciente, ou "subliminal" que lhes parece existir em nós, que nos casos de mediunidade se

---

[10] Ver Primeira Parte, cap. X, deste livro.

[11] Pelos estudos, deduz-se que Allan Kardec trata esse fenômeno como um fenômeno espírita ou mediúnico, de acordo com os esclarecimentos presentes em *O livro dos médiuns,* Segunda parte, cap. XIII, it 158.

substituiria à personalidade normal, para agir sobre o pensamento e a mão do sensitivo.

A essas dificuldades convém acrescentar ainda a ação telepática dos vivos, a distância, e a transmissão do pensamento.

Como se vê, o fenômeno da escrita mediúnica prende-se aos mais delicados problemas da personalidade e da consciência, aos estados anormais da alma, considerada em suas múltiplas manifestações.

São credores do nosso reconhecimento os sábios que estudaram esses complexos problemas. Suas pesquisas nos forneceram preciosas indicações, que permitem eliminar do domínio das investigações psíquicas certas causas de erro. Mas não poderíamos aceitar suas conclusões, tão exageradas em seu exclusivismo como as dos crentes propensos a ver em todos os fenômenos a intervenção dos seres do outro mundo. *In medio stat veritas*. Determinadas as causas do erro, e cuidadosamente separados os fatos que a elas se prendem, veremos que resta um grande número de manifestações absolutamente inexplicáveis pelas teorias dos nossos contraditores.

Tais são os ditados que encerram ideias inteiramente imprevistas, em oposição às dos assistentes, e os que são escritos em línguas desconhecidas dos médiuns. É preciso recordar, além disso, as comunicações obtidas por crianças de tenra idade, assim como as respostas científicas e literárias dadas a pessoas de modo algum versadas em tais matérias; depois os autógrafos e as assinaturas de pessoas falecidas, reproduzidas mecanicamente por médiuns que jamais as conheceram e que nenhum escrito de seu punho tinham visto. O mesmo se aplica às comunicações triviais e grosseiras, obtidas em grupos honestos, as quais demonstram a intervenção de uma inteligência estranha. Não se poderia, por exemplo, atribuir à sugestão a palavra "histórica", que Espíritos atrasados se divertem a ditar pela mesa ou pelo lápis.

Convém notar que não há verdadeira correlação entre o automatismo dos sensitivos hipnotizados e a ação do médium escrevente. Este não recebeu previamente nenhuma influência hipnótica; não foi mergulhado no sono e mantém-se na posse completa de seu livre-arbítrio e vontade. Pode repelir, se o quiser, as inspirações que recebe e recusar-se a toda cooperação; ao passo que o sensitivo hipnotizado acha-se ainda, após o despertar, sob o império do sugestionador e subordina sua vontade a dele. Seria incapaz de subtrair-se à sua ação, enquanto que o médium age de pleno e próprio grado e empresta voluntariamente o cérebro e a mão, tendo em vista os resultados que se pretendem.

Outra consideração: o sensitivo hipnotizado só põe em prática a sugestão no limite restrito de suas aptidões e de seus conhecimentos normais. Por esse motivo sua linguagem e seus escritos são sempre de uma acabrunhadora banalidade, inteiramente destituídos das provas de identidade e das revelações espontâneas que constituem todo o mérito das comunicações espirituais. Em vão se há de sugerir a um sensitivo sem instrução que ele é escritor ou poeta; nada produzirá de original nem de notável. O mesmo não acontece aos médiuns, cujos ditados ultrapassam muitas vezes a esfera do seu saber e inteligência. Têm-se visto mesmo comunicações de grande alcance escritas por crianças.

Nessa ordem de fatos, é este o critério: com a sugestão hipnótica, as produções dos sensitivos são sempre adequadas a seu valor normal; na mediunidade, são quase sempre superiores à condição e ao saber do escrevente. A escrita automática e inconsciente das histéricas do Sr. Janet nunca é espontânea; só se produz depois de longo adestramento, de educação especial; é, além disso, restrita a senhoras.

Quanto à teoria subliminal, particularmente cara ao Sr. Flournoy, é verdade que há, na consciência profunda de cada um de nós, lembranças, impressões, conhecimentos, provenientes de nossas existências anteriores e mesmo da vida atual, os quais podem ser despertados em certas condições, como o veremos no capítulo das incorporações. Mas esse despertar só é possível no estado sonambúlico, e, acabamos de vê-lo, não é esse o estado dos médiuns escreventes.

O inconsciente, ou subconsciente, não é um ser, mas simplesmente um estado do ser. Seria incapaz de por si mesmo produzir as variadas manifestações que passamos em revista: comunicações inteligentes, por pancadas ou escritas, com ou sem lápis ou por meio de cores precipitadas, e todos os fenômenos que constituem o objeto de tais estudos. E, ao demais, sempre se pode perguntar: por que esses inconscientes ocultos em nós seriam unânimes em declarar serem Espíritos de mortos? Não se percebe que motivo induziria o Espírito desprendido do médium, tanto como o inconsciente, a identificar-se como o Espírito de um outro homem falecido. Se existe em nós uma segunda personalidade, que possui aptidões e conhecimentos superiores aos da personalidade normal, não deve ela ser menos bem-dotada em relação à moralidade, e deve ter horror à mentira. Como admitir-se, então, que toda vez que se manifesta se permita o maligno prazer de nos enganar?

A teoria de um ser coletivo consciente, criado pelas inteligências das pessoas que tomam parte nas experiências não corresponde satisfatoriamente à realidade dos fatos. E, ao contrário, destruída pelas divergências de opiniões e os casos de identidade que frequentemente revelam nas manifestações.

W. Crookes, em tudo tão prudente, se pronunciou a esse respeito de modo positivo:[12]

> A inteligência que dirige esses fenômenos é, às vezes, manifestamente inferior à do médium, e, não raro, está em oposição direta aos seus desejos. Manifestada a determinação de fazer alguma coisa que se não pode considerar razoável, tenho visto serem dadas instantes comunicações, convidando a refletir de novo. A inteligência é, às vezes, de tal caráter, que nos leva a crer que não emana de nenhuma das pessoas presentes.

Todas as explicações que se tem procurado dar do conjunto das manifestações, excluindo a intervenção dos Espíritos, não têm podido resistir à imponência dos fatos acumulados, nem aos processos de uma crítica severa e de um rigoroso exame; só têm conseguido demonstrar a insuficiência das pesquisas e das observações de seus autores. A teoria espírita é a única que se adapta à imensa maioria dos fatos. Duas vantagens incontestáveis apresenta: a de explicar tudo com o auxílio de princípios simples, claros, facilmente compreensíveis – e esta outra, não menos importante: não ter sido concebida por

---

[12] W. Crookes – *Investigações sobre os fenômenos do espiritualismo*, p. 147.

experimentadores benévolos, mas ser constante e invariavelmente formulada pela causa inteligente das manifestações.

Dito isto, passemos ao exame dos fatos.

Os fatos de escrita mediúnica são tão antigos como a História. Deles nos fornecem numerosos exemplos a Antiguidade e a Idade Média.

Recolhido ao fundo de uma caverna, Maomé vai, com febricitante rapidez, cobrindo de caracteres grande número de folhas, que lança a esmo. Apanhadas e coordenadas essas folhas esparsas, o que é que se encontra? O Alcorão! O próprio Cristo interroga o pensamento supremo e escreve a resposta sobre a areia, em certas ocasiões, como, por exemplo, no caso da mulher adúltera. Girolamo Cardano[13] declara que suas obras foram executadas com a colaboração de um Espírito.

Quase todos os que têm lançado no mundo fermento de progresso, de justiça, de verdade, têm sido intermediários do Além, à maneira de espelhos em que se reflete a irradiação do pensamento superior. Maior seria ainda o seu número, se o nosso estado de inferioridade não tornasse difíceis de realizarem-se em nosso mundo material essas altas manifestações. Não poderia ser determinada nesse domínio a parte relativa a cada mediunidade: a intuição aí se associa intimamente com o automatismo.

Nos tempos modernos a faculdade de escrever sob uma ação oculta se tem mais nitidamente revelado em certos indivíduos. Citemos os casos mais célebres:

Hudson Tuttle, de Cleveland (Ohio), era aos 18 anos um simples lavrador, sem educação nem instrução, ocupado todos os dias nos penosos trabalhos dos campos. Escreveu durante noites consecutivas, sob a inspiração dos Espíritos, um livro admirável, *Arcanes de la Nature,* que excedia de muito os conhecimentos científicos da época. Não tinha ao seu alcance nem livros, nem bibliotecas, porque seus pais moravam no interior e

---

[13] Cardano – *De Rerum Varietate,* VIII, passim.

só se ocupavam de agricultura. A obra foi publicada em 1860, com um apêndice indicando a sua origem. Teve três edições na América, foi depois reeditada na Inglaterra, traduzida em alemão pelo Dr. Aschenbrenner e publicada em Leipzig.

Particularidade curiosa: o Dr. Büchner, chefe da escola materialista alemã, leu a obra sem prestar ao apêndice a mínima atenção, acreditou que a produzira um homem de Ciência e dela extraiu numerosas citações, que figuram em seu célebre livro *Força e matéria,* sem designação de autor.

O Dr. Cyriax o fez notar, e quando Büchner foi à América realizar uma série de conferências, passou por Cleveland e pediu para ver Hudson Tuttle, "desejoso que estava" – dizia ele – "de travar conhecimento com um homem que tão valioso auxílio lhe prestara para a confecção de sua obra".

O médium lhe foi apresentado por ocasião de um banquete. Grande foi, porém, a decepção de Büchner ao ver o rapaz; e quando soube de que modo haviam sido escritos os *Arcanes,* acreditou que era uma burla. O Dr. Cyriax e o Sr. Teime, editor do jornal alemão de Cleveland, tiveram grande dificuldade em dissuadi-lo.[14]

O grande escritor Hasden, senador romeno, historiador e filólogo, contava 53 anos, quando perdeu a filha única, vitimada aos 16 anos pela tuberculose. Essa perda provocou nova orientação no espírito de Hasden, dando motivo à sua iniciação no Espiritismo, conforme o explicou ele no prefácio de *Sic Cogito,* a única de suas obras escritas sobre o assunto:

> Haviam decorridos seis meses da morte de minha filha; estávamos em março (1889), cessara o inverno, tardando, porém, ainda a primavera. Em uma tarde úmida e desagradável, achava-me eu, sozinho, sentado à minha mesa de trabalho, tendo, como de costume, diante de mim uma resma de folhas de papel e vários lápis. Como foi? Ignoro-o; mas, sem o saber, minha mão tomou um lápis, cuja ponta apoiou sobre o papel, e eu comecei a sentir na têmpora esquerda pancadas rápidas e intensas, exatamente como se nela

---

[14] Carl du Prel, *Der Spiritismus,* p. 44, citado por Aksakof, *Animismo e espiritismo,* cap. III, 4.

me houvessem introduzido um aparelho telegráfico. De repente, a mão se me pôs em movimento, sem parar. Cinco minutos, no máximo. Quando se me deteve o braço e o lápis me escapou dos dedos, acreditei despertar de um sono, certo embora que estava de não haver adormecido. Olhei para o papel e li sem a menor dificuldade: "Sou feliz; amo-te, havemos de nos tornar a ver; isso te deve bastar. – Julie Hasden".[15]
Estava escrito e assinado com a própria letra de minha filha.

Toda a obra *Sic Cogito* se destina a explicar esse fato, o primeiro de uma longa série de comunicações espíritas que se haviam de estabelecer entre o Espírito Júlia Hasden, a "Lilica", como lhe chamava o pai, e a inteligência, extremamente sugestionável e sob viva tensão, do próprio Hasden.

As comunicações mediúnicas exerceram desde então influência até mesmo nos trabalhos literários de Hasden. Num artigo a seu respeito, publicado no *Mercure de France,* de 16 de novembro de 1907, o Sr. M. Craiovan reproduz o fac-símile de algumas linhas de escrita automática obtida por Hasden, numa sessão de Espiritismo realizada em sua casa, no dia 13 de novembro de 1890, na qual tomaram parte o D. Steiner, os professores Florescu e Sperantia, o cavaleiro de Sazzara, cônsul-geral austro-húngaro, e, finalmente, V. Cosmovici, que serviu de médium. De repente Hasden recebeu, em russo, uma comunicação, que parecia proveniente de seu pai, cujo texto rezava assim: "Na qualidade de último descendente da família, deves desenvolver o tesouro da língua moldávia: *Etimologicum magnum Romaniae".*

Esse documento automático teve sempre para Hasden o valor de verdadeira revelação, provando-lhe a realidade das inspirações que se faziam sentir em sua vida mental. Ele fez, e não sem um certo espírito crítico, longa exposição dos motivos que o levaram a acreditar no caráter espirítico dessa revelação, já lhe tendo, ao demais, calado no ânimo a ideia, por Luiz Figuier exposta, de que os artistas, pensadores e escritores, depois de haverem perdido um ser caro, sentem

---

[15] Comunicação em francês, no texto original.

226 | NO INVISÍVEL

uma como ampliação de suas faculdades. Dir-se-ia que as aptidões intelectuais da pessoa falecida se vêm acrescentar às suas e enriquecer-lhes o gênio. De todo modo, essa comunicação mediúnica valeu à Romênia uma obra filológica que, embora não tendo ficado terminada, é indubitavelmente um dos mais preciosos tesouros da sua língua.

Um dia, em que remoques idiotas atingiam o seu Espiritismo, "única religião experimental!" possível, na sua opinião, Hasden se acreditou obrigado a demonstrar a sua boa-fé. Escreveu ele:

> Em História, em Filologia, em todas as esferas do conhecimento, sempre fui cético, repelindo o autoritarismo de cima e a popularidade cá de baixo, e por toda parte me franqueando, mediante minhas próprias investigações e indo à fonte de tudo, um rumo novo, bom ou mau, conforme o entendia, mas com o coração limpo, sem temor de quem quer que fosse, sem utilidade pessoal, sem bajulação nem preconício (*Sic Cogito,* cap. 1).[16]

O reverendo Stainton Moses, pastor da Igreja Anglicana, erudito e venerado pensador, muito imbuído dos dogmas da teologia protestante, veio a tornar-se médium escrevente mecânico. Em sua obra *Ensinos espiritualistas,* expõe ele o estado de espírito em que acolhia as comunicações do mundo invisível. As ideias, para ele novas, que continham os ditados, provocavam-lhe protestos, e só depois de muitas lutas interiores foi que acabou por adotá-las como mais conformes com a justiça e a bondade de Deus.

Empregou sempre o máximo cuidado em evitar que seus próprios pensamentos exercessem qualquer influência sobre os assuntos tratados, ao ponto de pôr-se a ler, no próprio texto, obras gregas, enquanto sua mão obedecia ao impulso estranho.

Havia entre ele e seus instrutores espirituais conhecidos sob os nomes de Imperator, Rector e Prudens, tal divergência de opiniões, que é verdadeiramente impossível atribuir essas personalidades distintas a desdobramentos inconscientes do médium.

Stainton Moses afirma que esses Espíritos muitas vezes lhe revelavam fatos absolutamente desconhecidos de todas

---

[16] Ver, quanto a outras particularidades, *Annales des Sciences Psychiques*, nov. 1907, e *Revue Scientifique et Morale du Spiritisme*, mar. 1911.

as pessoas que tomavam parte nas sessões, fatos ulteriormente reconhecidos verdadeiros.

Aqui está um desses casos, extraído da obra anteriormente indicada:[17]

> No dia 29 de março de 1894 foi escrita uma comunicação em meu canhenho. A letra me era desconhecida, muito trêmula e desigual; parecia traçada por pessoa extremamente idosa e fraca. A assinatura conservou-se um enigma, até que foi decifrada pelo Espírito fiscal. Esse ditado provinha de uma velha, de quem jamais eu ouvira falar, e que falecera com mais de 90 anos, numa casa pouco distante daquela em que se reunia o nosso grupo. O nome do lugar em que se haviam passado os primeiros anos dessa senhora, sua idade, a data do falecimento, foram dados com a máxima exatidão. O Espírito deixara a Terra havia alguns meses. Ao despertar no Espaço, atraíra-o sua velha habitação, depois o grupo, que se achava na vizinhança imediata.

Na França encontramos os mesmos fatos. Um certo número de obras foram escritas ou ditadas pelos Espíritos.

Pode citar-se: *La Clef de la Vie*, dois grossos volumes escritos em 1856 por Michel de Figanières, jovem camponês do Var, de 22 anos de idade e que foram assinaladas no *Le Siècle*, num excelente artigo de Louis Jourdan; *Les Vies Mysterieuses et Successives de l'Être Humain et de l'Être Terre;*[18] depois *Les Origines et les Fins,*[19] obra importante obtida pela ação mediúnica de diversas senhoras lionesas, sobrepondo as mãos umas às outras.

Devemos, além disso, assinalar *Le Survie, Écho de l'Au-de-là,* coleção de notáveis comunicações ditadas por Espíritos e publicadas pela Sra. Noeggerath, em 1897,[20] com prefácio do Sr. Camille Flammarion.

O *Bulletin de la Société d'Études Psychiques de Nancy,* 1901,[21] publicou uma comunicação transmitida em sessão dessa

---

[17] Ensinos espiritualistas, seção IV, p. 57, Leymarie, editor. Ver também *Revue Scientifique et Morale du Spiritisme,* ago. e dez. de 1899, e *Revue Spirite,* jun. 1902, tradução Dusart.
[18] Paris, Ghio e Fischbacher, editores.
[19] Paris, Leymarie, editor.
[20] Idem.
[21] P. 92 et. seq.

sociedade, a 29 de março, pelo Sr. Fouquet, redator-chefe da *Étoile de l'Est*, sobre fenômenos de escrita mediúnica, obtidos em sua presença pelo Sr. P., seu colaborador, materialista convencido. Dela destacaremos as seguintes passagens:

A escrita variava ao infinito, conforme o Espírito que ditava. Reconhecia-se facilmente cada uma delas, e logo às primeiras palavras já sabíamos com quem nos havermos.

Nesses ditados tão dessemelhantes, jamais reconheci o estilo do Sr. P., e ter-lhe-ia sido preciso notável talento de falsário para revestir tão múltiplas formas.

P. ignorava absolutamente o que escrevia. Enquanto sua mão traçava os caracteres, o olhar se lhe tornava ligeiramente fixo e nunca se voltava na direção do papel. Entretanto, ele não dormia.

Um dia, manifestou-se nova personalidade, sob o nome de Alfantis, dizendo ter vivido no século VII, na Armênia, onde era pontífice. Desconfiamos de uma mistificação e lhe dissemos: "Dai-nos vosso nome em caracteres armênios". Imediatamente a letra do médium mudou, e vimos aparecer uma espécie de assinatura em caracteres desconhecidos, depois uma frase completa, em caracteres análogos e, em seguida, a tradução. Nenhum de nós sabia o armênio, e não podíamos, assim, fazer a verificação. Tive a ideia de pedir ao Espírito o alfabeto armênio, a fim de ter um meio de tirar a prova. Veio o alfabeto, com as letras correspondentes. Comparando-as com as frases escritas antes e o próprio nome de Alfantis, reconhecemos que havia concordância.

Alfantis nos deu, sobre a História e a Geografia da antiga Armênia, informações que em parte pudemos verificar. O médium não conhecia essas particularidades.

Os experimentadores não conseguiram obter fragmento algum de escrita armênia do século VII, mas unicamente uma frase em armênio moderno. Posto que muito diferente uma da outra – como seria o francês moderno comparado com o do século VII – o Espírito pôde traduzi-la e um estudante búlgaro, que conhecia um pouco o armênio, confirmou a tradução.

Extrairemos da memória apresentada pelo Dr. Dusart ao Congresso Espírita de Paris, em 1900,[22] os parágrafos seguintes,

[22] Ver a *Resenha dg congresso espírita e espiritualista*, de Paris, 1900, p. 185.

relativos aos médiuns escreventes que ele utiliza em suas experiências:

> Maria D. escreve automaticamente. O caráter da escrita e a ortografia variam conforme os manifestantes. O autor é reconhecido antes que tenha assinado o nome. Em muitos casos, o confronto entre a escrita do desencarnado e a que ele usava quando na Terra, acusa admirável semelhança. Quatro criancinhas, de 9 a 23 meses e de 3 a 4 anos, escreveram sós, ou reunidas a uma mesma mesa. As comunicações obtidas, quando eram simultâneas, representavam o mesmo pensamento sob três formas diferentes. Essas crianças agitavam os braços e as mãos, como para escapar a uma constrição.
>
> A Sra. B., lavradora, completamente iletrada, a tal ponto que mais de um mês de lições e de esforços não conseguiram habituá-la a firmar sua assinatura, num ato perante o tabelião, obteve, sob a influência de um Espírito, meia página de uma escrita, informe, contendo vários conselhos.

Citaremos ainda, reproduzindo-o da revista *Luce e Ombra,* de Milão (jul. 1905), este fato:

> Modesto porteiro da repartição dos Correios, chamado Peziardi, mal conhecia um pouco do italiano e, não obstante, escrevia poesias em línguas que ignorava. Certa noite, encheu uma folha de papel almaço com uma série de sinais que ninguém conseguia interpretar. Foi apresentado esse estranho escrito ao professor Gorrésio, célebre paleógrafo, a esse tempo diretor da Biblioteca da Universidade. Profundamente admirado, perguntou ele quem havia escrito semelhante página, e foi-lhe narrada toda a ocorrência. Impossível seria de descrever-se o assombro do sábio e mais ainda o do visitante, ao saber que aquele escrito era a reprodução integral de uma inscrição rúnica, havia muitos anos, conservada intraduzível no Museu de Arqueologia, e que diversas vezes o professor Gorrésio tentara interpretar, mas inutilmente, porque o tempo havia apagado muitos sinais; além disso, estando quebrada a pedra, fora impossível adivinhar o resto. De posse agora do texto completo, lia ele que um certo chefe bárbaro implorava a proteção da divindade para sua tribo,

etc. Desde esse dia, converteu-se Gorresio ao Espiritismo. Numa sessão subsequente, manifestou-se o chefe bárbaro, declarando exata a tradução do paleógrafo e acrescentando que a sua inscrição fora despedaçada por um raio. ·

Sob o nome de *cross-correspondence*, os experimentadores ingleses imaginaram, mediante a escrita mediúnica, um novo processo de comunicação, que seria de natureza a estabelecer, do modo mais positivo, a identidade dos manifestantes.

São estes os termos em que o Sr. Oliver Lodge, reitor da Universidade de Birmingham, relata essas experiências em seu discurso, de 30 de janeiro de 1908, na *Society for Psychical Research:*

> Compreenderam tão bem como nós os ostensivos comunicantes a necessidade das provas de identidade e empregaram todos os esforços para satisfazer essa exigência racional. Alguns dentre nós entendem que o conseguiram; outros duvidam ainda. Pertenço ao número dos que, desejando obter novas provas, mais eficientes e contínuas, pensam, entretanto, que já foi dado um grande passo e que é legítimo admitir esses lúcidos momentos de correspondência com as pessoas falecidas, que, nos melhores casos, nos vêm trazer nova soma de argumentos, como a fazer dessa hipótese a melhor hipótese de trabalho. [23]
>
> Achamos, com efeito, que amigos cuja perda lamentamos, como Ed. Gurney, Rich, Hodgson, F. Myers e outros menos conhecidos, parece entrarem conosco em comunicação constante, com a ideia bem determinada e expressa de pacientemente nos demonstrar sua identidade e nos permitir a verificação recíproca de médiuns estranhos entre si. Achamos, igualmente, que suas respostas a perguntas especiais são dadas por forma que caracteriza sua bem conhecida personalidade e revela conhecimentos que eram de sua competência.

Acrescenta Sir Lodge:

---

[23] Nota do tradutor: A linguagem é um tanto hirta e, de certo modo, obscura, própria todavia do estilo inglês. Cingimo-nos, porém, o mais fielmente possível aos termos da versão francesa.

A *cross-correspondence*, isto é, parte de uma comunicação recebida por um médium e outra parte por outro médium, não podendo cada uma dessas partes ser compreendida sem o complemento da outra, constitui excelente prova de que uma mesma inteligência opera nos dois automatistas. Se, além disso, a mensagem traz os característicos de uma pessoa falecida e a esse título é recebida por pessoas que não a conheciam intimamente, pode ver-se nesse fato a prova da persistência da atividade intelectual dessa pessoa. Se dela, finalmente, recebemos um trecho de crítica literária que está eminentemente em seu feitio e não poderia provir de indivíduos ordinários, então eu declaro que tal prova é de todo ponto concludente, com tendência a adquirir o caráter de crucial. Tais são as espécies de provas que a sociedade pode comunicar sobre esse ponto.

As fronteiras entre os dois estados, o presente e o futuro, são ainda apreciáveis, mas tendem a esbater-se gradualmente. Tal como, em meio do estrépito das águas e dos vários ruídos, durante a perfuração de um túnel, percebemos de quando em quando o rumor dos escavadores que do outro lado se encaminham para nós, assim ouvimos, a intervalos, a percussão de nossos camaradas que passaram para o Além.

A isso não se limitaram os ingleses, dado o espírito de iniciativa que lhes é próprio. Fundaram um escritório de comunicações regulares com o outro mundo, e foi o intrépido escritor W. Stead quem o instalou em Londres, a instâncias de uma amiga desencarnada, Srta. Júlia Ames. Daí a sua denominação: "Escritório Júlia". Propõe-se esse Espírito vir em auxílio assim de todos os desencarnados desejosos de entrar em relação com os vivos que aqui deixaram, como dos encarnados aflitos pela perda de um ente caro. Para ser admitido a solicitar comunicação, Júlia, que dirige pessoalmente as sessões, só exige duas coisas: afeição lícita e sincera entre o vivo e o morto, e estudo prévio do problema espírita. Nenhuma retribuição é por ela admitida. O postulante, uma vez tomado em consideração seu pedido, é levado à presença de três médiuns diferentes, e todos os resultados são registrados.

Esse escritório já conseguiu, desde a sua fundação, estabelecer numerosas relações com o Invisível.

"Lançou uma ponte de uma a outra margem do túmulo", disse com alguma razão W. Stead.

A clientela do "Escritório Júlia" é, sobretudo, composta de pessoas ilustres e instruídas: doutores, advogados, professores, etc. Um repórter do *Daily News* escreve que acompanhou, certo dia, um bem conhecido autor, cujo nome causaria admiração saber-se ligado a esse negócio. Desejava obter ele a manifestação de um amigo falecido. Concedida por Júlia a autorização, foi ele, conforme a praxe, posto em contato sucessivo com três médiuns, assistidos por um estenógrafo, sendo lavrada minuciosa ata de cada sessão. Numa das sessões, foi a casa de sua residência exatamente descrita, com as respectivas adjacências; numa outra, recebeu ele uma mensagem, que reconheceu provir com certeza de seu falecido amigo.

Em resenha publicada no *Light,* de Londres, assim se exprime o Sr.W.Stead:

> No espaço de dois anos, 500 pedidos nos vieram de toda parte. Sobre esse total, nunca viemos a saber o resultado de 126 por comunicação dos interessados; destes, 171 nos escreveram afirmando a convicção de terem sido postos em comunicação com os parentes falecidos; 80 responderam que o resultado era talvez satisfatório, mas não o podiam assegurar; 53, finalmente, declararam não ter recebido comunicações autênticas. Os êxitos foram mais numerosos do que seria lícito esperar e de molde a excluir a hipótese de poder ser invocada a telepatia para explicar as mensagens obtidas. Os postulantes declararam que, quando fixavam a atenção num assunto, nunca era esse o explanado, e as provas obtidas não eram as que as perguntas reclamavam. A telepatia, portanto, não pode explicar tais fatos.

O estudo desses fenômenos demonstra que os médiuns escreventes devem ser classificados em três categorias, segundo a natureza de suas faculdades. São eles:

1º - Puramente autômatos. Não têm consciência do que escrevem; só o braço lhes é influenciado; seus movimentos são bruscos e sacudidos, e eles têm, às vezes, certa dificuldade em ler o que obtiveram. Essa faculdade é a que maior garantia oferece, não sendo o médium mais que um instrumento, ou, antes, um agente passivo, cujo pensamento e vontade se conservam independentes dos movimentos da mão.

2º - Escreventes semimecânicos, nos quais o cérebro e a mão são igualmente impressionados. Têm consciência do que escrevem, e as palavras lhes acodem à mente no próprio momento em que são lançadas no papel.

3º - Escreventes intuitivos ou inspirados, nos quais só o cérebro é influenciado. Essa faculdade é incerta, às vezes ilusória, porque os pensamentos do indivíduo se misturam frequentemente com os do inspirador oculto, e é difícil distingui-los uns dos outros. Daí a hesitação de certos médiuns dessa natureza. Não devem eles, todavia, desprezar esse modo de trabalho, que se aperfeiçoa com o exercício e pode tornar-se com o tempo precioso método de comunicação.

Temos muitas vezes notado este fato na mediunidade intuitiva. A parte de intervenção intelectual do médium, considerável ao começo nas comunicações, a tal ponto que se chega a duvidar do próprio caráter dessa faculdade, diminui pouco a pouco, e a parte de intervenção do Espírito aumenta gradualmente, até tornar-se preponderante. Sempre se encontrarão, nas comunicações obtidas, termos, expressões, construções de frases familiares ao médium, dos quais faz ele habitual emprego, mas a originalidade, a divergência das ideias e opiniões expressas se afirmarão cada vez mais, assim como sua superioridade sobre as do sensitivo.

Aos médiuns que a si mesmos quisessem porventura atribuir o mérito das comunicações obtidas, apontaremos o seguinte fato, referido pelo capitão Bloume, em sua carta ao Sr. L. Gordy, publicada por *Le Messager,* de Liège, de 15 de abril de 1900:

> Num grupo de oficiais do 57° de linha, um 2° tenente, homem muito vulgar no que se refere ao espírito e inteligência, pouco instruído,

mas bom médium, estava persuadido de tirar de seu próprio cérebro belíssimas comunicações morais, e começava a presumir-se um imenso talento pessoal como escritor, quando um belo dia, no serão hebdomadário, em meio de uma bonita frase, para repentinamente. Impossível continuar; seu cérebro se recusa absolutamente a produzir a mínima coisa. Durante esse tempo, um outro médium explicava que, sem que se houvesse pedido, os Espíritos davam uma lição de humildade a esse médium presunçoso.

Em uma outra sessão, esse mesmo médium escrevia, sobre três folhas de papel justapostas, três comunicações completamente diferentes, redigindo apenas uma linha em cada folha sucessivamente, e isso com a maior clareza e a rapidez habitual.

No curso de numerosas sessões de experimentação, muitas vezes nos aconteceu propor a médiuns intuitivos questões improvisadas, de ordem assaz elevada e intencionalmente abstrata, muito acima de suas concepções pessoais. Eram resolvidas de uma assentada, em ditados bem extensos, cuja forma, tão notável como o fundo, não comportava modificações nem emendas, coisa que os sensitivos teriam sido incapazes de fazer por si mesmos, sem assistência oculta.

Não obstante as diferenças de opiniões e de educação religiosa que distinguiam entre si os nossos médiuns, todas as indicações que recebiam e transmitiam acerca da vida futura e da evolução das almas eram idênticas em suas grandes linhas, em seus aspectos essenciais. Um deles, muito refratário à crença nas existências sucessivas, recebia diariamente comunicações sobre a reencarnação e suas leis. Outros, muito imbuídos das ideias católicas ou protestantes ortodoxas, obtinham ditados demonstrativos de que as concepções de paraíso e de inferno são errôneas, ou pelo menos alegóricas, e não se baseiam em nada de real, e finalmente um conjunto de noções sobre o Além, que diferiam essencialmente das que lhes eram familiares e lhes haviam sido profundamente incutidas desde a infância.

Essas manifestações eram muitas vezes confirmadas pela visita e descrição dos Espíritos, que se conservavam ao pé dos sensitivos e os dirigiam e inspiravam. Nessas condições, o médium vidente completava o médium escrevente. É bom ter assim, num grupo, alguns sensitivos cujas diferentes faculdades servem reciprocamente de contraprova.

A mediunidade intuitiva, dizíamos nós, não deve ser desdenhada, porque com o exercício se desenvolve e torna-se bem definida. Entretanto, é preciso – como a respeito de todas as produções mediúnicas – jamais deixar de submeter os seus resultados à inspeção de nosso critério e raciocínio.

Não é a credulidade menor mal que o ceticismo intransigente. O discernimento e uma certa educação científica são necessários para determinar a verdadeira origem e o valor das comunicações, para fazer a distinção entre as diferentes causas que intervêm no fenômeno.

A autenticidade das mensagens é, às vezes, difícil de estabelecer-se. O abuso de nomes célebres, de personalidades veneradas entre os homens é frequentemente praticado e torna-se um elemento de dúvida e de confusão para os observadores. Certas produções, de deplorável banalidade, num estilo incorretíssimo, subscritas por nomes ilustres, despertam a desconfiança e levam muitas pessoas a considerar o Espiritismo uma grosseira mistificação. Para o analista calmo e imparcial esses abusos demonstram simplesmente uma coisa: é que o autor do ditado nem sempre é o que diz ser. No mundo invisível, como entre nós, há Espíritos embusteiros, sempre prontos a apropriar-se de títulos ou merecimentos, a que nenhum direito possuem, com o fim de se imporem ao vulgo.

E, portanto, necessário dar mais atenção ao próprio conteúdo das comunicações que ao nome que as subscreve. Pela obra se julga o operário. Os Espíritos superiores, para se fazerem reconhecer, em lugar dos nomes que usavam na Terra, adotam de bom grado termos alegóricos.

Em regra, os nomes e títulos não têm no outro mundo a importância que lhes damos. Os julgamentos do Espaço não são os da Terra, e muitos nomes que fulguram na história humana se eclipsam na outra vida. As obras de dedicação, amor e caridade constituem lá valiosos e duradouros títulos. Os que as edificaram nem sempre hão deixado seus nomes na memória dos homens. Passaram obscuros, quase desconhecidos neste mundo, mas a Lei divina consagrou sua existência, e sua alma refulge com um brilho que muitos Espíritos, reputados grandes entre nós, estão longe de possuir.

Há nas regiões inferiores do Espaço, como na Terra, Espíritos sofísticos que tratam de impingir suas concepções sob a capa de nomes pomposos. Neles, o erro se dissimula sob as formas austeras ou sedutoras, que iludem, e são por isso ainda mais perigosas. E principalmente em tais casos que se deve exercer o nosso discernimento. Não devemos adotar as opiniões de um Espírito, simplesmente porque se trata de um Espírito, mas unicamente se nos parecem justas e boas. Devemos discutir e averiguar as produções do Além com a mesma liberdade de apreciação com que julgamos as dos autores terrestres. O Espírito não é mais que um homem libertado de seu corpo carnal; com a morte não adquire a infalibidade. O espaço que nos envolve é povoado de uma multidão invisível pouco evoluída. Acima dela, porém, há elevadas e nobres inteligências, cujos ensinos nos devem ser preciosos. Podemos reconhecê-las pela sabedoria que as inspira, pela clareza e amplitude de suas apreciações.

Uma objeção nos tem sido algumas vezes formulada. Diversos grupos evocam o mesmo Espírito e obtêm, ao mesmo tempo, comunicações assinadas por ele. Deve-se ver sempre nisso um embuste? Não. Sabemos que o poder do pensamento se engrandece com a elevação do Espírito, e sua irradiação pode abranger um círculo vastíssimo. A alma, chegada a um elevado grau de adiantamento, torna-se um foco poderoso cujas irradiações podem penetrar em todo lugar onde uma súplica e uma evocação lhe é dirigida. É o que deve ter feito acreditar, em certos casos, no dom da ubiquidade.

A deficiência de certas comunicações não provém unicamente dos que as ditam: pode-se também atribuí-la à falta de aptidão, de preparo, de conhecimento do médium que as recebe. Espíritos de real valor se veem muitas vezes reduzidos a empregar instrumentos imperfeitíssimos, por meio dos quais não percebemos mais que enfraquecidas manifestações de seu pensamento, pálidos reflexos de seu gênio.

Na generalidade dos casos, médiuns imperfeitos só conseguem transmitir comunicações imperfeitas, no que se refere à linguagem e à riqueza das ideias; mas há também organizações mediúnicas admiráveis, que se prestam, com uma facilidade que chega a ser prodigiosa, às intenções do Espírito. Vimos em Paris, em casa da duquesa de P. e noutros centros, uma jovem médium, a Srta. J. D., que, numa obscuridade quase completa, enchia em muito pouco tempo numerosas páginas de uma escrita rápida e corrente. Esses ditados sempre se referiram às mais altas questões de moral e de Filosofia. Num estilo grandioso, exprimiam os mais nobres pensamentos. Era um profundo encanto ouvir-lhes a leitura, e, apesar de não trazerem assinatura, provinham, sem dúvida possível, das mais brilhantes inteligências do espaço.

As contradições que apresentam certos ditados entre si e a raridade das provas de identidade constituem também grandes motivos de incerteza. Assim, por exemplo, comunicações assinadas por parentes nossos nem sempre oferecem o caráter de autenticidade que nelas nos agradaria encontrar. Muitas incoerências devem ser antes atribuídas aos obstáculos encontrados pelos manifestantes, que à intenção de enganar. Se aos que evocamos falta a aptidão para se comunicar, têm que recorrer a intermediários, a Espíritos mais experientes, que tomarão seu nome, a fim de tornar mais inteligível ou mais eficaz a comunicação. Daí certas inexatidões ou deficiências, imputáveis aos transmissores.

Nossos meios de percepção, de investigação e análise são ainda fracos, e, na maioria dos casos, nada fazemos do que é necessário, como método de adestramento moral e físico, para estabelecer a comunicação em mais perfeitas condições.

No médium inspirado deve a razão equilibrar-se com a intuição. Esta é sempre segura e fecunda, quando provém das almas elevadas; é às vezes enganadora e perigosa quando emana de Espíritos de ordem inferior, cujas ideias e apreciações são errôneas.

Nisto, como em tudo que se refere às nossas relações com o mundo oculto, só há uma regra: espiritualizar-se.

A matéria é qual muralha que se ergue entre nós e o Invisível. Procuremos por todos os meios atenuar-lhe a opacidade.

Para isso é preciso recorrer aos seres superiores e, pelas irradiações de nossa alma, facilitar a comunhão com eles. Não empreguemos senão com respeito e desinteresse as faculdades que nos são concedidas, isto é, nunca as utilizemos a pretexto ou para interesses materiais, mas visando unicamente o nosso bem moral. Quanto mais se desprende o médium das influências terrestres, mais se engrandecem e aprimoram as suas faculdades.

A escrita mediúnica reveste algumas vezes as mais caprichosas formas. Enquanto fora da influência oculta os médiuns seriam incapazes de escrever nessas condições, alguns obtêm a escrita invertida, também denominada "escrita em espelho", legível somente por meio de um espelho. Outros escrevem às avessas, de tal sorte que é preciso ler as suas produções em sentido inverso, começando as frases pela última letra e terminando na primeira.[24]

Nos *Proceedings da S.P.R.*, Friedrich Myers menciona o seguinte caso:

> A viúva de um clérigo punha absolutamente em dúvida a escrita automática: "Pegasse eu num lápis" – dizia ela – "até à consumação dos séculos, e minha mão só escreveria o que eu quisesse". Não tardou, entretanto, a entrar-lhe a mão em movimento, enquanto ela desafiava o Espírito a escrever o nome e troçava da sua incapacidade em tal sentido. Era um tanto ilógico, pois a mão lhe era já vencida pelo movimento, apesar dos esforços que fazia por imobilizá-la. E rabiscava, contra a vontade, linhas incoerentes, que uma resistência intencional desfigurava por completo. Abandonou por fim o lápis, cantando vitória. Eis aqui, porém, o ardil; lembrou-se uma das pessoas presentes de colocar o papel em frente a um espelho, e todos puderam ler: *Unkind, my name is Norman* (Mau, meu nome é Norman). É evidente que a vontade hostil do sensitivo teria impedido esse rascunho, se a formação dos caracteres no sentido normal tivesse podido ser acompanhada pela vista.[25]

---

[24] N.E.: No Brasil, assim obteve o médium Francisco Cândido Xavier a transmissão de uma poesia, em inglês, língua que lhe era desconhecida.
[25] Ver *Revue Scientifique et Morale du Spiritisme*, jun. 1906.

A essa ordem de fenômenos se acha ligado um conjunto de trabalhos que não poderíamos passar em silêncio. Trata-se de desenhos executados, quer à pena, quer a lápis, por pessoas que não tinham de desenho a mínima noção. Cobrem o papel de folhas, de flores esquisitas e graciosas de cores brilhantes, de arabescos, de animais, ora de pura fantasia, ora imitando a flora ou a fauna de planetas longínquos.

Victorien Sardou obteve gravuras representando construções ideais. Hugo d'Alési desenhou retratos de pessoas falecidas, cuja semelhança foi reconhecida. Hélène Smith, completamente ignorante do assunto, pintou quadros que impressionam. Rosa Agullana e Segundo Oliver obtiveram perturbadores desenhos, ornatos, flores, figuras estranhas, ou executaram deliciosos trabalhos. Pode-se dizer que a mediunidade se presta a mil variadas obras. Um bom médium é como uma lira, que vibra sob o impulso dos Espíritos.

No Congresso Espírita, efetuado em Paris, em setembro de 1900, na rua d'Atenas, algumas dessas obras foram colecionadas numa sala especial e expostas à curiosidade do público.

Atraiu particularmente a atenção uma série de retratos obtidos automaticamente pelo Sr. Fernand Desmoulins, pintor de talento, muito conhecido no mundo parisiense. Havia figuras de sonho e de assombro, cuja vista causava desagradável impressão; perfis deliciosos, de melancólico sorriso; cabeças de supliciados, que exprimiam uma dor horrível; semblantes de uma intensidade de expressão extraordinária, de olhares súplices ou interrogativos.

Esses desenhos tinham sido executados, ora obliquamente, as mais das vezes às avessas, outras na obscuridade ou com os olhos fechados, sob o império de uma vontade estranha – a de um Invisível, que assina: "O Preceptor".

O Sr. Desmoulins emprega de dez a vinte minutos para fazer esses quadros, ao passo que lhe são necessários cinco ou seis dias para compor um dos de sua autoria. Sua mão desenha com vertiginosa rapidez, sem que ele tenha a mínima consciência do que faz. Põe-se a mirá-la curiosamente e ele próprio o diz:[26]

> Ela trabalha à maneira de Rodin. Muitas vezes é arrebatada com a rapidez do raio, numa sorte de turbilhão ou de giro fulgurante. Curvas, volutas e linhas retas, olhos, nariz, boca e cabelos, tudo é traçado, desenhado num ápice. Um retrato feito às avessas representa uma velha de semblante contraído, apoiando a cabeça na mão. Ora, eu comecei por desenhar o braço ao inverso, e como me era naturalmente impossível reconhecer que desenhava um braço, pus-me a indagar qual poderia ser o objeto que esboçava. [...]
> Quando o Espírito quer fazer, por nosso intermédio, certos retoques, opera deste modo: o lápis, que empunho, traça, inconscientemente por minha parte, antes de tudo, um círculo em determinada parte do rosto – a que ele deseja modificar – depois a ponta do lápis é conduzida para fora da parte desenhada, a um canto do papel, onde escreve: apaga. Sei o que isso quer dizer; com a minha borracha apago a parte compreendida pelo círculo e retomo o lápis. Ele gosta, sobretudo, de causar-me admiração. É assim que várias vezes me tem feito executar, em presença de terceiros, retratos de pessoas que eu nunca vi, e que se verifica serem, quer parentes, quer amigos (falecidos) das pessoas que me cercavam, e que me atribuíam, não sem espanto, essas espécies de instantâneos do invisível.
> Não tenho – eu, o escrupuloso e amigo da exatidão – a mínima relação com esse extravagante "preceptor", que faz um retrato começando por onde se acaba, sem cuidar onde colocará os olhos, o nariz e a boca.

Assim se afirma, sob mil formas, estranhas, inesperadas, variadíssimas, a comunhão do visível com o invisível, a colaboração do homem e do Espírito. E por ela ficamos sabendo que a morte é irreal. Todas as almas agem e trabalham, tanto na carne como fora dela. A vida reveste aspectos diferentes, mas não tem fim!

---

[26] *L'Éclair*, 10 out. 1900.

XIX - TRANSE E INCORPORAÇÕES

O estado de transe é esse grau de sono magnético que permite ao corpo fluídico exteriorizar-se, desprender-se do corpo carnal, e à alma tornar a viver por um instante sua vida livre e independente. A separação, todavia, nunca é completa; a separação absoluta seria a morte. Um laço invisível continua a prender a alma ao seu invólucro terrestre. Semelhante ao fio telefônico que assegura a transmissão entre dois pontos, esse laço fluídico permite à alma desprendida transmitir suas impressões pelos órgãos do corpo adormecido. No transe, o médium fala, move-se, escreve automaticamente; desses atos, porém, nenhuma lembrança conserva ao despertar.

O estado de transe pode ser provocado, quer pela ação de um magnetizador, quer pela de um Espírito. Sob o influxo magnético, os laços que unem os dois corpos se afrouxam. A alma, com seu corpo sutil, vai-se emancipando pouco a pouco; recobra o uso de seus poderes ocultos, comprimidos pela matéria. Quanto mais profundo é o sono, mais completo vem a ser o desprendimento. As radiações da psique aumentam e se dilatam; um estado diferente de consciência, faculdades novas se revelam. Um mundo de recordações e conhecimentos, sepultados nas profundezas do "eu", se patenteia. O médium pode, sob o império de uma vontade superior, reconstituir-se numa de suas passadas existências, revivê-la em todas as suas particularidades, com as atitudes, a linguagem, os atributos, que caracterizam essa existência. Entram ao mesmo tempo em ação os sentidos psíquicos. A visão e audição, a distância, se produzem tanto mais claras e fiéis quanto mais completa é a exteriorização da alma.

No corpo do médium, momentaneamente abandonado, pode dar-se uma substituição de Espírito. E o fenômeno das incorporações.[1] A alma de um desencarnado, mesmo a alma de um vivo adormecido, pode tomar o lugar do médium e servir-se de seu organismo material, para se comunicar pela palavra e pelo gesto com as pessoas presentes.

Sábios eminentes dão testemunho da realidade desses fatos. O Dr. Oliver Lodge, em seu discurso na Royal Society, de Londres, em 31 de janeiro de 1902,[2] assim se exprime:

> Uma máquina, elaborada como o são os nossos corpos, pode ser empregada, no caso de transe, não só pela inteligência que, por assim dizer, a fabricou, mas também por outras inteligências a que dela se permite fazer uso. Isso naturalmente não se realizaria senão por um certo tempo e com bastante dificuldade.

Em sua comunicação transmitida ao Congresso Oficial de Psicologia, de Paris, em 1900,[3] o professor Myers, de Cambridge, era ainda mais afirmativo. Depois de haver enumerado os fenômenos obtidos no estado de transe pelas Sras. Piper e Thompson, fenômenos que ele estuda há 23 anos, assim concluía o professor:

> Em sua maioria, os fatos enunciados lembram o caráter e a memória de certas pessoas mortas...
>
> Estou convencido de que essa substituição de personalidade, ou mudança de Espírito, ou possessão, é um sensível progresso na evolução da nossa raça.

Durante o transe, o Espírito do médium pouco se afasta; permanece quase sempre confundido no grupo espiritual que cerca o seu invólucro terrestre. Sua influência às vezes se faz ainda sentir sobre o corpo, a que seus próprios hábitos o atraem.

---

[1] Segundo Allan Kardec (*A gênese*, cap. XI, it. 18), a substituição do Espírito do médium durante uma manifestação mediúnica – ou nos casos graves de obsessão por subjugação, vulgarmente denominada possessão –, é uma impossibilidade biológica que conduziria o medianeiro ou o subjugado à desencarnação, uma vez que o perispírito do encarnado encontra-se enraizado, unido, molécula a molécula, ao corpo físico. Assim, as palavras *incorporação* e *possessão* devem ser entendidas, respectivamente, como *psicofonia* e como *subjugação*.

[2] *Revue des Études Psychiques*, p. 71.

[3] Revue Scientifique et Morale du Spiritisme, out. 1900, p. 213. Ver também o excelente livro de Myers, La Personnalité Humaine, cap. 57.

Sua ação se torna em tal caso um incômodo, um esforvo para os Espíritos que se comunicam.

Quando a força oculta é insuficiente e o transe pouco profundo, o desprendimento é incompleto; as personalidades se confundem. O médium resiste à ação exterior do Espírito, que se esforça por tomar posse de seus órgãos. Suas radiações psíquicas se mesclam às do manifestante. Daí, em variadas proporções, conforme os casos, duas partes a distinguir na manifestação: a do médium e a do Espírito, operação delicada, que exige profundo conhecimento das personalidades que se apresentam e das condições do fenômeno.

O estado de transe facilita a sugestão. Nos fenômenos de escrita e da mesa, o médium se conserva na plena posse do seu "eu", de sua vontade, e poderia repelir as inspirações que recebe. No desprendimento já não se dá o mesmo. A alma se tem retirado, e o cérebro material fica exposto a todas as influências. Quando está suficientemente protegido, o médium torna-se receptivo, tanto às sugestões de um magnetizador como às dos assistentes, ou às de um Espírito. É o que muitas vezes lança uma certa confusão na interpretação dos fatos e exige, da parte dos experimentadores, extrema prudência. Em tal caso é difícil distinguir a natureza real das influências atuantes. Hudson Tuttle, médium ele próprio, o faz notar em seu livro *Arcana of Spiritualism*:

> Os grupos espíritas são frequentemente joguete de uma ilusão, enganados por suas próprias forças positivas. Afastam os ditados espíritas, substituindo-os pelo reflexo de seus próprios pensamentos; e então observam contradições e confusões que ingenuamente atribuem à intervenção de Espíritos malévolos.

É preferível, por isso, deixar agirem sozinhos os Espíritos sobre o médium, abstendo-se de toda intervenção magnética humana. Foi sempre o que fizemos, no curso de nossos estudos experimentais. Em raras circunstâncias, quando, faltando-lhes de repente a força psíquica, as inteligências nos pediam que atuássemos sobre o médium por meio de passes, bastava essa passageira intervenção para fazer crer aos assistentes numa ação sugestiva de nossa parte.

Na maioria das vezes, os fluidos de um magnetizador, por seu estado vibratório particular, contrariam os dos Espíritos, em lugar de auxiliá-los. Têm estes que se entregarem a um trabalho de adaptação, ou purificação, que esgota as forças indispensáveis à manutenção. Um magnetizador, cujos fluidos não sejam puros, que não possua um caráter reto, nem irrepreensível moralidade, pode, mesmo sem o querer, influenciar o sensitivo num sentido muito desfavorável.

Mesmo quando a ação oculta é poderosa e bem determinada, é preciso ter ainda em conta o embaraço do Espírito que se deve comunicar com o auxílio de um organismo estranho, mediante recursos muitas vezes restritos. O estado de harmonia entre as faculdades do Espírito e as do médium raramente existe; o desenvolvimento dos cérebros não é idêntico, e as manifestações são por isso contrariadas. É o que nos diziam certos Espíritos, no curso de nossas experiências de incorporação:

> Estamos acanhadamente encerrados; faltam-nos meios suficientes para exprimir os nossos pensamentos. As partículas físicas deste cérebro são muito grosseiras, para poderem vibrar sob nossa ação, e as nossas comunicações se tornam por isso consideravelmente enfraquecidas.

O Espírito Robert Hyslop o repete a seu filho, o professor Hyslop. Quando penetra na atmosfera terrestre e no organismo do médium, as coisas, diz ele, se lhe amesquinham: "Todas as coisas se me apresentam tão nitidamente, e quando aqui venho para exprimi-las; James, não o posso".[4]

Entretanto, quando se pode dispor de um médium de real valor, quando a possessão é completa e a força suficiente para afastar as influências contrárias, deparam-se fenômenos imponentes. O Espírito se manifesta na plenitude do seu "eu", em toda a sua originalidade. O fenômeno das incorporações se mostra então superior a todos os outros.

Indagam certos experimentadores: o Espírito do manifestante se incorpora efetivamente no organismo do médium?

---

[4] M. Sage – *Madame Piper et la Société Anglo-americaine des Recherches Psychiques*, p. 244.

Ou opera ele antes, a distância, pela sugestão mental e pela transmissão de pensamento, como o pode fazer o Espírito exteriorizado do sensitivo?

Um exame atento dos fatos nos leva a crer que essas duas explicações são igualmente admissíveis, conforme os casos. As citações que acabamos de fazer provam que a incorporação pode ser real e completa. É mesmo algumas vezes inconsciente, quando, por exemplo, certos Espíritos pouco adiantados são conduzidos por uma vontade superior ao corpo de um médium e postos em comunicação conosco, a fim de serem esclarecidos sobre sua verdadeira situação. Esses Espíritos, perturbados pela morte, acreditam ainda, muito tempo depois, pertencerem à vida terrestre. Não lhes permitindo seus fluidos grosseiros o entrarem em relação com Espíritos mais adiantados, são levados aos grupos de estudo, para serem instruídos acerca de sua nova condição. É difícil às vezes fazer-lhes compreender que abandonaram a vida carnal, e sua estupefação atinge o cômico, quando, convidados a comparar o organismo que momentaneamente animam com o que possuíam na Terra, são obrigados a reconhecer o seu engano. Não se poderia duvidar, em tal caso, da incorporação completa do Espírito.

Noutras circunstâncias, a teoria da transmissão, a distância, parece melhor explicar os fatos. As impressões oriundas de fora são mais ou menos fielmente percebidas e transmitidas pelos órgãos. Ao lado de provas de identidade, que nenhuma hesitação permitem sobre a autenticidade do fenômeno e intervenção dos Espíritos, verificam-se, na linguagem do sensitivo em transe, expressões, construções de frases, um modo de pronunciar que lhe são habituais. O Espírito parece projetar o pensamento no cérebro do médium, onde adquire, de passagem, formas de linguagem familiares a este. A transmissão se efetua em tal caso no limite dos conhecimentos e aptidões do sensitivo, em termos vulgares ou escolhidos, conforme o seu grau de instrução. Daí também certas incoerências que se devem atribuir à imperfeição do instrumento.

Ao despertar, o Espírito do médium perde toda consciência das impressões recebidas no sentido de liberdade, do mesmo modo que não guardará o menor conhecimento do papel que seu corpo tenha desempenhado durante o transe. Os sentidos psíquicos, de que por um momento haviam readquirido a posse, se extinguem de novo; a matéria estende o seu manto; a noite se produz; toda recordação se desvanece. O médium desperta num estado de perturbação, que lentamente se dissipa.

Às vezes, o regresso à carne origina cenas pungitivas, quando o médium, durante a exteriorização, tornou a ver, no Espaço, entes amados, e no instante que precede o despertar ainda conserva essa impressão. O contraste entre a vida livre e luminosa, que acaba de fruir, e o cárcere sombrio a que é obrigado novamente a descer, provoca cenas de lágrimas e lamentos, repugnâncias de reintegrar-se na carne, que se traduzem por lamentos e comovedoras súplicas. Temos sido muitas vezes testemunhas de tais cenas.

Não nos sendo possível examinar todos os fatos relacionados com o fenômeno do transe, limitar-nos-emos a citar os mais importantes, não só entre os que têm sido verificados nestes últimos anos, por diversos homens de Ciência, como entre os que temos por nossa parte observado.

Figuram em primeiro plano as manifestações devidas à mediunidade da Sra. Piper.

Essa senhora esteve muito tempo ligada por contrato à Sociedade de Investigações Psíquicas (S.P.R.), de que já temos falado, e que possui uma seção em Londres e outra em Nova Iorque. A Sra. Piper foi o agente principal das experiências levadas a efeito nesses centros por sábios como os professores Lodge, Myers, Hodgson, W. James, Hyslop e outros, todos pertencentes a universidades inglesas ou americanas, e que são decerto os homens mais competentes que podem ser ainda citados em matéria de psiquismo. O estudo de suas faculdades constituiu o objetivo de numerosas sessões, cujos resultados foram consignados nos *Proceedings*, boletins da sociedade supramencionada. Esses documentos formam um volume de 650 páginas, constituindo o tomo XVI dos *Procee-dings*. Um resumo dele foi publicado em francês.[5]

A Sra. Piper – os experimentadores o atestam – goza de excelente saúde. Não há em sua família nenhuma tara here-ditária. Só duas vezes no curso das experiências, em 1893 e 1895, esteve enferma; em ambas, suas faculdades mediúnicas declinaram, e não foi possível obter boas comunicações.

A Sra. Piper foi objeto de constante e minuciosa vigilância. Policiais lhe acompanhavam os passos e observavam-lhe os menores atos; tomaram-se todas as providências para desco-brir a fonte em que ela poderia colher informações. Durante sua permanência na Inglaterra, em casa dos professores Myers e Lodge, ela ficou insulada, privada de toda relação estranha; suas malas foram revistadas, suas cartas abertas a pedido seu. Nada se encontrou de suspeito. Ao contrário, quanto mais rigorosa era a vigilância, maior Caráter de certeza reves-tiam as manifestações obtidas.

Durante o transe ela se conserva indiferente à dor, e os globos dos olhos se lhe reviram nas órbitas. Fala ou escreve, e a voz muda a cada Espírito. Todas as perguntas feitas são breves, e ela nunca sabe quem as formula, porque os visi-tantes são introduzidos durante o seu sono e uniformemente designados sob o nome de Sr. Smith. Alguns levam a precaução ao ponto de vir de carruagem, tendo o rosto coberto com uma máscara.

Um testemunho, primeiro que todos, nos deve prender a atenção. É o do Dr. Richard Hodgson, vice-presidente da S.P.R. na América, que abordou o estudo do fenômeno espí-rita como crítico severo e meticuloso. Foi ele quem estudou os fatos extraordinários atribuídos à Sra. Blavatsky, e concluiu pelo embuste. Pôs em evidência as fraudes inconscientes de Eusapia Palladino, e mostrou-se, durante anos, um implacá-vel adversário da mediunidade. Aqui está o que ele declarou nos *Proceedings*:

> Há doze anos que estudo a mediunidade da Sra. Piper. Ao come-ço, uma só coisa desejava: descobrir nela a fraude e o embuste.

---

[5] M. Sage – *Madame Piper et la Société Anglo-americaine des Recherches Psy-chiques*, Paris, Leymarie, editor. Ver também *Proceedings*, t. XIII a XVI.

Entrei em sua casa profundamente materialista, com o fim de desmascará-la. Hoje, digo simplesmente: Creio!... A demonstração me foi feita por modo a tirar-me até a possibilidade de uma dúvida.

Para transformar a esse ponto a opinião de um homem tão prevenido como o Dr. Hodgson, foram precisos fatos bem eloquentes. O mais significativo é a manifestação espontânea de seu amigo George Pellew (aliás Pelham), homem de Letras, falecido havia alguns meses, e que a médium não podia conhecer. A identidade do defunto foi estabelecida de modo muito positivo, no curso de numerosos diálogos.

O Dr. Hodgson trouxe à presença da médium adormecida todos os antigos amigos de G. Pelham que pôde encontrar – cerca de uns trinta. O Espírito os reconhecia a todos, logo à chegada, e os acolhia com ditos imprevistos. Não somente os chamava por seus nomes, como lhes falava no mesmo tom familiar, usando das expressões habituais de que se servia com cada um deles, segundo o grau de intimidade que os ligava na Terra, e isso sem a menor hesitação da parte da médium, antes com a máxima espontaneidade. A todos fornecia as mais minuciosas provas de identidade.

Um deles, o professor Newbold, propôs a Pelham uma tradução do grego, língua que ele conhecia, mas que a Sra. Piper ignorava absolutamente. O Espírito traduziu com exatidão, acompanhando o texto literal grego.

Durante a primeira fase das experiências, o médium é influenciado, dirigido, fiscalizado (segundo a expressão americana) por Espíritos pouco adiantados. Um certo Phinuit responde de modo incoerente às perguntas formuladas, e torna-se necessária toda a paciência anglo-saxônia, para acompanhar o desenvolvimento do fenômeno durante anos, através do labirinto de suas divagações. É provável que investigadores franceses não tivessem tido essa perseverança e houvessem perdido todo o benefício das concludentes manifestações que sucederam a esse período confuso.

Com G. Pelham as comunicações se tornam mais claras; mas, no correr do tempo, sente-se a falta de direção competente. Phinuit e Pelham não são Espíritos que tenham bastante força nem aptidões para manterem o transe em grau profundo e impedirem a personalidade do sensitivo de imiscuir-se algumas vezes nos fenômenos e os perturbar. Estimulada por influências contrárias, a médium se esgota rapidamente. A "máquina", conforme a expressão dos guias, se deteriora. As manifestações se tornam de novo confusas.

Evoca-se o Espírito Stainton Moses, autor dos *Ensinos espiritualistas,* há pouco restituído à vida do Espaço, e trava-se com ele controvérsia sobre um ponto de doutrina. O escritor inglês afirmava em seu livro que os Espíritos atrasados conservam no outro mundo suas paixões e apetites terrestres e ainda os procuram satisfazer. Essa teoria desagrada em extremo ao professor Newbold, que pede a Stainton Moses se retrate. Este acede imediatamente, e suas explicações são deploráveis. Certos escritores, comentando este fato, acreditaram dele poder tirar conclusões desfavoráveis à filosofia espírita. As condições em que Stainton Moses se pronunciou nos parecem suspeitas. A médium funcionava mal; o Espírito não pôde sobre ela firmar seu império, nem mesmo chegou a provar sua identidade. Talvez não houvesse afinidade suficiente entre seu organismo fluídico e o da Sra. Piper. É essa uma dificuldade que os críticos não tomam bastante em consideração. Por seu lado, o professor Newbold, com sua opinião muito arraigada, teria exercido ação sugestiva sobre o sensitivo.

De resto, aí estão os fatos, aos milhares, para demonstrar a inanidade dessa teoria muito cômoda, dessa opinião de que a morte bastaria para nos desembaraçar de nossos vícios. O Espírito, na realidade, conserva-se o mesmo que se fez durante a vida terrestre. As necessidades procedem do corpo. e com ele se extinguem. Os desejos e as paixões são do Espírito e o acompanham. Quase todos os fenômenos das casas mal-assombradas são produzidos por Espíritos atrasados que vêm satisfazer, *post-mortem*, rancores nascidos aqui na Terra, de males ou de prejuízos causados por certas famílias, que assim se tornam presa de nefastas influências. O mesmo se dá em todos os fatos de obsessão e em certos casos de loucura. Todos os observadores de longa data o sabem. A sensualidade e a avareza subsistem nas almas inferiores. Os fenômenos produzidos por Espíritos "íncubos" e "súcubos" não são imaginários e assentam em testemunhos formais. É fácil negar; seria preferível observar e curar.

A manifestação efêmera de Stainton Moses e a discussão de seus *Ensaios* sugeriram aos experimentadores a ideia de evocar os Espíritos que os haviam ditado, Espíritos superiores, designados nessa obra sob os nomes de Imperator, Rector, Doctor e Prudens. Estes acudiram ao chamado, e imediatamente o aspecto das sessões mudou. Sentiu-se que ação nova e combinada se exercia sob a direção de alta inteligência. Cessam as incoerências; as obscuridades, os erros se dissipam; as explicações se tornam claras, as provas abundantes; as últimas dúvidas dos experimentadores se desvanecem. O médium é objeto de cuidados fluídicos assíduos; a "máquina", reparada, funciona daí em diante com precisão. Rector é especialmente preposto a sua guarda, e afasta os intrusos, os Espíritos levianos. Todas as manifestações têm que se submeter à sua fiscalização. É ele quem se encarregará de transmitir as comunicações úteis, as respostas às perguntas formuladas. Imperator começa sempre por uma prece. Quando fala pela boca da Sra. Piper, sua voz é grave, imponente; impressiona e comove. Suas vibrações provocam o recolhimento, restabelecem a harmonia nos pensamentos dos consultantes.

Isso vem confirmar o que tantas vezes notamos em nosso longo tirocínio de experimentador. Quando se empreende o estudo dos fenômenos, como diletante, sem nenhum cuidado pelas condições psíquicas a preencher, raramente se obtêm resultados perfeitos e satisfatórios. Nas sessões que eu dirigia, de acordo com um método rigoroso, desde que a unidade e elevação dos pensamentos cessavam entre os assistentes, desde que o recolhimento era interrompido por conversas ou discussões inoportunas e surgiam divergências de opinião, logo as manifestações diminuíam de valor e intensidade. Espíritos inferiores se intrometiam, e, sob a sua influência, as faculdades dos médiuns se turbavam, não produzindo mais que imperfeitíssimos resultados. Era preciso um enérgico esforço de reação interior e obter a intervenção das potências invisíveis, para restabelecer o curso regular das manifestações.

Na experiência espírita – não o esqueçamos – os resultados dependem da proteção oculta que podemos obter e, sobretudo, da extensão e eficácia dessa proteção. Ora, esta só se pode exercer no limite em que a tornemos possível, colocando-nos em estado moral e mental de harmonia que facilite a ação dos Espíritos adiantados. Sem afinidade de pensamento e de sentimento, sem comunhão entre si, não podem as almas comunicar-se senão confusa e acidentalmente.

Eis aí a lei suprema e a suprema ciência das manifestações! Que valem as críticas dos teóricos fantasistas diante da lição dos fatos? Os que só veem no Espiritismo uma ciência semelhante às outras ciências hão de forçosamente chegar a reconhecer a insuficiência de suas concepções, desde que, passando da teoria à prática, verifiquem o mau resultado de seus esforços, ou, pelo menos, a indigência dos resultados obtidos.

Outro notável investigador, tão perspicaz quão escrupuloso, cujo testemunho não podemos deixar em esquecimento, é o professor Hyslop, da Universidade de Colúmbia, em Nova Iorque. Esse sábio entregou-se à demorada pesquisa sobre a mediunidade da Sra. Piper, da qual resulta que os fenômenos obtidos não se poderiam explicar nem pela telepatia, nem pela leitura de pensamento.[6]

O professor formulou 200 perguntas, dirigidas ao Espírito de seu falecido pai, por intermédio do Dr. Hodgson. Enquanto este falava, James Hyslop, disfarçado com uma máscara e colocado por trás da médium, não proferia uma só palavra. Nessas condições, a Sra. Piper não podia ler no cérebro do interrogante respostas que este ignorava, porque o professor tivera o cuidado de escolher assuntos de caráter inteiramente íntimo, ignorados por todos.

Assim se pôde verificar, depois de longas e laboriosas investigações, que das 205 respostas obtidas, 152 eram perfeitamente exatas e 16 inexatas; 37 ficaram em dúvida, porque

---

[6] M. Sage – *Madame Piper et la Société Anglo-americaine des Recherches Psychiques*, p. 177 a 217.

não puderam ser averiguadas. Essa verificação exigiu numerosas viagens através dos Estados Unidos, a fim de serem reconstituídas minuciosamente certas particularidades da história da família Hyslop, a que se referiam as perguntas.

Todas essas respostas são admiráveis por sua clareza e precisão. Nelas, a personalidade dos manifestantes, suas ideias, suas expressões familiares se patenteiam com tamanha fidelidade que impõem fatalmente aos observadores a convicção. O professor Hyslop, abrindo mão de toda desconfiança, conversa, pelo órgão da senhora Piper em transe, e sob a vigilância de Rector, com seu pai desencarnado, "com tanta facilidade como se ele estivesse vivo. Nós nos compreendíamos por meias palavras"[7] – diz ele – "como numa conversação ordinária".

Além disso, pôde o Sr. Hyslop, em diálogos animados e cheios de incidentes, conversar com alguns de seus tios e primos falecidos, com seu irmão Carlos,[8] morto quando ele tinha quatro anos, com suas irmãs Ana e Elisa, e de todos obteve respostas satisfatórias, cuja enumeração enche centenas de páginas de seu relatório publicado no *Harpers Magazine,* depois nos *Proceedings* da S.P.R., tomo XVI. Aí se encontram reunidos em quantidade considerável fatos miúdos, incidentes da vida de família esquecidos pelo professor e, após exame, reconhecidos verdadeiros. Eram precisas, às vezes, semanas inteiras de pesquisas para os averiguar, e encontrava-se então algum parente afastado que lhes atestava a realidade. Os resultados eram quase sempre conformes ao dizer dos Espíritos. Sobre as provas colhidas, diz o professor:[9]

> Para o leitor estranho, a narrativa de uma sessão não pode produzir a convicção que se apodera do parente ou do amigo que torna a encontrar, depois de longo tempo, os hábitos de linguagem, as construções de frases, as expressões pitorescas, a maneira de discutir, tão bem conhecidas, e que caracterizavam de modo inconfundível aquele com quem outrora convivera.

---

[7] M. Sage – *Madame Piper et la Société Anglo-americaine des Recherches Psychiques*, p. 188,190,195,199 e 212. Ver também *Revue Scientifique et Morale du Spiritisme*, maio de 1902.

[8] M. Sage, id.

[9] Ibid.,p. 667·

Vêm depois característicos novos, desconhecidos e de profunda originalidade. Por exemplo:

> Em que subconsciente teria podido a Sra. Piper achar essas personagens – Imperator, Rector, G. Pelham, etc. – com seus modos de intervenção tão justos e apropriados a cada incidente, sem que jamais seus caracteres se confundam? A todo instante, Imperator revela seu caráter cheio de dignidade e suas tendências imperiosas, que tão bem justificam o seu pseudônimo, enquanto Rector encaminha as conversações e Pelham resolve as dúvidas e retifica os erros quanto aos fatos e, sobretudo, às pessoas e às relações entre elas e os consultantes.[10]

A telepatia, acrescenta o professor, não pode explicar melhor essas revelações. Os próprios erros, em sua opinião, contribuem para excluir a possibilidade dessa hipótese, porque diversas vezes os Espíritos se enganaram em pontos que ele, Hyslop, conhecia perfeitamente, e sobre os quais a médium tinha toda a facilidade de informasse. E conclui nestes termos: "Considerando o problema com imparcialidade, outra explicação não há senão a intervenção dos mortos".

A história do novo Espiritualismo nos fornece numerosos exemplos de médiuns que possuem, no estado de transe, faculdades extraordinárias e se exprimem com arrebatadora eloquência.

Cora Tappan percorreu os Estados Unidos e a Inglaterra, fazendo ouvir em cada cidade maravilhosos discursos, em verso e em prosa. Respondia, além disso, a perguntas de todos os gêneros, dando prova de surpreendente erudição. Afirmava que suas respostas não provinham dela mesma, e disso não tirava motivo de vaidade. Suas prédicas – dizia – emanavam de um grupo de guias, sempre prontos a falar por sua boca, toda vez que seus serviços eram reclamados.[11]

T. G. Forster não causava menos impressão. Eis o que dele dizia um literato de Louisiana que, depois de haver perdido

---

[10] Tradução Dusart, *Revue Scientifique et Morale du Spiritisme*, maio 1902, p. 266.
[11] Ver *Light*, 22 mar. 1992: "Testemunho do Sr. Colville"

três filhos e a esposa idolatrada, à força de desespero chegara a trazer consigo "o vidro fatal que deveria pôr termo às suas misérias e adormecer suas dores para sempre":[12]

Fui ouvir T. G. Forster; entrei disposto a rir e divertir-me; fiquei para escutar e maravilhar-me; saí comovido e abalado, e lá voltei ainda. Esse homem falava de tudo com uma eloquência de que nunca até então pudera ter ideia. Tenho ouvido oradores célebres: li Cícero, Chatham, Pitt e outros; jamais vi coisa que se aproximasse da eloquência irrefutável desse homem adormecido. Os oradores de cátedra e de tribuna são obrigados a preencher com palavras o intervalo entre duas ideias; com ele não se dá isso: as ideias, os fatos, as datas se sucediam sem interrupção nem esforço e sem a menor hesitação. A história de todos os povos lhe era conhecida; todas as ciências lhe eram familiares, como se lhe houvesse consagrado todo o prazo de uma vida humana ao estudo de cada uma delas, e sua linguagem, ao mesmo tempo simples e elevada, sempre se conservava à altura de sua ciência. Procurei ser-lhe apresentado, quando voltou a seu estado normal, e nele encontrei um homem eminente, mas não – e bem longe disso – o homem universal de seus discursos. Ele concedeu-me uma sessão de transe, e por seu intermédio conversei com o professor Drayton, seu Espírito guia. Fiquei convencido. Sou agora outro homem; sou feliz, oh! bem feliz!

O seguinte caso ocorreu na França e a pessoa do manifestante se revelou de modo irrefragável. Citamos textualmente o relatório, cujo original se acha em nosso poder:

A 13 de janeiro de 1899, doze pessoas se haviam reunido em casa do Sr. David, à Praça Corps-Saints nº 9, em Avignon, para a sessão hebdomadária de Espiritismo.

Após um instante de recolhimento, vimos a médium, a Sra. Gallas, em estado de transe, voltar-se para o lado do Sr. abade Grimaud e lhe falar na linguagem dos sinais empregados por certos surdos-mudos. Sua volubilidade mímica era tal que foi preciso pedir ao Espírito que se comunicasse mais devagar, o que imediatamente fez. Por precaução, cuja importância vai ser apreciada, o Sr. abade Grimaud

---

[12] Extraído do *Spiritualist,* Nova Orléans, 1858, artigo assinado Jos. Barthet, reproduzido pela *Vie d'Outre-Tombe,* 15 mar. 1902, p. 241.

limitava-se a enunciar as letras, à medida que eram transmitidas pela médium. Como cada letra insulada nada significa, era impossível, mesmo que o tivéssemos querido, interpretar o pensamento do Espírito; e só no fim da comunicação foi que ficamos conhecendo o seu conteúdo, após a leitura dela por um dos membros do grupo encarregado de registrar os caracteres.

Ao demais, a médium empregou um duplo método: o que consiste em enunciar todas as letras de uma só palavra, para indicar-lhes a ortografia, única forma perceptível à vista, e o que enuncia a articulação sem se preocupar com a forma gráfica, método inventado pelo Sr. Fourcade, e que só é usado no Instituto dos Surdos-mudos de Avignon. Estes pormenores são fornecidos pelo abade Grimaud, diretor e fundador do estabelecimento.

A comunicação, relativa à obra de excelsa filantropia a que se dedicou o Sr. abade Grimaud, estava assinada: "Irmão Fourcade, falecido em Caen". Nenhum dos assistentes, com exceção do venerável sacerdote, conheceu nem podia conhecer, quer o autor dessa comunicação, posto que ele tivesse passado, há trinta anos, algum tempo em Avignon, quer o seu método.

Subscreveram o relatório os membros do grupo que assistiram à sessão: Toursier, diretor aposentado do Banco de França; Roussel, mestre de música do 58°; Domenach, tenente do 58°; David, negociante; Bremond, Canuel, Sras. Toursier, Roussel, David, Bremond.

Junto ao relatório vinha o seguinte atestado:

Eu, abaixo assinado, Grimaud, padre, diretor-fundador do Instituto dos enfermos dos órgãos vocais, surdos-mudos, gagos e crianças anormais em Avignon, certifico a absoluta exatidão de tudo o que acima é referido. Devo dizer, em testemunho da verdade, que estava longe de esperar semelhante manifestação, da qual compreendo toda a importância, no ponto de vista da realidade do Espiritismo, de que sou fervoroso adepto. Não tenho a menor dúvida em o declarar publicamente.

Avignon, 17 de abril de 1899.

GRIMAUD, PADRE.

De 1893 a 1901 tínhamos, no Grupo de Estudos Psíquicos de Tours, três senhoras, médiuns de transe, todas pertencentes à burguesia, e cujo concurso era absolutamente desinteressado.

Relatórios estenográficos, que formam diversos volumes, permitem comparar os discursos pronunciados, as comunicações obtidas com o auxílio de suas faculdades, e comprovar, a muitos anos de distância, uma perfeita identidade de caráter e de opiniões em relação a cada um dos Espíritos que se comunicavam.

Logo que se produz a obscuridade, os médiuns sentem a influência magnética dos Invisíveis. No primeiro grau do transe, estando ainda acordados, eles veem um grupo completo de Espíritos formar-se atrás dos experimentadores, e descrevem as aparições; ouvem e transmitem as indicações, os pedidos desses Espíritos, e por sua linguagem, por certas particularidades da fisionomia ou da atitude, os assistentes facilmente reconhecem parentes, amigos falecidos.

Dentro em pouco se acentua o transe, o médium adormece, a incorporação se verifica. Em nosso grupo o poder fluídico dos Espíritos guias era suficiente para anular por completo a personalidade do sensitivo e evitar qualquer intervenção da subconsciência. Quando muito, pôde observar-se algumas vezes num dos sensitivos, a Sra. D., uma interferência de personalidades, quando o transe não era profundo.

Quase sempre as incorporações se sucedem. Desde que a possessão é completa, faz-se a luz, e depois, quando o Espírito se retira, se torna a diminuída para facilitar a ação fluídica dos invisíveis e o ingresso de um novo manifestante. Cada médium serve habitualmente de órgão a três Espíritos diferentes, numa mesma sessão. Enquanto a incorporação se produz num dos médiuns, os outros descansam; algumas vezes, as incorporações são simultâneas. Diálogos, discussões se travam então entre diversos Espíritos e o presidente do grupo. Essas conversações entre quatro pessoas, três das quais pertencem ao mundo dos Espíritos, são das que mais vivamente impressionam.

Em geral, são os Espíritos guias que primeiro se manifestam, dando conselhos, instruções, repassadas de lógica e de grandeza, sobre os problemas da vida e do destino. Sucedem-se depois conversas com Espíritos menos elevados, alguns dos quais viveram entre nós e participaram dos nossos trabalhos. Cenas patéticas se produzem. É um pai, uma mãe, que vêm exortar seus filhos, presentes à reunião. São amigos de Além-túmulo, que nos despertam recordações de infância, relembram serviços prestados, faltas cometidas. Descrevem suas condições de vida no Espaço, falam das alegrias e dos sofrimentos morais, experimentados depois da morte, consequências inevitáveis de sua conduta na Terra. Como lições vivas de coisas, palpitantes de colorido e movimento, essas expansões, essas confissões nos deixavam profundamente comovidos.

Muitas vezes se travaram discussões um tanto veementes entre Espíritos. Dois políticos célebres, adversários declarados na Terra, continuavam a hostilizar-se pela boca dos nossos médiuns, com arroubos oratórios, uma dialética cerrada, argumentos de tribuna e de pretório, um conjunto de ditos característicos e acerados que constituíam outras tantas provas de identidade. Um duelo de vontade, entre um de nossos guias e um Espírito obsessor, ambos incorporados, atingia culminâncias verdadeiramente épicas. Essas cenas, de uma intensidade de vida e de expressão como se não pode ver em teatro algum, deixaram em nossa memória indeléveis recordações.

Dois Espíritos assumem mais particularmente a direção do grupo e se manifestam em todas as sessões: o Espírito Azul[13] e Jerônimo. O Espírito Azul é uma entidade feminina de ordem assaz elevada. Quando anima o organismo da médium, pessoa tímida e de modesta instrução, as linhas do semblante adquirem uma expressão seráfica, a voz se torna extremamente doce e melodiosa, a linguagem reveste forma poética e irrepreensível. A cada um dos assistentes, por sua vez, dirige ela advertências, conselhos, relativos à sua conduta privada, os quais atestam, mesmo ao primeiro encontro, perfeito conhecimento do caráter e da vida íntima daqueles a quem são dirigidos.

---

[13] Assim denominado porque os médiuns o veem sempre envolto num véu azul.

Acontece frequentemente que pessoas vindas pela primeira vez às nossas reuniões, e desconhecidas da médium, recebiam conselhos, palavras de animação ou de censura, apropriadas a seu estado moral e a seus mais secretos pensamentos. Essas advertências, obscuras para os outros ouvintes, eram sempre claras e positivas para os interessados. E não era um dos menores atrativos de tais manifestações essa arte que empregava o Espírito Azul em falar, diante de todos, as coisas íntimas e ocultas, de modo a evitar qualquer indiscrição, tornando-se perfeitamente claro para a pessoa alvejada.

A solicitude e a proteção do Espírito Azul se estendiam a todos os membros do grupo e se patentearam muitas vezes no domínio dos fatos. Vários dentre nós, premidos por sérias dificuldades, conseguimos vencê-las, graças à ação providencial desse Espírito, que, nos casos mais melindrosos e no momento oportuno, sabia fazer surgir um socorro, provocar uma intervenção inesperada. Suas instruções se referem geralmente à família e à educação das crianças. *La Tribune Psychique,* de março de 1900, reproduziu uma dessas comunicações, que resume em termos elevados o método do nosso guia. O Espírito Azul vê, numa profunda reforma da educação da infância e da mocidade, o verdadeiro remédio aos males do presente e aos perigos que ameaçam a sociedade moderna.

Jerônimo se comunica pela mesma médium; mas o contraste entre os dois Espíritos é flagrante. Jerônimo, que foi um apóstolo e um mártir, conservou-se orador e combatente; sua palavra é vibrante, seu gesto amplo e dominador. Exprime-se por períodos incisivos, em termos escolhidos. Sua energia é tal que esgota rapidamente o sensitivo, de sorte que nem sempre pode terminar os seus discursos, por falta de força fluídica. Ele dirige mais especialmente os estudos filosóficos do grupo. Numerosas existências, passadas no silêncio dos claustros e entre a poeira das bibliotecas, lhe permitiram acumular tesouros de conhecimentos e imprimiram-lhe maior vigor ao pensamento. Os séculos o viram imerso na investigação, no estudo, na meditação. As percepções mais nítidas e as impressões da vida do Espaço vieram completar sua ciência, já de si tão extensa. Por isso, que amplitude em suas apreciações, que habilidade em dissipar as contradições e resumir em linhas sóbrias e claras as mais transcendentes leis da vida e do universo! E tudo isso pela boca de uma pobre senhora, de gestos tímidos e instrução elementar!

Deveremos examinar, a propósito desses fenômenos, a objeção habitual que lhes é feita, isto é, de serem produtos da subconsciência do médium, das personalidades secundárias criadas por uma divisão temporária da consciência normal, como o pretendem os Srs. Pierre Janet e Flournoy?

Essa teoria não poderia resistir a um exame atento dos fatos. É precisamente nos fenômenos de incorporação que mais positiva se revela a identidade dos Espíritos, quando o transe é profundo e completa a posse daqueles sobre o sensitivo. Por suas atitudes, seus gestos, suas alocuções, o Espírito se mostra tal qual era aqui na Terra. Os que o conheceram durante sua existência humana o reconhecem em locuções familiares, em mil detalhes psicológicos que escapam à análise.

O mesmo acontece com as individualidades que viveram em épocas remotas. Em nosso grupo, os Espíritos guias se comunicavam pelo órgão do médium mais modesto. Uma outra senhora, de maneiras elegantes, era preferida, para a incorporação, por Espíritos de ordem inferior. Ouvia-se uma vendedora de legumes falar, por sua boca, o calão de um país em que essa senhora jamais estivera. Uma velhota leviana discorria numa verbiagem ociosa, ou punha-se a contar-nos anedotas engraçadas. Depois disso, era um sacristão de voz arrastada que se apresentava ou ainda um antigo procurador que, pelo órgão da própria médium, dizia ao marido dela, em tom veemente, duras verdades.

O caráter de cada um desses Espíritos e de outros muitos[14] se manteve e afirmou em sua originalidade, sem a mínima alteração, através de um período de sete anos. Disso dão testemunho as nossas atas. Ao mesmo tempo nos foi dado acompanhar os progressos graduais de um deles, Sofia, a vendedora de legumes, que graças à sua boa vontade e à

---

[14] Ver *Resenha do congresso espírita e espiritualista*, de 1900. Relatório sobre os trabalhos do grupo de Tours.

proteção de nossos guias conseguiu emendar-se e instruir-se, até que para ela soou a hora da reencarnação. Sua volta à vida terrestre foi antecipadamente anunciada, e nós pudemos observar-lhe as fases dolorosas. Consumado esse ato, Sofia nunca mais reapareceu em nossas sessões.

Se aí estão personalidades secundárias do médium, como explicar que sejam em tão grande número e revistam aspectos e nomes tão diferentes? Em nosso grupo contavam-se por dezenas os Espíritos que se comunicavam. Em cada sessão, tínhamos de seis a oito, dos quais dois ou três para cada médium. À medida que cada um deles se apresentava, mudava a fisionomia do sensitivo, a expressão das feições se modificava. Pela inflexão da voz, pela linguagem e atitude, a personalidade invisível se revelava, antes de ter dado o nome. Esses Espíritos não se manifestavam todos seguidamente. Alguns só reapareciam depois de longas ausências, mas sempre com a mesma originalidade de caráter, com a mesma intensa realidade de vida e de ação.

Como explicar pela subconsciência, ou dupla personalidade, essa variedade de personagens que, do sacristão ao Espírito Azul, representam todos os tipos da gradação hierárquica do mundo invisível, desde o bruto até o anjo, todas as formas do aviltamento, da mediocridade ou da elevação; de um lado, poder, bondade, saber, penetração das coisas; de outro, fraqueza, ignorância, grosseria, miséria moral?

Esses Espíritos observam, uns para com os outros, a atitude que convém à sua posição. Todos, por exemplo, mostram pronunciada deferência aos Espíritos guias. Deles não falam senão com respeito; e é sempre num tom comovido e suplicante que Sofia se recomenda à proteção da "dama azul".

Não se trata de personagens ilusórias, de vagos fantasmas subconscientes. Esses Espíritos vivem e agem como homens. Suas opiniões, suas percepções são diferentes. As divergências são às vezes categóricas; discussões veementes e apaixonadas se travam entre eles; surgem incidentes dramáticos, e a isso se vêm intercalar mil provas de identidade que dissipam as dúvidas mais tenazes e obrigam à convicção. Se a personalidade secundária pode engendrar semelhantes contrastes, animar tão variadas criações, força é reconhecer que ela ultrapassa em talento, em gênio, as mais prodigiosas concepções do pensamento normal. Produz obras-primas à vontade e sem esforço; é a mais portentosa das explicações que se possa dar do fenômeno; orça pelo sobrenatural. E é preciso que os nossos contraditores sintam-se verdadeiramente em extremos apuros, para lançar mão de teoria tão contrária às exigências de uma crítica sensata e de uma rigorosa ciência, e recorrer a uma hipótese tão fantástica quão inverossímil, ao passo que a teoria espírita explica os fatos mediante leis naturais, simples e claras.

Estudemos mais de perto essa teoria da subconsciência, de que incidentemente acabamos de falar, e com a qual acreditam certos psicólogos poder explicar os fenômenos do transe e da incorporação.

Os Srs. Pierre Janet,[15] A. Binet, Taine, Ribot e Flournoy acreditam que uma cisão se produz na consciência dos sensitivos adormecidos e que daí resulta uma segunda personalidade, desconhecida da pessoa normal, e com a qual se relacionam todos os fenômenos. Deram-lhe eles os mais diversos nomes: inconsciente, subconsciência, consciência subliminal, personalidade secundária, etc. Essa hipótese serviria para explicar a maior parte das anomalias observadas em histéricas, nos casos de sugestão, assim como os diferentes aspectos do sonambulismo e todas as variações da personalidade. A unidade do "eu-consciente" não passaria de uma ilusão. Este seria suscetível de desagregação em certos casos patológicos, e personalidades distintas, inconscientes ou dotadas de subconsciência, ignorando-se reciprocamente, poderiam surgir no estado de sono e manifestar-se à revelia uma da outra. Assim se explicariam os fatos espíritas. Os médiuns seriam apenas

---

[15] Ver P. Janet, *L'Automatisme Psychologique, passim*; A. Binet, *Les Altérations de la Personnalité*; Th. Flournoy, *Des Indes à la Planète Mars*; Taine, *De l'Intelligence*, tomo I, p. 16; Ribot, *Les Maladies de la Personnalité*, p. 105.

histéricos, nevróticos, particularmente predispostos, por seu estado fisiológico, a tais cisões da personalidade.[16]

Observemos antes de tudo, com o Dr. Geley, que a histeria e a nevrose nada explicam.[17] Por outro lado, os médiuns não são histéricos. O Dr. Hodgson e Myers atestam que as Sras. Piper e Thompson gozam perfeita saúde. O professor Flournoy, que é médico, diz a mesma coisa de Hélène Smith. Nenhum sinal de histeria se manifesta nessas três célebres médiuns. À menor indisposição nelas, ao contrário, os fenômenos diminuem de intensidade, cessam de se produzir. A mesma declaração posso eu fazer em relação aos sensitivos de transe que por muito tempo fizeram parte do nosso grupo. Sobre esse ponto as comparações que os nossos adversários procuram estabelecer são errôneas, e sua argumentação é completamente falha. As personalidades fictícias que eles provocam, por meio de sugestões pós-hipnóticas, nas histéricas, têm apenas uma vaga semelhança com as manifestações de personalidades no transe. Em relação a estas, não passam de imperfeitas cópias, de esmaecidas e longínquas imitações.

No transe, a entidade psíquica, a alma, se revela por distinta atividade do funcionamento orgânico, por particular acuidade das faculdades. Quando é completa a exteriorização, o Espírito do médium pode agir sobre o corpo adormecido com

---

[16] Os trabalhos dos modernos fisiologistas, Dr. Luys, Ferrier, Broca, etc., demonstraram que cada ordem de sensações, visão, audição, cheiro, etc., se localiza numa parte especial do cérebro. Ora, é o caso de se perguntar como podem essas diversas sensações ir em busca umas das outras, reunir-se, acumular-se, para espontaneamente constituir e fazer brotar, sem a menor incubação, uma segunda personalidade que tem seus gostos próprios, suas fantasias sem caráter, e que, apenas emersa, chega a se utilizar sem estudo, sem aprendizado, desse complicado organismo que é o cérebro e todo o corpo físico, a fazer uso da palavra e da mão, na escrita, com inteiro desembaraço. Aí está, como o disseram Gabriel Delanne (*Recherches sur la Mediumnité*, p. 16 e 62) e Aksakof (*Animismo e espiritismo*), nem mais nem menos que – verdadeiro sobrenaturalismo. E são psicólogos materialistas que nos oferecem esse quase milagre como uma explicação!

[17] O Dr. Geley, em sua obra *L'Être Subconscient,* Félix Alcan, editor, assim se exprime: "A histeria e a nevropatia apresentam sintomas inconstantes, que variam sem causa ou sob a influência de múltiplas causas – anestesia, hiperestesia, contratura – que se sucedem e escapam a toda previsão de tempo e extensão. No ponto de vista explicativo, ignora-se completamente o que são".

mais eficácia que no estado de vigília e do mesmo modo que um Espírito estranho. O cérebro não é então, como no estado normal, um instrumento movido diretamente pela alma, mas um receptor que ela aciona de fora.

É o que resulta de numerosas observações.

O Sr. Cromwell Varley, engenheiro-chefe dos Telégrafos da Grã-Bretanha, em seu depoimento perante a comissão de inquérito da Sociedade Dialética, a respeito de sua esposa que é médium de transe, refere o seguinte fato:[18]

> A Sra. Varley, adormecida, me diz: Agora não são os Espíritos que vos falam; sou eu mesma, e sirvo-me de meu corpo do mesmo modo que o fazem os Espíritos quando falam por minha boca.

Myers, em seu relatório ao Congresso de Psicologia, 1900,[19] faz a seguinte declaração a propósito dos transes da Sra. Thompson:

> Os ditados são, em sua maioria, transmitidos mediante o organismo do médium, por Espíritos que nesse momento o influenciam ou se apossam desse organismo. Alguns são diretamente colhidos no mundo invisível por seu próprio Espírito e por ele transmitidos.

Uma coisa evidente para o psicólogo refletido é que muito pouco nos conhecemos ainda. Há em nós profundezas cheias de mistério, que às vezes se entreabrem e cuja visão nos perturba. Um mundo inteiro aí reside, mundo de intuições, de aspirações, de sensações, cuja origem nos é desconhecida, e que parece provirem de um passado distante; mescla de aquisições pessoais, de hereditariedades psíquicas e atavismos étnicos, vestígios das existências percorridas na sucessão dos tempos, tudo isso está gravado nos refolhos abscônditos do "eu".

A consciência, no estado normal, é acanhada; no de desprendimento é vasta e profunda. Não há, porém, duas consciências, do mesmo modo que não há em nós duas entidades. É sempre o mesmo ser, a mesma personalidade vista sob dois aspectos diferentes.

[18] *Report on Spiritualism,* p. 157, citado por Gabriel Delanne, A *alma é imortal,* Segunda parte, cap. I.

[19] Ver *Resenha do IV congresso de psicologia,* p. 113.

A permanência e unidade do "eu" consciente são demonstradas por um fato bem conhecido; enquanto o nosso corpo físico incessantemente se renova, a consciência e a memória persistem em nós, através das flutuações da matéria. É verdade que a consciência normal não conserva todas as impressões recolhidas pelos sentidos. Muitas sensações e conhecimentos ficam na aparência esquecidos; mas são realmente arquivados na consciência profunda. Podem ressurgir por um esforço intelectual, sob o influxo de uma emoção, ou ainda no sono e, em geral, em todos os estados que provocam o despertar das faculdades adormecidas.

No estado de exteriorização total, esse despertar é completo. O Espírito readquire, com a plenitude de suas faculdades latentes, de seus conhecimentos e recordações, uma liberdade e uma energia de ação amplificadas. Atinge o seu "maximum" de vibrações e pode reconstituir seu passado.

Há, portanto, duas ordens de fatos no transe, e é preciso distingui-los com cuidado: primeiramente a intervenção dos desencarnados, e depois os outros casos, em que o médium, sob o influxo magnético de seu guia espiritual, se reconstitui numa de suas anteriores existências.

No caso de Hélène Smith, que o Sr. Flournoy, professor de Psicologia da Universidade de Genebra, estudou durante quatro anos, a médium em transe reproduz as cenas de uma de suas existências, passada na Índia, no século XII. Nesse estado, serve-se frequentemente de termos sanscríticos, língua que ela ignora no estado normal. Fornece, a respeito de personagens históricas da Índia, indicações positivas, impossíveis de achar em obra alguma usual, e cuja confirmação, depois de muitas pesquisas, o professor descobre numa obra de Marlès, historiador pouco conhecido e inteiramente fora do alcance da sensitiva. Esta, nas fases do transe, assume atitude que enleva e impressiona. Eis o que a respeito diz o Sr. Flournoy:[20]

> Há em todo o seu ser, na expressão da fisionomia, nos movimentos, no timbre da voz, quando fala ou canta em hindu, uma graça indolente,

---

[20] Th. Flournoy – *Des Indes à la Planète Mars,* p. 271 e 272.

um abandono, uma doçura melancólica, alguma coisa de encantador e lânguido que corresponde maravilhosamente ao caráter do Oriente...

Toda a mímica de Helena, tão diferente, e esse falar exótico têm tal cunho de originalidade, próprio, natural, que se chega a perguntar com estupefação donde vem a essa filha das ribeiras do Lemen, sem educação artística nem conhecimentos especiais do Oriente, uma perfeição de desempenho que a melhor atriz não alcançaria senão à custa de demorados estudos ou de longa permanência nas margens do Ganges.

No que se refere à escrita e à linguagem hindus, o Sr. Flournoy acrescenta que, em suas pesquisas para as experiências, todas as pistas que pôde descobrir eram "falsas", e pede ao leitor que "o dispense de pormenorizar seus insucessos".

Todas essas experiências, porém – diz ele – o induziram a "divertir-se". Depois do que, conclui rejeitando a teoria dos Espíritos, para ver nos fenômenos espíritas unicamente uma criação, um manejo da consciência "subliminal".

Observemos que as conclusões do Sr. Flournoy[21] estão em contradição com os fatos observados. No transe, a Srta. Smith vê muitas vezes seu guia, Leopoldo, a seu lado, e ouve-lhe a voz. Ele tem vontade própria e procede como entende, muitas vezes se estabelecendo luta entre eles. A Srta. Smith discute; resiste, ao querer ele tomar posse do seu organismo. E quando, apesar de seus esforços, esta se torna completa, toda a sua pessoa se transforma; muda-se a voz; é a de um homem, lenta e grave, de pronúncia italiana; o aspecto se lhe torna majestoso. Quando Leopoldo se apodera da mão de Hélène, para fazê-la escrever, a escrita é inteiramente diversa, e a ortografia é a do século XVIII, época em que ele viveu na Terra. Mais ainda: ele "intervém constantemente em sua vida de modo sensível e quase físico, não deixando margem à menor dúvida".

Querem um exemplo? Numa sessão, o Espírito Leopoldo levanta a médium com a almofada em que repousa, sem o

---

[21] Th. Flournoy – *Des Indes à la Planète Mars,* p. 68,98 a 100, 116 e *passim*

concurso de nenhum dos assistentes. Eis aí um fenômeno de levitação perfeitamente caracterizado, e que não seria lícito atribuir ao "subliminal", pois que exige a intervenção de uma força e de agente exterior.

Certamente nem tudo é de fácil explicação nos fenômenos de que a Srta. Smith é o foco. Em seu caso, cumpre reconhecê-lo, são abundantes as dificuldades, e fatores diversos parecem intervir. Nota-se um entrelaçamento de fatos espíritas e de fatos de animismo, de produtos da subsconsciência intercalados com intervenções de inteligências exteriores e super-humanas, que complicam singularmente o problema. Desse conjunto um tanto confuso se destacam, todavia, provas de identidade, claras, nítidas, positivas, como, por exemplo: a manifestação de João, o cavouqueiro, cuja personalidade se revela com particularidades convincentes; a do cura Burnier e a do síndico Chaumontet, falecidos há cerca de meio século, e cuja escrita e assinatura a médium reproduz automaticamente, e são reconhecidas, após averiguações, exatamente iguais às que figuram em grande número de termos de nascimentos, casamentos e óbitos, que formam os arquivos da Comuna de Chessenaz, onde a Srta. Smith nunca esteve.

Somos levados a crer que nessa médium a força psíquica é muitas vezes insuficiente, as fases do transe extremamente desiguais e frequente o despertar da própria personalidade. Daí, contudo, não se segue que os fatos observados se possam explicar, como o pretenderia o Sr. Flournoy, pelo mecanismo das faculdades da memória associadas ao poder de imaginação da subsconsciência.

Além disso, o professor, em sua disposição de "divertir-se", terá mais de uma vez atraído Espíritos galhofeiros a essas sessões, em que – diz ele – "ria-se bastante". Os mistificadores são para recear em casos tais. E é aí que se compreende a utilidade das regras que indicamos: unidade e elevação de pensamento dos assistentes, como meio de facilitar a ação dos agentes exteriores. Rir, brincar, interromper a todo instante, interrogar fora de propósito, tudo isso constitui péssimas condições para experiências sérias.

Não é caso insulado o de Hélène Smith. Um médium do nosso grupo reproduziu diversas vezes, em transe, sob a influência do Espírito guia, cenas de sua vida anterior.

Um magnetizador, amparado pela ação oculta dos Espíritos protetores, pode também provocar esses fenômenos em certos sensitivos.

Fernandez Colavida, presidente do Grupo de Estudos Psíquicos de Barcelona, obteve resultados que acreditamos dever assinalar. Eis o que a tal respeito consta no relatório dos delegados espanhóis ao Congresso Espírita, de 1900:[22]

> Magnetizado o médium no mais alto grau, F. Colavida lhe ordenou que dissesse o que havia feito na véspera, na antevéspera, uma semana, um mês, um ano antes, e o fez sucessivamente recuar até à infância, que explicou em todas as suas particularidades.
>
> Impelido sempre pela mesma vontade, o médium referiu sua vida no Espaço, sua morte na última encarnação, e, continuamente estimulado, chegou até quatro encarnações, a mais antiga das quais era uma existência inteiramente selvagem. A cada existência, as feições do médium mudavam de expressão. Para ser restituído a seu estado habitual, foi gradualmente reconduzido até sua presente encarnação, e despertado em seguida.

Num intuito de verificação, o experimentador fez magnetizar o sensitivo por uma outra pessoa e sugerir-lhe que suas anteriores narrativas eram falsas. Apesar dessa sugestão, o médium reproduziu a série de quatro existências, como antes o fizera.

Esteva Marata, presidente da União Espírita de Catalunha, declara ter obtido análogos resultados, pelos mesmos processos, em sua esposa, em estado de transe.

Essas experiências poderiam ser multiplicadas e obteríamos assim numerosos elementos de certeza sobre o fato das existências anteriores da alma; elas, todavia, exigem grande prudência. O experimentador deve escolher sensitivos que sejam dotados de muita sensibilidade e bem desenvolvidos. Deve ser assistido por um Espírito bastante poderoso para afastar todas as influências estranhas, todas as causas de perturbação, e preservar o médium de possíveis acidentes.

---

[22] *Resenha do congresso espírita e espiritualista*, de 1900, p. 349 e 350.

Recapitulemos. A teoria da subconsciência é verdadeira no sentido de que nossa consciência plena é mais extensa que nossa consciência normal. Dela emerge nos estados sonambúlicos, domina-a e a ultrapassa, sem dela jamais se separar.

A teoria da subconsciência é falsa, se pretender-se considerar esta como segunda consciência autônoma, como dupla personalidade. Não há em nós dois seres que coexistam, ignorando-se. A personalidade, a consciência é una. O que simplesmente acontece é que ela se apresenta sob dois aspectos diferentes: ora, durante a vida material, nos restritos limites do corpo físico, com uma memória e faculdades circunscritas; ora, durante a vida psíquica, na plenitude de suas aquisições intelectuais e de suas recordações. Nesse caso, abrange todas as fases de seu passado e as pode fazer reviver.

Todas as teorias dos Srs. Pierre Janet, Binet,Taine, Ribot, etc., assentam sobre aparências vãs. O "eu" não se fraciona. As faculdades extraordinárias, reveladas no transe, convergem, ao contrário, no sentido de uma unidade tanto mais grandiosa quanto mais completa é a exteriorização.

Infelizmente a situação nem sempre é clara, nem o desprendimento suficiente. Às vezes se produzem umas espécies de intercalação, de fluxo e refluxo vibratório entre as causas atuantes, que tornam obscuro e confuso o fenômeno. E principalmente o caso quando se manifestam diversas personalidades invisíveis, e nenhuma delas tem a força nem a vontade necessárias para afastar os motivos de erro.

As causas em ação podem confundir-se nos estados sonambúlicos parciais e incompletos. Há, porém, um estado superior em que o Espírito se apresente em todo o seu poder vital, em sua penetração íntima das coisas. Pode-se então assistir a fenômenos realmente grandiosos. Para obtê-lo, contudo, é preciso proceder de modo mais sério do que o fazem os psicólogos "hílares e brincalhões".

São dessa ordem as manifestações de George Pelham, Robert Hyslop e, principalmente, as de Imperator, de Jerônimo e do Espírito Azul. Nelas, os sinais característicos, as provas de identidade são abundantes; nenhuma dúvida poderia existir. O mesmo acontece nos casos em que numerosas personalidades, apresentando grande variedade de caracteres e opiniões, se sucedem com precisão e regularidade no corpo de um médium e fazem ouvir, pela mesma boca, ora a linguagem mais trivial, ora a linguagem seleta e elevada, exprimindo nobres e delicados sentimentos, apreciações tão profundas que extasiam todo o auditório.

As manifestações de Espíritos desventurados, que vêm, guiados por almas compassivas, referir-nos seus sofrimentos, suas dores e aflições, buscar ensinos e conforto, não são também imposturas do subliminal.

Temos a esse propósito muitas vezes observado um fato: a influência fluídica dos Espíritos inferiores incomoda os médiuns, causa-lhes indisposições durante o transe e violentas dores de cabeça ao despertar, a ponto de reclamar o desligamento imediato por meio de passes magnéticos. Nos mesmos sensitivos, ao contrário, com outras entidades elevadas, como, por exemplo, o Espírito Azul, o transe é doce, a influência benéfica, o médium desperta sob impressão de calma, como saturado de uma atmosfera de paz e de serenidade.

As teorias da subconsciência e da dupla personalidade são impotentes para explicar esses fatos. O subconsciente é simplesmente um estado da memória, cujas camadas profundas, silenciosas na vida normal, despertam e vibram durante a exteriorização. E o que demonstram os casos de reconstituição das vidas anteriores nos médiuns. Há nisso magnífico objeto de estudo, para chegar-se ao conhecimento do ser e das leis de sua evolução. Aí encontramos a prova de que o "eu" consciente não é uma criação espontânea, mas constituiu sua individualidade mediante sucessivas aquisições, através de longa série de existências. Não tendo o organismo físico atual contribuído para algumas dessas aquisições, é evidente que não poderia o Espírito ser considerado a resultante desse organismo, pois que ele existiu antes dele e lhe sobreviverá.

Assim se deriva a teoria espírita, em toda a sua lógica e esplendor, de um conjunto de fatos que só ela é capaz de explicar. A alma neles se revela, independente do corpo, em sua personalidade indivisível, em seu "ego" lentamente constituído através dos tempos, com o auxílio de materiais que conserva latentes em si mesma, e cuja posse readquire no estado de desprendimento: assim no sono, como no transe, ou por ocasião da morte.

XX - APARIÇÕES E MATERIALIZAÇÕES DE ESPÍRITOS

São os fenômenos de aparição e materialização os que mais vivamente impressionam os experimentadores. Nas manifestações de que precedentemente nos ocupamos, o Espírito atua por meio de objetos materiais ou de organismos estranhos. Vamos agora apreciá-lo diretamente em ação. Cônscio de que entre as provas de sua sobrevivência nenhuma é mais convincente que sua vida terrestre – vai procurar o Espírito reconstituir essa forma por meio dos elementos fluídicos e da força vital hauridos nos assistentes.

Em certas sessões, na presença de médiuns dotados de considerável força psíquica, veem-se formar mãos, rostos, bustos e mesmo corpos inteiros, que têm todas as aparências de vida: calor, tangibilidade, movimento. Essas mãos nos tocam, nos acariciam ou batem; mudam de lugar os objetos e fazem vibrar os instrumentos de música; esses rostos se animam e falam; esses corpos se movem e passeiam por entre os assistentes. Pode-se agarrá-los, palpá-los; depois, eles se desvanecem num repente, passando do estado sólido ao fluídico, após efêmera duração.

Assim como os fenômenos de incorporação nos iniciam nas leis profundas da Psicologia, a reconstituição das formas de Espíritos nos vai familiarizar com os estados menos conhecidos da matéria. Mostrando-nos que ação pode a vontade exercer sobre os imponderáveis, ela nos fará penetrar nos mais íntimos segredos da Criação, ou, antes, da renovação perpétua do universo.

Sabemos que o fluido universal, ou fluido cósmico etéreo, representa o estado mais simples da matéria; sua sutileza é tal que escapa a toda análise. E, entretanto, desse fluido procedem, mediante condensações graduais, todos os corpos sólidos e pesados que constituem a base da matéria terrestre. Esses corpos não são tão densos, tão compactos como parecem. Com a maior facilidade os atravessam os fluidos, assim como os próprios Espíritos. Estes, pela concentração da vontade, secundados pela força psíquica, os podem desagregar, dissociar-lhes os elementos, restituí-los ao estado fluídico, depois transportá-los e os reconstituir em seu primitivo estado. Assim se explica o fenômeno dos transportes.

Percorrendo sucessivos graus de sua rarefação, a matéria passa do sólido ao líquido, depois ao estado gasoso, e finalmente ao estado de fluido. Os corpos mais duros podem assim voltar ao estado etéreo e invisível. Em sentido inverso, o fluido mais sutil se pode gradualmente converter em corpo tangível e opaco. Toda a natureza nos mostra o encadeamento das transformações que conduzem a matéria, do éter mais puro ao mais grosseiro estado físico.

À medida que se rarefaz e se torna mais sutil, a matéria adquire novas propriedades, potências de intensidade progressiva. Disso nos fornecem exemplos os explosivos, as radiações de certas substâncias, o poder de penetração dos raios catódicos, a ação a grande distância das ondas hertzianas. Por eles, somos levados a considerar o éter cósmico o meio em que a matéria e a energia se confundem, o grande foco das atividades dinâmicas, a fonte das inesgotáveis forças que a vontade divina impulsiona e donde se expandem, em ondas incessantes, as harmonias da vida e do pensamento eterno.

Pois bem! – e aqui vai a questão adquirir amplitude inesperada – A ação exercida pelo poder criador sobre o fluido universal para engendrar sistemas de mundos, vamos de novo encontrá-la num plano mais modesto, porém submetida a leis idênticas, na ação do Espírito a reconstituir as formas transitórias que estabelecerão, aos olhos dos homens, sua existência e identidade.

As próprias nebulosidades, agregados de matéria cósmica condensada, germens de mundos, e que na profundeza dos espaços nos mostram os telescópios, vão reaparecer na primeira fase das materializações de Espíritos.

É assim que a experimentação espírita conduz às mais vastas consequências. A ação do Espírito sobre a matéria nos pode fazer compreender de que modo se elaboram os astros e se consuma a obra gigantesca do cosmo.

Na maior parte das sessões, distinguem-se, ao começo, cúmulos nebulosos em forma de ovo; depois, listões fluídicos brilhantes, que se desprendem, quer das paredes e do soalho, quer das próprias pessoas, se avolumam pouco a pouco, se alongam e se tornam formas espectrais.

As materializações são infinitamente graduadas. Os Espíritos condensam suas formas de modo a, em primeiro lugar, serem percebidos pelos médiuns videntes. Estes descrevem a fisionomia dos manifestantes, e o que descrevem é depois confirmado pela fotografia, tanto à claridade do dia como à luz do magnésio.[1] Sabe-se que a placa sensível é mais impressionável que o olho humano. Num grau superior a materialização se completa; o Espírito torna-se visível para todos; deixa-se pesar; seus membros podem deixar impressões, moldes, em substâncias plásticas.

Em tudo isso a fiscalização deve ser muito rigorosa. É preciso preservar-se cuidadosamente de todas as causas de erro ou ilusão. Convém por isso recorrer, tanto quanto possível, aos aparelhos registradores e à fotografia.

Vejamos, em primeiro lugar, os casos em que foi possível conseguir, na placa, as imagens de Espíritos, invisíveis para os assistentes.

Se têm sido cometidos numerosos abusos e fraudes, nessa ordem de fatos são abundantes, em compensação, as experiências e os testemunhos sérios.

O acadêmico inglês Russel Wallace, experimentando em sua própria casa, com pessoa de sua família, obteve uma fotografia do Espírito de sua mãe, em que um desvio do lábio constituía uma prova convincente de identidade. O médium vidente havia descrito a aparição antes de terminada a "pose", e verificou-se que era exata a descrição.[2]

[1] Aksakof – *Animismo e espiritismo*, cap. I.
[2] A. Russel Wallace – *Les Miracles et le Moderne Spiritualisme*, p. 255

O pintor Tissot, célebre pelas ilustrações de sua "Vida de Jesus", obteve uma prova que não é menos admirável: a fotografia de um grupo composto do corpo físico e do corpo fluídico do médium, desdobrado, simultaneamente, com a de um Espírito desencarnado e o do experimentador.[3]

Análogas comprovações foram feitas pelos doutores Thompson e Moroni, pelos professores Boutlerov e Rossi-Pagnoni é pelo Sr. Beattie, de Bristol. Todos eles adotaram as mais minuciosas precauções. Pode ler-se em *Animismo e espiritismo*, de Aksakof, capítulo I, a narrativa minuciosa das experiências do Sr. Beattie.

Na primeira série dessas experiências, uma forma humana se desenhou na placa à décima oitava exposição. Mais tarde, o Dr. Thompson se associou às investigações, e obteve-se uma série de cabeças, perfis e formas humanas, ao começo vagas, depois cada vez mais distintas, todas as quais haviam sido previamente descritas pelo médium em transe. Às vezes operava-se às escuras. Aqui está o que diz Aksakof:[4]

> Nessas experiências nos achamos em presença, não de simples aparições luminosas, mas de condensações de uma certa matéria, invisível à nossa vista, e que ou é de si mesma luminosa ou reflete na placa fotográfica os raios de luz, à ação dos quais a nossa retina é insensível. Que se trata aqui de uma certa matéria, prova-o o fato de que ora é tão pouco compacta que deixa ver através das formas das pessoas presentes, ora é tão densa que cobre a imagem dos assistentes. Num dos casos a forma aparecida é negra.

Como se vê, Aksakof acredita conosco que se não poderiam explicar essas manifestações sem a existência de um fluido, ou éter, substância manipulada por seres inteligentes invisíveis. É o que imprime ao fenômeno – pensa ele – um duplo caráter, ao mesmo tempo material, no estrito sentido da palavra, e intelectual, pela intervenção de uma vontade que trabalha artificialmente essa matéria invisível, com determinado fim.

Mumler, fotógrafo profissional, obtinha nas placas as imagens de pessoas falecidas. Intentaram-lhe um processo por dolo, mas não pôde ser descoberta fraude alguma e o fotógrafo ganhou a questão.

[3] *Revue Parisienne*, jun. 1899.

[4] Aksakof – *Animismo e espiritismo,* cap. I.

Não somente o inquérito judiciário estabeleceu o fato da produção, nas placas, de figuras humanas invisíveis à vista desarmada, como também doze testemunhas declararam ter reconhecido nessas figuras as imagens de parentes seus já falecidos. Mais ainda: cinco testemunhas, entre as quais o grande juiz Edmonds, depuseram que haviam sido produzidas, e foram reconhecidas, imagens de pessoas que em vida nunca se tinham fotografado.[5] Obteve-se mesmo, no caso do senhor Bronson Murray,[6] a efígie de pessoas falecidas, na ausência de toda testemunha que as houvesse conhecido na Terra.

Conseguiu-se fotografar as sucessivas fases de uma materialização. Em meu poder conservo uma série de reproduções, que devo à gentileza do Sr. Volpi, diretor do *Vessillo*, de Roma, cuja integridade está acima de qualquer suspeita. Representam as aparições graduais da forma de um Espírito, muito vaga à primeira exposição, depois cada vez mais condensada, e, por último, visível para o médium, ao mesmo tempo que impressiona a placa fotográfica.

Recordemos agora alguns dos casos em que a aparição é simultaneamente visível para todos os assistentes e para o médium, o que torna impossível qualquer equívoco. O Espírito materializado tem todas as aparências de um ser humano; move-se e anda, conversa com as pessoas presentes e, depois de ter participado alguns momentos de sua vida, se desvanece lentamente, funde-se, por assim dizer, às suas vistas.

É primeiramente o caso de Katie King, forma feminina que durante alguns anos se manifestou em casa de Sir William Crookes, da Sociedade Real de Londres, e de que já tivemos ensejo de falar.[7]

Várias vezes tem procurado insinuar que William Crookes se havia retratado de suas afirmações. Ora, eis o que dizia

---

[5] Aksakof – *Animismo e espiritismo*, cap. I.
[6] Ibid.
[7] Ver Léon Denis, *Depois da morte*, cap. XIX; William Crookes – *Recherches sur le Spiritualisme*, *passim* e Aksakof, op. cit., cap. I, B.

ele, a propósito desses fenômenos, em seu discurso no Congresso para o adiantamento das ciências (*British Association*), realizado em Bristol, em 1898, e do qual era presidente:

> Trinta anos se passaram, depois que publiquei as narrativas de experiências tendentes a demonstrar que, fora de nossos conhecimentos científicos, existe uma força posta em ação por uma inteligência que difere da inteligência comum a todos os mortais. Nada tenho que retratar; mantenho minhas observações já publicadas. Posso mesmo acrescentar-lhes outras muitas.

A Sra. Florence Marryat, autora de grande nome, inseriu, numa de suas obras,[8] uma descrição minuciosa das sessões de Crookes, de que era das mais assíduas testemunhas. Eis aqui um fragmento:

> Assisti diversas vezes às investigações feitas pelo Senhor Crookes, para se convencer da existência da aparição. Vi madeixas escuras de Florence Cook esparsas no chão, diante da cortina, à vista de todos os assistentes, enquanto Katie passeava e conversava conosco. Vi, em várias ocasiões, Florence e Katie, ao pé uma da outra, de sorte que não posso ter a mínima dúvida de que eram duas individualidades distintas... No correr de uma sessão, pediu-se a Katie que se desmaterializasse em plena luz. Consentiu em submeter-se à prova, embora nos dissesse em seguida que lhe havíamos feito muito mal. Foi encostar-se à parede do salão, com os braços estendidos em cruz. Acenderam-se três bicos de gás. O efeito produzido em Katie foi terrífico. Vimo-la ainda durante um segundo apenas; depois, ela desvaneceu-se lentamente. Não posso melhor comparar a sua extinção que a uma boneca de cera derretendo-se ao calor de um braseiro. Primeiramente, os dois lados do rosto, vaporizados e confusos, parecia entrarem um no outro; os olhos se afundavam nas órbitas; o nariz desapareceu e a fronte se desmanchou. Os membros e o vestido tiveram a mesma sorte; ia tudo caindo no tapete, como uma coisa que desmorona. À luz dos três bicos de gás olhávamos fixamente para o lugar que Katie King havia ocupado.

---

[8] Florence Marryat – *Le Monde des Esprits*, 1894, tradução do *Het Toekomstig Leven*, Utrecht, ago. 1902.

Reproduzimos essas descrições, a fim de mostrar o grande poder de desagregação que exerce a luz sobre as criações fluídicas temporárias, e a necessidade das sessões obscuras, em certos casos, apesar dos inconvenientes que apresentam.

A esse respeito, o Sr. Camille Flammarion estabelece a seguinte comparação, escrevendo na *Revue* de 1906:

> Aqui está, num frasco e em volume igual, uma mistura de hidrogênio e cloro. Se quereis que a mistura se conserve, é preciso – seja embora ou não de vosso agrado – que o frasco permaneça na obscuridade. Tal é a lei. Enquanto ali ficar, ela se conservará. Se, entretanto, movido por uma fantasia pueril expuserdes essa mistura à ação da luz, uma violenta explosão se fará subitamente ouvir; o hidrogênio e o cloro terão desaparecido e encontrareis no frasco nova substância: o ácido clorídrico. E, com acerto, concluireis: a obscuridade respeita os dois elementos; a luz os aniquila.

Outro caso célebre, que reúne os melhores elementos de certeza, as mais concludentes provas,[9] é a aparição de Estelle Livermore, falecida, a seu marido, o banqueiro Livermore, em Nova Iorque, de 1861 a 1866, em 388 sessões, dirigidas por um outro Espírito que a si mesmo se designava pelo nome de Dr. Franklin.

O fenômeno se completa com uma série de provas de caráter persistente. Uns cem ditados são escritos por Estelle, sob as vistas de seu marido, em cartões trazidos e marcados por ele. Graças a uma luz misteriosa que envolvia o fantasma, o Sr. Livermore reconhecia a mão, as feições, os olhos, a fronte, os cabelos da escrevente. "Sua fisionomia" – diz ele – "era de uma beleza sobre-humana e olhava-me com inefável expressão de felicidade".

Esses fatos são antigos e já têm sido muitas vezes relatados. Não podíamos, entretanto, deixá-los esquecidos, em razão de sua importância e da extensa repercussão que se lhes tem dado. Vamos apresentar outros mais recentes. Já não se trata apenas de formas insuladas que aparecem, mas de grupos de Espíritos materializados, cada um dos quais constitui uma individualidade distinta do médium. Formas, de

---

[9] Ver Aksakof, *Animismo e espiritismo*, cap. IV, B, III.

compleição e dimensões diferentes, se mostram ao mesmo tempo, se organizam gradualmente a expensas de uma massa fluídica nebulosa, e, por fim, se dissolvem de repente, depois de terem intervindo alguns instantes nos trabalhos e nas conversas dos experimentadores.

O Dr. Paul Gibier, diretor do Instituto Pasteur, de Nova Iorque, apresentou ao Congresso de Psicologia de Paris, em 1900, extensa memória acerca das "materializações de fantasmas",[10] obtidas por ele em seu próprio laboratório, na presença dos preparadores que o auxiliam habitualmente em seus trabalhos de Biologia. Muitas senhoras de sua família assistiam, além disso, a essas experiências. Tinham por encargo especial vigiar a médium, Sra. Salmon, examinar-lhe os vestidos, pretos sempre, ao passo que os fantasmas apareciam de branco.

Foram tomadas todas as precauções. Empregava-se uma jaula metálica, cuidadosamente fechada, com porta de ferro presa por um cadeado. Durante as sessões, a médium era encerrada nessa jaula, cuja chave o Dr. Gibier conservava em seu poder. Por excesso de precaução, colava-se um selo postal francês no orifício do cadeado. A jaula era completada com um gabinete formado de cortinas. Outras vezes, só o gabinete era utilizado, sem a jaula.

Numerosas sessões se efetuaram nessas condições, das quais somente uma relataremos, porque resume todas as outras.[11]

No dia 10 de julho de 1889 a médium, Sra. Salmon, é colocada no gabinete e amarrada à cadeira. Passam-lhe, além disso, uma fita em volta do pescoço, fixada por um nó cirúrgico. As extremidades da fita passam por dois orifícios abertos no forro do gabinete e são amarrados uma à outra por um duplo nó muito apertado, bem longe do alcance da médium, que está vestida de preto. Diminuiu-se a luz; mas distinguiam-se os objetos.

Aparições incompletas de braços, bustos e faces se produzem a princípio. Formas inteiras, vestidas de branco, lhes sucedem. Suas compleições variam, desde uma forma de criança, a pequena Maudy, aos fantasmas de elevada estatura. Vêm depois formas

---

[10] *Resenha oficial do IV congresso internacional de psicologia*, Paris, Félix Alcan, editor; 1901, p. 675, reproduzido *in extenso* em *Annales des Sciences Psychiques*, do Dr. Darieux, fevereiro de 1901.

[11] Annales des Sciences Psychiques, mar./abr. 1901.

femininas, delgadas e graciosas, ao passo que a médium é pessoa de seus cinquenta anos, bem nutrida. Entre aquelas, aparece uma figura masculina, alta e barbada. E Ellan, um Espírito de voz forte, que distribui vigorosos apertos de mão aos assistentes. Essa mão, apertada pela do Dr. Gibier, dissolve-se pouco a pouco sob a pressão recebida.

Tais aparições se formam à vista dos experimentadores. Distingue-se ao começo um ponto nebuloso, brilhante e móbil, que se dilata e prolonga em forma de coluna; depois é um T. Este muda-se num perfil de senhora, coberto com um véu, e por fim uma encantadora figura de moça, esbelta e delicada, se esboça, se condensa. Passeia por entre os assistentes, cumprimenta, aperta as mãos que se estendem para ela, depois do que a aparição se desmorona como um castelo de cartas. Por um momento ainda se distingue uma cabeça graciosa que emerge do soalho, e em seguida tudo desaparece. No mesmo instante, o Dr. Gibier apalpa a médium, que se conserva em seu lugar, amarrada, no gabinete. Dá-se toda a força à luz; as fitas são examinadas; estão intactas, e é preciso algum tempo para desatá-las.

Essas formas se movem e falam. Dão os nomes: Blanche, Lélia, Musiquita, etc. Esta última toca uma guitarra. Todas conversam com os assistentes; suas vozes se fazem ouvir em todos os pontos da sala. Quanto aos tecidos de que se vestem as aparições, elas mesmas afirmam produzidos com o concurso de elementos tirados às roupas do médium, parcialmente desmaterializadas. Numa sessão, o Espírito Lélia forma com um sopro, aos olhos dos assistentes, um tecido leve de gaze branca, que se estende pouco a pouco e termina por cobrir todas as pessoas presentes. É um exemplo de criação pela vontade, que vem confirmar o que dizíamos no começo deste capítulo.

Donde vêm essas aparições, e qual é a sua natureza? O Dr. Gibier no-lo vai dizer: "Os fantasmas, interrogados, declararam todos ser entidades, personalidades distintas do médium, Espíritos desencarnados, que viveram na Terra, e cuja missão é demonstrar-nos a existência da outra vida".

Uma particularidade, entre outras, nos vai demonstrar que esses Espíritos têm todo o caráter humano. "As formas" – diz Gibier – "se mostram a princípio muito tímidas, e é preciso captar-lhes a confiança".

A identidade de um desses Espíritos foi positivamente estabelecida: a de Blanche, falecida parenta de duas senhoras que assistiam às sessões; ela era sobrinha de uma e prima de outra. Ambas puderam abraçá-la repetidas vezes e conversar com ela em francês, língua que a médium não compreende.

O Dr. Gibier notou que as manifestações variavam de intensidade, na proporção do "volume de forças" fornecido aos Espíritos pela médium, e se produziam, conforme o caso, a maior ou menor distância da jaula ou do gabinete onde estava a médium sentada.

No decurso de uma sessão ocorreu um fato surpreendente. A médium, em transe, encerrada na jaula, foi encontrada do lado de fora, ao terminar das experiências. Segundo as explicações dadas pelo Espírito Ellan, a porta da jaula havia sido desmaterializada, e logo reconstituída por agentes invisíveis.[12] É esse um caso notável de desagregação e reconstituição da matéria, que convinha assinalar.

Outros testemunhos, não menos importantes, foram coligidos pelo Congresso Espiritualista de Paris, em 1900.

Na sessão de 23 de setembro, o Dr. Bayol, ex-governador do Dahomey, senador e presidente do Conselho Geral das Bocas do Ródano, expôs com clareza os fenômenos de aparições observados, de 1º de janeiro de 1899 a 6 de setembro de 1900, numa quinta de Aliscamps, em Arles.[13]

Visitamos, depois disso, o cemitério romano de Aliscamps (Campos Elísios), onde se alinham, entre os teixos e terebintos, sob o límpido céu da Provença, extensas filas de sarcófagos

---

[12] *Annales des Sciences Psychiques*, mar./abr. 1901.
[13] Ver *Resenha do congresso espírita e espiritualista*, de 1900, p. 241 et. Seq. Leymarie, editor.

antigos. Vimos a sepultura de Acella, de quem se vai tratar, e lemos a seguinte inscrição: "A minha filha Acella, morta aos 17 anos, na própria noite de seu noivado". Foi numa quinta próxima, construída com pedras tumulares, que se fizeram as experiências do Dr. Bayol, em presença de eminentes personagens, como o prefeito das Bocas do Ródano, um general de divisão, o grande poeta Mistral, autor da *Mireille*, doutores em Medicina, advogados, etc.

Os fenômenos começaram pelos movimentos de pesada mesa, que girava na sala com grande ruído. Viram-se depois dois globos luminosos circunvagar e refletirem-se nos espelhos, o que demonstrava a sua perfeita objetividade. O Dr. Bayol teve a ideia de evocar o Espírito Acella, a jovem romana, morta no tempo dos Antoninos. Apareceu uma chama, que se dirigia para ele e lhe pousou na cabeça. Com ela conversou como se o fizesse com uma pessoa viva, e a chama se agitava de modo inteligente. Viam-se, às vezes, até dez a doze chamas, que pareciam inteligentes, e iluminavam toda a sala.

"Estaríamos alucinados?" – interroga o Dr. Bayol. – "Éramos, algumas vezes, dezenove, e creio que é difícil alucinar-se um velho colonial como eu."

Mais tarde, em Eyguières, Acella se tornou visível e deu uma impressão do rosto em parafina, não em côncavo, como costumam ser os moldes, mas em relevo. Produziram-se depois transportes, chuvas de pétalas de rosa, de folhas de figueira e louro, que enchiam os bolsos do narrador. Foi ditado um poema em idioma provençal, e desferidas melodias num bandolim, sem contato aparente.

Os médiuns, pessoas iletradas, obtiveram fenômenos de escrita em grego. Outras vezes se produziram efeitos físicos de grande energia. Um dos médiuns foi projetado no ar, a uma altura de quatro metros, e tornou a cair sobre a mesa, sem nada sofrer.

"Minhas experiências" – disse o Dr. Bayol em seu memorial[14] – "foram rodeadas de todas as precauções possíveis. Há na

---

[14] *Resenha do congresso espírita e espiritualista*, de 1900, p. 203 e 204.

França uma coisa formidável, um terrível monstro, que mete medo aos franceses, e que se chama ridículo. A um velho colonial como eu permitireis que o afronte. Estou convencido de que tenho razão e não devo ter medo de dizer a verdade".

No correr dos anos de 1901 e de 1902, toda a imprensa italiana se ocupou com uma série de sessões dadas pela médium Eusapia Palladino, no Círculo Minerva, em Gênova, em presença dos professores Lombroso, Morselli e F. Porro e do arguto escritor, conhecido em toda a península, extremamente cético a respeito do Espiritismo – A. Vassalo, diretor do *Secolo XIX*.

Dez sessões se efetuaram. Depois de numerosos fenômenos físicos e vários casos de levitação,[15] formaram-se aparições. Eis como o Sr. Vassalo as descreve em seu jornal.[16]

> O fenômeno dura tempo demasiado longo, para que possa ser atribuído à alucinação, parcial ou coletiva. Por cima da cabeça do médium mostra-se uma mão branca, num gesto de adeus a todos os assistentes. Para favorecer o desenvolvimento do fenômeno, apaga-se a luz, que impede a materialização. Sinto imediatamente atrás de mim o indubitável contato de uma pessoa; dois braços me cingem com ternura e afeto; duas mãozinhas débeis, proporcionadas à mão entrevista, me tomam a cabeça, acariciando-a. Uma luz misteriosa me ofusca, e recebo longos e repetidos beijos, ouvidos por todos. Só pode ser meu falecido filho Naldino; e agora que se acende uma vela, uma silhueta se desenha ao meu lado, representando exatamente as feições do meu menino falecido; essa forma permanece imóvel durante alguns segundos.
>
> A quarta sessão nos mostra o fenômeno em seu ponto culminante, Naldino aparece novamente. A princípio, um demorado abraço, durante o qual sinto a forma de um rapaz, franzina, comprimir-me; depois, uma multidão de beijos, percebidos por todos, e palavras em dialeto genovês – o médium só fala o napolitano – que todos ouvem e que têm um timbre particular sobre que não me posso

---

[15] 213 Ver cap. XVII desta obra.
[16] *Secolo XIX*, de Gênova, artigos de 21 a 25 jun. 1901.

enganar: "Papa mio! papa mio!" intercaladas de exclamação de alegria: "O Dio!".

De repente, o contato com o Invisível – tão visível, entretanto – parece querer desvanecer-se; como que se vai evaporar; depois, novo abraço. Recebo três longos e apaixonados beijos, e a voz me diz: "Estes são para mamãe". Convidam-nos a acender de novo a lâmpada elétrica; e, como se o Invisível nos quisesse dar uma derradeira prova de sua presença, um fenômeno, entrevisto em precedente sessão pelo professor Lombroso, se renova. Percebemos todos uma forma humana, de perfeita semelhança com a já designada, abrir os braços e cingir-me. Uma de suas mãos toma-me a mão direita, enquanto com a esquerda seguro sempre o médium, que, como todos pudemos certificar-nos, estava reclinado na cadeira, em hipnose profunda.

Em certas noites são múltiplas as aparições. Perfis indistintos, contornos de cabeças, sombras obscuras se desenham num fundo escassamente iluminado; fantasmas brancos, de extrema tenuidade, se mostram nos lugares escuros da sala. O professor Morselli reconhece a sombra de sua filhinha, morta aos 11 anos. O Sr. Bozzano sente uma delicada mão de mulher o apertar, o acariciar; dois braços lhe cingem o pescoço. Uma voz débil, mas distinta, pronuncia um nome que é para ele "uma revelação de Além-túmulo". Durante todo esse tempo, o médium, acordado, geme, dirige súplicas aos seus amigos invisíveis e pede-lhes socorro. Seus sofrimentos chegam a tal ponto, que é preciso suspender as experiências.

No curso de uma sessão dirigida pelo Dr. Morselli, professor de Psicologia na Universidade de Gênova, durante a qual o médium, depois de minucioso exame de suas vestes, foi amarrado em uma cama, cinco formas materializadas apareceram em meia-luz. A última era a de uma senhora, envolta em gaze transparente e trazendo nos braços uma criancinha. Outra figura de moça, cuja sombra projetada pela luz do gás se desenhava na parede, cumprimentou, e a sombra acompanhou todos os movimentos da forma.[17]

Travou-se viva polêmica entre vários jornais a respeito dessas experiências. Numa de suas réplicas, assim se exprimia o

---

[17] *Revue des Études Psychiques*, set. 1902, p. 264.

professor Morselli: "Declaro que o Espiritismo merece ser plenamente estudado pelos sábios, e por minha parte confesso que nele creio inteiramente. Eu, o materialista obstinado; eu, o intrépido diretor de um jornal intransigente e positivista, pretenderiam fazer-me passar por vítima de uma alucinação ou por neófito crédulo?!".

A. Vassalo, numa conferência feita posteriormente em Roma, na sede da Associação da Imprensa, perante um público de escol, sob a presidência do Sr. Luzzatti, antigo ministro, expôs desassombradamente todos os fatos a que acabamos de aludir e afirmou as aparições de seu filho falecido.

Cesare Lombroso, finalmente, o célebre professor da Universidade de Turim, em sua obra *Hipnotismo e espiritismo* (tradução Rossigneux), no capítulo intitulado "Fantasmas", depois de relatar as aparições obtidas, no curso das sessões de Eusapia, por Vassalo e Morselli, assim se exprime:

Obtive eu próprio uma bem comovedora aparição. Foi em Gênova, em 1882. Eusapia não parecia, nesse momento, em condições de produzir grande coisa. Pedindo-lhe ao começo que fizesse mover-se em plena luz um pesado tinteiro, objetou-me em tom vulgar: "De que servem tais ninharias? Eu sou capaz de te fazer ver tua mãe". Pouco depois, na meia obscuridade produzida por uma lâmpada de vidros encarnados, vi destacar-se da cortina uma silhueta, envolta num véu e de bem pequena estatura, como o era minha pobre mãe. Fez o giro completo em torno da mesa e se deteve ao pé de mim, sorrindo e me dirigindo palavras que os outros ouviam, mas que, em consequência da minha surdez, não pude perceber. Extremamente comovido, peço-lhe que repita, e ela diz: "Cesare, fio mio", o que, confesso, me surpreende bastante, porque de preferência costumava ela dizer, em sua língua veneziana: "mio fiol". Depois a meu pedido faz novamente o giro em torno da mesa e me envia um beijo. Nesse momento, Eusapia estava bem segura por seus dois vizinhos, e ao demais sua estatura excede pelo menos dez centímetros à de minha mãe, que me tornou a aparecer ainda, menos distinta, enviando-me beijos e me falando em mais oito sessões, nos anos de 1906 e 1907, em Milão e Turim.

Massaro, de Palermo, numa sessão, a 26 de novembro de 1906, em Milão, viu aparecer seu filho, que o tomou amplamente nos braços e o abraçou.

Já não têm conta as aparições e materializações de Espíritos. Têm sido observadas em todos os países por numerosos experimentadores. Em Tours, pude eu mesmo observar uma delas, que descrevi em meu livro *Cristianismo e espiritismo*, cap. IX. Nesse caso, a forma era vaga e sombria; não caminhava, deslizava pelo solo.

Às vezes, porém, as aparições revestem todos os caracteres de uma beleza ideal.

O Sr. Georg Larsen, numa carta dirigida ao Eko,[18] jornal que se publica na Suécia, descreve a aparição de sua esposa Ana, falecida a 24 de março de 1899. O fenômeno ocorreu em Berlim, em 1901, em presença da princesa Karadja, da condessa de Moltke e outras pessoas. Redigiu-se um memorial, que foi assinado por todos os assistentes. O Sr. Larsen assim se exprime:

Abriram-se as cortinas, deixando ver um espetáculo maravilhoso. Vimos elegante mulher, vestida de noiva, com longo véu branco que lhe caía da cabeça aos pés; mas que véu! Parecia tecido de aéreos raios luminosos. E como eu lhe reconhecia as feições! Há doze anos conduzia eu ao altar essa mulher, então viva. Como era formosa, com o véu sobre os cabelos negros e a estrela brilhante ao alto da cabeça! Ouvi em torno de mim exclamações de assombro. Meus olhos se conservaram fixos no adorado rosto, até que de novo cerraram-se as cortinas.

Um momento depois reapareceu ela, tal como costumava estar em nossa casa; caminhou até mais perto de mim, e levantou os braços estendidos. Os cabelos negros formavam a mais bela moldura em torno do seu rosto; estava com os braços nus e tinha o esbelto corpo envolto num longo vestido de um branco de neve. Fitava-me com seus olhos luminosos; eu tornava a encontrar sua atitude e sua expressão afetuosa; era minha mulher viva; mas a aparição total tinha uma beleza e uma harmonia singulares, um conjunto idealizado, que um ser da Terra não possui. Murmurei o seu nome. O sentimento de uma felicidade inexprimível se apoderava de mim. Ela deslizou

---

[18] Ver *Revue Scientifique et Morale du Spiritisme*, maio 1901, p. 672.

silenciosamente até ao gabinete, cujas cortinas se cerraram de novo. A sala estava bem iluminada: os assistentes se conservaram sérios e calmos; o médium permaneceu visível em sua poltrona, ao lado e durante todo o tempo da aparição.

A pedido do Sr. Larsen, foi-lhe deixado um pedaço do véu, que ele ainda conserva em seu poder. "Esse véu" – diz ele – "de um tecido delicado, foi urdido com matéria igual à que emprega o Espírito para se tornar visível, e que tem sua origem nas radiações do corpo humano."[19]

Em sua crítica aos fenômenos de aparição, recorrem quase sempre os detratores do Espiritismo à teoria da alucinação. É uma explicação, por igual, cômoda e vaga, e antes uma palavra oca, destinada a dissimular a penúria de argumentos de contraditores em apuros.

Conviria antes de tudo definir precisamente o que é alucinação. É – dizem – uma aberração dos sentidos. Mas o campo de nossas percepções é tão limitado; tantas coisas, na natureza, escapam aos nossos sentidos imperfeitos, que nunca sabemos, nos casos controvertidos, se não se trata de objetos percebidos por sentidos mais sutis, mais apurados que os da generalidade dos homens.

Como vimos, grande número de manifestações espíritas baseia-se em fotografias ou moldes, que, confirmando sua autenticidade, excluem toda possibilidade de ilusão.

Aksakof obtém fotografias de uma forma de Espírito materializada, que amparava nos braços o médium Eglinton, imerso em profundo transe e num estado de completo esgotamento. Todos os assistentes distinguiam a aparição, de elevada estatura, de barba preta e penetrante olhar.[20]

---

[19] N.E.: Ver *Trabalho dos mortos*, de Nogueira de Faria – médium Ana Prado, onde se encontram relatos de fenômenos surpreendentes – 3. ed., FEB, 1958.
[20] Ver *Animismo e espiritismo*, cap. I, IV, d.

Em casa da Sra. d'Espérance, em Gothenbourg, obtiveram-se, em 1897, numerosas fotografias de Espíritos, na presença de Aksakof e de outros experimentadores.[21]

Moldes de membros materializados são obtidos em parafina derretida, moldes sobre os quais é em seguida calcado um modelo em gesso, que reproduz em relevo, com perfeita exatidão, todas as particularidades anatômicas da forma.

As mãos, moldadas por esse processo, não têm relação alguma com as dos médiuns. O professor de Geologia Denton as obteve de tamanhos diferentes, desde mãos gigantescas que excediam as dimensões de mãos humanas, até dedos de criancinhas. Como medida de fiscalização, as experiências foram feitas numa caixa fechada à chave e lacrada, previamente examinada por todos os assistentes. A operação se efetuou em plena luz, estando o médium constantemente vigiado, e os relatórios foram assinados pelos experimentadores, entre os quais se achavam o professor Denton, o Dr. Gardner, o coronel Cope, Epes Sargent, literato bem conhecido nos Estados Unidos, etc.[22]

Idênticas experiências foram feitas com o mesmo resultado pelo Sr. Reimers, de Manchester, sendo a cabeça e as mãos do médium presas num saco de filó, amarrado na cintura. Os agentes ocultos são visíveis ao mesmo tempo que o médium. Numa sessão, foram simultaneamente vistos este último e quatro formas materializadas, tendo cada uma a fisionomia e sinais particulares que a distinguiam das outras figuras. Apresentavam-se aos assistentes, após a operação da moldagem, e os convidavam a retirar eles mesmos as luvas de parafina de suas mãos e os revestimentos de seus pés materializados.[23]

Toda fraude se torna ao demais impossível pelo fato de que, estando a parafina a ferver, não haveria mão humana que lhe pudesse tolerar a excessiva temperatura, como não poderia igualmente retirar-se do molde, sem quebrar-lhe ou,

[21] Ver E. d'Espérance, *No país das sombras*, Leymarie, editor, 1899, com fotografias dos Espíritos Leila, Iolanda, Y-An-Ali, etc,, p. 255, 310 e 312 e prefácio de Aksakof.
[22] Ver Aksakof, *Animismo e espiritismo*, cap. I, B, D.
[23] Ver Id. Ibid, cap. I, B, D, I.

pelo menos, estragar-lhe a forma, delicada e extremamente quebradiça, enquanto a mão oculta parece desmaterializar-se no próprio molde.

Ernesto Bozzano, em *Annales des Sciences Psychiques*, de janeiro de 1910, publicou um extrato das sessões organizadas em 1893 com a Sra. d'Espérance, na Noruega, por um grupo de eminentes experimentadores, as quais foram efetuadas na residência do professor E. Em quase todas se apresentou a forma de "Nefentes". Era uma forma de mulher extremamente bela; mostrava-se à luz ao mesmo tempo que a médium, "desperta e sentada com os outros experimentadores fora do gabinete". Materializava-se no meio do círculo e se prestava, ora a ser fotografada, ora a escrever no canhenho de um dos assistentes, ora a fornecer o modelo de sua própria mão, imergindo-a em parafina liquefeita.

Essa última experiência é assim narrada no "diário" da baronesa Peyron:

> O leve ruído produzido pela mão a mergulhar no líquido e ser dele retirada continuou durante alguns minutos, à sombra das cortinas, divisando nós completamente a forma branca inclinada para o recipiente. Depois, "Nefentes" retomou a atitude ereta e voltou-se para nós, olhando em torno, até que descobriu o Sr. E sentado atrás de um outro experimentador, que o ocultava em parte. Dirigiu-se então a ele, suspensa no ar, procurando entregar-lhe um objeto. "Ela me entrega um bocado de cera!", exclamou ele; mas logo reparando: "Não; é o modelo de sua mão, coberta até ao punho; a mão se dissolve no interior do molde". Enquanto ele falava ainda, a forma deslizava tranquilamente para o gabinete, deixando nas mãos do Sr. E o modelo de parafina. Tínhamos, finalmente, obtido o tão desejado fenômeno!
>
> Terminada a sessão, foi examinado o molde; exteriormente parecia informe, glanduloso, formado por um grande número de camadas superpostas de parafina, em cujo interior notava-se a impressão de todos os dedos de mão muitíssimo pequena. Fomos no dia seguinte levá-la a um modelador, a fim de nos dar a reprodução interior em gesso. Tal foi a sua estupefação e a de seus operários, que consideraram aquele objeto como obra de feiticeira. Executado

o trabalho, pudemos então admirar uma mão muito pequena e completa até ao punho; todas as minúcias das unhas e da pele apareciam: os dedos se apresentavam curvados por forma tal que seria impossível a uma mão humana ser retirada sem quebrar o modelo.

As materializações de membros fluídicos podem algumas vezes explicar-se por um desdobramento parcial do organismo do médium. Aksakof obteve um molde do pé da forma desdobrada de Eglinton.[24] Foi igualmente comprovado que as mãos exteriorizadas de Eusapia Palladino deixavam impressões, a distância, em substâncias plásticas.

Desses fatos acreditaram certas pessoas poder deduzir que as aparições de fantasmas não passam de desdobramentos do médium. Essa explicação é inadmissível, pois que, como vimos, em presença de um único médium puderam contar-se até cinco ou seis Espíritos materializados, de sexo diferente, alguns dos quais falavam línguas estranhas, desconhecidas do sensitivo. Mesmo nos casos de aparições insuladas, as formas materializadas diferem totalmente do médium, física e intelectualmente, como o demonstram os fatos citados.

Aksakof é induzido a crer que essas formas não são reproduções das que revestiam os Espíritos em sua existência terrestre; são antes formas de fantasia, criadas pelos agentes invisíveis, não encerrados nessas formas, senão animando-as exteriormente. Essa explicação, ao que ele diz, ter-lhe-ia sido ministrada pelos Espíritos.[25]

Essa teoria, se é aplicável aos fenômenos de Gothenbourg, não parece poder tornar-se extensiva a todos os casos de materialização, como, por exemplo, aos fatos observados por Crookes, Wallace, Gibier, etc. Se, com efeito, pode o Espírito criar formas materiais que são simples imagens, pode também condensar seu próprio invólucro, ao ponto de o tornar visível. O fenômeno das materializações se explica de modo racional e satisfatório pelo funcionamento do perispírito. Esse envoltório fluídico da alma é como um desenho, um esboço, em que a matéria se incorpora, se condensa, por sucessivas

[24] Aksakof, op. cit,, cap. I, B, D, II.
[25] Ver Aksakof, *Animismo e espiritismo,* cap. I, e prefácio do livro *No país das sombras.*

acumulações das moléculas, até chegar a reconstituir um organismo humano.

Assim, com Katie King o Espírito materializado é uma mulher terrestre; respira, seu coração palpita; possui todos os caracteres fisiológicos de uma pessoa viva.[26]

Nos moldes em parafina obtidos por Zöllner, Denton, etc., moldes ou impressões de mãos, pés e rostos, as menores particularidades da pele, dos ossos, dos tendões, são reproduzidas com rigorosa exatidão. Os Drs. Nichols e Friese obtiveram, na presença de doze testemunhas, o molde de mão de criança, com um sinal particular, uma ligeira deformidade, que permitiu a uma senhora presente reconhecer a mão de sua filha, morta aos cinco anos de idade.[27]

Não se deve concluir daí que o Espírito conserve, no Espaço, as imperfeições físicas ou as mutilações de seu corpo terrestre. Seria um erro crasso, pois que o testemunho unânime dos desencarnados nos indica exatamente o contrário. No Além, jamais o perispírito é mutilado ou enfermo: "Quando o Espírito se quer materializar – diz Gabriel Delanne[28] – é obrigado a pôr novamente em ação o mecanismo perispiritual, e este reconstitui o corpo com as modificações que sofrera durante a permanência do Espírito na Terra".

A seguinte narrativa, transmitida ao jornal *Facts* pelo Sr. James N. Sherman, de Rumfort (Rhode Island), e reproduzida em *Light* de 1885, página 235, é um novo exemplo da lei de conservação das formas evolvidas pelo ser durante a sua passagem aqui na Terra:

> Estive na minha mocidade, entre os anos de 1835 e 1839, nas ilhas do Pacífico, e havia indígenas a bordo do nosso navio, com os quais consegui aprender perfeitamente a língua que falavam. Mais tarde, a 23 de fevereiro de 1883, assisti a uma sessão em casa dos Srs. Allens, em Providência (Rhode Island), durante a qual se materializou um indígena das ilhas do Pacífico: reconheci-o pela

---

[26] Ver Florence Marryat, *O mundo dos espíritos*, 1894 e W. Crookes, *Recherches sur le Spiritualisme*, apêndice.

[27] Aksakof, *Animismo e espiritismo,* cap. I, B, D, II.

[28] *Revue Scientifique et Morale du Spiritisme*, abr. 1905.

descrição que fez da queda que dera da pavesada e da qual resultara contundir-se no joelho, que ficou inchado. Na aludida sessão, colocou ele a mão no joelho, que apresentava, materializado, a mesma tumefação e rijeza verificadas por ocasião do acidente e que não mais cessaram. A bordo lhe chamávamos Billie Marryat.

Os elementos das materializações – dissemos nós – são temporariamente hauridos nos médiuns e nas outras pessoas presentes. Suas radiações, seus eflúvios são condensados pela vontade dos Espíritos, ao começo em cúmulos luminosos; depois, à medida que aumenta a condensação, a forma se desenha, torna-se cada vez mais visível. Esse fenômeno é sempre, nas sessões, acompanhado de sensação de frio, indício de dispêndio de força e de calor – calor e luz não sendo, como se sabe, senão modos vibratórios, mais ou menos intensos, da mesma substância dinâmica, num período uniforme de tempo. Nos médiuns, esse dispêndio é considerável e se traduz por diferenças de peso muito sensíveis.

W. Crookes o verificou durante as materializações de Katie King, por meio de balanças munidas de aparelhos registradores. A esse respeito, diz a Sra. Florence Marryat:

> Vi Florence Cook numa balança especialmente fabricada pelo Sr. Crookes; ela estava atrás da cortina, enquanto o fiel permanecia à vista. Nessas condições, a médium, que pesava 80 libras no estado normal, acusava apenas 40, desde que a forma de Katie estivesse completamente materializada.

Nas experiências dos Srs. Armstrong e Reimers, feitas em Liverpool com o concurso dos médiuns *Miss* Wood e Fairlamb, procedeu-se à pesagem dos médiuns e das formas aparecidas, e pôde verificar-se que o peso perdido pelas sensitivas se encontrava nas aparições materializadas.[29]

Todo tempo que duram esses fenômenos os médiuns estão mergulhados em transe profundo, semelhante à morte. Seus

---
[29] Aksakof, *Animismo e espiritismo*, cap. I, IV, E.

corpos minguam, os vestidos flutuam em torno deles; a pele pende flácida e vazia e forma verdadeiros sacos.[30]

Os outros assistentes sofrem, também, diminuição de força e de vida. O Sr. Larsen o assinala, após a aparição de sua mulher:[31]

> Eu devo ter contribuído para sua materialização, porque no dia seguinte estava bastante fatigado; tinha os olhos amortecidos; os cabelos e a barba estavam um pouco embranquecidos. É evidente que muita força física me havia sido subtraída. Em poucos dias readquiriu meu corpo o vigor normal; mas isso indica que as pessoas dotadas de poderes mediúnicos devem tomar suas precauções.

A Sra. Florence Marryat descreve uma sessão que se efetuou, no dia 5 de setembro de 1884, em presença dos coronéis Stewart e Lean, do Sr. e da Sra. Russell-Davies, do Sr. Morgan e dela própria, na qual os Espíritos mostraram aos experimentadores de que modo procediam a fim de organizar para si mesmos um corpo a expensas do médium:[32]

> Eglinton se apresentou primeiramente entre nós, em transe completo. Entrou de costas, com os olhos fechados, a respiração ofegante, parecendo debater-se contra a força que o impeliu para o nosso lado. Uma vez aí, apoiou-se a uma cadeira, e vimos sair-lhe da ilharga esquerda uma espécie de vapor, massa nevoenta como fumo. Suas pernas estavam iluminadas por clarões que as percorriam em todos os sentidos. Um véu branco se lhe estendia pela cabeça e pelos ombros. A massa vaporosa ia aumentando sempre e a opressão do médium tornava-se mais intensa, enquanto mãos invisíveis, retirando-lhe da ilharga flocos de uma espécie de gaze muito leve, os acumulavam no solo, em camadas superpostas. Acompanhávamos com alvoroçada atenção os progressos desse trabalho. De repente se evaporou a massa e num abrir e fechar de olhos um Espírito perfeitamente formado apareceu ao lado de Eglinton. Ninguém poderia dizer donde nem como se achava ele entre nós; mas aí estava. Eglinton deixou-se cair no soalho.

[30] Ver condessa Wachtmeister, *Le Spiritisme et la Théosophie*, p. 19, Leymarie, editor.

[31] *Revue Scientifique et Morale du Spiritisme*, maio 1901, p. 672.

[32] *Revue Scientifique et Morale du Spiritisme*, ago. 1902, p. 97. Tradução do Dr. Dusart.

Não somente são feitas consideráveis absorções do corpo do médium, mas em certos casos é este submetido à desagregação total. Nas experiências dirigidas por Aksakof, em casa da Sra. d'Espérance, em Gothenburg, foi observada uma coisa surpreendente. O corpo do médium, isolado no gabinete escuro, havia parcialmente desaparecido. Inteiramente desagregada e tornada invisível por um poder misterioso, a parte inferior do corpo tinha servido às materializações dos Espíritos Ana, Iolanda e Leila. Seus elementos haviam sido transfundidos temporariamente nas formas espectrais, para em seguida voltarem a seu primitivo estado, tendo conservado todas as suas propriedades e sem que disso o médium tivesse tido consciência.[33]

Fato semelhante foi registrado pelo coronel Olcott, em condições de fiscalização que tornavam impossível toda fraude.[34]

A médium, Sra. Compton, a quem haviam tirado os brincos das orelhas, foi amarrada a uma cadeira com linha muito forte, enfiada nos orifícios dos lobos das orelhas e lacrada no espaldar da cadeira, sendo impresso no lacre o sinete pessoal do coronel. Além disso, a cadeira foi fixada ao soalho por meio de um barbante e cera. O Espírito de uma menina, Katie Brink, apareceu vestido de branco, circulou pela sala e tocou diversas pessoas. Convidado a deixar-se pesar, prestou-se de bom grado, e o peso verificado foi de 77 libras inglesas. Diz o coronel:

> Penetrei no gabinete enquanto a menina estava na sala; não encontrei a médium; a cadeira estava vazia; nela não havia nenhuma espécie de corpo. Convidei então a menina a tornar-se mais leve, se fosse possível, e subir de novo ao prato da balança. Seu peso havia baixado a 59 libras. Ela reapareceu ainda, dirigiu-se de um a outro espectador, sentou-se nos joelhos da Sra. Hardy, e finalmente prestou-se a uma derradeira pesagem, que não acusou mais de 52 libras, posto que, do começo ao fim dessas operações, nenhuma mudança se houvesse operado na aparência de sua forma corporal.
>
> Efetuada essa última pesagem, o Espírito não tornou a aparecer.

[33] E. d'Espérance, *No país das sombras*, Leymarie, editor.
[34] Ver coronel H. L. Olcott – *Gens de l'Autre Monde (People from the other world)*, 1875.

Penetrei com a lâmpada no gabinete, e encontrei a médium tal como a havia deixado no começo da sessão, amarrada com as linhas, e os sinetes de lacre intactos. Continuava sentada, com a cabeça encostada a uma das paredes; sua carne, pálida, tinha a frialdade do mármore; com as pupilas reviradas sob as pálpebras, a fronte coberta de suor frio, estava sem pulso e quase sem respiração. Permaneceu vinte minutos em catalepsia; depois a vida lhe foi pouco a pouco regressando ao corpo, e ela voltou ao seu estado normal; colocada no prato da balança, pesou 121 libras.

O venerável arcediago Colley, reitor de Stockton, efetuou, em 6 de outubro de 1905, uma conferência relativa ao Espiritismo, durante a semana do Congresso da Igreja Anglicana. Essa conferência fez grande rumor na Grã-Bretanha; foi em seguida publicada em brochura e acreditamos interessante reproduzir-lhe as seguintes passagens. Diz o autor:

Aqui está um extrato do meu diário, em 28 de dezembro de 1877.[35] Éramos cinco reunidos essa noite, com o nosso eminente médium,[36] em meu aposento, 22, Bernard Street, Russel Square, em Londres. A primeira forma humana anormal que nessa ocasião se apresentou foi a de um menino, igual à de qualquer menino inglês de seis ou sete anos. Essa pequena personalidade, à vista de todos (três bicos de gás estavam bem acesos), se reconstituiu diante de nós. Para não repetir tantas vezes, sem necessidade, como se produzem essas maravilhas, direi uma vez por todas que a aparição dos nossos amigos psíquicos se opera do seguinte modo: eu me conservava habitualmente ao lado do médium em transe, amparando-o com o braço esquerdo, de modo a assegurar-me as melhores condições possíveis para observar o que se passava.

Quando estávamos à espera de uma materialização (e, às vezes, de repente, sem nenhuma expectativa do grande parto psíquico), víamos elevar-se, como do tubo de uma caldeira, através da roupa preta do médium e um pouco abaixo do seu peito esquerdo, um filamento vaporoso, que permanecia apenas visível, estando a uma ou duas polegadas do corpo do nosso amigo.

---

[35] Ver *Annales des Sciences Psychiques*, jan. 1906.
[36] O médium era o Dr. Monck, pastor batista. Ver Gabriel Delanne, *Les Apparitions des Vivants et des Morts*, v.II, p. 521.

Então esse filamento constituía pouco a pouco uma espécie de névoa, donde saíam os nossos visitantes psíquicos, utilizando-se aparentemente desse vapor fluídico para formar as amplas roupagens brancas em que se envolviam... Ora, a forma infantil que, de modo anormal, se achava em nossa presença, vestida de branco e com lindos cabelos de ouro, tinha todas as atitudes próprias de uma criança humana; batia com as mãozinhas, aproximava a boca para que cada um de nós a beijasse, falava de modo infantil, com um leve receio. O médium, como um irmão mais velho, dava-lhe instruções e o mandava aqui, ali, levar tal e tal coisa de um lado a outro do aposento – o que o menino fazia com perfeita naturalidade. Aproximando-se, finalmente, com singeleza e confiança, do autor de sua existência momentânea, a graciosa criatura foi por ele reabsorvida e desapareceu, fundindo-se novamente no corpo do nosso amigo.

Tocou depois a vez ao egípcio, nosso amigo "o Mahedi". A cor da pele bronzeada que apresentava o nosso visitante anormal, que eu conseguia examinar de perto com uma lente, através da qual lhe observava minuciosamente a carne, as unhas, as mãos pequenas, os pés, os tornozelos, os braços e as pernas trigueiras e cabeludas, a mobilidade das feições, em que, de quando em quando, brilhava uma expressão de esfinge; o nariz pronunciado, o contorno geral do semblante, o perfil regular, os olhos negros, o olhar penetrante, não, contudo, sem benevolência, os cabelos pretos, lisos e compridos, com o bigode e a barba longos e caídos, os membros nervudos e musculosos; a grande estatura, de mais de dois metros, tudo isso me confirmava nas primeiras impressões de que "o Mahedi" era um oriental, mas não da Índia nem do Extremo Oriente. Meu exame, feito com todo o vagar nessa ocasião, foi muitas vezes repetido e eu tinha consciência da graça que o nosso amigo misterioso achava na minha importuna e minuciosa inspeção de sua robusta pessoa físico-psíquica.

Eu não retiraria, para ser arcebispo de Cantuária, uma única palavra do que escrevi acerca de coisas vistas e anotadas, pela primeira vez, há longos anos e sobre as quais meditei em silêncio durante 28 anos. Afirmo a veracidade dessas coisas, empenhando a minha palavra de *clergyman,* e por ela pus em risco a minha posição eclesiástica e o meu futuro profissional.

Às materializações de Espíritos se vêm algumas vezes acrescentar criações espontâneas de plantas, transportes de flores e frutos.

No dia 28 de junho de 1890, sob as vistas de Aksakof e do professor Boutlerov, em casa da Sra. d'Espérance, em Gothenburg, um lírio dourado, de seis pés de altura, foi produzido pelo Espírito Iolanda. Auxiliado pelos assistentes, esse Espírito depositou areia, terra e água num vaso, que em seguida cobriu com o véu. Este se elevou lentamente, impelido de modo contínuo por um objeto invisível; e quando Iolanda retirou o véu viu-se aparecer uma linda planta coberta de flores, que exalavam penetrante aroma. Esse lírio dourado se conservou durante uma semana inteira, depois do que desapareceu misteriosamente como tinha vindo.[37]

Acabamos de ver os Espíritos em ação, criando objetos e flores. Do mesmo modo operam eles na formação das vestes, costumes e adornos que aparecem. Esse fato, de se mostrarem vestidos os Espíritos, tem provocado numerosas objeções, a que cumpre responder.

Recordemos antes de tudo, como princípio, que a vontade e o pensamento são criadores. Nas aparições, já vimos como a matéria sutil obedece aos seus menores influxos. Um Espírito pode agir sobre os fluidos e emprestar-lhes formas e propriedades adequadas ao fim que tenha em vista.

No domínio terrestre, essa ação já se revela nas práticas do magnetismo. O homem, dotado do poder de curar, transmite, pela vontade, aos eflúvios que dele emanam e, por extensão, à água e a certos objetos materiais, como panos, metais, etc., propriedades curativas. Os fenômenos do hipnotismo e da sugestão nos mostram, sob outras formas, a aplicação dessa mesma lei. Mediante a sugestão provocam-se, no organismo de sensitivos adormecidos, profundas modificações: pode-se fazer aparecerem ou cicatrizarem chagas, estigmas, queimaduras, regular

---

[37] E. d'Espérance, *No país das sombras*, cap. XXIII, com prefácio de Aksakof.

certas funções como a circulação, as secreções, etc., que no estado normal escapam à ação da vontade.

Casos há em que um experimentador, sugerindo a sensitivos que um selo postal, uma obreira, são vesicatórios, transmite pelo pensamento a esses inofensivos objetos uma força que faz empolar a pele e produzir serosidades. Outros têm provocado, por simples ordem, hemorragias cutâneas.[38]

Pela sugestão, que é principalmente um ato da vontade, tem-se conseguido não somente impressionar sensitivos, mas também causar-lhes verdadeiras perturbações, pela ingestão de líquidos anódinos a que se emprestam propriedades nocivas. E assim que se provoca a embriaguez com água pura. Coisa mais grave: fizeram absorver a um sensitivo um veneno imaginário, e esse veneno, apesar de uma sugestão contrária quase imediata, produziu desordens fisiológicas que por muito tempo lhe arruinaram a saúde.

O memorial dessa experiência existe na Salpetrière.[39]

A esses exemplos cumpre acrescentar as impressões experimentadas por senhoras grávidas e que se traduzem, no corpo do filho em gestação, por taras, manchas, deformações. A influência dessas emoções às vezes é vivíssima. O Dr. Goudard, numa comunicação à Sociedade de Estudos Psíquicos de Marselha,[40] refere os seguintes fatos:

> Um homem culto, saído de uma de nossas grandes faculdades, foi operado em sua infância de um duplo polegar de cada lado, que simulava uma pata de crustáceo, e era atribuído ao fato de ter sido sua mãe, durante a gravidez, trincada fortemente na mão por uma lagosta. Uma outra mãe, vivamente impressionada à vista de uma carranca de fonte, deu à luz um feto cuja cabeça tinha uma estranha semelhança de feições com essa carranca.

Caso notável é o seguinte, publicado pelo Matin, de 1º de junho de 1906:

[38] Binet e Ferré, *O magnetismo animal*, p. 146 et. seq. Dr. Beaunis, *Le Somnambulisme Provoqué*, p. 24 et. seq. *Revue de l'Hypnotisme,* dez. 1887, p. 183; abr. 1899, p. 298; jun. 1890, p. 361. Ver também no *Progrès* Médical, 11 e 18 out. 1890, um caso de cianose por sugestão.

[39] Ver *Journal du Magnétisme*, 1901, p. 53.

[40] *Bulletin de la Société des Études Psychiques de Marseille*, jan. 1903, p. 17

Uma jovem de 19 anos, Luísa Mirbel, tinha vivido muito tempo com um rapaz chamado Pedro Chauvin, de 27 anos de idade, que tinha por alcunha "o Tatuado". Esse indivíduo era célebre numa zona especial de Montparnasse pela magnífica série de tatuagens que lhe ornava o corpo. Beberrão e violento, ele batia na amante, que não ousava abandoná-lo com receio de suas represálias. Há uns quinze meses Pedro Chauvin foi preso em consequência de um roubo e condenado a alguns meses de prisão. Luísa Mirbel aproveitou a ocasião para fugir. Definitivamente resolvida a abandonar a existência vergonhosa que tinha levado, veio morar no bairro Picpus, onde travou conhecimento com um honrado trabalhador, João Barrau, que a desposou. Um dia sentiu ela que não tardaria a ser mãe. Um receio, entretanto, a assaltava:

"Olha" – repetiu várias vezes ao marido –, "eu tenho medo de que aquele indivíduo, que abusou da inexperiência da minha mocidade, me venha um dia procurar. Tremo por ti e por mim, porque o 'Tatuado' é terrível em suas vinganças".

J. Barrau esforçava-se por tranquilizá-la, mas em vão. À noite, a pobre rapariga via em sonho o antigo amante e acordava trêmula. Uma manhã disse ao marido: "Tive esta noite um sonho horrível: parecia-me que o 'Tatuado' estava ali. Eu acabava de dar à luz o nosso filho; ele o apertava nos braços e lhe desenhava no corpo todas as tatuagens que em si próprio traz".

"Tu estás louca, minha pobre amiga" – respondeu João Barrau. – "Esquece esse homem. Eu te asseguro que ele jamais te tornará a achar". Ora, ontem de manhã, Luísa Mirbel deu à luz um filho. Imagine-se o espanto dos que a assistiam, vendo no corpo do menino largas manchas azuladas em que facilmente se reconheciam os traços de letras e desenhos. No peito notava-se distintamente um coração atravessado por um punhal.

Em seu livro *La Zone Frontière* (p. 131), o Sr. Sage refere dois outros fatos:

Na Itália, um morcego penetrou, esvoaçando, numa sala de baile e as senhoras investiram, procurando enxotá-lo com os lenços; o mísero animalejo deixou-se cair no ombro nu de uma das senhoras, que teve um desmaio. Pouco tempo depois essa senhora deu à luz uma filha, que trazia no ombro a imagem perfeita de um morcego com as asas estendidas. Nada faltava: os pêlos cinzentos, as garras, o focinho. A menina, depois de moça, nunca se pôde decotar. As impressões fracas, desde que perdurem, produzem o mesmo resultado que as súbitas e violentas. Liébault refere que um vinhateiro se assemelhava de modo surpreendente à estátua do santo padroeiro da sua aldeia, que existia na igreja. Durante a gravidez sua mãe havia tido a ideia fixa de que o filho se pareceria com o santo.

No ser humano, como se vê, o pensamento e a vontade influem profundamente sobre o organismo e suas funções. Em outros casos o nosso pensamento pode adquirir bastante intensidade para criar formas e imagens suscetíveis de impressionarem placas fotográficas. São numerosos os exemplos.

Aksakof refere[41] que no curso de experiências fotográficas feitas em companhia de Mumler e do doutor Child, em 1862, foi obtida numa placa a imagem de uma senhora que desejava ardentemente aparecer com uma guitarra nos braços. A forma desejada apareceu. Desde então se têm multiplicado esses casos. Nas experiências de sugestões, têm-se muitas vezes criado pelo pensamento objetos que para os sensitivos possuíam uma existência real e estavam submetidos às leis da óptica.

Não é mesmo necessário que a ação seja volitiva. Muitas vezes, como nos casos de gravidez que indicamos, o pensamento é inconsciente e nem por isso deixa de produzir efeitos muitíssimos sensíveis sobre a matéria. O mesmo se dá com os vivos exteriorizados que aparecem a distância. Basta que seu pensamento se tenha fixado numa pessoa ausente, para que sua forma surja diante dela, ao ponto de ser facilmente reconhecida.

Se o homem pode mentalmente operar tais efeitos, que resultado não obterá o Espírito, desembaraçado de todo obstáculo carnal, ele cujo pensamento vibra com intensidade superior?

Não somente o Espírito domina os elementos sutis da matéria, de modo a impressionar a placa sensível e os órgãos dos videntes, mas nas aparições visíveis para todos pode

---

[41] Aksakof, *Animismo e espiritismo*, cap. I.

ainda produzir, pela ação da vontade, as formas que revestiu e os trajos que usou na Terra e que lhe permitem fazer-se reconhecer. Esse é, com efeito, o objetivo essencial de tais manifestações. Daí as roupagens, vestes, armas e acessórios com que se apresentam as aparições.

Quase sempre esses acessórios não têm consistência nem duração. Pode, entretanto, acontecer que o Espírito concentre bastante força para condensar objetos, ao ponto de torná-los tangíveis e duradouros.

Certos Espíritos podem modificar seu aspecto, com facilidade prodigiosa, aos olhos mesmo dos assistentes. Aqui está um caso que parece dar razões à hipótese de Aksakof, há pouco mencionada.

Refere o Sr. Brakett[42] que numa sessão de materialização foi visto aparecer o Espírito de um moço alto, dizendo-se irmão de uma senhora que ele acompanhava. Esta observou que o não podia reconhecer, porque só o vira menino. Pouco a pouco a figura foi diminuindo de estatura, até atingir a do menino que a senhora conhecera.

Recordemos também o caso de Emma Hardinge, assinalado pelo Sr. Colville; apareceu ela com o vestido de rainha das fadas, que trouxera muito tempo antes, em sua mocidade.[43]

Nesse caso, como em alguns outros, a aparição parece não ser mais que simples imagem mental exteriorizada pelo Espírito, e que adquire bastante consistência material para ser percebida pelos sentidos.

Às vezes, os Espíritos imprimem às formas que revestem o mais encantador aspecto. Robert Dale Owen, ministro dos Estados Unidos na Corte de Nápoles, em sua obra *Região em litígio*,[44] descreve a aparição de uma forma feminina:

> Seu brilho era comparável ao da neve recente iluminada por um raio de Sol, fazendo lembrar o que foi escrito sobre vestes de luz do Cristo, na transfiguração, ou ainda o brilho do mármore de Paros, o mais puro e o mais recentemente talhado, sob o jato de viva luz.

---

[42] Gabriel Delanne, *A alma é imortal*, Terceira Parte, cap. IV

[43] *Revue Scientifique et Morale du Spiritisme*, dez. 1902, p. 383.

[44] Ibid., set. 1902, p. 187

Não se poderia comparar a manifestações deste gênero as aparições, ditas "miraculosas", de virgens, de anjos e santos, que aí então encontrariam explicação racional?

Em resumo, pode-se dizer que os modos de ação do Espírito variam conforme os recursos facultados pelo meio em que ele opera. Os fenômenos de materialização devem ser classificados em três ordens:

Primeiramente, os casos em que o duplo do médium exteriorizado é utilizado e modificado pelo Espírito, ao ponto de reproduzir o aspecto que tinha este na Terra e mesmo os traços de sua fisionomia. O Espírito, por efeito da vontade, se reflete, se fotografa na forma fluídica do médium; é uma transfiguração mais ou menos completa, conforme o poder do manifestante. Por isso, em certas experiências, a aparição terá alguma semelhança com o médium.

Noutros casos o Espírito, com o auxílio dos fluidos ambientes, cria formas temporárias que anima e dirige de fora, sem se incorporar, como o observou Aksakof.

Há, finalmente, casos, mais numerosos, em que o Espírito condensa e materializa seu próprio envoltório fluídico, de forma a reaparecer tal como era em sua precedente existência terrestre. A materialização seria assim uma espécie de reencarnação efêmera.

O papel dos médiuns difere essencialmente conforme os casos. Eles passam por todos os graus do transe, de acordo com as absorções que lhes devem ser feitas. Às vezes mesmo, como nas Sras. d'Espérance e Compton, a absorção é total. Noutras circunstâncias, os Espíritos trazem consigo quase todos os elementos da materialização, e o médium conserva-se acordado.

O estudo das forças em ação nesses fenômenos demonstra que eficazes auxiliares podem ser a música e os cantos. Suas vibrações harmônicas facilitam a combinação dos fluidos. Em sentido oposto, temos verificado a desfavorável influência da luz; esta produz um efeito dissolvente sobre os fluidos em elaboração e exige um emprego mais considerável de força psíquica. Daí a necessidade das sessões obscuras, pelo menos nas tentativas iniciais.

Todos quantos têm observado a natureza sabem que as ondas luminosas perturbam a formação do ser em seu período de gestação. Todo gérmen, todo corpo, seja vegetal, animal ou humano, deve constituir-se nas trevas, antes de aparecer à luz do dia. A fotografia é obrigada a operar em condições análogas. A reprodução das imagens requer a obscuridade. O mesmo acontece com as formações temporárias de Espíritos. É por isso que se adotam gabinetes escuros nas salas de experiências, para facilitar as materializações. Às vezes, contudo, quando a força é suficiente, vê-se o fenômeno produzir-se no meio dos assistentes.

Todas estas observações são cientificamente confirmadas pelas experiências da telegrafia sem fio. Segundo uma comunicação do Sr. Marconi à Sociedade Real de Londres, está verificado que as ondas hertzianas se transmitem melhor à noite que de dia; o nascer do Sol produz grande perturbação nas transmissões.

É assim que o Espiritismo, depois de nos ter franqueado o vasto império das forças e dos elementos invisíveis da natureza, nos inicia nas leis que regem as suas profundas harmonias. É pelo estudo de seus fenômenos que a matéria, em seu mais rarefeito estado, se nos apresenta como um mundo sutil em que se imprimem os pensamentos e os atos. Ao mesmo tempo ela constitui imenso reservatório de energias que, vindo acrescentar-se às energias psíquicas, engendram a força por excelência, o poder criador de que emana o universo em suas eternas e variáveis manifestações.

XXI - IDENTIDADE DOS ESPÍRITOS

Acabamos de ver, pela exposição dos fatos espíritas até agora feita, que a sobrevivência está amplamente demonstrada. Nenhuma outra teoria, a não ser a da intervenção dos sobreviventes, seria capaz de explicar o conjunto dos fenômenos, em suas variadas formas. Alfred Russel Wallace o disse: "O Espiritismo está tão bem demonstrado como a lei de gravitação". E William Crookes repetia: "O Espiritismo está cientificamente demonstrado".

No ponto de vista objetivo ou exterior, as provas fornecidas pelas aparições e materializações não podem deixar dúvida alguma. Entretanto, na ordem subjetiva, no que concerne aos outros modos de manifestações, subsiste uma dificuldade: a de obter dos Espíritos, em número suficiente para satisfazer aos céticos exigentes, provas de identidade, indicações precisas, que os assistentes não conheçam e que sejam mais tarde verificáveis.

Objeta-se muitas vezes aos espíritas que as comunicações, em seu conjunto, apresentam um caráter muito vago, são destituídas de indicações, revelações e fatos bem definidos, suscetíveis de estabelecer a identidade dos manifestantes e impor a convicção aos investigadores.

Certamente, não é possível desconhecer essas dificuldades. Elas são inerentes à própria natureza das coisas e às diferenças de meio. Os seres que vivem num mesmo plano, como os homens, dotados dos mesmos sentidos, comunicam entre si por diferentes processos, que são outros tantos elementos de certeza. Esses diferentes modos de observação e verificação utilizáveis no *habitat* humano, nós o quereríamos tornar extensivos ao domínio do Invisível, e exigimos de seus habitantes manifestações assaz probatórias, de uma precisão igual às que asseguram nossa convicção na ordem física. Ora, eis aí uma coisa quase irrealizável. O habitante do plano invisível tem que vencer muitos obstáculos para se comunicar. Os meios de que dispõe para nos esclarecer e persuadir são restritos. Ele não se pode manifestar sem médium, e o médium, inconscientemente, introduz quase sempre uma parte de si mesmo, de sua mentalidade, nas manifestações.

O Espírito que quer exprimir seu pensamento, servindo-se de órgãos estranhos, experimenta grande embaço. É semelhante a uma pessoa que conversasse conosco numa situação muito incômoda que a privasse do uso de suas faculdades. É preciso conduzir-se discretamente a seu respeito, formular perguntas claras, mostrar paciência, benevolência, a fim de obter satisfatórios resultados.

"Meus caros amigos" – dizia George Pelham a Hodeson e Hart[1] – "não me considereis com ânimo de críticos. Esforçar-nos por transmitir-vos nossos pensamentos, mediante o organismo de qualquer médium, é como se se tentasse subir pelo tronco de uma árvore oca".

Robert Hyslop o repete a seu filho:[2] "Todas as coisas se me apresentam com tanta clareza, e quando venho aqui para exprimi-las, James, não posso!".

O que diziam os Espíritos da Sra. Piper, afirmava-o o guia do nosso grupo nestes termos: "No Espaço, tudo é para nós amplo, desembaraçado, fácil. Quando baixamos à Terra tudo se restringe, se amesquinha".

Outra objeção é esta: na maior parte dos casos de identidade assinalados, os fatos e as provas, por meio dos quais se conseguiu determinar com certeza a personalidade dos manifestantes, são de natureza comum, às vezes mesmo trivial. Ora, a experiência tem demonstrado que é quase sempre impossível proceder de outro modo. As particularidades, consideradas frívolas e vulgares, parece constituírem precisamente os meios mais seguros para se firmar juízo acerca dos autores dos fenômenos.

---

[1] *Proceedings da S.P.R.*, reproduzidos por M. Sage, *Madame Piper*, p. 243 e 244.
[2] Ibid.

Com um fim de comparação e de crítica, o professor Hyslop fez estabelecer uma linha telegráfica entre dois dos edifícios da Universidade de Colômbia, distantes de 500 pés, e postou nas extremidades dois telegrafistas profissionais, por cujo intermédio deviam interlocutores desconhecidos comunicar entre si e estabelecer sua identidade. Nessas condições, que se aproximam das da mediunidade – valendo aí a distância pela diferença de plano –, o professor pôde reconhecer quanto era difícil determinar a identificação de modo probatório. O resultado não era alcançado na maioria das vezes senão mediante as mais vulgares indicações e narrativas sem importância. Os processos empregados pelos comunicantes, constatou o professor, eram absolutamente os mesmos que os adotados pelos Espíritos no caso da Sra. Piper. A propósito das dificuldades encontradas pelos operadores, o Sr. Hyslop assim se exprime:[3]

> Enquanto acompanhava essas experiências, chamou-me a atenção este fato, que se observa igualmente quando apenas dispomos de tempo limitado para comunicar telefonicamente: toda a atenção do comunicante está concentrada no desejo de escolher incidentes bem característicos para a identificação por um amigo particular. E como, para escolher, se vê urgido pelo tempo, em seu espírito se trava um conflito interessante e se produz uma confusão que toda gente pode por si mesma apreciar, desde que se aplique a fazer uma escolha de incidentes com esse fim. Podemos figurar-nos de igual modo a situação de um Espírito desencarnado que só dispõe de alguns minutos para dar sua comunicação, e que luta provavelmente com enormes dificuldades de que não podemos fazer ideia.

O professor Hyslop é um observador metódico e solerte. Cumpre, entretanto, assinalar que ele só estudou até agora um caso insulado – o da Sra. Piper. Uma experimentação de trinta anos tem demonstrado que, apesar das dificuldades inerentes a todo gênero de comunicação espírita, as provas de identidade são muito mais abundantes do que geralmente se acredita. Em certas reuniões privadas, são diariamente fornecidas

---

[3] Experiências do Sr. Hyslop. Tradução do Dr. Audais. *Revue Scientifique et Morale du Spiritisme*, dez.
1902, p. 271.

306 | NO INVISÍVEL

provas da sobrevivência dos que nos foram caros; essas provas, porém, são quase sempre guardadas cuidadosamente, porque se referem à vida íntima dos experimentadores. Entre estes muitos receiam as críticas mordazes e não querem expor às vistas de indiferentes, de céticos motejadores, os mais sagrados sentimentos, os segredos mais íntimos de seu coração.

Muitas vezes Espíritos desconhecidos dos assistentes vêm dar comunicações dirigidas a seus parentes ainda vivos, comunicações que contêm, não raro, característicos originais, provas irrefutáveis. Essas manifestações, todavia, permanecem ignoradas em sua maior parte. Receiam-se os sarcasmos de sábios superficiais e as prevenções do vulgo, sempre pronto a rejeitar fatos que ultrapassam a órbita dos conhecimentos usuais. Daí resulta que as mais peremptórias manifestações raramente chegam ao conhecimento do público.

No mesmo sentido se nota extrema circunspeção e grande reserva da parte dos Espíritos nas reuniões franqueadas a todos. É principalmente na intimidade da família e de alguns amigos que se reúnem os melhores elementos para obter boas provas. Facilitada pela afeição e harmonia dos pensamentos, a confiança recíproca se estabelece, e com ela a sinceridade e a sem-cerimônia. O Espírito encontra um conjunto de condições fluídicas que asseguram à transmissão de seu pensamento toda a clareza e precisão necessárias para levar a convicção ao ânimo dos assistentes.

Os Espíritos adiantados não se prestam de bom grado às nossas exigências. Suas comunicações têm sempre um caráter moral e impessoal; seu pensamento paira demasiado alto, acima das esferas da individualidade, para que lhes não seja penoso aí baixar. Em sua maioria, tiveram eles na Terra existências de sacrifícios, suportaram vidas dolorosas – condições de sua própria elevação; – não gostam, quando a si mesmo aludem, de ornar-se com seus títulos de merecimento. Para convencer os céticos, lançam mão de outros recursos; preferem introduzir em nossas sessões Espíritos mais atrasados, individualidades que na Terra conhecemos e que, por sua originalidade, seu modo de falar, de gesticular, de pensar, nos fornecerão provas satisfatórias. Assim procediam os guias do nosso grupo. Sob sua direção, Espíritos assaz vulgares, mas animados de boas intenções – uma vendedora de legumes, um ferreiro de aldeia, uma velhota tagarela – e outros ainda, falecidos parentes de membros do grupo, se manifestavam, no transe, por sinais característicos e inimitáveis. Sua identidade se estabelecia por considerável variedade de pormenores, de incidentes domésticos; mas, se eram de indubitável interesse para os que os haviam conhecido, seriam considerados fastidiosos por outros e assim não conviria serem trazidos a público. A multiplicidade e repetição cotidiana dos pequeninos fatos de que se compõe uma existência, ainda que impossíveis de reproduzir e analisar, terminam por impressionar os mais refratários e triunfar das mais tenazes dúvidas.

Todos os dias, em muitos grupos se obtém a revelação de nomes, datas, fatos desconhecidos e mais tarde comprovados; mas não podem ser divulgados, porque interessam pessoas ainda vivas, que não autorizam a sua publicação. Ou são ainda revelações científicas que se obtêm, como as que relata Aksakof, no caso do Sr. Barkas, de Newcastle,[4] revelações muito acima da capacidade do sensitivo.

Outras vezes são fenômenos de escrita, como os que assinalou o mesmo autor,[5] e assinaturas autênticas de personalidades que o médium jamais vira, como, por exemplo, as do cura Burnier e do síndico Chaumontet, falecidos havia meio século, obtidas por Hélène Smith, de Genebra.[6] O professor Flournoy as atribui a um despertar da subconsciência do sensitivo; é essa, como vimos, uma teoria *ad hoc,* muito cômoda para explicar o que se não compreende, ou não se quer compreender.

Em *Spirit Identity*, Stainton Moses relata notáveis fatos de identidade, obtidos pela mediunidade escrevente e baseados em testemunhos oficiais. Declara ele possuir uns cem casos desse gênero, e muitos experimentadores poderiam dizer outro tanto.[7]

Entre esses numerosos fenômenos, pode-se recordar o caso citado pelo *Light*, de 27 de maio de 1899, e devido à mediunidade de *Mrs.* Bessie Russell-Davies, de Londres:

---

[4] *Animismo e espiritismo*, cap. III, 4.
[5] Ibid., cap. IV, B, III.
[6] Ver G. Delanne, *Investigações sobre a mediunidade*, p. 463.
[7] Ver Stainton Moses, *Ensinos espiritualistas*, Introdução, e também Léon Denis, *O problema do ser, do destino e da dor*.

Um pedido de prova de identidade, formulado por pessoas ligadas à Corte de Viena, havia sido endereçado à aludida senhora. As perguntas estavam encerradas num invólucro lacrado, que se conservou intacto. Depois de alguns dias de investigações, o guia do médium voltou com cinco Espíritos estranhos, que ditaram uma resposta em idioma desconhecido. Feito o exame, reconheceram os interlocutores que essa língua era o antigo madgiar, idioma unicamente conhecido de alguns eruditos. A resposta estava assinada por cinco personagens que tinham vivido dois séculos antes e eram membros falecidos da família húngara que solicitara esse testemunho.

Aqui está outra prova, mais concludente em sua simplicidade que estrepitosas manifestações. É extraída da obra de Watson, publicista americano, *Spiritualism, its Phenomenes,* Nova Iorque, 1880:

Watson tinha recebido uma comunicação assinada por seu amigo o general Th. Rivers. Segundo o costume inglês, o general apusera as iniciais de seus nomes próprios, entre as quais figurava um W. Ora, nenhum de seus nomes próprios admitia essa inicial. Por escrúpulo e respeito à verdade, Watson havia publicado essa assinatura sem modificação, mas a contragosto e não sem alguma desconfiança, que certos pormenores da missiva parecia deverem dissipar. Os contraditores da imprensa não perderam a ocasião de denunciar o erro, metendo a ridículo esse Espírito que não sabia o próprio nome.

Entretanto, no curso de uma outra sessão o mesmo Espírito confirmou essa inicial, dizendo que sua mãe daria a explicação. A mãe, interrogada, respondeu que o W era um engano. Logo, porém interveio o Espírito e disse: "Minha mãe, tu achas singular que eu assine um W; lembra-te, entretanto, de que em minha infância eu era tão irritadiço que meus camaradas me chamavam Wasp (vespa). Esse apelido me ficou; eu o havia adotado e com ele assinava as minhas composições. Repara nos meus cadernos e nos meus livros escolares, e neles o encontrarás". Assim se fez e verificou-se a exatidão do que afirmava o Espírito.

A *Revista de Estudios Psicologicos,* de Barcelona (setembro de 1900), publicou o seguinte caso de identidade, acompanhado de documentos comprobatórios:

> Três pessoas, um professor de Matemática, um médico e um eclesiástico, haviam pedido ao Sr. Segundo Oliver, médium desinteressado, que lhes fornecesse provas da realidade dos Espíritos. Após um instante de recolhimento, a mão do médium traçou mecanicamente as seguintes palavras: "Isidora, 50 anos de idade, nascida em San Sebastian, morta a 31 de março de 1870; moléstia, cancro intestinal; deixou três filhos; seus nomes e idades: P., 15 anos; C., 19 anos; M., 25 anos".
>
> Por essas particularidades, um dos assistentes reconheceu o Espírito de sua mãe. Surpreso e comovido, perguntou se tinha alguns conselhos a dar-lhe. O médium retomou o lápis; com grande estupefação, porém, traçou, em alguns minutos, o retrato de uma pessoa que lhe era desconhecida e no qual foi reconhecido o Espírito Isidora, que em vida jamais consentira em se fotografar. O médium nunca aprendera desenho, nem sabia desenhar. Todos os assistentes declararam que não tinham pensado em coisa alguma do que fora escrito, e que não podia haver naquilo um fenômeno de sugestão nem de leitura do pensamento.

O Sr. G. Owen, a seu turno, escreveu o seguinte no *Spiritual Record:*

> Há doze anos, contava eu entre os meus amigos íntimos um senador pela Califórnia, muito conhecido, o Dr. Knox, que era diretor de um próspero banco em S. José. Pensador profundo, era também um decidido partidário das teorias materialistas. Sentindo aproximar-se o termo de sua vida, falava muitas vezes do sono eterno. Um dia lhe disse eu: "Façamos um pacto, doutor: se no Além vos sentirdes viver, fareis todo o possível por me comunicar estas simples palavras: Vivo ainda".
>
> Depois de sua morte, estando comigo um bom médium, limpei uma ardósia, coloquei-lhe um lápis e encostei na superfície inferior da mesa. Ouvimos o ranger do lápis escrevendo na ardósia e, ao retirá-la, encontramos escritas as seguintes linhas: "Amigo Owen, posto que tenha visto completamente desmoronadas as antigas

ideias que tinha sobre a vida futura, foi-me agradável, confesso-o, tal desilusão; sinto-me feliz, meu amigo, em lhe poder dizer: Vivo ainda. Sempre seu amigo W. Knox". A escrita era de tal modo igual à do desencarnado que foi reconhecida autêntica pelo pessoal do banco por ele dirigido em vida.

O fenômeno de incorporação tem dado lugar a múltiplos fatos de identidade. Nas manifestações de que é instrumento a Sra. Piper, pode-se comprovar a mais perfeita unidade de caráter e de consciência nos manifestantes, particularmente nos guias ou Espíritos fiscais. Nenhum deles pode ser considerado uma personalidade secundária do médium; todos se apresentam como individualidades autônomas dotadas de grande intensidade de vida, de sinceridade, de realidade.

Apesar das dificuldades que às vezes encontram para se manifestar, as personalidades de G. Pelham e Robert Hyslop são das mais rigorosamente delineadas e jamais se contradizem.[8]

O reitor da universidade, Oliver Lodge, nos volumes XII e XIII dos *Proceedings,* cita igualmente muitos casos de identidade por ele obtidos mediante a faculdade da Sra. Piper. Um de seus tios, falecido vinte anos antes, refere particularidades de sua mocidade, completamente esquecidas de todos os membros sobreviventes da família; não foi possível verificá-las senão depois de demorada e minuciosa pesquisa. Seu finado sogro lhe veio indicar pormenores exatos de sua morte, ocorrida em condições comovedoras, citando nomes e datas, inteiramente apagados da memória dele, Lodge. Menciona este ainda outros notáveis sinais de identidade provenientes de vários de seus amigos falecidos.

O reverendo Minot-Savage, célebre orador nos Estados Unidos, cita um comovente caso de identificação, que dispensa comentários.[9]

No curso de uma das sessões com a Sra. Piper, uma personalidade, que se afirmava seu filho, apresentou-se, não o tendo jamais o médium conhecido. "Papá" – disse com ansiedade –, "eu desejaria que, sem demora, fosse ao aposento

---

[8] Ver *Proceedings*, vols. XII a XV (resumido no cap. XIX, de *No invisível*).
[9] Ver *Annales des Sciences Psychiques*, 19 abr. 1910.

que eu ocupava. Abre a minha gaveta e, entre os numerosos papéis que lá estão, encontrarás um que te peço destruas imediatamente".

Posto que semelhante pedido parecesse inexplicável ao reverendo Minot-Savage, para quem seu filho nunca tivera segredo algum, encaminhou-se ele para a rua Joy, em Boston, último domicílio do finado, penetrou no aposento, que nunca vira, e deu busca na gaveta indicada. Nela realmente encontrou documentos de grande importância, que o moço por coisa alguma deste mundo tornaria públicos e que plenamente justificavam a ansiedade manifestada na comunicação.

O fato seguinte ocorreu em S. Paulo, Brasil, em casa do Dr. O. Vidigal, residente à Alameda do Triunfo n° 2, com sua família, composta de sua esposa, dois filhos e seu velho pai. Sua mãe falecera havia três meses:[10]

A médium era uma rapariguinha espanhola de 12 anos, aceita como criada, na repartição de emigrantes, no mesmo dia em que acabava de chegar. Não conhecia uma única palavra de português, nunca vira a cidade nem conhecia o doutor. Um amigo da família, o Dr. Eduardo Silva, que sabia espanhol, falando com a rapariguinha, teve espontaneamente a ideia de magnetizá-la. Deixou-se ela adormecer e, em alguns instantes, caiu em sonambulismo profundo.

Afirmava estar vendo seu pai, que lhe falava e lhe dizia estar presente uma senhora idosa, que tinha uma comunicação a transmitir ao Dr. Vidigal. Fez uma descrição tão exata dessa senhora que todos da família reconheceram a falecida mãe do doutor.

O Espírito ordenou a seu filho que fosse ao seu quarto (em que ninguém penetrara depois de sua desencarnação), que tirasse de um bolso cosido do vestido de seda preta, pendurado à parede, a quantia de 75$000 e a entregasse a seu marido.

O Dr. Vidigal, depois de refletir um momento, resolveu-se a penetrar, em companhia do Dr. Eduardo Silva e de outras testemunhas, no aposento, o que só com dificuldade conseguiu,

---

[10] Conforme *Annales des Sciences Psychiques*, 16 abr. 1910

por estar enferrujada a fechadura, e encontrou as coisas tais quais como lhe haviam sido indicadas.

Por sua vez, o Sr. Vicente Tornaro faz circunstanciada narrativa das singularidades do Espírito "Baccala",[11] cujas provas de identidade foram de fácil verificação.

Tinha sido ele corretor, quando na Terra, e era um homem jovial, muito espirituoso e dissoluto, qualidades que se refletiam nas comunicações, as quais, todavia, apresentavam, apesar disso, um real interesse no ponto de vista experimental, em razão das provas de identidade fornecidas sob as mais variadas formas e até mediante espontâneas materializações.

Entre as numerosas experiências feitas com "Baccala", o Sr. Vicente Tornaro cita a mais impressiva de todas:

> Meu pai estava gravemente enfermo de uma terrível afecção nos brônquios, em consequência de uma influenza maltratada. Tinham sido chamados os mais ilustres médicos; uns nos torturavam o coração com os mais funestos prognósticos; outros nos reanimavam com palavras de esperança. Todos os nossos cuidados se concentravam em conservar a vida ao nosso caro doente. Nessas dolorosas recordações, "Baccala" teve sua parte. Uma noite, em meio do desânimo que transtorna a alma e o cérebro, que nos faz pensar no impossível, para nos agarrarmos a toda esperança, pedimos a "Baccala" que nos pusesse em comunicação com o Espírito de um dos mais notáveis médicos e ele nos respondeu que ia satisfazer-nos imediatamente.
>
> Pouco depois, com efeito, as pancadas na mesinha nos advertiram de que se achava presente um Espírito. Perguntamos-lhes o nome; respondeu – "Domenico Cotugno!". "Baccala" fizera uma ótima escolha... Pedimos ao Espírito Cotugno que examinasse nosso pai e nos dissesse a verdade, fosse qual fosse. Meu pai estava dormindo; nesse momento acordou com um sentimento de desagrado e nos repreendeu, porque – dizia – o tínhamos sacudido; e ainda sonolento, sem reparar que ninguém estava ao seu lado, continuou a admoestar-nos de o estarmos virando e revirando, a bater-lhe no peito e nas costas. Evidentemente o exame

---

[11] Ver *Annales des Sciences Psychiques*, mai. 1910. Casos de identidade coligidos pelo Sr. Bozzano.

se efetuava, e nós tremíamos; o coração batia-nos com violência, tínhamos o espírito suspenso.

Logo em seguida a mesinha fez um leve movimento; interrogamos ansiosos; uma única, horrível palavra nos foi dita em resposta; "Resignação!". Compreendemos, e quinze dias depois cobria-se de luto a nossa casa.

O Dr. Moutin, presidente da Sociedade de Estudos dos Fenômenos Psíquicos, de Paris, comunicou à *Revue Scientifique et Morale* (março de 1901) o seguinte fato:

Em 1884, em Marselha, durante a epidemia de cólera, assisti aos últimos momentos de uma das minhas parentas, que foi acometida e sucumbiu dentro de algumas horas. Antes de morrer, quando já não podia mais falar, quis-me comunicar alguma coisa que eu acreditava importante, a julgar por seus gestos de desespero. Fazendo por fim um derradeiro esforço, ela articulou duas vezes a palavra "espelho", indicando com a mão o que ornava o fogão de seu quarto.

Seu marido, o Sr. J., estava no mar, nessa ocasião. Informado do ocorrido, em seu regresso, e sabendo que a falecida tinha a mania de esconder o dinheiro um pouco por toda parte, não vacilou em retirar a parte posterior do espelho, mas sem resultado.

Quinze meses mais tarde, assistindo eu a uma sessão em casa da Sra. Decius Deo, em Avignon, à Rua dos Mercadores, e estando essa senhora em transe, o Espírito da Sra. J. me dirigiu a palavra pela sua boca, chamando-me por meu nome próprio, que a médium certamente não conhecia: "Luciano, venho dizer-te o que te não pude fazer antes de minha morte. Eu tinha colocado um título de 500 francos da Companhia Fraissinet entre o vidro e o fundo do espelho que está na cozinha. Meu marido vai mudar-se e vender talvez esse objeto. É preciso preveni-lo disso". Escrevi ao Sr. J., que deu a necessária busca, e achou o título no lugar indicado.

Claire Galichou, em seu livro *Souveniers et Problèmes Spirites*, refere (p. 208 e seguintes) que, tendo evocado Beethoven, pediu ao Espírito que se havia manifestado em nome do célebre compositor que lhe desse uma prova de identidade, mencionando um fato de sua vida, que nem ela conhecesse nem a Srta. R., que assistia à sessão.

O Espírito respondeu: "De bom grado, e vem a ser: tive em minha vida um grande amor e uma profunda admiração: o amor pela Julita, a admiração por Napoleão. Sim, foi para ele que compus a Sinfonia heroica".

Essas duas asserções, que a Srta. R. e Clara G. ignoravam, são exatas. Beethoven não se casou, mas esteve muitos anos apaixonado pela Srta. Júlia de Guicciardi, que foi desposada, mais tarde, pelo conde de Gallenberg.

Sabe-se igualmente que Beethoven tinha sido um admirador do gênio de Napoleão I, em quem via um herói republicano *(sic)* dotado das maiores virtudes patrióticas. Quando começou a escrever a Sinfonia heróica, tencionava dar-lhe o nome de "Bonaparte" e pretendia dedicá-la ao primeiro cônsul da República Francesa. Tinha já escrito a dedicatória, quando um dia um de seus amigos lhe veio anunciar que o primeiro cônsul acabava de se fazer proclamar imperador. Beethoven exclamou: "Ora, pois! é um ambicioso como todos". E, em lugar da simples denominação "Bonaparte", pôs esta outra: *Sinfonia eroica per festeggiare il sovvenire dun grand'uomo.*

Certos Espíritos revelam sua identidade, no transe, por uma linguagem convencional, ignorada pelo médium.

Tal é o caso do Espírito Fourcade, que se comunicou com o abade Grimaud, em Avignon, em 1899, por meio de sinais usados entre os surdos-mudos, e segundo um método especial de que fora ele o inventor. A manifestação se produziu numa reunião em que só esse eclesiástico lhe podia compreender o sentido.[12]

Aksakof[13] cita um caso análogo. O Espírito de uma senhora falecida, e que em vida fora surda-muda, transmitiu a seu marido, por intermédio da médium Sra. Corwin, em Siracusa (USA), uma comunicação mediante o alfabeto dos surdos-mudos:

> Era comovedora a cena: o marido conservava-se diante da médium em transe e dirigia à sua mulher diversas perguntas, por sinais,

---

[12] Ver Segunda parte, cap. XIX deste livro.

[13] *Animismo e espiritismo*, cap. IV, B, I.

e esta respondia a seus pensamentos do mesmo modo, por intermédio de um organismo estranho, de uma pessoa que nunca praticara esse modo de conversação.

Outros Espíritos, vítimas de acidentes, guiam as pessoas incumbidas de lhes encontrar os corpos:

Tendo soçobrado um barco no porto de Argel, em 1895, um homem se afogou, e não foi possível encontrar-lhe o cadáver. O comandante Courmes, da Marinha de Guerra, assistindo naquela cidade a uma reunião espírita, fez evocar o afogado. Este acudiu à evocação, incorporou-se no médium, que mudou de voz e de atitude, e fez uma narração neste sentido:

> Quando o barco soçobrou, eu estava na escada e caí; minha perna direita enfiou por entre duas travessas, e o braço de alavanca do casco produziu-me uma fratura da perna que me impediu de desvencilhar-me. Hão de achar preso o meu corpo na escada, quando puserem de novo o barco a flutuar. É inútil procurá-lo noutro lugar.[14]

As manifestações pela mesa não são menos abundantes em provas de identidade.

O comandante P. Martin (aliás Dauvil), em suas *Notas antigas,*[15] refere o seguinte fato que sucedeu no seio da família de sua mulher, na Ilha da Reunião, em 1860, e é confirmado pelos testemunhos de vários de seus parentes:

> Uma tarde em que estava reunida a família B. em torno de uma mesa, no grande salão, em plena luz, um Espírito pediu que chamassem o Sr. A. B., avô de minha mulher (a qual ainda não era nascida), a fim de lhe transmitir uma comunicação muito importante. O Sr. A. B. fumava tranquilamente o seu cachimbo, no alpendre, pensando em suas plantações de cana, em sua usina, mais que nos Espíritos, nos quais não acreditava. Chamaram-no então pela segunda vez: "Vinde, meu querido pai, o Espírito vos espera, para dizer-vos seu nome". "Deixai-me em paz, meus filhos, com essas brincadeiras". Finalmente, uma de suas filhas lhe veio suplicar que

---

[14] Resenha do *IV congresso internacional de psicologia*, relatório do Dr. Pascal, p. 710, e *Lotus Bleu*, 27 out. 1900, p. 277.
[15] *Revue Spirite*, jan./fev. 1903.

fosse ao salão: "Vamos lá, minha filha, ver o que teu Espírito quer de mim". E o excelente homem se aproximou da mesa, que todos os seus filhos rodeavam, pronunciando a fórmula: "Espírito, que me queres tu?" e o invisível ditou: "Meu caro Sr. B., eu sou o capitão Régnier; sem dúvida vos recordais de que carreguei vossa última partida de açúcar no veleiro Bois Rouge, há dois meses. Fiz-me de vela no dia (exata, a data), estais lembrado?". "Sim. E então?". "Então, eu venho dizer-vos que o vosso veleiro Bois Rouge perdeu-se totalmente, com a tempestade, nos penhascos de Simon's Bay, no cabo da Boa Esperança, há dez dias. Eu e todos os meus marinheiros perecemos, e minha alma não podia abandonar as ondas, sobre as quais erra desde aquele dia. Não ficarei tranquilo senão depois de vos ter assegurado que fizemos tudo para salvar o navio; porém o mar estava muito encapelado, e a vontade de Deus se cumpriu." "Se o ato é verdadeiro" – respondeu o Sr. B. – "o que eu mais deploro é vossa morte e a de vossos bravos marinheiros; mas, até prova do contrário, permiti-me duvidar da veracidade dessa triste nova. Se vos afogastes, como podeis estar aí nessa mesa?". "É, entretanto, a verdade verdadeira" – ditou a mesa, agitando-a e batendo com um pé rapidamente –; "vereis, meu caro Sr. B., que o armador de Nantes vos confirmará a notícia daqui a quatro meses. Adeus, Sr. B.; passai bem, vós e vossa família." "E precisamente quatro meses depois desse dia" – dizia o querido avô de minha mulher, contando-me essa história 35 anos mais tarde – "porque nessa época não tínhamos como hoje os vapores que nos levam o correio duas vezes por mês, a perda do navio Bois Rouge, de sua equipagem e do bravo capitão Régnier, o que foi realmente confirmado". "Que responder a isso?" – acrescentava filosoficamente o querido velho.

Um outro caso demonstrativo é o seguinte, atestado por W. Stead e reproduzido pela *Revue Scientifique et Morale du Spiritisme,* de janeiro de 1904:

Durante semanas e meses antes da morte de meu irmão, conversávamos acerca da comunhão dos Espíritos, quando certa manhã me pediu ele que lhe desse um pedaço de louça de barro, pena e tinta. Fez duas marcas a tinta num dos lados e uma no outro; quebrando em seguida em dois o fragmento de barro, deu-me um dos pedaços, recomendando-me que o guardasse com cuidado, e pouco tempo depois escondeu o outro num lugar somente dele conhecido, na intenção de me vir, depois de sua morte, revelar onde se achava. Ser-me-ia então possível compará-lo, o que provaria ter ele vindo comunicar-se, sem minha intervenção mental, pois que eu ignoraria completamente o esconderijo do objeto.

Depois de sua morte e de várias tentativas, nos sentamos, eu e minha mãe, à mesa, e eis que, pelo alfabeto soletrado, nos foi dito: "O pedaço de louça está no meu escritório, debaixo do *tomahawk*. – Benja".16 Fui ao seu escritório, que depois de sua morte se conservava fechado, encontrei o fragmento em questão no lugar indicado e, aproximando-o do que havia guardado, vi que os dois se ajustavam perfeitamente e que os sinais com que tinham sido marcados concordavam em absoluto. Mencionarei ainda outro incidente, que tem para mim tanto valor como o pré-citado. Meu irmão escreveu-me uma carta, na mesma ocasião em que havia me dado o fragmento de louça, lacrou-a e me disse que não a lesse, porque me indicaria o seu conteúdo. Foi ainda pelo método alfabético de pancadas com a mesa que vim a saber o conteúdo da carta, que rezava assim: "Júlia! procede bem e sê feliz! – Benja". Era exato: as palavras da carta haviam sido essas. Não tenho a mínima hesitação em assinar meu nome, porque só digo a verdade.

A fotografia dos Espíritos fornece também seu contingente de provas. *La Revue,* de 15 de janeiro de 1909, publica um artigo do mesmo W. T. Stead, intitulado "Como comunicar com o Além?", do qual extraímos o trecho referente à fotografia dos Invisíveis e que assim começa:

Apresso-me a desarmar o leitor cético, admitindo que nada é mais fácil que adulterar fotografias desse gênero, e acrescentarei que um prestidigitador pode sempre enganar o observador desconfiado e vigilante. As chapas de que me sirvo, por mim mesmo reveladas, e que ao demais são marcadas, forneceriam alguma garantia contra as fraudes. Mas, se acredito na autenticidade das fotografias, é porque me firmo em argumentos demonstrativos de outra ordem. A prova de autenticidade da fotografia de um Espírito consiste antes de tudo na execução de um retrato perfeitamente

---

16 Abreviatura de Benjamim.

reconhecível da pessoa falecida por um fotógrafo que nada absolutamente saiba da existência dessa pessoa, e em seguida no fato de não ser percebida forma alguma visível pelo operador ou por quem assiste à operação.

Tais fotografias foram por mim obtidas, não uma, mais repetidas vezes. Referirei agora unicamente um caso. O fotógrafo, cuja mediunidade permite fotografar o invisível, é um artista já velho e sem instrução, particularidade que o impede mesmo, em dadas circunstâncias, de se ocupar vantajosamente de sua profissão. É clarividente e, como por minha parte o denominarei, clariaudiente. Durante a última guerra dos Boers, fui pedir-lhe uma sessão, curioso que estava de saber o que se iria passar. Mal me havia sentado em frente do bom velho, disse-me ele:

– Tive outro dia uma turra. Um velho Boer veio à minha oficina; trazia uma carabina e seu olhar feroz causou-me certo medo. Vai-te embora" – disse-lhe eu –; não gosto de armas de fogo. Ele se foi; mas voltou e está aí. Entrou com vossemecê; não traz a carabina e o seu olhar já não é tão feroz. Devo consentir que fique?

– Certamente – respondi. –Julga que o poderá fotografar?

– Não sei – disse o velho –; posso experimentar. Sentei-me diante da objetiva e o operador empunhou o obturador. Eu nada podia ver; antes, porém, da exposição da chapa, interroguei o fotógrafo:

– Pois que noutro dia lhe falou, poderá falar-lhe agora novamente?

– Decerto; ele está sempre atrás de vossemecê.

– Ele lhe responderá, se o interrogar?

– Não sei, vamos a ver.

– Pergunte-lhe o nome.

O fotógrafo teve o gesto de fazer uma pergunta mental e esperar a resposta. E logo: "Diz ele que se chama Piet Botha".

– Piet Botha? - objetei num tom de dúvida. – Conheço um Filipe, um Luís, um Cristiano e não sei quantos outros Botha, mas nunca ouvi falar desse Piet.

– Diz ele que é o seu nome – replicou, teimoso, o velho. Quando revelou a chapa, vi, de pé, atrás de mim, um rapagão barbado, que tanto poderia ser um boer como um mujick. Não disse uma palavra; mas esperei até o fim da guerra, e, quando chegou a Londres o general Botha, lhe enviei a fotografia por intermédio do Sr. Fischer, atual primeiro-ministro do Estado Livre de Orange. No dia seguinte, o Sr. Wessels, delegado de um outro estado, me veio procurar.

– Onde obteve o senhor esta fotografia que deu ao Sr. Fischer? Narrei-lhe fielmente como se achava ela em meu poder. Meneou a cabeça:

– Não creio em almas do outro mundo; mas diga-me seriamente de onde lhe veio esse retrato. Aquele homem jamais conheceu William Stead; nunca pisou a Inglaterra.

– Disse-lhe como o obtive – insisti eu – e o senhor pode não me acreditar; mas por que se mostra assim tão admirado?

– Porque aquele homem – disse – é um dos meus parentes; tenho em minha casa o seu retrato.

– Deveras! – exclamei. – É morto?

– Foi o primeiro comandante *boer* que morreu no cerco de Kimberley... Petrus Botha – acrescentou – mas, para abreviar, o apelidávamos Piet. Conservo essa fotografia em meu poder; foi igualmente identificada por outros delegados dos estados livres, que também haviam conhecido Piet Botha. Ora, isso não se explica pela telepatia nem cabe admitir a hipótese de fraude. Foi por mero acaso que pedi ao fotógrafo verificar se o Espírito daria o nome. Ninguém na Inglaterra, tanto quanto pude certificar-me, sabia que existia Piet Botha.

Em várias circunstâncias, Espíritos desencarnados contribuem com suas indicações para a regularização de seus negócios terrestres; ajudam a encontrar testamentos ocultos ou extraviados.

O Dr. Cyriax, em sua brochura *Die Lehre von Geist*, refere um fato desse gênero em que ele próprio tomou parte:

Um rapaz de Baltimore, chamado Robert, havia sido educado por uma de suas tias, rica celibatária, que, tendo-o adotado, fizera dar-lhe uma instrução completa e o havia casado. Tornara-se ele pai de família, quando sua tia faleceu subitamente. Não se lhe achou testamento algum, e os parentes interessados trataram de excluir da herança o Sr. Robert. Este, extremamente perplexo, foi, por indicação de alguns amigos, consultar a Sra. Morill, médium à test, que evocou a tia falecida. Revelou então esse Espírito que o testamento estava guardado num armário de roupa branca, no andar superior de sua vivenda. Só depois de remexido todo o conteúdo do armário foi que se achou, num pé de meia, o documento, tal qual fora descrito. Ninguém no mundo, e o médium menos que qualquer outra pessoa, podia ter a mínima ideia de tal esconderijo. Só o Espírito da tia estava no caso de fornecer aquela indicação.

Aksakof narra um fato semelhante, extraído dos *Proceedings,* volume XVI, página 353.

O príncipe de Sayn-Wittgenstein-Berlesbourg obteve do general barão de Korff, morto havia alguns meses, uma comunicação espontânea, na qual lhe determinava que revelasse à sua família o lugar em que, por inimizade, haviam escondido seu testamento. Esse documento foi descoberto no lugar indicado pelo Espírito.[17]

A esses fatos acrescentaremos dois casos de identidade, publicados por E. Bozzano em *Annales des Sciences Psychiques* de janeiro de 1910, e que consistiram em escritos ou conversações em línguas desconhecidas pelo médium.

Foi o primeiro referido por Myers em sua obra sobre a consciência subliminal *(Proceedings of the S.P.R., vol. IX, p. 124)* e é concernente a um episódio de escrita obtida por intermédio de uma menina de 11 anos, filha do Sr. Hugh Junor Brown, que o publicou em um livro intitulado *The Holy Truth.* Myers conheceu pessoalmente o narrador e assegura a sua perfeita sinceridade. Reproduzimos a narrativa deste último:

> Passeando um dia com minha mulher, encontrei um negro[18] que eu não conhecia, mas que logo me pareceu um cafre[19] em razão dos largos orifícios que apresentava nas orelhas, costume peculiar a essa raça. Depois de o ter interrogado em sua língua nativa, o que deveras o surpreendeu, convidei-o a vir a nossa casa e dei-lhe o meu endereço. Apresentou-se ele justamente na ocasião em que fazíamos experiências mediúnicas. Disse ao criado que o fizesse entrar e perguntei se não estariam presentes Espíritos amigos seus. A mão de minha filha escreveu, em resposta, vários nomes cafres, que eu li para o negro ouvir e que ele reconheceu, manifestando grande

---

[17] Aksakof – *Animismo e espiritismo*, cap. IV, B, V.

[18] N.E.: O termo, longe de se mostrar preconceituoso, enfatiza a inusitada situação, quando são reproduzidas palavras específicas do idioma dos habitantes de antiga região do sudeste da África.

[19] N.E.: Indivíduo pertencente à população africana banta, da região sudeste. Refere-se também ao idioma falado por eles.

espanto. Perguntei então se tais amigos tinham alguma coisa a dizer ao negro, e imediatamente foi escrita em língua cafre uma frase em que havia palavras que eu não conhecia. Li-as ao meu visitante, que lhes compreendeu perfeitamente a significação, exceto a de uma única palavra. Tentei fazê-lo entendê-la, pronunciando-a de vários modos, mas em vão. De repente, a mão de minha filha escreveu: "Dá um estalo com a língua". Recordei-me então de um característico estalo que deve habitualmente acompanhar a letra t, na língua cafre, e pronunciei a palavra conforme o método indicado, conseguindo fazer-me compreender imediatamente.

Cumpre-me assinalar que minha filha nenhuma palavra conhece do cafre, tendo nascido anos depois de haver eu deixado aquelas regiões. Perguntei quem era o sujeito que dirigia a mão de minha filha, sendo geralmente a arte de escrever ignorada pelos cafres, e me foi respondido que o ditado fora escrito por um velho amigo meu, H. S., a pedido dos amigos do negro. Ora, H. S., pessoa culta e de elevada posição, falava perfeitamente cafre, tendo residido longo tempo em Natal [África do Sul]. Nesse momento expliquei ao meu visitante que os Espíritos de seus amigos estavam presentes, o que pareceu aterrorizá-lo.

O Ministro Plenipotenciário da Sérvia em Londres, Sr. Chedo Mijatovich, escreveu o seguinte ao diretor do *Light* (1908, p. 136):

Não sou espírita, mas encontro-me precisamente no caminho que conduz a essa crença, e fui atraído graças a uma experiência pessoal, que julgo de meu dever tornar pública. (Aí refere ele que vários espíritas húngaros lhe escreveram, pedindo-lhe procurasse em Londres algum médium bem conceituado, a fim de, sendo possível, entrar em relação com um antigo soberano sérvio e consultá-lo sobre determinado assunto).

A esse tempo exatamente – continua ele – minha mulher tinha dito qualquer coisa acerca de um Sr. Vango, dotado, ao que se dizia, de notáveis faculdades mediúnicas, e por esse motivo o fui procurar. Nunca o tinha visto, e por seu lado ele também nunca me vira. Nenhuma razão há para supor-se que ele tinha informações a meu respeito, ou que as tivesse adivinhado. À minha pergunta: se me poderia pôr em relação com o Espírito em que eu pensava, respondeu modestamente que às vezes era bem-sucedido, mas nem sempre, e que outras muitas, ao contrário, se manifestavam Espíritos não desejados pelo consulente. Em seguida se declarou à minha disposição, recomendando-me que concentrasse o pensamento no Espírito que eu desejava. Em pouco adormeceu o Sr. Vango e começou: "Está aqui o Espírito de um moço que parece muito aflito por lhe falar, mas exprime-se numa língua que eu não conheço". O soberano sérvio, em quem havia eu concentrado o pensamento, falecera já maduro em 1850; eu estava, entretanto, curioso de saber quem seria esse jovem Espírito, aflito por me falar e pedi ao médium que repetisse ao menos uma palavra pronunciada pela entidade presente, ao que respondeu que o tentaria. Assim dizendo, inclinou o busto para a parede em frente da qual estava sentado, numa atitude de quem se põe a escutar. E logo, com extrema surpresa para mim, começou a pronunciar lentamente em língua sérvia: "Molim vas pihite moyoy materi Nataliyi da ye molim da mi oprosti", cuja tradução é: "Peço-te o favor de escrever a minha mãe Natália, dizendo-lhe que imploro seu perdão". Compreendi naturalmente que se tratava do Espírito do jovem rei Alexandre. Pedi então ao Sr. Vango que lhe descrevesse a aparência, e ele prontamente: "Oh! é horrível! Seu corpo está crivado como que de punhaladas!". Se tivesse outra prova sido necessária para me convencer da identidade do Espírito comunicante, bastava a que em seguida me deu o Sr. Vango, acrescentando: "O Espírito lhe deseja dizer que deplora amargamente não ter seguido o seu conselho relativo à ereção de um certo monumento e às medidas policiais a adotar no caso". Referia-se isso a um conselho confidencial que eu dera ao rei Alexandre, dois anos antes do seu assassínio, e que na ocasião ele julgava intempestivo, só podendo a seu ver ser posto em prática no começo de 1904. Devo acrescentar que o Sr. Vango repetiu as palavras sérvias de um modo bem característico, pronunciando-as sílaba por sílaba e começando pela última de cada palavra, para voltar à primeira.

Como dou publicidade ao fato no interesse da verdade, não hesito em assinar meu nome com a indicação de meu cargo.

(Assinado) Chedo Mijatovich, Ministro Plenipotenciário da Sérvia na Corte de Saint-James; 3, Redchiffe-gardens, S.W., Londres.

O Sr. D. Home, finalmente, em *Life and Mission* (p. 19 a 22), descreve um conjunto de provas de identidade, obtidas pela mediunidade vidente e auditiva, e que julgamos dever aqui reproduzir:[20]

Ao tempo em que eu habitava Springfield (Massachusetts), fui acometido de grave enfermidade que me reteve no leito por algum tempo. Um dia, no momento em que o médico acabava de retirar-se, veio um Espírito comunicar-se comigo e me transmitiu esta determinação: "Vais tomar esta tarde o trem para Hartford; trata-se de assunto importante para o progresso da causa. Não discutas; faze simplesmente o que te dizemos". Dei parte a minha família dessa estranha ordem e, apesar do meu estado de fraqueza, tomei o trem, ignorando completamente o que ia fazer e qual o fim de tal viagem.

Chegado a Hartford, fui abordado por um desconhecido, que me disse: "Não tive ocasião de o ver senão uma vez; entretanto, creio não estar enganado: é o Sr. Home, não é verdade?". Respondi afirmativamente, acrescentando que chegava a Hartford, sem saber absolutamente o que aí me queriam. "É extraordinário!" – replicou meu interlocutor – "eu vinha justamente tomar o trem para ir procurá-lo em Springfield". Explicou-me então que uma importante família, muito conhecida, me mandava convidar a visitá-la e lhe prestar meu concurso, nas investigações que desejava fazer em matéria de Espiritismo. O fim da viagem começava, portanto, a esboçar-se; mas o mistério continuava impenetrável quanto ao prosseguimento dessa aventura. Um agradável trajeto em carruagem nos conduziu rapidamente ao nosso destino. O dono da casa, Sr. Ward Cheney, estava justamente à porta e deu-me as boas-vindas, dizendo que o mais cedo que esperava ver-me chegar era o dia seguinte. Ao penetrar no vestíbulo, atraiu-me a atenção o frufru de pesado vestido de seda. Reparo em torno de mim e fico surpreendido de não ver pessoa alguma; logo, porém, passamos a um dos salões, e não me preocupei mais com o incidente.

Pouco depois divisei no vestíbulo uma senhora idosa, baixinha, trajando um vestido de seda encorpada, cinzenta, e que parecia muito atarefada. Aí estava a explicação do mistério: eu ouvira, sem

---

[20] Ver também: *Le Médium D. Home*, por Louis Gardy, p. 78 e 83.

a ver, essa pessoa que andava pela casa, de um para outro lado. Tendo-se feito novamente ouvir o frufru da seda, e tendo-o o Sr. Cheney notado ao mesmo tempo que eu, perguntou-me ele donde poderia provir esse ruído: "Oh!" – respondi – "é do vestido de seda cinzenta daquela senhora idosa que está ali no vestíbulo. Quem é essa pessoa?". A aparição era tão distinta, com efeito, que eu não tinha a menor dúvida de que aquela senhora fosse uma criatura de carne e osso.

Chegando nesse momento o resto da família, as apresentações impediram o Sr. Cheney de me responder, e nada mais pude saber na ocasião; tendo sido, entretanto, servido o jantar, admirei-me de não ver à mesa a senhora do vestido de seda: aguçou-me a curiosidade, e essa pessoa se tornou desde então para mim um motivo de preocupação. Quando a sociedade se retirou da sala de jantar, tornei a ouvir o roçagar do vestido de seda. Nada via, mas ouvi distintamente uma voz que dizia: "Estou aborrecida por terem colocado um esquife sobre o meu; não quero que lá o deixem ficar". Tendo comunicado ao chefe da família e a sua mulher o estranho recado, eles se olharam com surpresa; depois o Sr. Cheney, quebrando o silêncio, me disse que "reconhecia perfeitamente aquele vestido, sua cor e mesmo a qualidade da seda encorpada; mas," – acrescentou – "a referência ao esquife colocado sobre o seu é absurda e errônea." Essa resposta me deixou perplexo; não sabia já o que dizer, tanto mais que antes da comunicação eu não tinha suspeitado que se tratava de uma desencarnada; não conhecia mesmo as relações de família ou de amizade que pudessem existir entre a velha dama e os Cheney. Uma hora mais tarde, ouvi de repente a mesma voz, proferindo exatamente as mesmas palavras, mas acrescentando: "Além disso, Seth não tinha o direito de cortar essa árvore". Tendo dado parte desse novo recado ao Sr. Cheney, ficou ele muito apreensivo. "Há em tudo isso" – disse ele – "alguma coisa bastante singular; meu irmão Seth fez cortar uma árvore que encobria a vista da antiga vivenda, e nós sempre fomos de opinião que a pessoa que lhe diz estar falando não teria consentido em derribarem-na, se ainda pertencesse a este mundo. Quanto ao resto do aviso, não tem sequer sombra de bom senso."

Tendo-me sido dado, à noite, a mesma comunicação pela terceira vez, arrisquei-me de novo a um desmentido formal, no que se referia ao esquife. Estava sob impressão muito aflitiva, quando me retirei para o meu quarto. Nunca tinha eu recebido comunicação falsa, e mesmo admitindo a perfeita veracidade do fato arguido, semelhante insistência, da parte de um Espírito desencarnado, em não querer que fosse um outro esquife colocado sobre o seu, me parecia absolutamente ridícula.

Pela manhã expus ao Sr. Cheney a minha profunda contrariedade; ele me respondeu que "tinha também com isso grande pesar, mas que ia provar-me que esse Espírito – se era de fato quem pretendia ser – estava completamente enganado. Vamos ao jazigo de nossa família" – disse ele – "e verá que, ainda que o quiséssemos, não seria possível colocar um esquife em cima do seu."

Chegados ao cemitério, fomos procurar o coveiro que tinha a chave do jazigo. No momento em que ia abrir a porta, ele pareceu refletir e disse com um ar um tanto embaraçado, dirigindo-se ao Sr. Cheney: "Devo prevenir-vos, senhor, de que, como ficava justamente um pequeno espaço acima da Sra. ..., coloquei aí o pequenino féretro do filho de L... Creio que isso não tem importância, mas talvez eu tivesse feito melhor avisando-vos. É só desde ontem que ele aí está". Jamais esquecerei o olhar que me lançou o Sr. Cheney, ao exclamar, voltando-se para mim: "Meu Deus! É então verdade!".

Nessa mesma noite tivemos uma nova manifestação do Espírito, que nos veio dizer: "Não acreditem que eu ligue a mínima importância ao féretro colocado sobre o meu; poderiam aí empilhar uma pirâmide de esquifes, que isso me seria perfeitamente indiferente. Meu único fim era provar-lhes uma vez por todas minha identidade e os induzir à absoluta convicção de que sou sempre um ser vivo e dotado de razão, a mesma E... que sempre fui. Foi esse o único motivo que me levou a proceder como o fiz".

Todos os fatos que acabamos de citar estão revestidos das garantias necessárias para assegurar-lhes a autenticidade. Em sua maioria, foram eles submetidos à mais rigorosa crítica. Poderíamos ter acrescentado muitos outros casos semelhantes, se o plano deste trabalho não nos impusesse limites restritos.

Em resumo, podemos dizer que são copiosas as provas da sobrevivência para aqueles que as procuram de ânimo sincero, com inteligência e perseverança. Assim, a noção de imortalidade se destaca pouco a pouco das sombras acumuladas pelos sofismas e negações, e a alma humana se afirma em sua imperecedoura realidade.

O universo infinito vem a ser a nossa eterna pátria. A vasta perspectiva dos tempos se desdobra aos nossos olhos como o campo de nossos trabalhos, de nossos estudos e progressos. E quando esta certeza penetrou em nosso espírito, nenhum desfalecimento nem temor nos pode mais acabrunhar, nem nesta vida nem nas inúmeras vidas que nos compele o destino a percorrer.

TERCEIRA PARTE

GRANDEZAS E MISÉRIAS DA MEDIUNIDADE

XXII Prática e perigos da mediunidade
XXIII Hipóteses e objeções
XXIV Abusos da mediunidade
XXV O martirológio dos médiuns
XXVI A mediunidade gloriosa

XXII - PRÁTICA E PERIGOS DA MEDIUNIDADE

Depois de haverem longo tempo negado a realidade dos fenômenos espíritas, numerosos contraditores, subjugados pela evidência, mudaram agora de tática e afirmam: Sim, o Espiritismo é verdadeiro, mas a sua prática é inçada de perigos.

Não se pode contestar que o Espiritismo ofereça perigos aos imprudentes que, sem estudos prévios, sem preparo, sem método nem proteção eficaz, se entregam às investigações ocultas. Fazendo da experimentação um passatempo, uma frívola diversão, atraem os elementos inferiores do mundo invisível, de cujas influências fatalmente padecem.

Esses perigos, entretanto, têm sido muito exagerados. Em todas as coisas há precauções a adotar. A Física, a Química e a Medicina exigem também prolongados estudos, e o ignorante que pretendesse manipular substâncias químicas, explosivos ou tóxicos, poria em risco a saúde e a própria vida. Não há uma só coisa, conforme o uso que dela fizermos, que não seja boa ou má. É sempre injusto salientar o lado mau das práticas espíritas, sem assinalar os benefícios que delas resultam e que sobrepujam consideravelmente os abusos e as decepções.

Nenhum progresso, nenhuma descoberta se efetua sem perigos. Se ninguém tivesse, desde a origem dos tempos, ousado aventurar-se no oceano, porque a navegação é arriscada, que teria daí resultado? A humanidade, fragmentada em diversas famílias, permaneceria insulada nos continentes e teria perdido todo o proveito que aufere das viagens e permutas. O mundo invisível é também um vasto e profundo oceano semeado de escolhos, mas repleto de vida e de riqueza. Por trás da cortina do Além-túmulo se agitam multidões inúmeras que temos interesse em conhecer, porque são depositárias do segredo de nosso próprio futuro. Daí a necessidade de estudar, de explorar esse mundo invisível e ponderar-lhe as forças, os inexauríveis recursos que contém, recursos ao pé dos quais os da Terra parecerão, um dia, bem restritos.

Quando mesmo, ao demais, nos desinteressemos do mundo invisível, nem por isso ele se desinteressaria de nós. Sua ação sobre a humanidade é constante. Estamos submetidos às suas influências e sugestões. Querer ignorá-lo é conservar-se inerme diante desse mundo, ao passo que, por um estudo metódico, aprendemos a atrair as forças benfazejas, os socorros, as boas influências que ele encerra; aprendamos a repelir as más influências, a reagir contra elas pela vontade e pela prece. Tudo depende do modo de emprego e da direção dada às nossas forças mentais. E quantos males há, cuja origem nos escapa, porque queremos ignorar essas coisas, males que poderiam ser evitados por um estudo aprofundado e consciencioso do mundo invisível!

Em sua maior parte, os nevróticos e os alucinados, tratados sem êxito pela Medicina oficial, não são mais que obsessos, passíveis de ser curados pelas práticas espíritas e magnéticas.[1]

Deus colocou o homem no centro de um oceano de vida, de um reservatório inesgotável de forças e potência. E deu-lhe a inteligência, a razão, a consciência, para aprender a conhecer essas forças, a assenhorear-se delas e as utilizar. Por esse exercício constante é que a nós mesmos nos desenvolveremos e chegaremos a afirmar o nosso império sobre a natureza, o domínio do pensamento sobre a matéria, o reino do Espírito sobre o mundo.

É esse o mais elevado objetivo a que possamos consagrar a nossa vida. Em vez de afastar dele o homem, ensinemos-lhe a caminhar ao seu encontro, sem hesitação. Estudemos, escrutemos o universo em todos os seus aspectos, sob todas as suas formas.

Saber é o supremo bem, e todos os males provêm da ignorância.

---

[1] Th. Darei – *La Folie* (Leymarie, editor), passim.

As dificuldades da experimentação provêm de não possuírem os nossos contemporâneos, em geral, a mínima noção das leis psíquicas e serem, além disso, inaptos para estudá-las com proveito, em virtude das disposições de espírito resultantes de péssima educação. Por sua presunção e preconceitos, como por seu escarninho ceticismo, afastam de si as influências favoráveis.

Em tais condições, pode acontecer que a experimentação espírita reserve numerosas ciladas, muito mais, entretanto, aos médiuns que aos observadores. O médium é um ser nervoso, sensível, impressionável; tem necessidade de sentir-se envolto numa atmosfera de calma, de paz e benevolência, que só a presença dos Espíritos adiantados pode criar. A prolongada ação fluídica dos Espíritos inferiores lhe pode ser funesta, arruinar-lhe a saúde, provocando os fenômenos de obsessão e possessão de que falamos. São numerosos esses casos. Allan Kardec os estudou e assinalou.[2] Vários outros,[3] depois dele, foram relatados por Eugène Nus. Citaremos casos mais recentes. Alguns chegam até a loucura. Disso forjaram um argumento contra o Espiritismo. Tais desastres, contudo, resultam simplesmente da leviandade e falta de precaução dos experimentadores, e nada provam contra o princípio. Por toda a parte, no Espiritismo, ao lado do mal se encontra o remédio.

É necessário – dizíamos – adotar precauções na prática da mediunidade. As vias de comunicação que o Espiritismo facilita entre o nosso e o mundo oculto podem servir de veículos de invasão às almas perversas que flutuam em nossa atmosfera, se lhes não soubermos opor a resistência vigilante e firme. Muitas almas sensíveis e delicadas, encarnadas na Terra, têm sofrido em consequência de seu comércio com

---

[2] Allan Kardec – *O livro dos médiuns*, cap. XXIII.
[3] Ver em *choses de l'Autre Monde*, p. 139, o caso de Victor Hennequin que, obstinando-se era experimentar sozinho e sem fiscalização, enlouqueceu. Recebia, pela mesa, comunicações da "alma da Terra", e acreditou-se elevado à categoria de "vice-deus" do planeta. Nisso, porém, talvez não houvesse mais que um fenômeno de autossugestão inconsciente.

esses Espíritos maléficos, cujos desejos, apetites e remorsos os atraem constantemente para perto de nós.

As almas elevadas sabem, mediante seus conselhos, preservar-nos dos abusos, dos perigos, e nos guiar pelo caminho da sabedoria; mas sua proteção será ineficaz, se por nossa parte não fizermos esforços para nos melhorarmos. É destino do homem desenvolver suas forças, edificar ele próprio sua inteligência e sua consciência. É preciso que saibamos atingir um estado moral que nos ponha ao abrigo de toda agressão das individualidades inferiores. Sem isso, a presença de nossos guias será impotente para nos salvaguardar. Ao contrário, a luz que em torno de nós projetam atrairá os Espíritos do abismo, como a lâmpada acesa na amplidão da noite atrai as falenas, os pássaros noturnos, todos os alados habitantes da treva.

Falamos das obsessões; eis aqui alguns exemplos:

O médium Philippe Randone, diz *La Mediunità,* de Roma,[4] tem sido alvo das turbulências de um Espírito designado pelo nome de "uomo fui", que se tem esforçado várias vezes para esmagá-lo, durante a noite, sob uma pilha de móveis, que se diverte em transportar-lhe para o leito. Em plena sessão, ele se apodera violentamente de Randone e o atira ao chão, com risco de matá-lo. Até agora não foi possível desembaraçar o médium desse perigoso visitante.

Em compensação, a revista *Luz y Unión,* de Barcelona (dezembro de 1902), refere que uma infortunada mãe de família impelida ao crime contra seu marido e seus filhos por uma influência oculta, acometida de acesso de furor, para cuja debelação eram de todo impotentes os recursos ordinários, foi curada em dois meses, graças à evocação e conversão do Espírito obsessor, mediante a persuasão e a prece. É evidente que análogos resultados seriam obtidos, em muitos casos, com o emprego dos mesmos processos.

Em sua maioria, os Espíritos que intervêm nos fenômenos de casas mal-assombradas podem ser classificados entre os obsessores.

[4] Reproduzido pelo *Spiritualisme Moderne*, Paris, 1903, p. 57.

O espectro de Valence-en-Brie (1896), que derribava os móveis na casa do Sr. Lebègeu, e cuja voz se fazia ouvir desde a adega até o sótão, injuriando os moradores, expandindo-se em palavras grosseiras e expressões indecorosas, é o tipo desses manifestantes de baixa categoria.

O *Psychische Studien*, de agosto de 1891, registra um caso análogo. Uma pobre mulher de Goepingen, de 50 anos de idade, era perseguida pelo Espírito de seu marido que, depois de haver abandonado-a, ausentando-se para a América e levando consigo uma outra mulher, assassinara sua amante e suicidara-se em seguida. Produzia variados e contínuos ruídos em seu quarto e impedia de dormirem os locatários vizinhos. Ela o reconhecia pela voz; e teve que mudar várias vezes de domicílio, mas inutilmente. O Espírito a toda parte a acompanhava. Metia-se-lhe na cama durante a noite, empurrava-a com violência e puxava-lhe os cabelos. Uma ocasião queimou-a tão vivamente que durante quinze dias ela conservou o sinal da queimadura.

Esses maus Espíritos são em geral apenas ignorantes, e pode-se conduzi-los ao caminho do bem pela doçura, paciência e persuasão. Também há os perversos, endurecidos e mesmo perigosos, que não se conseguiria impunemente afrontar, sem se estar munido de vontade, de fé e de moralidade. Convém repeti-lo: a lei de analogia regula todas as coisas no domínio do Invisível. Nossos contatos com o mundo ultraterrestre variam ao infinito, conforme a natureza de nossos pensamentos e de nossos fluidos, que constituem poderosos ímãs para o bem como para o mal. Mediante ele podemos associar-nos ao que há de melhor ou de pior no Além e provocar em torno de nós as manifestações mais sublimes ou os mais repulsivos fenômenos.

Citemos ainda estes dois interessantes casos de obsessão, que foi possível fazer cessar mediante processos diferentes, vindo o primeiro publicado em *Annales des Sciences Psychiques*, de janeiro de 1911, e atestado pelo Sr. E. Magnin, professor da Escola de Magnetismo:

> Uma senhora, ainda bem moça, que padecia dores de cabeça de origem neurastênica, ao fim de alguns anos agravadas com uma

obsessão de suicídio, me veio consultar. O minucioso exame que lhe fiz revelou um organismo isento de qualquer tara física. O lado psíquico, ao contrário, deixava muito a desejar: emotivo, extravagante, facilmente sugestionável. A enferma acusava com insistência uma opressão "enlouquecedora", dizia ela, sobre a nuca, acompanhada de uma sensação de peso, às vezes intolerável, sobre os ombros; nessas ocasiões sentia-se assaltada de um desejo quase irresistível de matar-se.

No curso de longa conversa me revelou ela que, antes de seu casamento, havia sido requestada por um oficial, a quem amava, mas com quem fora, por motivos de família, impedida de casar-se. Falecera este algum tempo depois, e a breve trecho começara ela a sentir essa obsessão de acabar com a vida. Aí estava indubitavelmente a origem da ideia obsidente, e um tratamento psicoterápico se impunha. Várias sessões, em estado de vigília, foram efetuadas sem êxito; fiz em seguida experiências de reeducação na , hipnose "magnética", e não obtive melhora alguma; sugestões imperativas no sono "hipnótico" também não produziram resultado apreciável. Decidi então, com anuência do marido, mas sem que o soubesse a enferma, operar com o concurso de uma médium que eu vinha estudando há algum tempo e que muitas vezes me surpreendera pela nitidez das percepções visuais que o seu dom de "vidente" lhe permitia descrever-me. Não revelei à médium uma única palavra da situação e só depois de haver adormecido a enferma é que a coloquei em sua presença. Preveni-a de que lhe não faria pergunta alguma e que, por sua parte, se limitasse a descrever o mais simplesmente possível o que seu dom de vista psíquica lhe deixasse ver. Tão depressa foi trazida ao pé da enferma, adormecida numa poltrona, descreveu um ser que parecia "agarrado" às costas da paciente. Sem deixar perceber minha surpresa, nem o interesse que despertava essa observação, pedi à vidente que indicasse a posição exata do ser invisível para mim. "Com a mão direita" – disse – "ele aperta a nuca da enferma e com a esquerda oculta a própria fronte." Depois, ofegante de comoção, exclamou: "E um suicida e quer que ela se lhe vá reunir". A meu pedido, lhe descreveu a fisionomia, a expressão: "um olhar singularmente estranho". Pudemos em seguida, eu e a médium, conversar com essa personalidade. Longa e extenuante foi a minha conversação, até que vim a experimentar um alívio e uma verdadeira satisfação, ao saber pela médium que os meus argumentos haviam convencido o "espectro" e que, tocado de compaixão, ele prometia deixar sua vítima em paz. Só duas horas depois de ter retirado a médium, foi que despertei a paciente. Não lhe revelei uma única palavra da experiência, que ela devia sempre ignorar. Ao despedir-se, me disse ela: "Sinto-me hoje muito aliviada". Dois dias depois voltou a visitar-me: a transformação era visível. Sua atitude, expressão fisionômica, maneira de vestir-se, tudo denotava completa mudança em seus pensamentos; suas naturais disposições, sua jovialidade e gosto pelas artes lhe tinham voltado de um dia para o outro. Seu marido já não a reconhecia, tão brusca fora a transição. Depois da aludida experiência, a jovem senhora não mais tornou a sentir a opressão na nuca, nem a sensação física de peso nos ombros, nem a obsessão psíquica de suicídio; sua saúde, em todos os sentidos, se tornou até hoje perfeita. Uma discreta pesquisa me permitiu saber que o oficial em questão não morrera de febre infecciosa, como o acreditavam as pessoas de suas relações, mas que ele se tinha realmente suicidado com um tiro na cabeça. Também o seu caráter ficou averiguado ser exatamente o que descrevera a médium, bem como o olhar "estranho", explicado por um ligeiro estrabismo.

O segundo caso vem relatado na *Luce e Ombra,* de janeiro de 1905. Enrico Carreras descreveu os conflitos de influência que se produziam, nas sessões realizadas com o médium Politi, entre o Espírito protetor Ramuzzi e o obsessor Spavento:

Recordo-me de que uma noite, na obscuridade, achando-me sozinho diante dele, porque os meus companheiros de estudo tinham fugido apavorados, tive que empenhar-me com o médium, de quem Spavento se havia apoderado, numa tremenda luta, em que me foi preciso recorrer a toda a força de que sou dotado.

Julguei conveniente expor tudo isso, a fim de mostrar aos neófitos que o Espiritismo não é coisa que se deve tomar como brincadeira, pois que pode acarretar consequência, e também para mostrar aos professores da escola materialista quão longe estão das inofensivas personalidades secundárias de Binet e P. Janet essas personalidades mediúnicas ou, por melhor dizer, espíritas, capazes de produzir os supracitados fenômenos, sem contar vários outros, como os repetidos urros de animais que até na rua se ouviam, os assobios agudos, as violentas explosões que se produziam numa casa desabitada, vizinha da nossa, etc. O sistema que havíamos adotado e a assídua colaboração de Ramuzzi, que se esforçava de um lado por acalmar Spavento e, do outro, por sustentar o médium, materializando-se à noite em seu quarto e dirigindo-lhe palavras de conforto, ao mesmo tempo que lhe transfundia bons fluidos, essa tática – dizemos – não tardou a fazer sentir seus benéficos efeitos. Pouco a pouco, Spavento se modificou, assim no moral como em suas manifestações físicas. Abandonou o primeiro nome para adotar o de César e veio a tornar-se, com grande satisfação para nós, um dos nossos mais caros amigos invisíveis. Talvez em breve tenha ocasião de expor aos meus assíduos leitores como se efetuou essa gradual transformação, que nos custou grande trabalho, mas de que fomos sobejamente recompensados.

Por que meios se pode preservar os médiuns dos perigos da obsessão? Rodeando-os de uma atmosfera de paz, de recolhimento, de sossego moral, formando, pela união das vontades, um anteparo de forças magnéticas. O médium deve sentir-se amparado, protegido. É preciso também não descurar da prece. Os pensamentos são forças, tanto mais poderosas quanto mais puros e elevados sejam eles. A prece, auxiliada pela união das vontades, opõe uma barreira fluídica inacessível às entidades inferiores.

Deve, por seu lado, o médium resistir pela vontade e pelo pensamento a toda tentativa de obsessão e libertar-se das dominações suspeitas. É mais fácil prevenir que remediar. Os casos de incorporação, principalmente, oferecem perigos. Por isso, não deve o médium abandonar seu organismo a outras entidades senão debaixo da vigilância e fiscalização de um guia esclarecido.

É um erro e um abuso acreditar que o médium deve ser sempre passivo e, sem reserva, submisso às influências ambientes. O médium não é um paciente servil como os sensitivos enfermos que servem às experiências de certos especialistas;

é um missionário, cuja consciência e vontade jamais se devem aniquilar, mas exercer-se judiciosamente, e só curvar-se, convictamente e após exame, à direção oculta que lhe é impressa. Quando as influências que sente lhe parecem más e degenerem em obsessão, não deve ele hesitar em mudar de meio, ou pelo menos afastar de si as pessoas que se lhe afigure favorecerem ou atraírem essas influências.

Afastando-se as causas de obsessão, evitam-se ao mesmo tempo as causas de enfermidade. São os fluidos impuros que alteram a saúde dos médiuns e lhes perturbam e deprimem as mais belas faculdades.

Nos fenômenos de incorporação muitas vezes se abusa do magnetismo humano. Só a ação de um homem de bem, de hábitos puros e elevados pensamentos, pode ser admitida. O médium, em todas as circunstâncias, deve colocar-se sob a proteção de seu guia espiritual, que, se for elevado e enérgico, lhe saberá desviar todos os elementos de perturbação, todos os motivos de sofrimento. Em suma, os maus Espíritos só exercem em nós a influência que lhes quisermos permitir. Quando há retidão de senso moral, pureza de coração, vontade firme, são infrutíferos seus esforços.

Uma eficaz proteção oculta, vínhamos dizendo, é a condição essencial de bom êxito no domínio da experimentação. Nenhum grupo a poderia dispensar. Os fatos o demonstram, e todos os médiuns que têm publicado suas impressões e memórias o atestam.

A Sra. d'Espérance dedica seu livro, *No país das sombras*, a seu guia espiritual, Hummur Stafford, "cuja mão diretora, posto que invisível, e cujos sábios conselhos foram seu amparo e conforto na travessia da vida".

A Sra. Piper, enfraquecida e adoentada pelo contato de Espíritos inferiores, deveu seu restabelecimento e a boa direção de seus trabalhos à enérgica e vigorosa intervenção dos Espíritos Imperator, Doctor e Rector. Graças a eles, de confusas que eram, as experiências dentro em pouco se tornaram claras, convincentes.[5]

Poder-se-iam multiplicar esses exemplos. Allan Kardec constituiu a Doutrina Espírita com o auxílio de revelações emanadas de Espíritos superiores. Em nosso próprio grupo, graças à influência de Espíritos elevados, foi que obtivemos os magníficos fenômenos relatados páginas atrás. É verdade que só ao cabo de longo período de expectação e de perseverantes ensaios é que nos foi prestado esse concurso. Nessa ordem de fatos obtém-se o que se soube merecer por uma paciência posta por muito tempo à prova e por um desinteresse absoluto. Na experimentação achamo-nos em presença de inteligências estranhas, de vontades que muitas vezes sobrepujam a nossa e pouco se inquietam com as nossas exigências e caprichos. Elas perscrutam o nosso foro íntimo, e é preciso saber captar-lhes a confiança e o amparo, mediante intenções puras e generosos propósitos.

Essa proteção que pairava sobre o nosso grupo e persistiu por todo o tempo em que nos conservamos unidos de coração e em pensamento, eu a tinha encontrado sempre em meu tirocínio de conferencista, e sinto-me feliz em poder testemunhá-la aqui, agradecendo-a, de ânimo sincero e comovido, a esses nobres amigos do Espaço, cuja assistência me tem sido tão preciosa nos momentos arriscados.

Mais de uma vez, na ocasião de comparecer perante um público descrente, quase hostil, e de ter que explanar, diante de salas repletas, assuntos assaz controvertidos, encontrei-me nas mais desfavoráveis condições físicas. E de cada vez também, a meu instante apelo, vinham os meus guias invisíveis restituir-me as forças indispensáveis ao desempenho de minha tarefa.

Vê-se quão necessária é nas sessões a proteção de um guia sério, valoroso, esclarecido. Quando o guia é inapto, as dificuldades se multiplicam e são numerosas as mistificações. Os Espíritos levianos se imiscuem com os Espíritos de nossa família, cujas manifestações perturbam. Intrusos, de uma imprudência revoltante, se insinuam às vezes nas reuniões. O

---

[5] Ver Segunda parte, cap. XIX deste livro.

professor Falcomer, em sua *Phénoménographie*,[6] refere um caso em que "a manifestações piedosas sucedeu uma linguagem ímpia ditada por pancadas da mesa, e dirigida a três senhoras e uma mocinha. Era a linguagem de um ser impudente e abjeto, e é impossível transcrevê-la". A mãe do professor e os outros assistentes ficaram seriamente aborrecidos.

A ação de Espíritos malignos e de baixa classe não lança unicamente o ridículo e o descrédito sobre a nossa causa, dela afastando as pessoas escrupulosas e bem educadas; impele ainda os médiuns à fraude e, com o tempo, vem a corromper-lhes o senso e a dignidade. Começam os assistentes rindo e divertindo-se com as respostas cínicas ou extravagantes desses Espíritos; mas, por isso mesmo, os atraem; e esses incômodos visitantes, a quem assim se abre a porta, voltam, agarram-se aos que lhes dão acesso e tornam-se não raro temíveis obsessores.

O Espiritismo, por uns considerado perigoso, por outros vulgar e pueril, quase só é conhecido pelo povo sob seus aspectos inferiores. São os fenômenos mais materiais que atraem de preferência a atenção e provocam apreciações desfavoráveis. Esse estado de coisas é devido aos teoristas e vulgarizadores que, vendo no Espiritismo uma ciência puramente experimental, descuram ou repelem por sistema, algumas vezes com desdém, os meios de cultivo e elevação mental indispensáveis para se produzirem manifestações verdadeiramente imponentes entre o estado físico vibratório dos experimentadores e o dos Espíritos suscetíveis de produzir fenômenos de grande alcance, e nada se faz no sentido de atenuar essas diferenças. Daí a penúria de altas manifestações comparadas à abundância dos fenômenos vulgares.

O resultado é que inúmeros críticos, só conhecendo da questão a sua face terra a terra, constantemente nos acusam de edificar sobre fatos mesquinhos uma doutrina demasiado ampla. Mais familiarizados com o aspecto transcendental do

---

[6] Reproduzido pela *Revue Spirite*, 1902, p. 747.

Espiritismo, reconheceriam que nada exageramos; ao contrário, nos temos conservado abaixo da verdade.

Quaisquer que sejam as relutâncias dos teóricos positivistas e "antimísticos", forçoso será ter em conta as indicações dos homens competentes, sem o que viria a fazer-se do Espiritismo mísera ciência, cheia de obscuridades e perigosa para os investigadores.

O amor da ciência não basta, disse o professor Falcomer, é indispensável a ciência do amor. Nos fenômenos não temos que nos haver unicamente com elementos físicos, mas com agentes espirituais, com entidades morais, que, como nós, pensam, amam, sofrem. Nas profundezas invisíveis, a imensa hierarquia das almas se desdobra, das mais obscuras às mais radiosas. De nós depende atrair umas e afastar as outras.

O único meio consiste em criarmos em nós, por nossos pensamentos e atos, um foco irradiador de luz e de pureza. Toda comunhão é obra do pensamento. O pensamento é a própria essência da vida espiritual. É força que vibra com intensidade crescente, à medida que a alma se eleva, do ser inferior ao Espírito puro e do Espírito puro até Deus.

As vibrações do pensamento se propagam através do espaço e sobre nós atraem pensamentos e vibrações similares. Se compreendêssemos a natureza e a extensão dessa força, não alimentaríamos senão altos e nobres pensamentos. Mas o homem se ignora ainda, como ignora as imensas capacidades desse pensamento criador e fecundo que nele dormita e com o qual poderia renovar o mundo.

Em nossa fraqueza e inconsciência, atraímos na maior parte das vezes Espíritos maus, cujas sugestões nos perturbam. É assim que a comunicação espiritual, em consequência de nossa inferioridade, se obscurece e desvirtua; fluidos corrompidos se espalham pela Terra, e a luta entre o bem e o mal se empenha no mundo oculto como no mundo material.

Na atração dos pensamentos e das almas consiste integralmente a lei das manifestações psíquicas. Tudo é afinidade e analogia no Invisível. Investigadores que sondais o segredo das trevas, elevai bem alto, pois, os pensamentos, a fim de atrairdes os gênios inspiradores, as forças do bem e do belo. Elevai-os, não somente nas horas de estudo e experiências, mas frequentemente, a todas as horas do dia, como um exercício regenerador e salutar. Não esqueçais que são esses pensamentos que vão lentamente eterizando e purificando o nosso ser, engrandecendo as nossas faculdades e tornando-nos aptos a experimentar as mais delicadas sensações, fonte de nossas felicidades futuras.

O problema da mediunidade tem permanecido obscuro e incompreendido para a maioria dos psicologistas e teólogos de nossa época. O passado possuía a esse respeito mais lúcidas noções, e mesmo na Idade Média alguns homens, herdeiros da sabedoria antiga, apreciaram com justeza essa questão. No século XII, Maimônides, o douto rabino judeu de Córdoba, discípulo de Averroés, inspirando-se nas doutrinas da Cabala, resumia nestes termos a lei da mediunidade:

> O Espírito paira sobre a humanidade, até encontrar o lugar de sua morada. Nem toda natureza lhe é propícia; sua luz só pousa e permanece no homem prudente, são e esclarecido. Quem quer que aspire às honras do sublime comércio deve consagrar-se a aperfeiçoar sua natureza, por dentro como por fora. Amigo da solidão, leva consigo os livros sagrados, ali prolonga suas vigílias e meditações, sacia sua alma de ciência e de virtude. Suas refeições são reguladas; sua comida e bebida, escolhidas, a fim de que em seu corpo sadio e em sua carne convenientemente renovada haja um sangue generoso. Então está tudo pronto: o forte, o precavido, o sábio será profeta ou vidente, desde que o Espírito o encontre em seu caminho.[7]

Tem, pois, o homem que se submeter a uma complexa preparação e observar uma regra de conduta, para em si desenvolver o precioso dom da mediunidade. É necessária para isso a cultura simultânea da inteligência, a meditação, o recolhimento,

---

[7] *Dux dubitantium et director perplexorum. (Le Guide des Égarés.)* Trad. Münck, tomo I, p. 328.

o desprendimento das humanas coisas. O Espírito inspirador detesta o ruído: "Deus não habita o tumulto", diz a escritura. Um provérbio árabe o repete: "O ruído é dos homens; o silêncio é de Deus".

"É preciso aperfeiçoar-se por dentro e por fora", afirma o sábio judeu. As companhias vulgares são, com efeito, nocivas à mediunidade, em razão dos fluidos impuros que se desprendem das pessoas viciosas e se adaptam aos nossos, para os neutralizá-los. É preciso também velar pelo corpo: *Mens sana in corpore sano*. As paixões carnais atraem os Espíritos de lascívia; o médium, que a elas se abandona, avilta o seu precioso dom e termina perdendo-o. Nada enfraquece tanto as altas faculdades como entregar-se ao amor sensual, que enerva o corpo e perturba as límpidas fontes de inspiração. Do mesmo modo que o lago mais puro e mais profundo, quando o agita a tempestade, que lhe revolve o lodo e o faz subir à superfície, cessa de refletir o azul do céu e o esplendor das estrelas, assim também a alma do médium, turbada por impuros movimentos, se torna inapta para reproduzir as visões do Além.

Há nas íntimas profundezas, nos recessos ignorados de toda consciência, um ponto misterioso por onde cada um de nós se integra no Invisível, no divino. Esse ponto é que cumpre descobrir, ampliar, engrandecer; é essa infraconsciência que desperta no transe, como um mundo adormecido, e patenteia o segredo das vidas anteriores da alma. É a grande lei da psicologia espírita, unindo e conciliando, no fenômeno mediúnico, a ação do Espírito e a liberdade do homem; é o ósculo misterioso resultante da fusão de dois mundos nesse frágil e efêmero ser que somos nós; é um dos mais nobres privilégios, uma das grandezas mais reais da nossa natureza.

Sublimes deveres e extensas responsabilidades acarreta a alta mediunidade. "Muito se pedirá a quem muito recebeu." Os médiuns são desse número. Seu quinhão de certeza é maior que o dos outros homens, pois que vivem por antecipação no domínio do invisível, ao qual os prende um laço cada vez mais apertado. Um prudente exercício de suas faculdades os elevará às esferas luminosas do Além, e aí lhes prepara sua futura situação. No ponto de vista físico não é menos salutar esse exercício. O médium se banha, se retempera num oceano de eflúvios magnéticos que lhe dão poder e força.

Em compensação, tem que cumprir imperiosos deveres e não deve esquecer que suas faculdades não lhe são outorgadas para si próprio, mas para o bem de seus semelhantes e para o serviço da verdade. É uma das mais nobres tarefas que possam caber a uma alma neste mundo. Para a desempenhá-la, deve o médium aceitar todas as provas, saber perdoar todas as ofensas, esquecer todas as injúrias. Seu destino será, talvez, torturado, mas é o mais belo porque conduz às culminâncias da espiritualidade. No percurso extensíssimo da História, a vida dos maiores médiuns e profetas lhe oferece o exemplo do sacrifício e da abnegação.

XXIII - HIPÓTESES E OBJEÇÕES

Em matéria de Espiritismo, são numerosas as objeções e teorias adversas. Temo-las, em sua maior parte, examinado no curso deste século. Vimos, por exemplo, que a teoria das alucinações é insustentável depois da obtenção de fotografias das aparições, dos moldes em parafina, dos fenômenos de escrita e assinatura, reconhecidamente autênticas, de sobrevivos. A teoria da subconsciência, também denominada inconsciente ou consciência subliminal, foi refutada nos capítulos XVIII e XIX, a propósito da grafia mediúnica e das incorporações. Certo é que também a aplicam aos fenômenos produzidos com a mesa, nomeadamente quanto aos fatos de tiptologia obtidos por Victor Hugo em sua própria casa e que referimos no capítulo XVIII. Não poucos são os críticos refratários a admitir nos versos ditados pela mesa outra coisa mais que inconscientes produções do grande vate. Aqueles versos, dizem, são de fatura idêntica a dele; anima-os a mesma vigorosa inspiração.

A insuficiência, porém, de semelhante explicação fica demonstrada pela análise dos fatos. Victor Hugo jamais se sentava à mesa. Confessava não poder improvisar, em verso, ao passo que os Espíritos pediam que os interrogassem desse modo e desse modo respondiam imediatamente, sem hesitação nem pausa de memória. Quando um dia, anuindo aos seus desejos, prepara de antemão uma pergunta endereçada ao Espírito Molière, este emudece; a Sombra do Sepulcro é que responde em termos acres, constituindo acerba lição para o poeta, que se retira da sala indignado com o desembaraço dos Espíritos.

Podia Victor Hugo ser ao mesmo tempo consciente e inconsciente e agir extrapessoalmente sem o querer? O inconsciente, que a si mesmo se ignora, não pode ser um determinativo de ação. Ora, todos os fenômenos espíritas representam formas de atividade, reguladas pela consciência, em que não se podem associar dois princípios opostos, a ação e a inação. Pretendê-lo, não seria menos que resvalar no absurdo!

O mesmo acontecia aos assistentes. Nenhum deles cogitava de provocar o sono e, por conseguinte, o desdobramento. Ninguém previa as respostas da mesa. Todos aguardavam ansiosos as frases que iria ditar. O esperado era Molière, que Victor Hugo acabava de interrogar. Se o inconsciente do poeta, estimulado por essa expectativa, tivesse que intervir, a resposta do grande satírico é que teria vindo. Ora, foi, como o dissemos, a Sombra do Sepulcro, numa linguagem áspera e solene, que se manifestou em termos deprimentes que Victor Hugo, em seu orgulho, jamais se lembraria certamente de a si mesmo dirigir em presença de testemunhas.

Nem somente em verso o misterioso Espírito se exprime. Sua prosa é também magnífica e austera, como se pode ajuizar por este fragmento, ditado pela mesa numa outra sessão:[1]

> Dizes tu, imprudente: a Sombra do Sepulcro emprega a linguagem humana; serve-se de palavras, metáforas, figuras e mentiras, para dizer a verdade; a Sombra do Sepulcro não é um simulacro, tens razão; eu sou uma realidade. Se desço a falar vossa algaravia, é porque sois limitados. A palavra é o grilhão do Espírito; a imagem é a golilha do pensamento; vossa linguagem é um ruído enfeixado num dicionário; minha língua própria é a imensidade, é o oceano, é o tufão; minha biblioteca contém milhões de estrelas, milhões de planetas e de constelações. O Infinito é o livro supremo e Deus é o leitor eterno. Agora, se queres que te fale a minha linguagem, sobe ao Sinai e me ouvirás nos relâmpagos; sobe ao Calvário e me verás em resplendores; desce ao túmulo e hás de sentir-me na clemência.

Eis um fato, ao demais, que demonstra quão impotente é a teoria da subconsciência para explicar os fenômenos obtidos em casa de Victor Hugo.

---

[1] Inserto no *Gaulois*, de 1º e 2 jun. 1907.

O *Gaulois,* de 10 de janeiro de 1906, publicou, sob a epígrafe "O canhenho de um materialista", um trecho das memórias do Sr. E. Blum, de que destacamos a seguinte anedota:

> Victor Hugo confessava acreditar firmemente no Espiritismo e conservou essa crença até à morte. Seus dois filhos, bem como seus grandes amigos Auguste Vacquerie e Paul Maurice nele também criam. Vacquerie me referiu uma coisa extraordinária:
> Certa noite de inverno, em Guernesey, faziam-se as experiências de mesa giratória. Estavam presentes, o grande poeta, seus dois filhos e Vacquerie. Carlos Hugo é que servia de médium; interrogava a mesa e comunicava as respostas obtidas. De repente, deu um grito de dolorosa surpresa. "Oh!" – exclamou – "Os Espíritos me dão uma horrível notícia: a Sra. de Girardin acaba de falecer neste momento."
> Consultaram o relógio: eram 10 horas.
> A Sra. de Girardin, justamente nessa manhã, escrevera comunicando que pretendia passar alguns dias em Guernesey com o seu grande amigo Hugo, e era, portanto, esperada a sua visita. No dia seguinte chegou uma carta anunciando o falecimento da Sra. de Girardin. Ninguém o poderia saber em Guernesey, onde o telégrafo a esse tempo não funcionava. Charles Hugo o ignorava, como todos, e – coisa curiosa – a Sra. de Girardin falecera com efeito na véspera, às 10 horas. Essa história sempre me impressionou singularmente, porque era difícil pôr-lhe em dúvida a veracidade, com testemunhas semelhantes.

A teoria da subconsciência deve ser considerada seriamente, pois que contribui para o esclarecimento de grande número de casos psíquicos; fez progredir a ciência do Ser, pondo em evidência os aspectos ocultos de nossa natureza, e tornou mais fácil e positiva a classificação dos fatos. Só é, todavia, aplicável a certos fenômenos de animismo, isto é, de exteriorização dos vivos, aos casos, por exemplo, de renovação da memória. Não poderia explicar os fatos de ordem física e intelectual tudo que constitui o Espiritismo puro. A intervenção dos sobrevivos é a solução mais simples, mais lógica, a que melhor se adapta ao conjunto desses fatos. Não dão as entidades que se manifestam outra explicação, e seu testemunho é universal. Até os próprios erros que cometem não deixam de constituir elementos de certeza; porque o que não existe não pode deixar vestígio subconsciente e ser conhecido pelo médium ou pelos assistentes.

F. Myers, em seu magnífico livro *A personalidade humana*, deu uma definição magistral da subconsciência. Depois dele, porém, muitos sábios abusaram dessa teoria, tornando-a extensiva a fatos em que é completamente inadmissível. Na impossibilidade em que se encontram de explicar os fenômenos espíritas, recorrem a hipóteses que de modo algum se adaptam à realidade das coisas.

O recente livro do Sr. Th. Flournoy, Espíritos e médiuns,[2] é bem característico em tal sentido. Nele enfeixou o autor centenas de fatos colhidos numa pesquisa informativa que empreendeu. As explicações que dá são de pasmosa fragilidade e deixam intacta a interpretação espírita, que pretendem destruir. Sua ideia preconcebida é evidente, sobretudo quando procura relacionar com os fenômenos de inconsciência um caso vulgaríssimo de plágio (p. 340).

Assinalemos ainda o caso Buscarlet (p. 359). Trata-se de uma senhora (com esse nome), que sonhou em Paris, no dia 10 de dezembro de 1883, que a Sra. Nitchinoff, residente em Kazan (Rússia), deixaria no dia 17 o Instituto que dirigia, e isso com certas particularidades que indicavam a ideia de morte. Escreve, relatando esse sonho, à Sra. Moratief, também residente em Kazan. Esta lhe responde que a indicada pessoa deixara realmente seu Instituto no dia 17, mas no estado de cadáver, tendo sucumbido em três dias, vitimada pela difteria. O Sr. Flournoy vê nisso um caso triple de telepatia! A Sra. Moratief, estando relacionada com as duas outras pessoas, que mal se conheciam, percebeu subconscientemente, no dia 10, os primeiros sintomas da moléstia da Sra. Nitchinoff e transmitiu involuntariamente essas percepções à Sra. Buscarlet! Aí está um exemplo das explicações do Sr. Flournoy!

Se é pouco admissível semelhante hipótese, qual será, pela telepatia ou a subconsciência, a explicação possível do

---

[2] Paris, Fischbacher, editor, 1911.

caso n° 15, em que a Srta. Sofia S., devendo encontrar-se em Mayens com o pastor H., para fazer uma excursão com ele e suas pensionistas, recebe pela mesa, dez dias antes da catástrofe em que o pastor e uma de suas discípulas perderam a vida, o seguinte aviso: "Sofia não deve ir a Mayens"; correria perigo de vida? Ou ainda a explicação do caso n° 28 (previsão de morte em consequência de uma queda de bicicleta, com algumas semanas de antecipação)?

É fácil ao demais, nessa coletânea, em que tantas pessoas de boa-fé comunicaram os mais notáveis fatos de suas experiências, encontrar um número regular de fenômenos de que o Sr. Flournoy nem tenta mesmo dar explicação. Podem citar-se por exemplo: o caso n° 267 (comunicação anunciando o assassínio de Sadi Carnot, antes que fosse conhecido); o caso n° 190, em que o aviso de alteração num programa de viagem é de perto acompanhado pela chegada de uma carta com a notícia de uma imprevista enfermidade, que transtorna todos os planos de viagem; o caso n° 191, em que é obtida a redação de um cartão postal, que ninguém havia previamente lido; o caso n° 307, em que se faz alusão, na ausência da pessoa interessada, a fatos íntimos que somente ela e seu falecido marido conheciam.

O caso n° 322 é igualmente inexplicável pelos processos tão do agrado do Sr. Flournoy. A narradora recebeu certo dia uma comunicação de um Sr. Martinol, falecido na Austrália no momento em que embarcava de regresso à Europa. Diz ela:

> Esse homem, cuja existência eu ignorava, me fez uma aflita confissão, que me incumbia de transmitir a sua mulher. Havia pouco tempo que eu praticava a escrita mediúnica e, não conhecendo a senhora em questão, me abstive de procurá-la. Vendo que eu não ia, o mesmo Martinol deu uma comunicação ainda mais insistente à minha amiga H., que conhecia a Sra. Martinol e com ela foi ter, levando as duas mensagens. Era tudo verdade, e as duas confissões esclareciam o motivo de atos até então incompreendidos para a família.

A tática do Sr. Flournoy consiste, além de tudo, em abafar numa profusão de termos técnicos e pretensiosos os elementos probatórios que se destacam da experimentação: criptomnésia, complexos emotivos subjacentes, camadas hipnoides, etc. Por essa forma é que sempre a Ciência obscureceu as verdades primárias e os grandes problemas da vida e do destino. Sob esse ponto de vista, não é ela menos responsável que a ortodoxia religiosa pelo deplorável estado mental de nossos dias e pelas tremendas consequências que dele resultam. Ao cabo de séculos de predomínio religioso e de trabalho científico, a humanidade ainda está à procura do caminho que pelo Espiritismo lhe é claramente indicado.

Força é, todavia, reconhecer que o Sr. Flournoy imprime aos seus argumentos uma perfeita cortesia. A moderação de sua linguagem, o talento de observação e de análise, que em toda circunstância patenteia, o tornam eminentemente simpático. Há mesmo ocasiões em que parece inclinar-se às probabilidades espíritas, deixando escapar uma confissão como esta: "É possível que, entre os fatos, alguns haja autênticos, isto é, que tenham origem espírita; mas não me encarrego dessa escolha". Sente-se que ele é tolhido por considerações de ordem pessoal. Seu livro terá para nós a vantagem de atrair grande número de investigadores para os nossos estudos, porque o autor insiste muitas vezes no dever que aos sábios e intelectuais se impõe de sondar os múltiplos problemas que a experimentação física vem pôr em foco.

Temos indicado os perigos reais que oferece a prática da mediunidade. Também os há imaginários, inventados por gosto e estrepitosamente apregoados pelos adversários do Espiritismo, dando origem a duas teorias principais, que por seu turno examinaremos: a das larvas, ou dementais, e a dos demônios.

As manifestações espíritas, dizem cotidianamente certas revistas católicas,[3] quando não provêm consciente ou inconscientemente do médium ou dos assistentes, são obra do demônio.

---

[3] Ver, entre outras, a *Revue du Monde Invisible*, de monsenhor Méric, e *L'Echo du Merveilleux*, do Sr. Gaston Méry, e a recente brochura de um doutor em Letras, de Lyon, sobre o "Espiritismo", aprovada pelo cardeal-arcebispo de Lyon. Livraria Católica, 14, Rua da Abadia, Paris, 1911.

Encontramos aí o argumento habitual da Igreja, o principal instrumento de sua dominação, que lhe permite resistir a todas as inovações, mantendo sob o terror o rebanho dos fiéis e assegurando o seu império através dos séculos.

Mesmo quando os Espíritos nos falam de Deus, de prece, de virtude e sacrifício, cumpre ver nisso a intervenção do demônio – dizem os teólogos –, porque Satanás, o pai da mentira, sabe revestir todas as formas, empregar todas as linguagens, fornecer todas as provas; e quando acreditamos estar em presença das almas de nossos parentes e amigos, de uma esposa ou de um filho falecidos, é ainda o grande impostor que se disfarça para nos enganar.

Tem-se visto – afirmam eles – o Espírito do mal revestir as mais dolorosas aparências, mesmo a da Virgem e dos santos, para melhor lograr os crentes. É o que assevera o cônego Brettes na *Revue du Monde Invisible,* de 15 de fevereiro de 1902, após um estudo de monsenhor Méric acerca das materializações de fantasmas. Diz ele:

> Os resultados me parecem concluir a favor da opinião que sustenta ser tudo diabólico nas aparições de Tilly. Se são verdadeiras estas deduções, é o diabo que ali se apresenta sob a forma aparente da santa Virgem, e recebe as homenagens dirigidas à mãe de Deus.

Objetam outros críticos que em suas relações com o mundo invisível o homem não comunica somente com as almas dos mortos, mas também com ilusórias aparências de almas, com larvas, formas fluídicas animadas por uma sorte de vibração expirante do pensamento dos defuntos. Por outro lado, dizem eles, é condenável, é quase sacrilégio evocar as almas dos mortos, porque estas, abandonando a Terra, sobem às regiões superiores, e toda volta aqui abaixo é um constrangimento, um sofrimento para elas. "O método espírita" – diz um teósofo notável – "oferece o grande inconveniente de ser prejudicial aos mortos, cuja evolução estorva".

Vimos, com exemplos numerosos e provas de identidade, que a hipótese das larvas não é de modo algum justificável; os fatos demonstram ao contrário que é com almas de homens, outrora existentes na Terra, que confabulamos nas manifestações, pois que apresentam um caráter essencialmente humano. A ação dos manifestantes é humana, como também o são os desenhos, a escrita e a linguagem de que se servem. Os fenômenos intelectuais que produzem trazem o cunho das ideias, dos sentimentos, das emoções, numa palavra, de tudo que constitui a trama de nossa própria existência. De todas as ordens podem ser as suas manifestações, desde o trivial até o sublime, e é o que igualmente caracteriza as sociedades humanas. As formas dos fantasmas que se apresentam materializados, as fotografias obtidas, são de seres semelhantes a nós e nunca de demônios, elementais ou larvas. Acrescentem-se a isso todos os fatos e particularidades com caráter positivo tendente a estabelecer que os manifestantes viveram entre as gerações humanas, e a certeza se impõe de que a intervenção atribuída aos demônios e às larvas nos fenômenos espíritas não é mais que o produto de um desvario da imaginação.

Quanto à segunda objeção, não tem maior consistência. Como poderia ser condenável essa comunhão do Céu com a Terra, da qual sai a alma humana esclarecida, confortada, enlevada por todas as exortações, por todas as inspirações que lhe vêm do Alto? As práticas espíritas têm consolado, reanimado muitas criaturas combalidas sob a prova da separação; têm restituído a paz aos aflitos, provando-lhes que aqueles que julgavam perdidos estão apenas ocultos por algum tempo a suas vistas. E que influência moral exerce em toda a nossa vida o pensamento de que seres caros, seres invisíveis nos acompanham e observam, examinam e apreciam os nossos atos, e que os nossos bem-amados estão muitas vezes perto de nós, associando-se aos nossos esforços para o bem, regozijando-se com as nossas alegrias, com os nossos progressos, e entristecendo-se com os nossos desfalecimentos, como nos amparando nas situações difíceis! Quem haverá que, tendo perdido um ente caro, possa permanecer indiferente a esse pensamento?

Longe de estorvar a evolução das almas desencarnadas, sabemos ao contrário que os nossos chamados a favorecem em muitos casos. Não se trata de evocações imperiosas, como o pretenderiam insinuar. Os Espíritos são livres, e vêm a nós, se isso lhes agrada. Ao demais, que é em si mesma a evocação? É a frágil palavra humana ensaiando-se em articular a linguagem sublime do pensamento; é o balbuciar da alma que entra na comunhão divina e universal!

A experiência todos os dias o demonstra: graças aos conselhos dos humanos, muitas almas obscurecidas e atrasadas têm podido reconhecer-se e orientar-se em sua nova existência. Na maior parte, os materialistas passam pelo fenômeno da morte, sem o perceber. Acreditam ainda participar da vida terrestre, muito tempo depois de haverem falecido. Os Espíritos elevados não têm ação sobre eles, em virtude das diferenças de densidade fluídica, ao passo que as evocações, as advertências, as explicações que eles recebem nos grupos espíritas os arrancam de seu torpor, de seu estado de inconsciência e lhes facilitam o surto, em vez de estorvá-lo. Para nós, como para os desencarnados, a comunhão das duas humanidades é salutar, quando se efetua em condições sérias. É um ensino mútuo ministrado pelos Espíritos adiantados de ambos os planos, visando esclarecer, consolar, moralizar as almas sofredoras ou atrasadas dos dois mundos.

As teorias dos ocultistas e teósofos tão justas no que se refere à lei do Carma, ou das reencarnações, claudicam por completo no ponto de que nos ocupamos. Apartando o investigador do método experimental, para encerrá-lo no domínio da metafísica pura, elas suprimiram a única base positiva de toda a verdadeira filosofia.

Graças às provas experimentais é que a imortalidade, mero conceito até agora, vaga esperança do espírito humano, se torna uma realidade palpitante. E com ela, muitas almas céticas e desiludidas se sentem reviver em face dos destinos que lhes são patenteados. Longe de depreciá-las, saibamos, conseguintemente, fazer justiça a essas práticas espíritas que têm enxugado tantas lágrimas, acalmado tantas dores e projetado tão abundantes claridades na noite das inteligências.

Voltemos à teoria do demônio e consideremos uma coisa. Se o Espírito maligno, como pretendem os teólogos, tem a facilidade de reproduzir todas as formas, todas as figuras, revelar as coisas ocultas, proferir as mais sublimes alocuções; se nos ensina o bem, a caridade, o amor, pode-se igualmente atribuir-lhe as aparições mencionadas nos livros santos, acreditar que foi ele quem falou a Moisés, aos outros profetas e ao próprio Cristo, e que toda ação espiritual oculta é obra sua.

O diabo, tudo sabendo e podendo, até mesmo fazer sábio e virtuoso o Espírito, pode muito bem ter assumido o papel de guia religioso e, sob o pálio da Igreja, nos conduzir à perdição. A História, com efeito, nos demonstra com irrefragável lógica que nem sempre a Igreja foi inspirada por Deus. Em muitas circunstâncias, os seus atos têm estado em absoluta contradição com os atributos de que nos apraz revestir a divindade. A Igreja é uma árvore colossal, cujos frutos nem sempre foram os melhores, e o diabo – pois que é tão hábil – pode muito bem ter-se abrigado à sua sombra.

Se devemos admitir, com os teólogos, que em todos os tempos e lugares tenha Deus permitido as mais odiosas fraudes, o mundo se nos apresentará como imensa impostura, e nenhuma segurança teremos de não ser enganados: assim pela Igreja como pelo Espiritismo. A Igreja – ela própria o reconhece – apenas possui, relativamente ao que denomina "sobrenatural diabólico ou divino", um critério de certeza puramente moral.[4] E daí, com tão restritas bases de apreciação, dado o talento de imitação que atribui ao inimigo do gênero humano, que crédito a ela própria podemos conceder em todas as matérias? E assim que o argumento do demônio, como arma de dois gumes, pode se voltar contra aqueles que o forjaram.

Cabe, entretanto, perguntar se de fato haveria tamanha habilidade da parte do diabo em proceder como os nossos contraditores o pretendem. Nas sessões espíritas, vê-lo-íamos convencer da sobrevivência da alma e da responsabilidade

---

[4] Ver os manuais de Teologia, por exemplo: Bonal, *Institut Theol.*, tomo I, p. 94; *Tract. de Revelatione*, em que são expostos os principais caracteres do sobrenatural diabólico.

dos atos a indivíduos materialistas; libertar da dúvida os céticos, e da negação e de todas as suas consequências, dizer, às vezes, duras verdades a pessoas desregradas e obrigá-las a cair em si e orientar-se no sentido do bem. Onde estaria, pois, em tudo isso a vantagem para Satanás? Não deveria, ao contrário, o papel do Espírito das trevas consistir em acoroçoar em suas tendências os materialistas, os ateus, os céticos e os indivíduos sensuais?

É verdadeiramente pueril atribuir ao demônio o ensino moral que nos prodigalizam os Espíritos elevados. Acreditar que Satanás se esforce por desviar os homens do mal, ao passo que, deixando-os resvalar pelo declive das paixões, tornar-se-iam fatalmente presa sua; crer que pode ensiná-los a amar, a orar, a servir a Deus, ao ponto de lhes ditar preces, é atribuir-lhe um procedimento ridículo extremamente inepto.

Se o diabo é hábil, podem imputar-lhe as respostas ingênuas, grosseiras, ininteligentes, obtidas nos círculos onde se experimenta sem critério? E as manifestações obscenas! Não são antes próprias a nos afastar do Espiritismo do que a nos atrair para ele? Ao passo que, admitindo a intervenção de Espíritos de todas as ordens, desde a mais baixa à mais elevada, tudo se explica racionalmente. Os Espíritos malfazejos não são de natureza diabólica, mas de natureza simplesmente humana.

Não há na Terra, encarnadas entre nós, almas perversas, que se poderiam considerar demônios? Voltando ao Espaço, essas almas continuam a proceder do mesmo modo, até que venham a ser regeneradas pelas provações, subjugadas pelos sofrimentos. Aos investigadores prudentes compete pôr-se em guarda contra esses entes funestos e reagir contra sua influência.

Na maior parte dos círculos de experimentação, em lugar de proceder com cautela e respeito, desprezam-se os conselhos dos que nos precederam no caminho das investigações. Com intempestivas exigências e modos inconvenientes, repelem-se as influências harmônicas e atraem-se individualidades perversas e Espíritos atrasados. Daí tantas decepções, incoerências, obsessões, que têm feito acreditar na existência dos demônios e lançado sobre certo espiritismo de baixa classe o ridículo e o descrédito.

A teoria do demônio, em resumo, nem é positiva nem científica. E um argumento cômodo, que se presta às explorações, permite rejeitar todas as provas, todos os casos de identidade e fazer tábua rasa dos mais autorizados testemunhos; pouco concludente, porém, e absolutamente em contradição com a natureza dos fatos.

A crença no demônio e no inferno tem sido combatida com argumentos de tal modo peremptórios que causa admiração ver inteligências esclarecidas ainda hoje a adotarem. Como se não compreende que opondo incessantemente Satanás a Deus, atribuindo-se-lhe sobre o mundo e sobre as almas um poder que, dia a dia, aumenta, diminui-se paralelamente o império de Deus, amesquinha-se o seu poder, aniquila-se a sua autoridade, põe-se em dúvida a sabedoria, a bondade, a previdência do Criador?

Deus, sendo justo e bom, como o declara o ensino católico, não pode ter criado um ser dotado de toda a ciência do mal, de toda sorte de sedução, e lhe haver concedido poder absoluto sobre o homem inerme e fraco.

Ou Satanás é eterno, ou não o é. Se o é, Deus não é único; há dois deuses – o do bem e o do mal. Ou então Satanás é uma criatura de Deus, e logo a Deus cabe a responsabilidade de todo o mal por ele praticado; porque, ao criá-lo, conheceu, viu todas as consequências de sua obra. E o inferno povoado da imensa maioria das almas, votadas por sua fraqueza original ao pecado e à condenação, é a obra de Deus, produto de sua vontade e por ele prevista!

Tais são as consequências da teoria de Satanás e do inferno. É de admirar que tenha produzido tantos materialistas e ateus? E é em nome do Cristo, de seus ensinos de amor, de caridade e de perdão que se preconizam tais doutrinas!

Mais conforme ao verdadeiro espírito das Escrituras não será essa revelação espírita, que nos apresenta, após o resgate e a reparação de suas culpas, em existências de provações, as almas a prosseguirem sua ascensão às regiões da luz? Assim o disse o Apóstolo: "Deus não quer que homem algum pereça, mas que todos se convertam à penitência".[5]

O que se chama demônios, como vimos, são simplesmente Espíritos inferiores, ainda propensos ao mal, submetidos, porém, como todas as almas à lei do progresso. Não há diversas categorias de almas, destinadas umas à felicidade e outras à desgraça eterna. Todas se elevam pelo trabalho, pelo estudo e pelo sofrimento. A unidade perfeita e a harmonia reinam no universo.

Cessemos, pois, de profanar a ideia de Deus com essas concepções indignas da grandeza e da bondade infinitas; saibamos despojá-la das desgraçadas paixões humanas que se lhe atribuem. Com isso a religião ganhará prestígio. Pondo-a em harmonia com os progressos do espírito humano, dar-se-lhe-á maior vitalidade.

Acenar com o espectro de Satanás e toda a fantasmagoria do inferno, numa época em que a humanidade já não crê nos mitos com que a embalaram na infância, é perpetrar um anacronismo, é expor-se a provocar o riso. Satanás não assusta mais ninguém. E os que mais dele falam, são talvez os que nele menos creem.[6] Pode-se explorar o esvaecimento de uma quimera rendosa, de que por muito tempo se abusou, e soltar aos quatro ventos os ecos de sua queixa. Diante, porém, de tais recriminações, próprias de uma outra idade, o pensador desinteressado sorri e passa adiante.

Já não acreditamos num Deus colérico e vingativo, mas em um Deus de justiça e de infinita misericórdia. O Jeová sanguinário e terrível fez sua época. O inferno implacável fechou-se para sempre. Do Céu à Terra desce agora, com a nova revelação, o lenitivo para todas as dores, o perdão para todas as fraquezas, o resgate para todos os crimes, mediante o arrependimento e a expiação.

---

[5] II Pedro, 3:9.

[6] No próprio seio das igrejas o Espiritismo tem seus adeptos. O padre Lacordaire, o padre Lebrun, do Oratório, os abades Poussin, Lecanu, Marouzeau, o venerando abade Grimaud, o padre Marchal, e com eles grande número de pastores (ver *Cristianismo e espiritismo*, cap. VII), enxergaram nas manifestações dos Espíritos um ato da vontade divina, exercendo-se por uma nova forma, para elevar o pensamento humano acima das regiões materiais.

XXIV - ABUSOS DA MEDIUNIDADE

Na primeira ordem dos abusos que devemos assinalar, cumpre colocar as fraudes, as simulações.

As fraudes ou são conscientes e volitivas, ou inconscientes. Neste último caso são provocadas quer pela ação de Espíritos malfazejos, quer por sugestões sobre os médiuns exercidas pelos experimentadores e assistentes.

As fraudes conscientes provêm ora de falsos médiuns, ora de médiuns verdadeiros, mas pérfidos, que têm feito de sua faculdade uma fonte de proventos materiais. Desconhecendo a nobreza e a importância de sua missão, por natureza preciosa, eles a transformam num meio de exploração e não trepidam, quando falha o fenômeno, em simulá-lo com artifícios.

Os falsos médiuns se encontram um pouco por toda parte. Uns não passam de péssimos farsistas que se divertem à custa do vulgacho e a si mesmos se traem cedo ou tarde. Outros há, industriosos, hábeis, para os quais o Espiritismo é apenas uma mercancia; esforçam-se por imitar as manifestações, tendo em mira o lucro a auferir. Muitos têm sido desmascarados em plena sessão; alguns já foram colhidos nas malhas de ruidosos processos. Nessa ordem de fatos, têm sido presenciadas as mais audaciosas falcatruas.[1] Certos indivíduos, abusando da boa-fé dos que os consultam, não têm hesitado em profanar os mais sagrados sentimentos e tornar suspeitas uma ciência e doutrinas que podem ser um meio de regeneração. Na maioria das vezes, são destituídos do sentimento de sua responsabilidade; mas na vida de Além-túmulo muitas desagradáveis surpresas lhes estão reservadas.

---

[1] *O Banner of Light*, de Boston, 5 ago. 1899, anuncia ter-se descoberto a trama de uma vasta associação entre certos médiuns profissionais, para exploração do público espiritualista. Essa associação dirigiu a todos os médiuns daquela natureza uma circular, oferecendo uma série de aparelhos destinados a imitar as manifestações espíritas, com indicações dos preços, de 1 a 5 dólares.

É incalculável o prejuízo por esses espertalhões causado à verdade. Com seus artifícios têm afastado muitos pensadores do estudo sério do Espiritismo. Por isso é dever de todo homem de bem desmascará-los, expô-los à merecida execração. O desprezo neste mundo, o remorso e a vergonha no outro – eis o que os espera. Porque, nós o sabemos, tudo se paga: o mal recai sempre sobre aquele que o pratica.

Não há coisa mais vil, mais desprezível, que bater moeda sobre as dores alheias, simular, a troco de dinheiro, os amigos, os entes caros que choramos, fazer da própria morte uma especulação desbriada, um objeto de falsificação.

O Espiritismo não pode ser responsabilizado por tais manejos. O abuso ou imitação de uma coisa nada pode fazer prejulgar contra a própria coisa. Não vemos frequentemente imitados os fenômenos de Física pelos prestidigitadores? E que prova isso contra a verdadeira Ciência? Nada. O investigador inteligente deve estar precavido e fazer constante uso de sua razão. Se há alguns laboratórios em que, a pretexto de manifestações, se pratica um odioso tráfico, numerosos círculos existem, compostos de pessoas cujo caráter, posição e honorabilidade constituem outras tantas garantias de sinceridade, inacessíveis em tais condições a qualquer suspeita de charlatanismo.

Tem-se dado o fato – observemos – de certos médiuns, dotados de notáveis faculdades não terem vacilado em misturar, nas sessões que realizam, as simulações com os fatos reais, visando aumentar os proventos ou a fama que desfrutam.

Perguntarão talvez por que anuem os desencarnados a prestar o seu concurso a indivíduos de tal sorte indignos. A resposta é fácil. Esses Espíritos, em seu vivo desejo de se manifestarem aos que na Terra amaram, encontrando em tais médiuns os elementos necessários para se materializarem, tornando-se visíveis, e, assim, demonstrarem a própria sobrevivência, não hesitam em utilizar os meios que se lhes oferecem, não obstante a indignidade dos intermediários.

Foi o que sucedeu, de 1906 a 1908, no curso de sessões efetuadas em Paris por um médium estrangeiro, de que já falei no prefácio desta obra.

No dia 18 de junho de 1908, em casa do Sr. David, no Boulevard des Batignolles, estando sentado o médium fora do gabinete de materializações, à meia-luz, no círculo dos assistentes, foi visto formar-se um braço; que parecia surgir de um ângulo da sala. Descreveu um movimento circular e nos veio tocar a cabeça, a mim e ao reverendo Benezech, pastor protestante, sentado ao pé de mim. Do soalho saiu um fantasma vaporoso, que se ergueu à vista de todos, e uma voz se fez ouvir, proferindo um nome bem conhecido. Em seguida se foi abaixando e dissipou-se gradualmente no soalho. O médium, bem desperto, assinalava esses fenômenos, ao mesmo tempo que se produziam em lugares da sala, que não teria podido alcançar.

Na sessão de 12 de julho, em casa da Sra. Cornély, estava eu colocado à entrada do gabinete, em frente à abertura das cortinas. Um Espírito, com estatura de criança, desprezando essa abertura, atravessou o pano, à minha esquerda, junto ao Sr. Debrus, sentado atrás de mim, e pronunciou estas palavras: "Maria, Rosa", e em seguida: "papá, mamã!". Tocou o Sr. Debrus, e o seu lindo braço roliço foi visto alongar-se por cima da sua e da minha cabeça. O Sr. e a Sra. Debrus ficaram convencidos de ter visto a aparição de sua própria filha, falecida em Valence, a 4 de novembro de 1902, a quem me referi em *O problema do ser, do destino, e da dor.* Em semelhante caso, nos pareceu impossível a simulação, pois que o médium jamais tinha visto a menina.

A autenticidade desses fenômenos é incontestável, por terem sido produzidos em excelentes condições de verificação. O mesmo já se não deu posteriormente. Logo que o médium se ocultava atrás das cortinas e fazia-se a obscuridade, ouviam-se ruídos significativos. No curso de 11 sessões a que assisti, pude adquirir a certeza de que o médium se despia, tirava os sapatos e pintava o rosto, para simular as aparições.

Numa das sessões, efetuada em casa da Sra. Noeggerath, na Rua Milton, duas senhoras favoravelmente colocadas para bem observar, estando eu sentado mais distante, viram distintamente o médium despido, agachado e, depois, estendido no soalho, a erguer-se pouco a pouco para levantar a gaze flutuante que lhe servia para imitar os fantasmas. As aludidas senhoras, uma das quais era a Sra. Noeggerath, me comunicaram separadamente suas impressões, que concordavam, antes de conversarem acerca do fato observado.

No dia 9 de setembro, o Sr. Drubay, espírita íntegro e convicto, ao desmanchar o gabinete de materializações, no dia seguinte ao de uma sessão efetuada em sua casa, encontrou um retalho de filó de seda, muitíssimo fino, que parecia despregado ou arrancado de um pedaço maior. Dias depois, na sede da Sociedade de Estudos Psíquicos, no arrabalde de Saint-Martin, apanhou nas mesmas condições um trapo negro, muito comprido, fortemente impregnado de um cheiro de rosa e sândalo combinados, que se fazia sentir em certos momentos nas sessões e que o médium afirmava ser proveniente dos Espíritos. Mais de 20 testemunhas, em resumo, verificaram as fraudes, em sessões ulteriores.[2] O compromisso formal que haviam tomado de observar o regulamento, foi o que unicamente as impediu de desmascarar o culpado.

Tendo os *Annales des Sciences Psychiques* denunciado tais artifícios, julguei dever a meu turno intervir, para salvar as nossas responsabilidades e a de uma causa comprometida por essas divulgações,[3] com o que pôde ficar o público inteirado de que os espíritas não se deixam ludibriar e sabem discernir a verdade da impostura. Denunciar, com efeito, as fraudes onde quer que se produzam, é o meio mais seguro de fazer desacoroçoar os seus autores.

Procedendo como o fiz, desempenhei uma tarefa ingrata, mas necessária, que me valeu a aprovação das pessoas honestas. Se, de um lado, fui alvo de críticas malévolas, do outro recebi elevados e calorosos aplausos. Um eminente psiquista que ocupa saliente posição na magistratura, escreve-me a tal respeito:

Paris, 8 de abril de 1910.

---

[2] Ver *Revue Espirite*, fev./abr. 1900.

[3] *Annales des Sciences Psychiques*, dez. 1908.

Admirei vossa coragem no incidente M., porque adivinho quanto deveis ter sofrido, sendo obrigado a protestar. Fizestes bem e vos revelastes mais uma vez o homem sincero e honrado que de fato sois. Sei que certos grupos ficaram um tanto descontentes convosco, mas cumpristes um dever, expelindo "os mercadores do templo". O que lança o desprestígio no movimento de que sois um dos mais respeitáveis chefes, é justamente a cegueira de certos grupos que, com a sua indiferença pela sinceridade dos fenômenos, favorecem os médiuns fraudulentos, e os que se rejubilam com tais fraudes.

No que me diz pessoalmente respeito, estou convosco. Desde as primeiras sessões me foi patente a fraude de M., e compreendi facilmente os seus processos, que são grosseiros. Nada articulei publicamente, em atenção às pessoas que me acolhiam em sua casa, tendo-me, ao demais, M. prometido sessões sérias. Mas não cumpriu a promessa.

Como epílogo desses fatos, os espíritas reunidos, no Congresso Internacional de Bruxelas, em maio de 1910, aprovaram a seguinte moção:

> O Congresso Espírita de Bruxelas, impressionado com as fraudes numerosas e repetidas que se têm produzido, nas sessões efetuadas, na obscuridade, por médiuns profissionais; impressionado com o prejuízo moral que assim causam à Doutrina:
> Convida os grupos de estudos e os experimentadores que procuram os fatos de ordem física, os transportes e os fenômenos de materialização, a só admitirem sessões obscuras ou à meia-luz em condições de rigorosa verificação;
> Recomenda especialmente, que sejam as mãos e os pés dos médiuns seguros por dois assistentes experimentados, enquanto durar a sessão, ou que seja isolado o médium por meio de um fio tenso e sem solução de continuidade; ou ainda, que seja ele metido numa jaula cuidadosamente fechada e cuja chave fique em poder de uma pessoa de confiança; As sessões à meia-luz são muitíssimo preferíveis, por serem os fenômenos verificados por todos os assistentes. Com isso deve contentar-se um médium

bem-dotado, ao passo que se torna suspeito quando exige a obscuridade, embora esta aumente a força física, porque pode fazer recear que dela se aproveite para fraudar, o que tem ocorrido em certos casos. Cumpre satisfazer-se com resultados menores, porém mais seguros; O congresso dirige, além disso, uma instante exortação aos médiuns honestos e desinteressados. Pede-lhes que intensifiquem o zelo por bem servir uma verdade sagrada, verdade comprometida por desbriados simuladores, e lhes recorda que, se a fraude acarreta uma justa e severa reprovação, a dedicação e a sinceridade, ao contrário, lhes granjeiam a estima e o reconhecimento de todos, bem como a assistência das elevadas inteligências invisíveis, que velam pelo progresso de nossas crenças neste mundo.

Há – dissemos – fraudes inconscientes, que se explicam pela sugestão. Os médiuns são extremamente sensíveis à ação sugestiva, tanto dos vivos como dos desencarnados.[4] O estado de espírito das pessoas que tomam parte nas experiências reage sobre eles e exerce uma influência que os médiuns não distinguem, mas que é, às vezes, considerável.

Médiuns perfeitamente honestos e desinteressados confessam que são impelidos à fraude, em certos meios, por uma força oculta. Na maior parte, resistem a tais sugestões, prefeririam renunciar ao exercício de suas faculdades a se deixarem arrastar por esse resvaladouro. Alguns cedem a essas influências; e um momento de fraqueza bastará para levantar dúvidas sobre todas as experiências em que houverem figurado.

Certas fraudes, verificadas com diversos médiuns, podem ser atribuídas a sugestões exteriores, quer humanas, quer espíritas. As vezes coincidem e se combinam as duas influências. Os céticos mal-intencionados são secundados por auxiliares do Além. E então o poder sugestivo será tanto mais irresistível quanto mais impressionável for o médium e estiver mais profundamente imerso no transe e insuficientemente protegido. Vê-se a que perigos está este exposto; em certas

---

[4] Essa ação já não é quase contestada nos círculos intelectuais superiores. "A ciência oficial" – diz o professor Falcomer – "ensina atualmente que um sensitivo pode enganar por sugestão mental proveniente de outrem." (*Phénoménographie*, pelo professor Falcomer.) Ver *Revue Spirite*, 1903, p. 173.

sessões, malconstituídas, maldirigidas, pode tornar-se vítima das forças exteriores combinadas. Não era esse o caso do médium M., de que acabamos de falar e que consigo trazia o filó e os outros objetos necessários às simulações. A premeditação era nele evidente; os artifícios eram calculados, previamente preparados.

Acontece que o médium, principalmente o médium escrevente, se sugestiona a si mesmo e, num impulso automático, escreve comunicações que abusivamente atribui a Espíritos desencarnados. Essa autossugestão é uma espécie de indução do "ego" normal ao "ego" subconsciente, que não é um ser distinto, como vimos precedentemente, mas uma modalidade mais extensa da personalidade. Nesse caso, com a mais perfeita boa-fé, o médium responde a suas próprias perguntas; exterioriza seus pensamentos ocultos, seus próprios raciocínios, os produtos de uma vida psíquica mais intensa e profunda. Allan Kardec, Davis, Hudson Tuttle, Aksakof, etc., ocuparam-se em suas obras dessa categoria de médiuns, que o Sr. Delanne denomina "automatistas". Diz ele:[5]

> O automatismo da escrita, o esquecimento imediato das ideias enunciadas, que incute no escrevente a ilusão de estar sob a influência de uma vontade estranha, a personificação das ideias, as noções que jazem na memória latente, as impressões sensoriais inconscientes, todos esses fatos se compreendem e têm sua explicação em causas reconhecidas no estudo mais completo da inteligência humana, e de modo algum supõem a necessidade de intervenção dos Espíritos.

A credulidade ilimitada e a ausência de todo princípio elementar de verificação, que predominam em certos meios, favorecem e alimentam esses abusos. Há, em diversos países, grupos espíritas ingênuos, em que pseudomédiuns automáticos escrevem extensas elucubrações sob a inspiração de Santo Antônio de Pádua, de S. José, da Virgem. Ou ainda neles se incorporam Sócrates e Maomé, que em linguagem vulgar vêm declarar mil absurdos a ouvintes extasiados, proibindo-lhes ler e instruir-se, a fim de subtrai-los a toda influência esclarecida, a toda averiguação séria.

---

5 Gabriel Delanne – *Investigações sobre a mediunidade*, p. 185.

Em tais meios, já não têm conta as mistificações. Conheci um jardineiro corajoso que, a conselho de um Espírito, ia cavar, à meia-noite, num sítio deserto, um enorme buraco, à procura de um imaginário tesouro. Uma senhora de 55 anos, muito devota, esposa de um oficial reformado, levava a ingenuidade ao ponto de preparar o enxoval de uma criança que ela devia dar à luz, e que seria a reencarnação do Cristo – diziam seus instrutores invisíveis. Uns veem por toda parte a intervenção dos Espíritos, até mesmo nos fatos mais triviais. Outros consultam os invisíveis sobre as menores particularidades da vida, sobre seus negócios comerciais e suas operações na Bolsa.

Atribuem-se geralmente essas aberrações a Espíritos embusteiros. Sem dúvida as mistificações de Além-túmulo são frequentes; explicam-se facilmente pelo fato de se perguntarem muitas vezes aos Espíritos coisas que eles não podem ou não querem dizer. Fazem do Espiritismo um meio de adivinhação, e atraem com isso Espíritos levianos. Não raro, porém, cabe à sugestão mental uma grande parte em tais embustes.

É por isso que no domínio arriscado, e tantas vezes obscuro, da experimentação, cumpre examinar, analisar as coisas com sereno critério e extrema circunspecção, e só admitir o que se apresenta com um caráter de autenticidade perfeitamente definido. O nosso conhecimento das condições da vida futura, como o próprio Espiritismo, assenta sobre os fenômenos mediúnicos. Convém estudar seriamente estes e eliminar inflexivelmente tudo o que não traga o cunho de uma origem extra-humana. É preciso não substituir, a pretexto de progresso, a incredulidade sistemática por uma cega confiança, por uma credulidade ridícula, mas separar com cuidado o real do fictício. Disso está dependendo o futuro do Espiritismo.

Abordemos agora uma questão extremamente delicada: a da mediunidade profissional. Pode a mediunidade ser retribuída? Ou deve ser exercida com desinteresse absoluto?

Notemos antes de tudo que a faculdade mediúnica é, por natureza, variável, inconstante, intermitente. Não estando os

Espíritos às ordens nem à mercê dos caprichos de ninguém, nunca se está de antemão seguro do resultado das sessões. Pode o médium estar indisposto, mal preparado, e a assistência mal composta, no ponto de vista psíquico. Por outro lado, a proteção dos Espíritos adiantados não se conforma de modo algum com esse fato do Espiritismo a preço fixado. Por isso, o médium profissional, aquele que se habituou a viver do produto das sessões, está exposto a muitas decepções. Como fará ele dinheiro de uma coisa cuja produção jamais é certa? Como satisfará os curiosos, quando os Espíritos não atenderem ao seu chamado? Não será tentado, mais dia menos dia, quando forem numerosos os assistentes e sedutora a perspectiva do ganho, a provocar fraudulentamente os fenômenos? Aquele que uma vez resvalou por esse declive, dificilmente conseguirá voltar atrás. É levado a empregar habitualmente a fraude e cai pouco a pouco no mais desbragado charlatanismo.

Os delegados americanos ao Congresso Espírita de 1900, em Paris, entre outros, a Sra. Addi-Balou, declararam que mediunidade profissional e os embustes a que dá ensejo, têm sido há alguns anos um motivo de retrogradação e descrédito para o Espiritismo nos Estados Unidos.

A melhor garantia de sinceridade que pode um médium oferecer é o desinteresse. E também o meio mais seguro de obter o auxílio do Alto.

Para conservar seu prestígio moral, para produzir frutos de verdade, deve a mediunidade ser praticada com elevação e desprendimento, sem o que se torna uma fonte de abusos, instrumento de contradição e desordem, de que se utilizarão as entidades malfazejas. O médium venal é como o mau sacerdote, que introduz no santuário suas paixões egoísticas e seus interesses materiais. A comparação não é destituída de propriedade, porque também a mediunidade é uma espécie de sacerdócio. Todo ser humano distinguido com esse dom deve preparar-se para fazer sacrifício de seu repouso, de seus interesses e mesmo de sua felicidade terrestre; mas, assim procedendo, obterá a satisfação de sua própria consciência e se aproximará de seus guias espirituais.

Mercadejar com a mediunidade é dispor de uma coisa de que se não é dono; é abusar da boa vontade dos mortos, pô-los ao serviço de uma obra indigna deles e desviar o Espiritismo do seu fim providencial. É preferível para o médium procurar noutra parte os meios de subsistência e só consagrar às sessões o tempo que lhe ficar disponível. Com isso ganhará em estima e consideração.

Cumpre, todavia, reconhecer que médiuns públicos e remunerados têm prestado reais serviços. As pessoas que só dispõem de modestos recursos pecuniários nem sempre podem atender aos convites dos sábios, ausentar-se, empreender viagens, como o exige o interesse da causa que servem.

A esse respeito, Stainton Moses, que foi um experimentador consciencioso e um excelente juiz em tal matéria, diz o seguinte:[6]

> Alguns dentre os médiuns públicos não veem mais que os lucros a auferir e nem sempre recuam diante das fraudes para alcançar seus fins. Muitos há, entretanto, dos quais só se pode dizer bem e que são muitíssimo úteis. Nove vezes sobre dez, os que em tão grande número a eles se dirigem, incapazes de compreender e, acompanhar uma experiência científica, unicamente exigem que em troca dos dez francos que pagam se lhes dê a prova da imortalidade. A multidão esgota rapidamente as faculdades do médium que, para não fazer fiasco, cede à tentação de recorrer à fraude. Apesar dessas detestáveis condições, fiquei muitas vezes admirado dos resultados obtidos e das magníficas provas fornecidas.

Que deduzir de tudo isso? É que haja uma justa medida, que o médium consciencioso, esclarecido acerca do valor de sua missão, pode facilmente observar. Se, em certos casos, é obrigado a aceitar uma indenização pelo tempo consumido e as excursões efetuadas, que o seja em limites de não comprometer sua dignidade neste mundo e sua situação no outro. O uso da mediunidade deve ser sempre um ato grave e religioso, isento de todo caráter mercantil, de tudo que a possa amesquinhar e deprimir.

6 Stainton Moses (aliás Oxon). *Spirit Identity*. *Revue Scientifique et Morale*, jan. 1900, p. 397.

XXV - O MARTIROLÓGIO DOS MÉDIUNS

O médium – dissemos nós – é muitas vezes uma vítima, e quase sempre essa vítima é uma mulher. A Idade Média a havia qualificado de feiticeira, e queimava-a. A Ciência atual, menos bárbara, contenta-se com deprimi-la, aplicando-lhe o epíteto de histérica ou de charlatona.

Na origem do Moderno Espiritualismo, duas mocinhas, Catarina e Margarida Fox, foram as primeiras a testemunhar as manifestações, a receber a mensagem reveladora da imortalidade. Seu testemunho foi o sinal de uma perseguição violenta. Cenas de selvageria se desenrolam, tempestades de ameaças e injúrias se desencadeiam em torno da família Fox, o que não a impedira de prosseguir sua missão e afrontar as assembleias mais hostis.

Quando se fazem necessárias grandes dedicações para reconduzir a humanidade ao caminho de seus destinos, é na mulher que elas se encontram muitas vezes. O que dizemos das irmãs Fox, poder-se-ia dizer dos médiuns mais notáveis. Joana d'Arc foi queimada viva, por não ter querido renegar as aparições e vozes que percebia. E não termina com ela o martirológico da mulher médium. Em contraposição a algumas que se têm deixado seduzir pelas vantagens materiais e recorrido à fraude, quantas outras não têm sacrificado a própria saúde e comprometido a existência pela causa da verdade!

Se a mediunidade psíquica é isenta de perigos, como veremos adiante, quando utilizada por Espíritos adiantados, o mesmo não se dá com as manifestações físicas, sobretudo com as manifestações que, repetidas e frequentes, vêm a ocasionar ao sensitivo uma considerável perda de força e de vitalidade. As irmãs Fox se esgotaram com as experiências e se extinguiram na miséria. A *Revue Spirite,* de abril de 1902, noticiou que os derradeiros membros da família Fox haviam sucumbido, em janeiro, de frio e privações.

A Sra. Hauffe, a célebre vidente de Prévorst, foi tratada com o máximo rigor por seus próprios pais e expirou aos 28 anos, ao fim de inúmeras tribulações. A Sra. D'Espérance perdeu a saúde. Depois de Home, Slade e Eglinton, a Palladino foi acusada de fraudes voluntárias.

Certos médiuns têm sido submetidos a todas as torturas morais imagináveis, e isso sem exame prévio, sem investigação verdadeiramente séria. Home, por exemplo, foi objeto das mais pérfidas acusações, William Crookes, porém, lhe fez justiça, dizendo:[1]

> Jamais observei o mínimo caso que me pudesse fazer supor que ele enganasse. Era muito escrupuloso e não desaprovava que se tomassem precauções contra a fraude. Muitas vezes, mesmo antes de uma sessão, me dizia ele:
>
> "Procedei como se eu fosse um prestidigitador, disposto a enganar-vos; tomai todas as precauções que a meu respeito puderdes imaginar, e não vos preocupeis com o meu amor-próprio. Quanto mais severas forem essas precauções, mais evidente se tornará a realidade dos fenômenos". Apesar de tudo, aqueles que não conheciam a absoluta honestidade de Home, o consideravam um charlatão, e os que nele acreditavam, eram arguidos de loucos e reputados suspeitos.

Em tempos mais recentes, vimos uma médium alemã perseguida com uma sanha brutal e, apesar de respeitáveis testemunhos, sacrificada às exigências de mais tacanho espírito de casta. Pretendia-se, ao que nas mais altas rodas se apregoava, "pôr um freio a todas as manifestações de um Espiritualismo rebelde aos dogmas oficiais".

Anna Rothe foi detida e recolhida à prisão. A detenção durou oito meses. Durante esse tempo, morreram-lhe o marido e a filha, sem que ela pudesse assistir aos seus últimos momentos. Permitiram-lhe unicamente que fosse ajoelhar sobre seus túmulos, metida entre dois policiais. Afinal, termina o inquérito;

---

[1] Ver A. Erny, *Annales des Sciences Psychiques, e Light*, 19 jan. 1895.

instaura-se o processo.[2] Os depoimentos favoráveis afluem: o professor Koessinger, o filólogo Herman Eischacker e o Dr. Langsdorff presenciaram os fatos e nenhuma fraude conseguiram descobrir. O Sr. George Sulzer, presidente da Corte de Apelação de Zurique, atesta sua convicção na inocência da Sra. Rothe. O primeiro magistrado do cantão de Zurique, na ordem judiciária, não receia expor à publicidade suas crenças íntimas, para com elas beneficiar a acusada. Outros magistrados afirmam a autenticidade dos transportes de flores, que ela obtinha em plena luz. Essas testemunhas viam flores ou frutos desmaterializados reconstituir-se em sua presença, condensar-se em matéria palpável, como um floco de vapor que, pouco a pouco, se transforma e solidifica, no estado de gelo. Esses objetos moviam-se horizontalmente, e outras vezes desciam lentamente do forro da sala.

O diretor da Casa de Detenção, em que ela passou os oito meses de prisão preventiva, declarou que o ensino moral dado aos seus detentos nunca se aproximou, como efeito produzido, da impressão causada pelas comovedoras práticas, do caráter mais edificante, feitas pela médium em transe a suas irmãs transviadas. Ana Rothe não passava, entretanto, de uma simples mulher do povo, sem instrução, sem cultura de espírito.

Depois de apaixonados debates, que duraram seis dias, a "médium de flores" foi condenada a 18 meses de prisão. Enganam-se, acreditando destruir o Espiritismo com tais processos. Longe disso, ao atrativo que ele exerce acrescenta-se o prestígio da perseguição.

No dia 9 de outubro de 1861, o bispo de Barcelona queimava, na esplanada pública, no lugar onde são executados os criminosos, trezentos volumes e brochuras espíritas, julgando assim estigmatizar e aniquilar a nova Doutrina. Esse auto de fé provocou uma verdadeira revolta na opinião pública. Hoje, os espíritas se contam por milhares na capital da Catalunha. Possuem revistas, bibliotecas, grupos de estudo e experimentação. O movimento espírita adquire dia a dia maior importância e extensão nesse país.

---

[2] Ver, quanto às particularidades do processo, a *Revue des Études Psychiques*, jan. 1903, p. 15 et. seq.

Em sua maior parte, os sábios, médicos e psicólogos consideram os médiuns como histéricos, desequilibrados, enfermos, e não perdem ocasião de o proclamar. Estão habituados a experimentar com sensitivos retirados dos hospitais e dos asilos de alienados, com alguns neuróticos, pelo menos, e das observações efetuadas nessas defeituosas condições cometem o erro de tirar conclusões de ordem geral.

Certos literatos não são mais amáveis. O Sr. Júlio Bois não hesita em mimosear todos os médiuns com os epítetos de "charlatães prestidigitadores, embusteiros desequilibrados, histéricos",[3] etc. É de admirar, depois disso que, estes se retraiam e só de má vontade se prestem a experiências dirigidas por críticos de tal modo prevenidos, por juízes tão pouco atenciosos? A presença desses céticos, com seus eflúvios glaciais, é uma causa de indisposição e de sofrimento para o médium. Falta em geral aos sábios a bondade; aos espíritas, aos médiuns, falta na maioria das vezes a ciência. Onde se encontrará o traço de união, a linha de aproximação? No estudo sincero, imparcial, desinteressado!

A ciência médica está longe de ser infalível em suas opiniões; diagnósticos tão célebres quão errôneos o têm, em todos os tempos, demonstrado. Testemunhos formais atestam que uma vez mais se enganou ela, considerando a mediunidade uma tara.

F. Myers o declara em relação à Sra. Thompson:[4] "A impressão é de que são tão naturais como o sono ordinário. A Sra. Thompson acredita que esses transes têm contribuído poderosamente para robustecer-lhe a saúde".

O Sr. Flournoy, insuspeito de parcialidade a favor dos médiuns, reconheceu o mesmo fato a propósito de Hélène Smith, cuja saúde nem de leve se alterou com o uso de suas faculdades psíquicas; nisso, ao contrário, encontra ela poderoso adjuvante para o desempenho de sua tarefa cotidiana.[5]

---

[3] *Revue Bleu*, 22 mar. 1902, "A Psicologia do Médium".
[4] *Proceedings*, S.P.R., fascículo XLIV.
[5] Theodore Flournoy – *Des Indes à la Planète Mars*, p. 41 a 45.

Idênticas observações têm sido feitas acerca da Sra. Piper.[6]

O Sr. J. W. Colville, médium inglês muito conhecido, por sua vez o atesta:[7]

> É meu dever, ao fim de vinte e cinco anos de missões públicas, trazer sem restrições meu testemunho a respeito dos benéficos resultados que me produziu, em todos os sentidos, a mediunidade, tal como a tenho exercido. Lucrei de modo considerável, tanto mental como fisicamente, com o uso desta faculdade e com essas experiências, que parecem não raro perigosas, quando não são suficientemente estudadas. As indicações que eu recebia de meus auxiliares invisíveis eram boas, elevadas e dignas em suas mínimas particularidades.

Eu próprio tenho travado conhecimento com grande número de médiuns em todas as regiões da França, na Bélgica, na Suíça, na Espanha, e pude sempre observar que em geral gozavam excelente saúde. Só a mediunidade de efeitos físicos, a que se presta às materializações de Espíritos e aos transportes, é que acarreta grande dispêndio de força e de vitalidade. Essas perdas podem ser compensadas com os socorros prestados pelos Espíritos protetores. Às vezes, porém, como o vimos a propósito das irmãs Fox, de Slade, Eglinton, etc., as exigências do público e dos sábios são tais que o médium se esgota rapidamente; o abuso das experiências lhes altera a saúde e compromete a vida.

O médium é um instrumento delicado e sensível, de que muitos julgam poder servir-se como de um mecanismo. De bom grado o utilizariam como o faz a criança com os brinquedos, que despedaça para ver o que neles se oculta. Não se tem suficientemente em consideração o trabalho de desenvolvimento reclamado pelas faculdades que desabrocham. Exigem-se imediatamente fatos concludentes e provas de identidade. O médium, impressionado pelos pensamentos ambientes, sofre; depois de haver sido torturado moralmente durante certo número de sessões, desgosta-se de uma faculdade que o expõe a tantos dissabores, e termina por se retrair.

---

[6] Ver Segunda parte, cap. XIX deste livro.

[7] *Light*, 22 mar. 1902.

Os médiuns terão ainda por muito tempo que sofrer pela verdade. Os adversários do Espiritismo continuarão a difamá-los, a lançar-lhes acusações; procurarão fazê-los passar por desequilibrados enfermos, e, por todos os meios desviá-los de seu ministério. Sabendo que o médium é a condição *sine qua non* do fenômeno, esperam assim causar a ruína do Espiritismo em seus fundamentos. Em caso de necessidade farão surgir médiuns exploradores e fictícios. Cumpre neutralizar essa tática e, para esse fim, proteger e animar os bons médiuns, cercando da necessária fiscalização o exercício de suas faculdades. Magnífica é a sua tarefa, ainda que frequentes vezes dolorosa. Quantos esforços, quantos anos de expectativa, de provanças e de súplicas, até chegarem a receber e transmitir a inspiração do Alto! São muitas vezes recompensadas unicamente com a injustiça Mas, operários de plano divino, rasgaram o sulco e nele depositaram a semente donde se há de erguer a seara do futuro.

    Caros médiuns, não desanimeis; furtai-vos a todo desfalecimento. Elevai as vistas acima deste mundo efêmero; atraí os auxílios divinos. Suplantai o "eu"; libertai-vos dessa afeição demasiado viva que sentimos por nós mesmos. Viver para outros – eis tudo! Tende o espírito de sacrifício. Preferi conservar-vos pobres, a vos enriquecerdes com os produtos da fraude e da traição. Permanecei obscuros, de preferência a traficardes com os vossos poderes. Sabei sofrer, por amor ao bem de todos e para vosso progresso pessoal. A pobreza, a obscuridade e o sofrimento possuem seu encanto, sua beleza e magnitude: é por esse meio que, lentamente, através das gerações silenciosas, se acumulam tesouros de paciência, de energia, de virtude, e que a alma se desprende das vaidades materiais, se depura e santifica, e adquire intrepidez para galgar os escabrosos cimos.

    No domínio do Espírito, como no mundo físico, nada se perde, tudo se transforma. Toda dor, todo sacrifício é um desabrolhar do ser. O sofrimento é o misterioso operário que trabalha nas profundezas de nossa alma, e trabalha por nossa elevação. Aplicando o ouvido, quase escutareis o ruído de sua obra. Lembrai-vos de uma coisa: é no terreno da dor que se constrói o edifício de nossos poderes, de nossa virtude, de nossas vindouras alegrias

XXVI - A MEDIUNIDADE GLORIOSA

Os médiuns do nosso tempo são muitas vezes tratados com ingratidão, desprezados, perseguidos. Se, entretanto, num golpe de vista abrangermos a vasta perspectiva da História, veremos que a mediunidade, em suas várias denominações, é o que há de mais importante no mundo. Quase todos os privilegiados – profetas, videntes, missionários, mensageiros de amor, de justiça e de verdade – foram médiuns, no sentido de que se comunicavam com o Invisível, com o Infinito.

Bem se poderia, sob muitos pontos de vista, dizer que o gênio é uma das formas de mediunidade. Os homens de gênio são inspirados, na acepção fatídica e transcendental dessa palavra. São os intermediários e mensageiros do pensamento superior. Sua missão é imperativa. É por eles que Deus conversa com o mundo; que incita e atrai a si a humanidade. Suas obras são fanais que ele acende pela extensa rota dos séculos afora.

Devemos por isso considerá-los meros instrumentos, e não terão eles direito algum à nossa admiração? Assim não o entendemos. O gênio é antes de tudo uma aquisição do passado, o resultado de pacientes estudos seculares, de lenta e penosa iniciação, que vieram a desenvolver no indivíduo aptidões imensas, uma profunda sensibilidade, que o predispõe às influências elevadas. Deus reserva a luz unicamente àquele que por muito tempo a procurou, pediu e com veemência a desejou.

Schlegel, falando dos gênios, formula esta pergunta: "São verdadeiramente homens, esses homens?".

São homens, sim, em tudo que têm de terrestre, por suas fraquezas e paixões. Padecem todas as misérias da carne, as doçuras, as necessidades, os desejos materiais. O que, porém, os faz mais que homens, o que neles constitui o gênio, é essa acumulação dos tesouros do pensamento, essa lenta elaboração da inteligência e do sentimento através de inumeráveis existências, tudo isso fecundado pelo influxo, pela inspiração do Alto, por uma assídua comunhão com os planos superiores do universo. O gênio, sob as mil formas que reveste, é uma colaboração com o Invisível, uma assunção da alma humana à Divindade.

Os homens de gênio, os santos, os profetas, os grandes poetas, sábios, artistas, inventores, todos quantos têm dilatado o domínio da alma, são enviados do Céu, executores dos desígnios de Deus em nosso mundo. Toda a filosofia da História aí se encerra. Haverá espetáculo mais belo que essa ininterrupta cadeia mediúnica que liga os séculos entre si, como as páginas de um grande livro da vida, e integra todos os acontecimentos, mesmo os mais aparentemente contraditórios, no plano harmônico de solene e majestosa unidade? A existência de um homem de gênio é como um capítulo vivo dessa grandiosa Bíblia.

Surgem ao começo os grandes iniciados do mundo antigo, os próceres do pensamento, aqueles que viram o Espírito fulgurar nos cimos ou se revelar nos santuários da iniciação sagrada: Orfeu, Hermes, Krishna, Pitágoras, Zoroastro, Platão, Moisés; os grandes profetas hebreus: Isaías, Ezequiel, Daniel.

Virão mais tarde João Batista, o Cristo e toda a plêiade apostólica, o vidente de Patmos, até à explosão mediúnica de Pentecostes, que vai iluminar o mundo, segundo a palavra de Joel; e ainda Hipatia, a alexandrina, e Veleda, a druidesa.

É no augusto silêncio das florestas e das montanhas, pelo desprendimento das coisas sensíveis, na prece e na meditação, que o profeta, o vidente e o inspirado se preparam para sua tarefa. O Invisível só se revela ao homem solitário e recolhido.

Platão recebe suas inspirações no cimo do Himeto; Maomé no monte Hira; Moisés no Sinai. Jesus entra em comunhão com o Pai, orando e em lágrimas, no Monte das Oliveiras.

O profetismo em Israel, durante vinte consecutivos séculos, é um dos fenômenos transcendentais mais notáveis da História. A crítica contemporânea nada compreendeu ou fingiu nada compreender em tal sentido; acreditou simplificar tudo, recorrendo à negação. A exegese católica desnaturou o fato, imaginando explicar tudo com uma só palavra: o milagre. E, todavia, outra expressão mais justa encontrou ela, quando denominou os profetas de "harpas vivas do Espírito Santo". Assim, nesse ponto, como em tantos outros, a Ciência e a Religião, isoladas, não podem ministrar mais que incompletas noções; só a Doutrina Espírita, que serve de traço de união entre uma e outra, as pode reconciliar. O Espiritismo penetrou o mistério aparente das coisas; projeta as claridades do Além sobre a Teologia, que completa, e sobre o experimentalismo, que esclarece. A verdade é que os profetas israelitas são médiuns inspirados; esta é a única denominação que lhes convém, como veremos adiante, com exemplos colhidos na *Bíblia*. Eles nos demonstrarão que a história de Israel é o mais belo poema mediúnico, a epopeia espiritualista por excelência. É o que um dia indubitavelmente dirá a exegese científica. E graças a ela se dissiparão as obscuridades dos livros sagrados. Tudo se explicará, tudo, ao mesmo tempo, se tornará simples e grande.

A origem do profetismo em Israel é assinalada por imponente manifestação. Um dia, Moisés escolhe 70 anciães e os coloca ao redor do tabernáculo. Jeová revela sua presença em uma nuvem, imediatamente as poderosas faculdades de

Moisés se transmitem aos outros e "eles profetizaram".[1] O tabernáculo aí representa um acumulador ou condensador fluídico; é um meio de exteriorização, como os espelhos de metal brilhante; fixando-se nele o olhar, provocava-se o transe. A manifestação de Jeová na nuvem é uma espécie de materialização. Esta, como vimos, sempre começa por uma aglomeração nebulosa, vaga ao princípio, na qual a aparição se desenha e toma forma pouco a pouco. Jeová é um dos Eloim, Espíritos protetores do povo judeu e de Moisés em particular. Sob a influência que no momento exerce, os poderes espirituais de Moisés se transmitiram aos 70 anciães, como os poderes do Cristo se transmitiram mais tarde, parcialmente, aos Apóstolos, no Cenáculo, e como hoje em dia vemos, em certos casos, a mediunidade transmitir-se de uma pessoa a outra por meio de contato e de passes.

Assim começa o profetismo, ou mediunidade sagrada, em Israel. Moisés, iniciado nos mistérios de Ísis, graças à sua longa permanência no Egito, e sobretudo em consequência de suas relações familiares com seu sogro Jetro, grã-sacerdote de Heliópolis, foi a seu turno o grande iniciador psíquico de seu povo, antes de se constituir em seu imortal legislador.

Desde então a mediunidade profética se tornou permanente na raça judaica, posto que intermitente em suas manifestações. Está visivelmente subordinada a certos estados psicológicos, que não são sempre constantes nem nos indivíduos nem nos povos. Ao tempo dos Juízes, o profetismo era "coisa

---

[1] Segundo a Escritura, "profetizar" não significa unicamente predizer ou adivinhar, mas também ser impulsionado por um Espírito bom ou mau (1, *Reg*., trad. Glaire, cap. XVIII, 10). Encontram-se muitas vezes estas expressões na boca dos profetas: "O peso do Senhor caiu sobre mim", ou ainda: "O Espírito do Senhor entrou em mim". Esses termos claramente indicam a sensação que precede o transe, antes de ser o médium tomado pelo Espírito. E ainda: "Vi, e eis o que disse o Senhor", o que designa a mediunidade vidente e auditiva simultâneas.
"Se entre vós se achar algum profeta, eu lhe aparecerei em visão." (Números, 12:6.) "Porei na sua boca as minhas palavras." (Deuteronômio, 18:18.) "O espírito me levantou e me levou consigo." (Ezequiel, 3:14.) Caso de levitação que se aplica igualmente ao apóstolo Filipe.
Como em nossos dias, a mediunidade se achava por igual espalhada nos dois sexos. Havia profetas e profetisas. As mais célebres entre estas são Maria, irmã de Moisés, Deborah, Holda, Ana, mãe de Samuel, Abigail, Ester, Sara, Rebeca e Judith.

rara". Com Samuel reaparece, fulgura com um novo esplendor. Nessa época, o estado de alma do povo hebreu se prestava melhor a tal fenômeno. Na vida das nações, há períodos de perturbação intelectual e depressão moral que obrigam o Espírito a momentaneamente se afastar. A França também tem conhecido suas horas de obscuridade e de incerteza.

Tendo compreendido que a mediunidade transcendente está subordinada às disposições morais dos indivíduos e das sociedades, Samuel instituiu escolas de profetas, isto é, agremiações em que os seus membros se iniciavam nos mistérios da comunicação fluídica.

Essas escolas eram estabelecidas em certas cidades, de preferência, porém, nos vales solitários ou nos recôncavos das montanhas. O estudo, a contemplação do infinito, no silêncio e beleza das noites, ao cintilar das estrelas, ou ainda à claridade do dia, sob o límpido céu do Oriente, prepara o discípulo-profeta para receber o influxo do Alto. A soledade o atrai; à medida que se afasta dos homens e se insula, uma comunhão mais íntima se estabelece entre ele e o mundo das forças divinas. Pelos desfiladeiros profundos das montanhas da Judeia, nas desertas cavernas da cadeia selvagem de Moab, ele sonha, presta ouvido atento às mil vozes dessa natureza austera e grave que o rodeia.

É que a natureza inteira, penetrada pela substância divina, é um médium, isto é, um intermediário entre o homem e os seres superiores. Tudo se liga no universo imenso; uma cadeia magnética prende entre si todos os seres, os mundos todos. Só a nossa ciência fragmentária e o excesso dissolvente do espírito crítico foram capazes de destruir essa magnífica síntese e insular o homem moderno do resto do universo e de seus harmoniosos planos.

A música desempenhava também grande papel na iniciação profética.[2] É sabido que essa arte imprime o ritmo na emissão fluídica e facilita a ação das entidades invisíveis. A preparação era laboriosa, difícil o noviciado. Durante os dois primeiros anos, o aspirante profeta era simplesmente médium

[2] Ver, quanto às escolas de profetas, o estudo abundantemente documentado do cardeal Meignan, *Les Prophètes d'Israel*, considerações preliminares, p. 14 et. seq., Lecoffre, editor.

passivo; depois, aprendia a tornar-se ativo e, pela exteriorização, a ler no invisível os quadros, a norma dos acontecimentos futuros. Esse exercício era longo e sujeito muitas vezes a enganos.[3]

Influências sucessivas e contrárias se apossavam não raro dos profetas. Tal é o exemplo de Balaão, que parte para amaldiçoar as tribos e é obrigado a profetizar a sua glória. Nunca, como nesse episódio bíblico, foi mais patente a dualidade dos Espíritos inspiradores. Será difícil às vezes distinguir na mediunidade, qualquer que seja a sua natureza, a parte do médium e a do Espírito. Daí contradições aparentes, uma espécie de luta psicológica íntima entre o médium e o que o inspira; é o combate simbólico de Jacó e o anjo; mas o Espírito sempre termina por vencer, e sua luz impregna vitoriosamente a mentalidade e a vontade do sensitivo. Convém, todavia, não esquecer que o Espírito, quando é de natureza elevada, jamais violenta o sensitivo de que se apodera, respeita a sua personalidade, a sua liberdade, procede sempre com delicadeza e só emprega a persuasão. É por esse motivo que cada profeta, quer seja grande como Isaías ou humilde como o pastor Amós, conserva, no desempenho de sua missão, a linguagem habitual e o cunho de sua personalidade. Assim, em nossos dias, dois médiuns, ao interpretarem a mesma revelação, não se exprimirão nos mesmos termos nem verão com igual clareza.

A cada página da *Bíblia* encontramos textos que afirmam a mediunidade sob todas as suas formas e em todos os seus

---

[3] Na visão profética os planos visuais sucessivos são muitas vezes invertidos, e transtornadas as leis da perspectiva. É o que torna tão obscuros os oráculos proféticos de todos os tempos, particularmente os oráculos bíblicos.
Todos os sucessos da História estão previstos por Deus e gravados em sua luz. A maior dificuldade consiste em poder e saber lê-los; porque é muito difícil distinguir o passado do futuro nessa rápida visão. É por isso que o oráculo fala sempre no passado, mesmo quando se trata do presente. Assim a grande epopeia humana, com seus dramas, seus episódios tão múltiplos e movimentados, está inscrita na divina Luz, de onde pode, concretizando-se, refletir-se no cérebro do vidente.

graus. Sob os nomes de anjos, deuses, etc., os Espíritos protetores dos homens ou das nações tomam parte em todos os fatos, intervêm em todos os acontecimentos.[4]

Moisés é vidente e auditivo. Ele vê Jeová, o Espírito protetor de Israel, na sarça do Horeb e no Sinai. Quando se inclina diante do propiciatório da arca da aliança, escuta vozes (NÚMEROS, 7:89). É médium escrevente quando, sob o ditado de Eloim, escreve as tábuas da lei; médium ativo, magnetizador poderoso, quando fulmina com uma descarga fluídica os hebreus revoltados no deserto; médium inspirado, quando entoa seu maravilhoso cântico após a derrota do Faraó. Moisés apresenta ainda o gênero especial de mediunidade – a transfiguração luminosa – observada em certos fenômenos contemporâneos. Quando ele desce do Sinai, traz na fronte uma auréola de luz.

Samuel, cujo nascimento, como o dos predestinados, foi precedido de oráculos e de sinais, tornou-se profeta desde a infância. Dormindo no templo, é muitas vezes despertado por vozes que o chamam, lhe falam no silêncio da noite e lhe anunciam as coisas futuras (I SAMUEL, 3).

Esdras (liv. IV, cap. XIV)[5] reconstitui integralmente a *Bíblia* que se tinha perdido, e isso em condições em que ainda se patenteiam diferentes gêneros de mediunidade.

A voz lhe diz:

> "Prepara uma grande porção de tabuinhas e ajunta-se com cinco escribas expeditos e hábeis. E eu acenderei em teu coração a lâmpada da inteligência, que não se apagará até que tenhas acabado de escrever o que houveres começado". – Minha boca se abriu e não tornou a fechar-se. Ditei sem cessar, noite e dia. E o Altíssimo

[4] Quer seja uma voz, uma luz, uma visão ou qualquer outro fenômeno, o vidente exclama: "Eu vi Deus, face a face". (Gênesis, 32:30.) No cap. 18 lemos: "O Eterno apareceu a Abraão no maior calor do dia; e eis que três homens apareceram junto a ele". Esses homens discutem com Abraão e acompanham a Ló. É evidente que o texto quer dizer homens de Deus, ou Espíritos.
"Vi um deus subir da terra", diz a pitonisa de Endor a Saul. É sabido que se trata do Espírito Samuel; a dúvida é inadmissível (I Samuel, 28:13). Samuel prediz a Saul sua morte próxima e a de seus filhos, acontecimento que se realizou.
[5] N.E.: O quarto livro de Esdras é um texto destituído de autoridade canônica, ou seja, é um livro apócrifo.

deu inteligência aos cinco homens que estavam comigo, e eles escreveram as revelações da noite, coisa que não compreendiam. E assim, durante quarenta dias, foram escritos 204 livros.[6]

Jó teve uma visão que é o tipo perfeito da materialização espírita. Todo o livro de Jó está repleto de iluminações e de inspirações mediúnicas. Sua própria vida, atormentada de maus Espíritos, é um assunto de estudos muitíssimo sugestivos.

A *Bíblia* menciona casos frequentes de obsessão, entre outros, em Saul, que é muitas vezes subjugado por um Espírito colérico: "Em sua alma abandonada, um Espírito maligno se introduz".[7] É um fenômeno de incorporação perfeitamente caracterizado.

Saul foi ao começo um médium "do Senhor"; mas, em consequência de faltas graves e de uma vida desordenada, perdeu sua faculdade ou, antes, se tornou instrumento de Espíritos inferiores. Essa perda, ou enfraquecimento dos poderes mediúnicos é frequente nos que se deixam dominar pelas paixões. A mediunidade se deprime e desaparece sem causa aparente; mas, ordinariamente, porque se modificaram as disposições íntimas do médium.

A missão dos profetas, como a dos médiuns contemporâneos, era acidentada de ciladas. São dignos de se ler, no capítulo 11 da *Epístola aos hebreus*, as provas, as humilhações, os sofrimentos por que passavam esses médiuns inspirados. Uma das mais penosas tarefas da vida do profeta era lutar contra os impostores. Sempre houve, e haverá sempre, falsos profetas, isto é, médiuns impulsionados por Espíritos malignos. Seu objetivo, ao que parece, é contrariar a ação dos verdadeiros profetas, semear a discórdia em seus centros habituais. Muitos grupos espíritas se têm desorganizado sob a influência dos Espíritos inferiores. É por isso que a grande habilidade do espiritualista consiste em acautelar os centros contra a preponderância dessas nefastas influências, que se

---

[6] IV, Esdras, 10:41 a 44.
[7] I Samuel, 16:14.

comprazem obstinadamente em perturbar a ação dos missionários de paz e de verdade.

Em resumo, a obra dos profetas hebreus foi considerável. Suas prédicas monoteístas e moralizadoras prepararam o advento do Cristianismo e a evolução religiosa da humanidade. Homens que praticavam a meditação, o recolhimento e a prece, os grandes médiuns israelitas sabiam e ensinavam que o comércio com o invisível é um princípio regenerador. Eles tinham por missão espiritualizar a religião de Moisés, que tendia a materializar-se, do mesmo modo que o Espiritismo contemporâneo tem também a missão de espiritualizar a sociedade atual, que cada vez mais se dissolve, e reconduzir as Igrejas às límpidas tradições do Cristianismo primitivo.

Os profetas hebreus foram os conselheiros dos reis de Israel, os verberadores dos abusos de poder, os consoladores do povo aflito e oprimido. Como todos os homens de gênio, haviam percorrido numerosas vidas, existências de trabalho, de investigação penosa, que neles tinham desenvolvido a intuição profunda. Sua penetração das coisas e sua maravilhosa perspicácia eram simplesmente os frutos de encarnações anteriores. Tendo vivido no passado de Israel, possuíam uma perfeita inteligência da alma de sua nacionalidade. Assim João Batista, que era a reencarnação de Elias, preparou eficazmente seus irmãos para a revelação de Jesus.

O tema habitual do ensino profético era antes de tudo a adoração "em espírito e verdade". Os profetas combatiam energicamente o formalismo farisaico da lei e proclamavam abertamente que a circuncisão do sentimento vale mais que a da carne. Assim também em nossos dias os Espíritos condenam as práticas materiais e o acanhado farisaísmo dos falsos devotos, de todos quantos, a pretexto de religião, substituem os preceitos do Evangelho, por supersticiosas práticas.

A virtude, que os videntes de Israel mais recomendavam, era a justiça. A palavra *justo* significava então o conjunto das virtudes: "Dar a Deus o que é de Deus e aos homens o que lhes pertence". Por toda a parte se constituíam eles os advogados dos pobres, desses deserdados que então eram chamados os *Ebionim*. Depois do pecado de idolatria, o desprezo dos pobres e opressão dos fracos era o mais vivamente profligado.

Isaías sobretudo é o eloquente defensor dos pobres. O Messias por ele anunciado é aquele que julgará os pobres com justiça (Isaías, 11:4). É precisamente por esse grande amor aos humildes que certos racionalistas modernos qualificaram os profetas de demagogos, de apaixonados inimigos de toda dinastia.

Na realidade, três grandes revelações mediúnicas dominam a História. Aos profetas de Israel sucedeu o Médium divino, Jesus. O Espiritismo é a última revelação, a difusão espiritual anunciada por Joel (2:28 e 29), "quando o Espírito se derramará como uma aurora sobre o mundo, e os velhos serão instruídos por sonhos e os mancebos terão visões".

O próprio Reuss concorda que, segundo esse oráculo, "a efusão do Espírito será tão ampla que a nação inteira se tornará um povo de profetas". Assim, a ação física do Além transformará o mundo futuro numa humanidade de videntes e auditivos. A mediunidade será o último estado da raça humana encaminhando-se ao termo de seu destino.

Acompanhemos o curso das idades, e veremos a mediunidade expandir-se nos mais diversos meios, uniforme em seu princípio, variada ao infinito em suas manifestações. A história dos profetas de Israel se encerrou com a aparição do filho de Maria. Vimos noutro lugar[8] que a vida do Cristo está cheia de manifestações que fazem dele o mediador por excelência. Jesus foi vidente e um inspirado, o maior de quantos o sopro divino vivificou em sua passagem pela Terra. Toda a sua pessoa e toda a sua existência estão envoltas no mistério do Invisível. Ele conversava no Tabor com Moisés e Elias, e legiões de almas o assistem. Seu pensamento abrange dois universos; sua palavra tem a doçura dos mundos angélicos; seu olhar lê no recesso dos corações, e com um simples contato ele faz cessar o sofrimento.

Essas maravilhosas faculdades são por ele transmitidas parcialmente a seus Apóstolos. E lhes diz:

---

[8] Léon Denis – *Cristianismo e espiritismo*, cap. VI.

Não cuideis como ou o que haveis de falar; porque naquela hora vos será inspirado o que haveis de dizer. Porque não sois vós os que falais, mas o Espírito de vosso Pai é o que fala em vós. (Mateus, 10:19 e 20.)

Decorrem os séculos; muda-se a cena. Além, no Oriente, surge outra imponente figura.

No silêncio do deserto, esse grande silêncio dos espaços que comunica à alma uma serenidade e um equilíbrio quase nada conhecidos por habitantes das cidades, Maomé,[9] o fundador do Islamismo, ditou o Alcorão, sob a inspiração de um Espírito, que adota, para se fazer escutar, o nome e a aparência do anjo Gabriel.[10] Ele mesmo o afirma no livro sagrado dos muçulmanos:

> Vosso compatriota, ó coraixitas, não está transviado, nem foi iludido. *O Alcorão* é uma revelação que lhe foi feita. Foi o Terrível quem o instruiu.
>
> E ele revelou ao servo de Deus o que tinha a revelar-lhe. O coração de Maomé não mente; ele o viu.[11]
>
> O *Alcorão* – diz ele – permanece como o mais belo monumento da língua em que foi escrito, e nada vejo que o iguale, na história religiosa da humanidade. E o que explica a influência enorme que esse livro tem exercido sobre os árabes, que estão convencidos de que Maomé, cuja instrução era rudimentar, não podia escrever esse livro, e que ele lhe foi ditado por um anjo.

Singular coincidência: sua missão começa como a de Joana d'Arc; se lhe revela mediante vozes e visões.[12] Como Joana, também ele por muito tempo se esquivara; mas o poder misterioso o arrasta contra sua vontade, e o humilde condutor de camelos torna-se fundador de uma religião que se estende sobre uma vasta região do mundo; ele cria integralmente um grande povo e um grande império.

---

[9] Corruptela do nome Mohammed.

[10] Ver Bartelemy Saint-Hilaire, *Mahomet et le Coran*, p. 103 e 158.

[11] Alcorão, 53º surata, 1 a 11. Tradução de Kasimirski.

[12] Caussin de Perceval – *Essai sur l'Histoire des Arabes*.

Acerca de suas faculdades mediúnicas assim se exprime E. Bonnemère:[13]

> Maomé caía de vez em quando num estado que metia medo aos que em torno se achavam. Nesses momentos em que sua personalidade lhe fugia, e ele se sentia subjugado por uma vontade mais poderosa que a sua, subtraía-se às vistas estranhas. Os olhos, desmesuradamente abertos, se tornavam fixos e sem expressão; imóvel, Maomé parecia invadido por um desfalecimento que nada lograva dissipar. Em seguida, pouco a pouco, a inspiração fluía, e ele escrevia, [sic!] com vertiginosa rapidez, o que vozes misteriosas lhe ditavam.

Na Idade Média, mencionemos duas grandes figuras históricas: Cristóvão Colombo, o descobridor de um novo mundo, impelido por uma obsessão divina, e Joana d'Arc, que obedece às suas vozes.

Em sua aventurosa missão, Colombo era guiado por um gênio invisível. Tratavam-no de visionário. Nas horas das maiores dificuldades, ele escutava uma voz desconhecida murmurar-lhe ao ouvido: "Deus quer que teu nome ressoe gloriosamente através do mundo; ser-te-ão dadas as chaves de todos esses portos desconhecidos do oceano que se conservam atualmente fechados por formidáveis cadeias".[14]

A vida de Joana d'Arc está na memória de todos. Sabe-se que, em todos os lugares, seres invisíveis inspiravam e dirigiam a heroica virgem de Domrémy. Todos os êxitos de sua gloriosa epopeia são previamente anunciados. Surgem aparições diante dela; vozes celestes ciciam-lhe ao ouvido. Nela, a inspiração flui como o borbotar de uma torrente impetuosa. Em meio dos combates, nos conselhos, como diante de seus juízes, por toda parte, essa criança de 18 anos comanda ou responde com segurança, consciente do sublime papel que desempenha, jamais variando na fé nem nas palavras, inquebrantável mesmo diante das súplicas, mesmo em face da morte – iluminada e como transfigurada pelo clarão de um outro mundo. Ouçamo-la:

---

[13] E. Bonnemère – *LÂme et ses Manifestations à Travers l'Histoire*, p. 210.
[14] Roselly de Lorgues – *Cristophe Colomb*, p. 465.

Eu amo a Igreja e sou boa cristã. Mas, quanto às obras que tenho feito e à minha vinda, devo confiar-me ao Rei do Céu que me enviou. Eu vim da parte de Deus e dos santos e santas do paraíso, da Igreja vitoriosa lá de cima, e por sua determinação; a essa Igreja submeto todos os meus atos e tudo o que tenho feito ou por fazer.[15]

A vida de Joana d'Arc, como médium e missionária, seria sem igual na História se não tivesse havido antes dela o mártir do Calvário. Pode-se pelo menos dizer que nada se viu de mais augusto desde os primeiros tempos do Cristianismo.

A esses nomes gloriosos temos o direito de acrescentar os dos grandes poetas. Depois da música é a poesia um dos focos mais puros da inspiração; provoca o êxtase intelectual, que permite entrar em comunicação com as esferas superiores. O poeta, mais que os outros homens, sente, ama e sofre. Nele cantam as vozes todas da natureza. O ritmo da vida invisível regula a cadência de seus versos.

Todos os grandes poetas heroicos principiam seus cantos por uma invocação aos deuses ou à musa; e os Espíritos inspiradores atendem à deprecação. Murmuram ao ouvido do poeta mil coisas sublimes, mil coisas que só ele entende, entre os filhos dos homens.

Homero tem cantos que vêm de mais alto que a Terra.

Platão dizia (*Diálogos do Íon e do Menon*):

O poeta e o profeta, para receberem a inspiração, devem entrar num estado superior em que seu horizonte intelectual se dilata e ilumina por uma luz mais alta. Não são os videntes, os profetas ou os poetas que falam; é Deus que por eles fala.

Segundo Pitágoras (*Diog. Laerte*, VIII, 32), "a inspiração é uma sugestão dos Espíritos que nos revelam o futuro e as coisas ocultas".

Virgílio foi muito tempo considerado um profeta, em virtude de sua Écloga messiânica de Polion.

Dante é um médium incomparável. Sua *A divina comédia* é uma peregrinação através dos mundos invisíveis. Ozanam, o principal autor católico que já analisou essa obra genial,

---

[15] *Procès*, tomo I, p. 162 a 176.

reconhece que o seu plano é calcado nas grandes linhas da iniciação nos mistérios antigos, cujo princípio, como é sabido, era a comunhão com o oculto.

É pelos olhos da sua Beatriz, morta, que Alighieri vê "o esplendor da viva luz eterna", que iluminou toda a sua vida. Em meio daquela sombria Idade Média, sua vida e sua obra resplandecem como os cimos alpestres quando se coloram dos últimos clarões do dia e já o resto da Terra está mergulhada na sombra.

Tasso compõe aos 18 anos seu poema cavalheiresco "Renaud", sob a inspiração de Ariosto, e mais tarde, em 1575, sua obra capital, a *Jerusalém libertada*, vasta epopeia, que afirma haver-lhe sido igualmente inspirada.

Shakespeare, Milton e Shelley foram também inspirados.

Falando do grande dramaturgo, disse Victor Hugo: "Forbes, no curioso fascículo compulsado por Warburton e perdido por Garrick, afirma que Shakespeare se entregava à magia e que em suas peças o que havia de bom lhe era ditado por um Espírito".[16]

Todas as obras geniais são povoadas de fantasmas e de aparições: "Ali, ali" – diz Ésquilo,[17] falando dos mortos – "vós não os vedes, mas vejo seres".

O mesmo acontece a Shakespeare. Suas obras principais[18] – Hamlet, Macbeth, etc. – contêm cenas célebres em que se movem aparições. Os espectros do pai de Hamlet e de Banquo, presos ao mundo material pelo jugo do passado, se tornam visíveis e impelem os vivos ao crime.

Milton fazia suas filhas tocarem harpa antes de compor seus cantos do *Paraíso perdido*, porque, dizia ele, a harmonia atrai os gênios inspiradores.

Eis o que disse de Shelley seu historiador, Medwin:

---

[16] Victor Hugo – *Willian. Shakespeare*, p. 50.

[17] Berthelot – *Louis Ménar det son cevre*, p. 64.

[18] Segundo uma tese recente, as obras principais de Shakespeare deveriam ser atribuídas ao chanceler Bacon. Outros críticos, tomando por base as relações do chanceler com os ocultistas e cabalistas do tempo, fazem de Shakespeare o médium de Bacon. Como quer que seja, os fatos assinalados nem por isso conservam menos todo o seu interesse e significação.

Ele sonhava desperto, numa espécie de abstração letárgica que lhe era habitual; e, depois de cada acesso, os olhos lhe cintilavam, os lábios se agitavam em crispações, e sua voz tremia de emoção. Ele entrava numa espécie de sonambulismo, durante o qual sua linguagem era antes de um Espírito, ou de um anjo, que de um homem.[19]

Goethe se abeberou amplamente nas fontes do Invisível. Suas relações com Lavater e a Sra. de Klettenborg o haviam iniciado nas ciências profundas, de que cada uma de suas obras traz o cunho. O *Fausto* é uma obra mediúnica e simbólica de primeira ordem. Outro tanto se pode dizer de Klopstock e de sua *Messiada*, poema em que se sente perpassar o sopro do Além.

Diz Goethe:

Eu corria às vezes à minha escrivaninha sem me preocupar de endireitar uma folha de papel que estivesse de través, e escrevia minha peça em versos, de começo ao fim, naquela posição, sem mexer-me. Para isso, tomava de preferência um lápis que melhor se prestava à grafia, porque algumas vezes me havia acontecido ser despertado de meu sonambulismo poético pelo ranger da pena ou os salpicos de tinta, e distrair-me, e sufocar no nascedouro minha pequena produção.[20]

W. Blake afirma ter escrito suas poesias sob a direção do Espírito Milton, e reconhecer que todas as suas obras foram inspiradas.

Mais próximo de nós, Alfred de Musset tinha visões, via aparições e ouvia vozes. Uma noite, sob as janelas do Louvre, escutou ele estas palavras: "Assassinaram-me na Rua de Chabanais". Correu para lá, e deparou-se-lhe um cadáver...[21] "Onde, pois, me conduz essa mão invisível que não quer que eu me detenha?" dizia ele.[22]

Ora sublime e puro como os anjos, ora pervertido como um demônio, Musset vivia submetido às mais diversas influências, e ele próprio o assinalava. Duas testemunhas de sua

---

[19] Felix Rabe – *Vie de Shelley*.
[20] "Wie ein Schafwandler", diz Goethe, conforme a *Occult Review*.
[21] *Annales Politiques et Littéraires*, 25 jul. e 22 ago. 1897.
[22] Paul Marieton – *Une Histoire d'Amour*, 1897, p. 168.

vida íntima, George Sand e a Sra. Colet, descreveram com fidelidade esse aspecto misterioso da existência do "filho do século". Dizia ele a Teresa:

> Sim, eu experimento o fenômeno que os taumaturgos denominam "possessão". Dois Espíritos se têm apoderado de mim.[23]
> Há muitos anos que tenho visões e ouço vozes. Como o poderia eu pôr em dúvida, quando todos os meus sentidos mo afirmam? Quantas vezes, ao cair da noite, tenho visto e ouvido o jovem príncipe que me foi caro e um outro amigo meu, ferido num duelo, em minha presença! Parece-me, no momento em que essa comunhão se opera, que meu espírito se me desprende do corpo, para responder à voz dos Espíritos que me falam.[24]

A Sra. Colet conhecia, feita pelo poeta, a narrativa de três aparições femininas – criaturas amadas e já mortas – de que ela faz uma comovedora descrição.[25] Acrescenta-lhe diversos casos de exteriorização semelhantes aos de nossos médiuns contemporâneos. George Sand e a Sra. Colet afirmam que o poeta caía em transe com a maior facilidade.[26] Ele próprio fala de sopros frios, cuja sensação experimentara e de súbito desprendimento, o que lhe seria difícil imaginar.

Desses fatos resulta que Albert de Musset devia a influências ocultas uma parte, pelo menos, do ascendente que exercia sobre os seus contemporâneos. Ele foi ao mesmo tempo um poeta de elevada inspiração e, propriamente falando, um vidente e um auditivo.

Em todos os tempos essas comunicações sutis dos Espíritos aos mortais têm vindo fecundar a Arte e a Literatura. Certamente, não consideramos literatos esses alinhadores de frases, que nunca sentiram os estos inspiradores do Além. Os escritores sobre os quais baixam os eflúvios superiores são raros. É preciso haver predisposições anteriores, um lento

---

[23] George Sand – *Elle et Lui*, XII.
[24] Sra. Colet, *Lui*, XXIII, p. 368 e 369, e cf. *Mélanges de Littérature et de Critique*. (Compilação da Srta. Garela, 1839).
[25] Ibid, p. 369 a 381.
[26] George Sand, op. cit, VIII e XI. Sra. Colet, op. cit., VI, VII e XXIII.

trabalho de assimilação, para que a força ignota possa atuar na alma do pensador. Naqueles que, porém, reúnem essas condições, a inspiração se precipita como um jorro. O pensamento brota, original ou vigoroso, e a influência por ele exercida é soberana.

A forma da inspiração varia conforme as naturezas. Em alguns, o cérebro é como um espelho que reflete as coisas ocultas e projeta as suas irradiações sobre a humanidade. Outros escutam a grande voz misteriosa, o murmúrio das palavras que explicam o passado, esclarecem o presente e anunciam o futuro. Sob mil formas o Invisível penetra os sensitivos e se impõe. Diz Flammarion:[27]

> Em Goethe, em certos momentos de paixão, essa comunicação dos Espíritos se revela com luminosa clareza. Em outros, como Bacon, a convicção se formou lentamente com esses mínimos indícios que o estudo cotidiano do homem faz sobressair.

Na obra de Roger Bacon, "o doutor admirável", *Opus Majus*, todas as grandes invenções do nosso tempo estão profetizadas e descritas.

Girolamo Cardano, em *De Rerum Varietate* (VIII, 3), felicitava-se por ter os "dons" que permitem cair em êxtase à vontade, ver objetos estranhos com os olhos do espírito e ser informado do futuro.

Schiller declarou que seus mais belos pensamentos não eram de sua própria criação; ocorriam-lhe tão rapidamente e com tal energia que ele tinha dificuldade em apreendê-los com suficiente presteza para transcrevê-los.

As faculdades mediúnicas de Emmanuel Swedenborg, o filósofo sueco, são atestadas pela célebre carta de Kant à Srta. de Knobich. Nessa missiva, o autor da *Crítica da razão pura* refere que a Sra. Harteville, viúva do embaixador alemão em Estocolmo, obteve por intermédio do barão de Swedenborg uma comunicação de seu defunto marido, relativa a um documento precioso que não fora possível encontrar, apesar de repetidas buscas; estava guardado numa gaveta secreta, cuja existência foi revelada pelo falecido, e que só ele conhecia.

---

[27] Flammarion – *O desconhecido e os problemas psíquicos*, v. II, cap. VI.

O incêndio de Estocolmo, visto e descrito por Swedenborg a 300 milhas de distância, é também uma prova da pujança de suas faculdades. Pode-se, portanto, admitir que as teorias por ele formuladas acerca da vida invisível não são produto de sua imaginação, mas lhe foram inspiradas por visões e revelações. Quanto à forma sob que ele as descreveu, não se lhe deve ligar mais que uma importância relativa. Todos os videntes cedem à necessidade, em que se encontram, de traduzir a percepção que têm do invisível com o auxílio das formas, das imagens, das expressões impostas por sua educação e familiares ao meio em que vivem. É assim que, conforme o tempo e as latitudes, darão aos habitantes do outro mundo os nomes de deuses, anjos, demônios, gênios ou Espíritos.

Vejamos agora os grandes escritores do século XIX.

Chateaubriand e sua irmã Lucília têm igual direito a ser considerados inspirados:

> A primeira inspiração do poeta, sua primeira musa – assegura-se[28] – foi sua irmã Lucília. Não há a mínima dúvida de terem os anos, passados ao pé dessa criatura sonhadora e mística, deixando um sulco no coração do moço, comovido, como o recorda ele (*Memórias de além-túmulo*), pelos súbitos desalentos dessa natureza consternada e extática. Essa criatura misteriosa, meio sonâmbula, quase dotada da dupla vista, como uma habitante das ilhas Hébridas, atravessou a infância de Chateaubriand como a figura da dor. Transmitiu sua poética enfermidade moral a esse irmão já tão mortificado; é assim que ela entra por metade em todas as concepções do poeta. Nesse coro de brancas visões... por toda a parte a encontraremos. Suas estranhas predições não lhe teriam feito entrever o tipo de uma Veleda?

Balzac, em *Ursule Mirouet, Séraphita, Louis Lambert, La Peau de Chagrin,* etc., tocou em todos os problemas da vida invisível, do ocultismo e do magnetismo. Todas essas questões lhe eram familiares. Tratava-se com a competência do verdadeiro mestre, numa época em que ainda eram pouquíssimo conhecidas. Era não somente um profundo observador, mas também um vidente na mais elevada acepção do termo.

---

[28] *Histoire de la Littérature Française,* de Petit de Julleville. Artigo de Em. Des Essarts sobre Chateaubriand, tomo VII, p. 4.

Edgar Quinet teve as mesmas intuições geniais, a acreditarmos no Sr. Ledrain, crítico literário extremamente cético, que assim se exprimia num artígo do *L'Éclair*, por ocasião do seu centenário, em 1903:

> Ao mesmo tempo que o mundo visível o extasiava, tinha ele os olhos fixos no mundo invisível. Foi um fervoroso espiritualista, como todos os de sua geração, como Lamartine, Victor Hugo, Michelet. Acreditava na "cidade imortal das almas", na pátria de onde se não pode ser banido por homem algum. O sopro de não sei quê país supraterrestre em certos momentos o envolve e transporta como suspenso em asas, aos espaços infinitos. Lede seu discurso ao pé do túmulo de sua mãe, de seu genro Georges Mourouzi; que inflexões do Alto! É um nabi (profeta), a elevar-se acima de todos os sacerdócios e a falar em nome do Eterno, como investido de uma missão direta.

Lamartine, em *Jocelyn*, na *Chute d'un Ange*, Jean Reynaud, em *Terre et Ciel*, podem também ser considerados inspirados.

Lamartine escrevia a Arlès Dufour, para se defender de uma censura de Infantin:

> Eu tenho meu objetivo; não o suspeita ele; ninguém sabe qual seja, exceto eu. Elevo-me em sua direção, na medida que o comporta o tempo e não mais depressa. Esse objetivo é impessoal e puramente divino. Mais tarde será desvendado. Enquanto espero, como quer ele que eu fale a homens de carne e osso a pura linguagem dos Espíritos?[29]

Michelet, em certas ocasiões, parece estar sob o império de algum poder desconhecido. Escutai-o falando de sua *Histoire de la Révolution*:

> .Nunca, desde a minha *Donzela de Orléans*, havia eu sentido semelhante lampejo do Alto, uma tão luminosa projeção do Céu... Inolvidáveis dias; quem sou eu para havê-los descrito? Ainda não sei, nem saberei jamais, como os pude reproduzir. A inacreditável felicidade de encontrar de novo isso tão vivo, tão intenso, depois de sessenta anos, tinha-me intumescido o peito de uma alegria heroica.

---

[29] *Revue Latine e Journal des Débats*, 6 set. 1903

Inspirado, pregoeiro do invisível, não é menos Victor Hugo: "Deus se manifesta através do pensamento do homem" – disse ele – "o poeta é sacerdote".[30] Acreditava na comunhão com os mortos. São conhecidas suas sessões de Espiritismo em Jersey, com a Sra. de Girardin e Auguste Vacquerie, descritas por este em suas *Miettes de l'Histoire,* como são conhecidos os versos por ele dirigidos ao Espírito Molière, e os terrivelmente irônicos que a "Sombra do Sepulcro" lhe ditava com o auxílio dos pés de uma mesinha.[31]

Sem dúvida, a propósito dos homens de gênio, ele repele esse "erro de todos os tempos, de pretender-se dar ao cérebro humano auxiliares exteriores". Semelhante opinião – *Antrum adjuvat valem* – melindra o seu orgulho. Mas a si próprio se contradirá ele em muitos casos. Leiam-se, por exemplo, estes seus versos:

Les morts sont des vivants mêlés à nos combats.
Et nous sentons passer leurs flèches invisibles.[32]

Ao pé do túmulo de Émilie Putron, proferia estas palavras que se tornaram célebres: "Os mortos são os invisíveis, mas não são os ausentes".

Na poltrona dos antepassados, que se via na sala de jantar de Hauteville-house, inscrevera estas palavras expressivas: *Absentes adsunt.* Não representa isso uma constante evocação dos que ele amara? Em todas as suas obras se encontram magníficas invocações às "vozes da sombra", às "vozes do abismo", às "vozes do espaço".

Certamente não pretendemos que Hugo fosse médium no sentido restrito do vocábulo, como grande número de pessoas, aptas a obter fenômenos de mínimo valor. Esse pujante Espírito não podia ser restringido ao papel secundário de intérprete dos pensamentos de outrem. Queremos dizer que o Além projetava sobre ele suas radiações e harmonias, as quais fecundavam o seu gênio e dilatavam-lhe até ao infinito o horizonte do pensamento.

[30] Victor Hugo – *William Shakespeare*, p. 49 e 50.
[31] Ver Segunda parte, cap. XVII deste livro.
[32] "Os mortos vivos são; partilham nossas lutas. E ouvimos sibilar suas setas."

Em Henri Heine essa colaboração do Invisível se traduz por modo sensível. Eis o que ele dizia no prefácio de sua tragédia *William Radcliff:*

> Escrevi *William Radcliff* em Berlim, sob tílias, nos derradeiros dias de 1821, enquanto o Sol com seus enlanguescidos raios iluminava os tetos cobertos de neve e as árvores despojadas de suas folhas. Escrevia sem interrupção e sem fazer emendas. E ao passo que escrevia, parecia-me ouvir por cima da cabeça um como que rufiar de asas. Quando referi esse fato aos meus amigos, jovens poetas berlinenses, eles se entreolharam de um modo singular e me declararam unanimemente que, escrevendo, nada de semelhante a isso haviam jamais observado.

O que há de mais notável é que essa tragédia é inteiramente espírita; o desenvolvimento da ação e seu desenlace patenteiam a recíproca influência do mundo terrestre e do mundo dos Espíritos.

Muitos autores célebres foram médiuns sem o saber. Outros tiveram disso consciência. Paul Adam, um dos mais fecundos escritores contemporâneos, francamente o confessou:[33]

> Fui um poderoso médium escrevente. A força que me inspirava tinha tal intensidade física, que obrigava o lápis a subir sozinho pelo declive do papel, que eu inclinava com a mão contrariamente às leis do peso. Essa força não somente via no passado, que eu ignorava, como possuía a presciência do futuro. Suas predições eram de surpreendente realização, visto como, nada, absolutamente nada, me podia fazer prevê-las.

Nem todos têm essa franqueza, e preferem deixar crer em seus méritos pessoais, mas em geral os grandes gênios reconhecem de bom grado que são dirigidos por inteligências superiores.

Encontra-se em grande número de escritores contemporâneos essa espécie de obsessão do Invisível. Hoffmann, Bullwer-Lytton, Barbey d'Aurevilly, Guy de Maupassant, etc., a conheceram e exprimiram em algumas de suas obras. Participaram, em graus diversos, dessa comunhão das almas,

---

[33] *Le Journal*, 5 ago. 1899.

de que surge desvendado o imenso mistério da vida e do espaço.

Como se vê, em todos os domínios da arte e do pensamento, os Céus vivificam a Terra. Os grandes músicos, os príncipes da harmonia, parecem ter estado mais diretamente ainda sob a influência da mediunidade. Não somente a precocidade de alguns, como, por exemplo, de Mozart, atesta o princípio das reencarnações, mas também há, na vida dos compositores célebres, fenômenos absolutamente mediúnicos, que seria demasiado longo referir aqui. Sua história é de todos conhecida.

Vimos atrás (cap. XIV) que Mozart e Beethoven deram testemunho das influências ultraterrenas que lhes inspiravam o gênio. Outro tanto se poderia dizer de Haydn, Haendel, Gluck, etc. Chopin tinha visões que, às vezes, o aterravam. Suas mais belas composições – sua "Marcha Fúnebre", seus "Noturnos" – foram escritos em completa obscuridade. Toda a obra de Wagner repousa sobre um fundo de espiritualidade. E isso tanto é expresso nas palavras de "Lohengrin", do "Tannhauser" e de "Parsifal", como em toda a própria música.

Os homens ilustres têm sido, em sua maior parte, médiuns auditivos. Foi ao despertar que, na maioria das vezes, compuseram suas obras. Dante denominava a manhã "a hora divina", por ser aquela em que se exprimem as inspirações da noite. Belíssimas coisas haveria que dizer acerca das revelações noturnas feitas ao gênio. Os antigos conheciam o mistério dessa iniciação. Diziam eles: "O dia é dos homens; a noite pertence aos deuses". Durante o sono, as almas superiores remontam às esferas sublimes; mergulham nas irradiações do pensamento divino, em um oceano de sonoridade, de harmoniosas vibrações; aí descobrem os princípios e as causas da sinfonia eterna. Francisco de Assis e Nicolau de Tolentino sentiram-se imersos no êxtase, por terem escutado um eco longínquo, algumas notas esparsas dos concertos celestes, isto é, da orquestra infinita das esferas. O "Requiem" de Mozart não tem outra origem. Algumas horas apenas antes de seu desprendimento corporal, o mestre, com a mão já invadida pelo gelo da morte, traçou esse hino fúnebre, que foi a derradeira manifestação do seu gênio. Convinha que o ilustre médium, que toda a vida percebera as vozes melodiosas do Espaço, expirasse numa última harmonia, e que sua alma se exalasse num lamento sobre-humano, de inefáveis inflexões, de que só são capazes os grandes inspirados, ao assomarem o limiar dos mundos gloriosos.

Raffaelo Sanzio dizia que suas mais belas obras lhe haviam sido inspiradas e apresentadas numa espécie de visão.

Dannecker, escultor alemão, afirmava que a ideia do seu Cristo, uma obra-prima, lhe tinha sido comunicada por inspiração, num sonho, depois de a ter inutilmente procurado em suas horas de estudo.

Albrecht Dürer velava, uma noite, e meditava. Queria pintar os quatro evangelistas e, tendo retocado esboços, que não exprimiam a seu gosto o ideal que imaginava, atirou os pincéis, abriu a janela e pôs-se a contemplar as estrelas. A inspiração lhe veio nesse momento de tristeza; invocou os seus modelos espirituais. A Lua projetava sua claridade nos monumentos e nas agulhas das catedrais de Nuremberg. E disse ele: "Permitistes a homens transformar aí lascas de pedra em construções harmônicas, de majestosas linhas. Consenti-me transportar para a tela esses santos enviados que trago na alma".

Viu então a igreja de São Sebald avermelhar-se em fogo, e nuvens azuis formarem um fundo em que se desenhavam as imponentes figuras dos quatro evangelistas, e exclamou: "Eis aí os rostos que tenho inutilmente procurado fixar!". Não é esse um caso de mediunidade, e não vemos atualmente o mesmo fato reproduzir-se com Hélène Smith, a médium de Genebra?[34]

Muito havia que escrever sobre a intervenção das inspirações superiores no domínio da arte.

Não haveria também a influência do Alto nesse poder da oratória que subleva e arrebata as multidões, como o vento subleva

---

[34] *La Paix Universelle*, 15 nov. 1910.

as ondas do oceano? Ela parece manifestar-se principalmente nos oradores de arrojados surtos que, em certos momentos, são como que suspensos da terra e transportados em possantes asas, ou ainda nesses improvisadores, de frases sugestivas e sonora linguagem, cuja palavra flui em acelerados jorros, e que Cícero denominava "a torrente do discurso".

O poder de curar pelo olhar, pelo tato, pela imposição das mãos, é também uma das formas por que a ação espiritual se faz sentir no mundo. Deus, fonte de vida, é o princípio da saúde física, do mesmo modo o é da perfeição moral e da suprema beleza. Certos homens, por meio da prece e do esforço magnético, atraem esse influxo, essa irradiação da força divina que expele os fluidos impuros, causa de tantos sofrimentos. O espírito de caridade, e de dedicação levado até ao sacrifício, o esquecimento de si mesmo, são as condições necessárias para adquirir e conservar esse poder, um dos mais admiráveis que Deus concede ao homem.

Esse domínio, essa superioridade do Espírito sobre a matéria se afirma em todos os tempos. Vespasiano cura pela imposição das mãos um cego e um estropiado.[35] Não menos célebres são as curas de Apolônio de Tiana. Todas são ultrapassadas pelas do Cristo e seus Apóstolos, operadas em virtude das mesmas leis.

Nos tempos modernos, pelo ano de 1830, um santo padre bávaro, o príncipe de Hohenlohe, possuiu essa admirável faculdade. Ele procedia sempre mediante a prece e a invocação, e a fama de suas curas repercutiu em toda a Europa. Curava os cegos, os surdos, os mudos; uma multidão de doentes e achacados, incessantemente renovada, assediava-lhe a casa.

Mais recentemente, outros taumaturgos atraíram a multidão dos sofredores e desenganados. Cahagnet, Puységur, Du Potet, Deleuze e seus discípulos fizeram prodígios. Ainda hoje, inúmeros curadores, mais ou menos felizes, tratam com assistência dos Espíritos.

---

[35] Tácito – *Histórias*, liv. IV, cap. 81.

Esses simples, esses crentes são enigmas torturantes para a ciência médica oficial, tão impotente em face da dor, apesar de suas orgulhosas pretensões. Charcot, esse observador genial, no fim da vida reconheceu-lhes o poder. Numa revista inglesa publicou ele um estudo que se tornou famoso: *The faith healing* – "a fé que cura". Com efeito, a fé, que é de si mesma uma fonte de vida, pode bastar para restituir a saúde. Os fatos o demonstraram com eloquência irrefragável. Nos mais diversos meios, homem de bem – o cura d'Ars, o Sr. Vigne, um protestante das Cevennas, o padre João, de Cronstadt, outros ainda, tanto nos santuários católicos como nos do Islamismo ou da Índia – obtiveram pela prece inumeráveis curas.

Demonstra isso que, acima de todas as igrejas humanas, fora de todos os ritos, de todas as fórmulas e seitas, há um foco supremo que a alma pode atingir pelos impulsos da fé, e no qual vai ela haurir forças, auxílios, luzes, que se não podem apreciar nem compreender, desconhecendo Deus e não querendo orar. A cura magnética não exige, na realidade, nem passes, nem fórmulas especiais, mas unicamente o desejo ardente de aliviar a outrem, a invocação profunda e sincera da alma a Deus, fonte e princípio de todas as forças.

Dessas considerações se depreende um fato: é que perpetuamente, em todas as épocas, tem o mundo invisível colaborado com o mundo dos mortais, nele transfundindo suas aspirações e socorros. Os milagres do passado são os fenômenos do presente; só os nomes mudam; os fatos espíritas são eternos.

Assim, tudo se explica, se esclarece e se compreende. Ante o imenso panorama do passado se inclina o pensador, empunhando o facho do novo Espiritualismo; e essa luz, na vastidão dos séculos, a poeira dos destroços, que a História registrou, brilha a seus olhos como auríferas centelhas.

O gênio – dissemos – é uma mediunidade; os homens de gênio são médiuns em graus diversos e de várias ordens. Há nessa faculdade, além de grande variedade de formas, graduação e hierarquia, como em todos os domínios da natureza e da vida.

Os homens de gênio, voluntária ou involuntariamente, conscientemente ou não, se acham em relação com o Além; dele recebem os poderosos eflúvios; inspiradores invisíveis os assistem e colaboram em suas obras.

Acrescentarei que o gênio é uma mediunidade dolorosa. Os grandes médiuns, como vimos, têm sido os maiores mártires. A morte de Sócrates, o suplício de Jesus e a fogueira de Joana d'Arc são alguns desses calvários redentores que dominam a História.

Todos os grandes homens sofreram; foram, segundo uma palavra célebre: "ilustres perseguidos". Todo homem que se eleva, isola-se: e o homem isolado sofre; é incompreendido. Um excelente livro a escrever seria o dos infortúnios do gênio; nele ver-se-ia quão doloroso foi o destino de todos os cristos deste mundo: Orfeu, dilacerado pelas bacantes; Moisés, enterrado provavelmente vivo [*sic!*] no Nebo; Isaías, serrado pelo meio do corpo; Sócrates, envenenado com cicuta; Colombo, acorrentado como malfeitor; Tasso, enclausurado entre loucos; Dante, errando através dos exílios; Milton, pobre como Jó e cego como Homero; Camões, agonizando numa enxerga de hospital; os grandes inventores: Galileu, encarcerado pela Inquisição; Salomão de Caus, Bernardo Palissy, Jenner, Papin, Fulton e tantos outros, reputados insensatos! Insensatez sublime, como a de Jesus, que Herodes fez coroar de espinhos e revestir com um manto de púrpura, em sinal de humanidade. Há nesse fato leis misteriosas, conhecidas outrora pelos sábios, atualmente postergadas, mas que a ciência espiritualista contemporânea deve reconstituir com paciente labor entre numerosas contradições; porque a punição dos povos consiste em readquirir ao preço de seu suor, de seu sangue e de suas lágrimas, as verdades perdidas e as revelações menosprezadas. Voltemos, porém, ao estudo psíquico do gênio.

O gênio é uma mediunidade, que possui antes de tudo o caráter essencial, que é a intermitência. Um homem superior não o é jamais no estado habitual; o sublime a jato contínuo faria rebentar o cérebro. Os homens de gênio têm, às vezes, suetos vulgares. Alguns mesmo há que não foram inspirados mais que uma vez na vida, escreveram uma obra imortal, e em seguida repousaram.

Numerosos exemplos o demonstram: a mediunidade genial se assemelha à mediunidade de incorporação. É precedida de uma espécie de transe, que tem sido justamente denominado "a tortura da inspiração". O *mens divinior* não penetra impunemente o ser mortal; impõe-se-lhe de alguma sorte pela violência. Uma espécie de febre e um frêmito sagrado se apoderam daquele que o Espírito visita.[36] Manifestações,

---

[36] Lamartine ("XIe. Méditation. l'Enthousiasme"), descreveu em esplêndidos versos esse estado:

Ainsi quand tu fonds sur mon âme,
Enthousiasme, aigle vainqueur,
Au bruit de tes ailes de flamme
Je frémis d'une sainte horreur;
Je me débats sous ta puissance,
Je fuis, je crains que ta présence N'anéantisse un cœur mortel,
Comme un feu que la foudre allume,
Qui ne s'éteint plus et consume
Le bûcher, le temple et l'autel.

Mais à l'essor de la pensée
L'instinct des sens s'oppose en vain:
Sous le dieu mon âme oppressée
Bondit, s'élance et bat mon sein.
La foudre en mes veins circule.
Etonné du feu qui me brûle.
Je l'irrite en le combattant,
Et la lave de mon génie.
Déborde en torrents d'harmonie
Et me consume en s'échappant.

Nota do tradutor: Destes magníficos versos, que reproduzimos em original, para deixar aos leitores apreciarem toda a sua beleza, pedimos licença para oferecer, aos que desconheçam o francês, a seguinte descolorida imitação:

Quando assim de minha alma te apoderas,
Águia vitoriosa – ó entusiasmo!
De tuas asas flamantes ao ruído
Eu estremeço de sagrado horror.

transportes semelhantes aos que agitavam a pítia em sua trípode, anunciam a chegada do deus: *Ecce deus!* Todos os grandes inspirados – poetas, oradores, músicos, artistas – têm experimentado essa hiperexcitaçao sibilina, em consequência da qual chegaram alguns mesmo a morrer. Rafael consumiu-se na flor dos anos. Há jovens predestinados cujo invólucro demasiado frágil não pôde suportar a energia das inspirações super-humanas, e que tombaram, logo ao alvorecer do próprio gênio, como a delicada flor que o primeiro raio de sol atira morta ao chão.

A Igreja admite essa doutrina; ensina que de entre os seus autores sagrados alguns são diretamente inspirados, como os profetas, outros simplesmente assistidos. Essa distinção entre a inspiração e a assistência é para nós representada pelos diferentes graus da mediunidade. Lembremo-nos a esse respeito do que expusemos em outro lugar. [37] A Igreja foi espírita durante os três primeiros séculos. As epístolas de S. Paulo e o livro dos atos dos Apóstolos são manuais clássicos de mediunidade. A teologia escolástica veio turvar a límpida fonte das inspirações, introduzindo elementos de erro na magnífica síntese da doutrina hierática das primeiras épocas cristãs. A obra de Denis chamada o *Areopagita* é inteiramente impregnada de Espiritismo. Na vida dos santos ressuma exuberante a seiva mediúnica de que foi saturada a primitiva Igreja pelo Cristo e seus Apóstolos. Os conselhos de São Paulo aos coríntios são recomendações de um diretor de grupo aos seus iniciados. Tomás de Aquino afirma ter comentado essas epístolas sob o

---

Sob o teu jugo debater-me intento,
Fujo, temendo que a presença tua
Um coração mortal pronto aniquile,
Qual labareda que produz o raio,
Que não se extingue mais e que consome Assim a pira como o altar e o templo.
Ao arrojo, porém, do pensamento,
Em vão se opõe o instinto dos sentidos: Sob a opressão do deus pulsa minha alma Tumultua-me o peito a palpitar.
Sinto que o raio me percorre as veias. Aturdido com o fogo que me abrasa,
Mais o ateio, buscando combatê-lo.
E a lava impetuosa do meu gênio Extravasa em torrentes de harmonia,
E ao passo que se escapa me consome.
[37] Ver *Cristianismo e espiritismo*, caps. IV e V.

próprio ditado do Apóstolo; ele conversava com uma personagem invisível; à noite sua cela era inundada por uma luz estranha, e seu discípulo Reginaldo, três dias depois de morto, lhe veio dizer o que vira no Céu. Alberto, o Grande, hauria sua incomparável ciência da natureza por meio de infusão mediúnica, ciência que lhe foi retirada subitamente, do mesmo modo que lhe havia sido transmitida; e na idade de 40 anos tornou-se ele novamente ignorante como uma criança.

Gioachino da Fiori e Giovanni da Parma, seus discípulos, foram instruídos por meio de visões, e escreveram sob o ditado de um Espírito. O Evangelho eterno, que contém, em gérmen, toda a revelação do futuro. Os "litterati" da Renascença, Marsilio Ficino, de Florença; Pico della Mirandola, Girolamo Cardano, Paracelso, Pomponácio e o insigne Savonarola imergiram na mediunidade como num oceano espiritual.

O século XVII teve também seus gloriosos inspirados. Pascal tinha êxtase; Malebranche escreveu, na obscuridade de uma cela fechada, sua *Pesquisa da verdade*. O próprio Descartes refere que o seu sistema genial da "Dúvida Metódica" lhe foi revelado por súbita intuição que lhe atravessou o pensamento com a rapidez de um raio.[38] Ora, à filosofia cartesiana, assim oriunda de uma espécie de revelação mediúnica, é que devemos a emancipação do pensamento moderno, a libertação do espírito humano, encarcerado havia séculos na fortaleza escolástica, verdadeira bastilha do despotismo aristotélico e monástico.

Esses grandes iluminados do século XVII são os precursores de Mesmer, de Saint-Martin, de Swedenborg, da escola san-simoneana e de todos os apóstolos da doutrina humanitária, precedendo Allan Kardec e a atual escola espiritualista, cujos inúmeros luzeiros se vão acendendo em todos os pontos do universo.

---

[38] Ver suas olímpicas. O Sr. A. Fouillée, em sua biografia de Descartes, p. 12 (Hachette, editor 1893), escreve a respeito dessa inspiração: "Ele (Descartes) a considerava uma revelação do Espírito de Verdade acerca do caminho que lhe cumpria seguir". Porque possuía a imaginação ardente, uma espécie de exaltação interior que ia, diz Voltaire, até a singularidade. Numa de suas notas, escreveu ele relativamente a esse dia decisivo, em sinal de reconhecimento ao que considerava ter sido uma inspiração divina: "Antes do fim de novembro irei a Lorete e para lá seguirei, de Veneza, a pé".

Assim, o fenômeno da mediunidade se patenteia em todas as épocas, ora fulgurando com intenso brilho, ora velado e obscurecido, conforme o estado de alma dos povos, jamais cessando de encaminhar a humanidade em sua peregrinação terrestre. Todas as grandes obras são filhas do Além. Tudo o que há revolucionado o mundo do pensamento, aduzindo um progresso intelectual, nasceu de um sopro inspirador.

Na hierarquia das inteligências existe uma solidariedade magnífica. Uns aos outros se têm os grandes inspirados transmitido, através do longo rosário dos séculos, o farol da mediunidade reveladora e gloriosa. A humanidade ainda caminha à frouxa luz crepuscular dessas revelações, à claridade desses fogos acesos, nas eminências da História, secundada por predestinados instrutores.

Essa perspectiva da história geral é consoladora e grandiosa; reveste as modalidades e o caráter de um drama sacrossanto. Deus envia seu pensamento ao mundo por emissários que incessantemente descem os degraus da escada dos seres e vão levar aos homens a comunicação divina, como os astros enviam à Terra, através das profundezas, suas irradiações sutis. Assim, tudo se liga no plano universal. As esferas superiores promovem a educação dos mundos inferiores. Os Espíritos celestes se fazem instrutores das humanidades atrasadas. A ascensão dos mundos de prova para os de regeneração é o mais belo espetáculo que pode ser oferecido à admiração do pensador.

Desde as mais elevadas e brilhantes esferas às regiões mais baixas e obscuras; desde os mais radiosos Espíritos aos homens mais grosseiros, o pensamento divino se projeta em catadupas de luz, numa efusão de amor.

Com essa doutrina ou, antes, mediante essa visão de solidariedade intelectual dos seres, compreendemos de quanto somos devedores aos nossos antepassados espirituais, aos gloriosos médiuns, que, com o labor penosíssimo do gênio, semearam o que fruímos hoje, o que outros hão de melhor colher ainda no futuro. Estes pensamentos nos devem inspirar uma piedade reconhecida aos mortos augustos que implantaram o progresso em nosso mundo.

Vivemos numa época de perturbação em que quase não se sentem essas coisas. Pouquíssimos, entre os nossos contemporâneos, se elevam a essas culminâncias, donde, como de um promontório, se descortina o vasto oceano das idades, o cadenciado fluxo e refluxo dos sucessos.

A Igreja, transformada em sociedade política, não soube aplicar às necessidades morais da humanidade estas verdades profundas e essas leis do invisível. Os sacerdotes são impotentes para nos encaminhar, porque eles próprios esqueceram os termos sagrados da sabedoria antiga e o segredo dos "mistérios". A Ciência moderna se engolfou até agora no materialismo e no positivismo experimental. A universidade não sabe ministrar, pela palavra dos mestres, o ensino regenerador que retempera as almas e as prepara para as grandes lutas da existência. Até as sociedades secretas perderam também o sentido das tradições que justificavam seu funcionamento; praticam ainda os ritos, mas a alma que as vivificava emigrou para outros céus.

É tempo de que um novo influxo percorra o mundo e restitua a vida a essas formas gastas, a esses debilitados envoltórios. Só a Ciência e a revelação dos Espíritos podem dar à humanidade a exata noção de seus destinos.

Um imenso trabalho em tal sentido se realiza atualmente; uma obra considerável se elabora. O estudo aprofundado e constante do mundo invisível, que o é também das causas, será o grande manancial, o reservatório inesgotável em que se hão de alimentar o pensamento e a vida. A mediunidade é a sua chave. Por esse estudo chegará o homem à verdadeira ciência e à verdadeira crença que se não excluem mutuamente, mas que se unem para fecundar-se; por ele também uma comunhão mais íntima se estabelecerá entre os vivos e os mortos, e socorros mais abundantes fluirão dos Espaços até nós. O homem de amanhã saberá compreender e abençoar a vida; cessará de recear a morte. Há de, por seus esforços, realizar na Terra o reino de Deus, isto é, da paz e da justiça, e chegado ao termo da viagem, sua derradeira noite será luminosa e calma como o ocaso das constelações, à hora em que os primeiros albores matinais se espraiam no horizonte.

ÍNDICE GERAL[1]

A

A., Lady
Annales des Sciences Psychiques
e - XIII, 151
clarividência e - XIII, 151

Abdullah, Espírito
Aksakof e - I, 26, nota
fotografia do * materializado -1, 26,
nota

Abendt, médium
desmascaramento e - introd.,17
Academia de Medicina de Paris
Charles Richet, professor, e -1, 24

Ação psíquica
consequências da - XII, 131, 132,
nota

Acella, Espírito
Bayol, Dr., e evocação do - XX, 272

Adivinhação ver Clarividência
Afonso de Liguori, Santo
bicorporeidade e - XII, 137

Agência (Bureau) Internacional
Movimento Espírita no mundo inteiro
e - II, 35

Agullana, Rosa
psicopictografia e - XVIII, 232

Aksakof
Animismo e espiritismo, livro, e - I,
25, nota; I, 26, notas; IX, 95, nota; IX,
98, nota; XII, 133, nota; XII, 136,
137, 138, nota; XII, 140, nota; XII,
143, nota; XIV, 157, nota; XV, 168,
nota; XVI, 174, nota; XVII, 199, nota;
XVII, 200, nota; XIX, 254, nota; XX,
265, nota; XX, 266, nota, XX, 267,
nota; XX, 269, nota; XX, 277, nota;
XX, 280, nota; XX, 281, nota; 289,
nota; 297, nota; 309, nota; 208
assinaturas de personalidades
desconhecidas do médium e - XXI,
297, notas comunicação escrita a
distância e - XII, 133, notas
condensações de uma certa
matéria e - XX, 266
Espírito Iolanda e produção de um
lírio
dourado e - XX, 286, nota estudo da
ação extracorpórea da alma e - XII,
140
experiências de sugestão e - XX,
289, nota
explicação de * sobre as formas de
Espíritos materializadas - XX, 280,
nota
fenômeno das casas mal-assombradas e - XVI, 183 fotografia de uma
forma de Espírito materializada e
- XX, 277, nota fotografia do Espírito
Abdullah materializado e – I, 26,
nota indicação de testamento pelos
Espíritos e - XXI, 309, nota médium
automatista e - XXIV, 351 molde do
pé da forma desdobrada do médium
Eglinton e - XX, 279, nota pneumatografia e - XVIII, 208 revelações científicas e - XXI, 296, nota significado da
expressão animismo - XII, 140

Alberto, o Grande
Gioachino da Fiori, discípulo de -
XXVI, 386
Giovanni da Parma, discípulo de -
XXVI, 386
infusão mediúnica e - XXVI, 386

Alcorão
anjo Gabriel e – XXVI, 369, notas
Maomé e - XXVI, 369, notas

Além-túmulo
aquisição da ciência de – II, 36
ciência do - VIII, 83 revelações de -
XI, 114

Alexandre II, imperador
Home, médium, e-XVII, 192, nota

Alighieri
vida e obra de – XXVI, 372

Alma é imortal, A, livro
Gabriel Delanne e – III, 44, nota
Alma humana, seus movimentos,
suas luminosidades, A, livro Baraduc,
Dr., e - XII, 143, nota fotografia de
Espíritos e - XII, 143, nota

Alma(s)

---

[1] Remete ao número do capítulo e da página, respectivamente. Adotou-se a
abreviatura Introd. para introdução.

ação a distância de uma *
sobre outra -1, 24
ação da * a distância sem o concurso dos sentidos - XII, 129 ação da *
fora dos limites do corpo -XIII, 144
ação da * no sono normal - XII,
124 ação da prece sobre a - X, 110
Aksakof e estudo da ação
extracorpórea da - XII, 140 Antiguidade pagã e conhecimento e
cultivo da * feminina - 72 aparição
e independência da - 24 atividade
da * no transe - XIX, 254 benefícios
da palavra da - 7 centelha emanada
do divino Foco e -XIII, 153 cérebro
fluídico e - XII, 124 Ciência e estudo
da - Introd., 8 comunhão das * no
passado - VI, 70 comunicação da *
durante o sonho - XII, 127 conceito
de – I, 23; XII, 143 construção do perispírito e - XII, 142 crença universal
nas manifestações das - VI, 67
desprendimento e - I, 23; 123
destino da - IX, 96, 344
Emilie Sagée, professora, e exteriorização da – 135, nota essência
da - III, 43 estudo da * exteriorizada durante a vida-XI, 144 eterna
comunhão das - VI, 68 evolução do
estudo da - I, 25 existência própria
e - XII, 124 êxtase, apanágios da *
afetuosa e crente - XIII, 149 exteriorização da -XII, 135, 138 faculdades
da - XI, 114 felicidade para a grande
família das - II, 37 fenômeno das
casas mal-assombradas e demonstração da * humana - XVI, 173 força
psíquica e - I, 26 forma fluídica
da - I, 23 futuro da - XI, 114 lei da
ascensão e * humana – II, 36 leitura
no futuro e - XIII, 153 manifestação
da * depois de sua separação do
corpo físico - XII, 144 materialistas e
concepção de - I, 23; XII, 143
mulher e modelagem da * das
gerações - VII, 72 mundo ocidental
e conhecimento das faculdades da
- II, 36 objetivo da luta da * contra a
matéria - VI, 69 perispírito e riqueza
ou indigência da - III, 47 positivistas
e concepção de - I, 23 presença
simultânea do corpo material e do
duplo fluídico da - XII, 142 revelação
da existência da - XII, 144 sábios e
comunhão das - IX, 91 situação da
* depois da morte para o homem
- II, 37 Tr. Benning, reverendo, e

exteriorização da -XII, 135, 136,
nota sonho, emancipação da - XIII,
145 testemunho da irradiação da
* humana - XV, 168 universidade e
ensino regenerador que retempera
as - XXVI, 388 vibração em uníssono
entre - XII, 129 vibrações e aproximação e vinculação das - VIII, 77
visibilidade da * a distância - I, 24
Alma é imortal, A, livro
Gabriel Delanne e - III, 44, nota;
XIX, 255, nota; XX, 290, nota Alma
humana, seus movimentos, suas
luminosidades, A, livro Baraduc, Dr.,
e - I, 24, nota
Altérations de la Personnalité, Les,
livro A. Binet e - XIX, 253, nota
Alucinado
cura do * pelas práticas espíritas –
XXII, 320, nota
Ambrósio, Santo
bicorporeidade e - XII, 138
Amor
união e equilíbrio no – VII, 75
Animismo
Aksakof e significado da expressão
- XII, 140 teoria da subconsciência
e - XXIII, 335
Animismo e espiritismo, livro
Aksakof e – I, 25, nota; I, 26, notas;
IX,
95, nota; IX, 98, nota; XII, 133, nota;
XII, 136, 137, XII, 138, nota; XII, 140,
nota; XII, 143, nota, XIV, 157, nota;
XV, 168, nota; XVI, 174, nota; XVII,
199, nota; XVII, 200, nota; XVIII, 208,
XIX, 254, nota; XX, 266, nota; XX,
267, nota; XX, 269, nota; XX, 277,
nota;
XX, 280, nota; XX, 281, nota; XX,
289, nota; XXI, 297, nota; XXI, 309,
nota
experiências do Sr. Beattie e - XX,
266 pneumatografia e - XVIII, 208
Annales des Sciences Psychiques
A. Erny e - XXV, 356, nota aparições
e – I, 24, XX, 272, nota arrojo dos espíritas e - Introd., 16 caso de obsessão e - XXII, 323 Cesare Lombroso e
- XVI, 186 Charles Richet, professor,
e - Introd., 13, 16, I, 29 clarividência
de Lady A. e - XIII, 151 Darieux, Dr.,
diretor do - Introd.,
28, XX, 269, nota
descrição do sonho do Sr.

Rolline - XII, 128

Deve-se estudar o Espiritismo, artigo, e - I, 29

Drubay, Sr., e fraude nos fenômenos de materialização - XXIV, 348, notas Ernesto Bozzano e - XX, 278, XXI, 309 fenômeno das casas mal-assombradas e - XVI, 186

H. Durville, Sr., e - III, 44, nota materialização de Espírito e - XX, 284, nota narrativa de caso de pressentimento pelo Messaggero e - XIII, 152 Ochorowicz, Dr., e - I, 32, XVII, 195, nota prova de identidade de Espírito e – XXI, 300, nota; XXI, 301, nota rescisão de arrendamento e - XVI, 184, 185

Annales Politiques et Littéraires Camille Flammarion e - XVII, 201

Annales Psychiques

Geoffriault, Sr., e - XV, 167, nota

Antiguidade

conhecimento e cultivo da alma feminina e * pagã - VII, 72 papel da clarividência na - XIII, 150 videntes, sibilas e - VII, 71

Antônio de Pádua, Santo

bicorporeidade e – XII, 137, nota

Apolônio de Tiana

cura pela imposição das mãos e - XXVI, 382 visão de - VI, 68

Aquino, Tomás de

comentários das epístolas aos coríntios e - XXVI, 385

Arcana of Spiritualism, livro

Hudson Tuttle, médium, e - XIX, 237

Arcanes de la Nature, livro

Büchner, Dr., chefe da escola materialista, e - XVIII, 218, nota Hudson Tuttle, médium, e - XVIII, 217

Armstrong, Sr.

diminuição do peso do médium e experiências de – IX, 98, nota; XX, 282, nota

Arroubo *ver* Êxtase

Associação da Imprensa (Roma)

resumo da conferência do Sr. Vassalo e - XVII, 193-195

Astley, Dr., reverendo

desdobramento e - XII, 136 Audição características da - IV, 54 fenômenos de exteriorização e * psíquica - XIV, 155 mediunidade e *

psíquica - XIV, 155

Aura

conceito de – XV, 166 fenômeno de exteriorização da sensibilidade e - XV, 166

Auto de fé em Barcelona

bispo de Barcelona e - XXV, 357

Automagnetização

passes, fricções e - XV, 170

Automatismo

fenômeno espírita e - XVIII, 213 médium escrevente e - XVIII, 215

Autossugestão

escrita automática e * involuntária - IX, 97-98, nota médium escrevente e - XXIV, 350

Autour des Indes à la Planète, livro

Metzger, Sr. Dr., e - IX, 89, nota

B

B., sacristão

manifestação da alma e - XII, 141

Babinet

teoria dos movimentos musculares inconscientes e - XVII, 196

Bach, Sebastian

execução de sonatas durante o sono e - XII, 127

Bacon, Roger, poeta

Opus Majus e - XXVI, 375

Bailey, médium

desmascaramento e - Introd., 17

Balaão

dualidade dos Espíritos inspiradores e - XXVI, 365

Balme, Dr.

Bulletin de la Société d'Études Psychiques de Nancy e - XII, 135, nota comunicação a distância e – XII, 135, nota faculdade de visão psíquica e - XII, 130, 131, notas

Balzac

Louis Lambert, livro, e - XXVI, 376 Peau de Chagrin, La, livro, e - XXVI, 376 Séraphita, livro, e - XXVI, 376 Ursule Mirouet, livro, e – XXVI, 376

Baraduc, Dr.

Alma humana, seus movimentos, suas luminosidades, A, livro, e – I, 24, nota; XII, 143, nota fotografia de Espíritos e - XII, 143, nota medição da força psíquica e – XV, 166, 167, notas

Barrett, professor
Espíritos e médiuns, livro, e relato do - Introd., 13, nota homenagem aos espíritas e - Introd., 16 presidente da Society for Psychical Research e - Introd., 14, nota pronunciamento e - Introd., 14 Revue des Études Psychiques e - Introd., 14, nota Universidade de Dublin e - Introd., 14

Bayol, Dr.
Congresso Espírita e Espiritualista Internacional (1900) e - I, 28, nota evocação do Espírito Acella e - XVIII, 272 experiências de materializações e -1, 28, nota fenômenos de aparição e - XX, 272, nota precauções nas experiência e - XX, 272, nota

Beattie, Sr.
Animismo e espiritismo, livro, e experiências do - XX, 266 irradiação da força psíquica e - XV, 168, nota Beaunis, Dr. Somnambulisme Provoque, Le, livro, e - XX, 287, nota

Beethoven, músico
êxtase e - XIV, 162 fenômenos mediúnicos e - XXVI, 380 inspiração e obras-primas de - XIV, 162

Bem
criação do - III, 47

Benning, Tr,. reverendo
exteriorização da alma e - XII, 135, 136, nota

Bérard, Sr.
sonho premonitório de um assassínio e - XIII, 149

Bernard, Claude
linhas de força e - III, 44

Berthelot
Louis Ménar det son oevre, livro, e - XXVI, 372, nota

Bessi, professor
fenômeno de visão espontânea e - XIV, 159 Revue des Études Psychiquese e - XIV, 159

Bíblia
casos de obsessão e - XXVI, 367 Esdras e reconstituição integral da – XXVI, 366, notas textos da * que afirmam a mediunidade – XXVI, 366, nota

Bicorporeidade

Afonso de Liguori, Santo, e - XII, 137 Antônio de Pádua, Santo, e - XII, 137, nota mística cristã e - XII, 137, nota

Billot
demonstração da exteriorização da alma e - XII, 138

Bilocação
mística cristã e - XII, 137, nota

Binet, A., Sr.
Altérations de la Personnalité, Les, livro, e - XIX, 253, nota explicação para os fatos espíritas e - XIX, 253, 254, nota Magnetismo animal, O, livro, e - XX, 287, nota teoria da subconsciência e - XX, 259

Biômetro
aparelho para medição da força psíquica e - XV, 166

Blake, W., poeta
Espírito Milton e - XXVI, 373 Blavatsky, Sra., médium Richard Hodgson, Dr., e embuste da – XIX, 241 Boirac, Sr., reitor da Academia de Grenoble ação do fluido magnético e - XV, 169, nota

Bois, Jules
médiuns charlatães, embusteiros, histéricos e - 358, nota Monde Invisible, Le, e - 160, nota

Bom senso
cientistas e - 13, nota hipótese espírita e - Introd., 13

Bon, Le, Sr.
desafio aos espíritas e médiuns e - I, 31 resposta do astrônomo Camille Flammarion ao - I, 31

Bonnemère, E.
faculdades mediúnicas de Maomé e - XXVI, 370, nota L'Âme et ses Manifestations à Travers l'Histoire, livro, e - XXVI, 370, nota

Bonnet, Dr.
experiências de materializações e - I, 28, nota Faculdade de Paris e -1, 28, nota Bourdin, Antoinette Médiumnité au Verre d'Eau, La, livro, e - XIV, 158, nota Bourg, Von, Sr., médium psicômetra reconhecimento do corpo do Sr. Perey-Foxwell e - XIV, 158

Boutlerov, professor
Espírito Iolanda e produção de um lírio dourado e - XX, 286, nota
Bozzano, Ernesto
Annales des Sciences Psychiques e - XX, 278, XXI, 309
d'Espérance, Sra., médium, e - XX, 278
materialização de Espírito e - XX, 278
Brakett, Sr.
fenômeno de materialização e - XX, 290
Brettes, cônego
materializações de fantasmas e - XXIII, 339
Revue du Monde Invisible e - XXIII, 339
Brittain, reverendo
adesão do * ao Espiritismo - 177
Britten-Hardinge, Sra.
História do espiritualismo na América, livro, e - 161, nota
Tamlin, Sra., médium, e - 161
Broughton, Sra.
visão a distância durante o sono e - XII, 126, nota
Brunier, Ch., pintor
experiências do * com as mesas - XVII, 197
Büchner, Dr., chefe da escola materialista Arcanes de la Nature, livro, e - XVIII, 218, nota
Bulletin de la Société d'Études Psychiques de Nancy, ação do fluido magnético e - XV, 169, nota
Balme, Dr., e - XII, 135, nota
Collet, coronel, e – XIII, 151 comunicação espírita e - XVIII, 221
Bureau, Allyre, compositor
experiências com as mesas e - XVII, 197

C

Calpúrnia
sonho premonitório e - XIII, 148
Câmara dos antepassados China, Índia e – VI, 68
Camões
agonia numa enxerga de hospital e – XXVI, 383
Capron, W.
Modem Spiritualism its Facts and
Fanaticisms, livro, e - XVI, 174, nota
Cardano, Girolamo, poeta
escrita mediúnica e - XVIII, 217, nota
Rerum Varietate, De, livro, e - 375
Carrancini, médium
desmascaramento e - Introd., 17
Carrau, Sr.
visão a distância durante o sono e - XII, 125, nota
Carreras, Enrico
caso de obsessão e - XXII, 325
Luce e Ombra e - XXII, 325
Politi, médium, e - XXII, 325
Catalepsia
características da - XV, 171
Cathcart, Charles
testemunho de fenômeno de levitação e - XVI, 179, nota
Catolicismo
mulher e - VII, 72
Cérebro humano
ação da energia no - 80
centralização das impressões dos sentidos e - XII, 132
cérebro fluídico do Espírito e - VIII, 80
Drawbarn, Ch., e comparação do bloco de gelo ao - VIII, 80, nota
emissão de vibrações e - VIII, 80
fisiologista e mundo maravilhoso do -VIII, 79
inteligência e desenvolvimento do - VIII, 79
relação entre o pensamento e - VIII, 79
transe sonambúlico e - VIII, 78
César
Calpúrnia e assassinato de - XIII, 148
gênio e previsão da morte de - VI, 68
Ceticismo
motivos que levam ao - IX, 100 prejuízo do * demasiado - IX, 86
Céu
Espiritismo, ensino que o * transmite à Terra - Introd., 10
Céu e o Inferno, O, livro
Allan Kardec e - XII, 143, nota
evocação de pessoas vivas durante o sono e – XII, 143, nota
Charcot
Faith healing, The, livro, e - XXVI, 382
Charlatanismo
médium profissional e - XXIV, 352
Charlatão

LÉON DENIS | 411

credulidade, motivo de atração do -
Introd., 18

Chateaubriand
Lucília, irmã e primeira inspiração de
-XXVI, 376
Memórias de além-túmulo e - 376

Chazarain, Dr.
experiências de materialização e -
28, nota
Faculdade de Paris e - 28, nota

Chefreul
teoria dos movimentos musculares
inconscientes e – 196

Chiaia, cavalheiro
desafio ao professor Cesare
Lombroso e - XVII, 193, nota

Chollet, Monsenhor
Contribuição do ocultismo à
antropologia, livro, e - Introd., 7, nota

Chopin, músico
fenômenos mediúnicos e - XXVI, 380
Marcha Fúnebre e - XXVI, 380
Noturnos e - XXVI, 380

Choses de l'autre monde, livro
ação fluídica dos Espíritos inferiores
sobre os médiuns e - XXII, 321, nota
Eugène Nus e - XII, 133, nota; XVII,
191, nota; XVII, 197, nota; XVII,
199, nota; XXII, 321, nota

Ciência
ascensão da - VI, 70
base das convicções sólidas e - II, 38
comportamento da * francesa – II, 41
conquistas da - VI, 70
contradição entre a * clássica e o
Espiritismo - I, 29, nota
erros e debilidades da * oficial -
Introd., 13
Espiritismo e – Introd., 7
estudo da alma e - Introd., 8
exata noção dos destinos da humanidade e - XXVI, 388
ignorância do mundo espiritual
e - 55
materialismo, positivismo experimental e * moderna - 388
métodos humanos e * do mundo
espiritual - Introd., 8
necessidade de pronunciamento
da - I, 33
objetivo da * psíquica - II, 41 obstáculos opostos pela * oficial - Introd., 12
problema da vida e - I, 23
reconhecimento da sobrevivência e

intervenção dos Espíritos e - II, 39
regulamentação da conduta
moral e – XI, 114
traço de união entre a * e a Religião-
-XXVI, 363

Cientista
bom senso e - Introd., 13, nota hipótese espírita e - Introd., 13, nota

Ciúme
desagregação entre médiuns e - 74

Clarividência
características da - IV, 54
conceito de - XIII, 150
Joana d'Arc e - XIII, 150, notas
Jan Huss e - XIII, 150
Lady A., e - XIII, 151
papel da * na Antiguidade - XIII, 150
profetas, oráculos, sibilas e - XIII,
150
psicologia transcendental e - XIII,
150
religiosa de São Vicente de Paulo e
-XIII, 151
visão mediúnica e – XIV, 155

Clef de la Vie, La, livro
comunicação espírita e - XVIII, 221

Colavida, Fernandez
influência do magnetizador sobre o
médium e - XIX, 258, nota
presidente do Grupo de Estudos
Psíquicos de Barcelona e - XIX, 258

Coleridge
composição de duzentos versos
durante o sonho e - XII, 127

Colet, Sra.
Alfred de Musset e - XXVI, 374, notas
aparições femininas e – XXVI, 374,
nota

Collet, coronel
Bulletin de la Société d'Études
Psychiques de Nancy e - XIII, 151
caso de pressentimento e - XIII, 151
Colley, arcediago, reitor de Stockton
resumo do diário do * sobre materialização de Espírito - XX, 284

Colombo, Cristovão
acorrentamento como malfeitor
e – 383
descobridor de um novo mundo e -
370, nota
missão venturosa, gênio invisível
e - 370, nota

Colville, J. W. Sr.

Piper, Sra., médium, e - 358, nota
Comissão diretora do Instituto
Internacional Aksakof e - 28
Albert de Rochas, coronel, e - 28
Bergson e - 28
Camille Flammarion e - 28
Cesare Lombroso e – 28
Charles Richet, professor, e -1, 28
Duclaux, Dr., e - I, 28
Fouillée e – I, 28
Lodge e - I, 28
Ochorowicz, Dr., e – I, 28
Séailles e - I, 28
Sully-Prudhomme e - I, 28
William Crookes e – I, 28
Compton, Sra., médium
organização de um corpo a expensas
do médium e - XX, 283, 291
Comunicação alfabética
processo de - X, 109
Comunicação escrita
Aksakof e * a distância – XII, 133, notas
Comunicação espírita
Bulletin de la Société d'Études Psychiques de Nancy(1901) e -XVIII, 221
Clef de la Vie, La, livro, e - XVIII, 221
conclusão dos críticos e - IX, 91
condições exigidas para a realização da - 81
dificuldades inerentes à - VIII, 80, 81, XXI, 293-295
Écho de l'Au-de-là, livro, e-XVIII, 221
leis da - VIII, 77
orientação e persistência dos pensamentos e - VIII, 83
origem da deficiência na – XVIII, 230
Origines et les Fins, Les, livro, e - 221, nota refutação da opinião dos críticos e - 91, 92, nota
sinais empregados por surdos-mudos e - 247, 303, 304, nota
sugestão, inconsciente, fraude e - 85
Survie, Le, livro, e - 221
Vies Mystérieuses et Successives de l'Être Humain et de l'Être Terre, Les, livro, e - 166, 221, nota
Comunicação pela mesa
considerações sobre o processo de - X, 108
Comunicação telepática
Memórias da Sra. Adelma de Vay, livro, e - XII, 134

Troussel, Sra., e - 132, 133
Congresso de Bruxelas (1910)
vitalidade do Espiritismo e - 35
Congresso de Psicologia de Paris (1900)
Revue Scientifique et Morale du Spiritisme e - XIX, 236, nota
testemunho em favor do Espiritismo e - I, 27
Congresso Espírita e Espiritualista Internacional de Paris (1900) fenômenos de aparições e - XX, 272, nota
mediunidade profissional e - XXIV, 352
vitalidade do Espiritismo e - II, 35, nota
Congresso Internacional de Bruxelas (1910)
fraudes nos fenômenos de materialização e - XXIV, 349
Consciência
comportamento da * no estado normal e no desprendimento - XIX, 255
integridade da * através das flutuaçõesda matéria - XIX, 255
Consciência subliminal
teoria da - III, 46
Contribuição do ocultismo à antropologia, livro
Chollet, Monsenhor, e - Introd., 7, nota
Cook, Florence, médium
diferença de peso e - XX, 281
William Crookes e - XIX, 268
Corpo físico
ação do Espírito do médium sobre o * adormecido - XVIII, 254
manifestação da alma depois de sua separação do - XII, 144
médium e visão dos eflúvios do - XV, 166
personalidade psíquica e - I, 25
presença simultânea do * e do duplo fluídico da alma - XII, 142
Corpo fluídico ver Perispírito
Corwin, Sra., médium
sinais empregados por surdos- mudos e - XXI, 304, nota
Courtier, Sr.
deslocação de objetos e - I, 30
fenômenos de levitação e - I, 30
secretário do Instituto Geral Psicológico de Paris e -1, 30

Cox, Sergeant, presidente da Sociedade Psicológica da Grã-Bretanha, e-XVIII, 210

Credulidade
atração para os charlatães e - Introd., 18
perigo da excessiva - IX, 86, 100
tendência prejudicial e - IX, 85

Crença espírita
fortalecimento e engrandecimento da - II, 35

Creso, rei
sonho premonitório e - XIII, 148

Criptomnésia
Theodore Flournoy, professor, e - Introd., 14

Cristão
comunicação do primeiro * com os Espíritos - VI, 69, nota

Cristianismo
fenômenos de visão e de aparição e - XIV, 157
manifestações de Além-túmulo e - VI, 69 papel da mulher nos primeiros tempos do - VII, 72
preparação do advento do - XXVI, 367 surgimento do - VI, 69

Cristianismo e espiritismo, livro
aparições e materializações de Espíritos e - 276
Léon Denis e - 44, nota; 69, nota; 157, nota; 369, nota

Cristo ver Jesus

Cristophe Colomb, livro
Roselly de Lorgues e - 370, nota

Crítica
fundamento da - IX, 86
processos e condições que desafiam toda - XII, 143

Croisselat
testemunha do fenômeno de pneumatografia e - XVIII, 208

Crookes, William
demonstração científica do Espiritismo e - XXI, 293
diferença de peso no médium e - 281
exemplo de intrepidez moral e - 13
fenômeno de rap e - 191, nota
Florence Cook, médium, e – XX, 268
Florence Marryat, Sra., e descrição minuciosa das sessões de - XX, 268, nota

Home, médium, e - XV, 167, nota; XVII, 192, nota; XXV, 356, nota
Investigações sobre os fenômenos do Espiritualismo, livro, e – I, 25, nota;
I, 26, nota; XVII, 191, nota; XVII, 197, nota; XVIII, 208
justiça ao médium Home e – XXV, 356, nota
Kate King, Espírito materializado, e - I, 26, nota; XX, 267, nota
matéria radiante e - IV, 52, XV, 165
materialização e - IX, 98
medição da intensidade da força psíquica e - XV, 166, nota; XV, 167, nota
médiuns profissionais e - Introd., 17
pneumatografia e - XVIII, 208
Recherches sur le Spiritualisme, livro, e - XV, 166, nota; XX, 267, nota; XX, 280, nota
retratação de - XX, 267
tabela de classificação das vibrações e - 49, nota
teoria subliminal e - XVIII, 216, nota
tubos de - IV, 52

Cross-correspondence
escrita mediúnica e - XVIII, 223
Oliver Lodge, Dr., e - XVIII, 224

Cupertino, José de, São
bicorporeidade e - XII, 138

Cura
Apolônio de Tiana e * pela imposição das mãos - 382
automagnetização e - 170
cura d'Ars e * pela prece – 382
exigência da * magnética - 382
fatores influenciadores na ação da - 170
fé e explicação da * extraordinária - 170 Hohenlohe e * pela imposição das mãos - 382
imposição das mãos e - XV, 170
influência do Alto no poder da-XXVI, 381
João, padre, e * pela prece - XX, 282
objetos impregnados de energia humana e - XV, 170
passes e - XV, 170
sopro e - XV, 170
Vespasiano e * pela imposição das mãos - XXVI, 382, nota
Vigne, Sr., protestante, e * pela prece - XXVI, 382

414 | NO INVISÍVEL

Curie, Sr.
Instituto Geral Psicológico de Paris
e - I, 30
Cyriax, Dr.
Die Lehre von Geist, livro, e - XXI,
308 indicação de testamento pelos
Espíritos e - XXI, 308

D

D., Maria, médium
pneumatografia e - XVIII, 209, nota
D' Agreda, Maria, Santa
bicorporeidade e - XII, 138
D' Alési, Hugo
psicopictografia e - XVIII, 232
D'Ansorval, Sr.
Instituto Geral Psicológico de Paris
e - I, 30
D'Assier
demonstração da exteriorização da
alma e - XII, 138
L'Humanité Posthume, livro, e –XII,
138, nota
Daily Express, jornal
sessões de transmissão de pensamento e - XII, 130
Dannecker, escultor
inspiração e ideia do Cristo e - XXVI,
381
Dante
Divina comédia, A, e - XXVI, 372
errando através dos exílios e - XXVI,
383
inspirações da noite e - XXVI, 380
Darieux, Dr.
comunicação possível com os mortos e -1, 28
diretor dos Annales des Sciences
Psychiques e - I, 28; XX, 269, nota
realidade dos fenômenos psíquicos
e – 28
Davis
médium automatista e - XXIV, 351
D'Espérance, Sra., médium
Aksakof e - XX, 283, nota
Ernesto Bozzano e - XX, 278 fotografia do Espírito Iolanda materializado
e -1, 26, nota
fotografia do Espírito Lélia materializado e - I, 26, nota
fotografias de Espíritos e - XX, 278,
nota Hummur Stafford, guia espiritual, e - XXII, 327
martirológico da mulher médium e -

XXV, 356
materialização do Espírito Ana e -
XX, 283, nota
materialização do Espírito Iolanda
e - XX, 283, nota
materialização do Espírito Leila e -
XX, 283, nota
organização de um corpo a expensas da-XX, 283, nota; XX, 291
País das sombras, No, livro, e - I, 26,
nota; XX, 283, nota; XX, 286, nota
De visu
significado da expressão - XVI, 186,
nota
Delamare, Sr.
redator-chefe de La Patrie e - XVIII,
208
testemunha do fenômeno de pneumatografia e - XVIII, 208
Delanne, Gabriel
Alma é imortal, A, livro, e - III, 44,
nota; XIX, 255, nota; XX, 290, nota
Evolução anímica, A, livro, e - III, 44,
nota
explicação para as percepções nos
médiuns e - XII, 131, nota
Fantômes des Vivants, Les, livro, e -
III, 44, nota
Investigações sobre a mediunidade,
livro, e - I, 27, nota; XXI, 297, nota;
XXIV, 351, nota
mecanismo perispiritual na materialização do Espírito e – XX, 281
médium automatista e - XXIV, 350,
nota
Recherches sur la Mediumnité, livro,
e - XIX, 254, nota
Revue Scientifique et Morale du
Spiritisme e - XII, 131, nota
Deleuze
demonstração da exteriorização da
alma e - XII, 138
Delfos
pítia convulsa e - VI, 68
Denis, Léon
Areopagita e - XXVI, 385 diviso da
própria cura em sonho e - XIII, 147
caso de Sofia, Espírito, e - XI, 115,
Introd., 16
comunicação do Espírito do pai de
- VIII, 83
convicção da existência do mundo
invisível e - Introd., 20
Cristianismo e espiritismo, livro, e
- III, 44, nota; VI, 69, nota; XIV, 157,

nota; XXVI, 369, nota
Depois da morte, livro, e – XVII, 193, nota; XX, 267, nota
dever sagrado e - Introd., 20
Espírito Azul e - XI, 117
Doutrina dos Espíritos e - Introd., 20
faculdades extraordinárias do médium T. G. Forster e - XIX, 247
fenômeno das casas mal-assombradas e - XVI, 181, 188
Grupo de estudos psíquicos de Tours e - XIV, 156, XIX, 248
incentivo aos médiuns e - XXV, 360
Jerônimo, Espírito guia, e - XI, 116
manifestação do Espírito de um vivo e – XII, 141
manifestação inicial do Espírito guia e - XIX, 249
Problema do ser, do destino e da dor, O, livro, e - III, 47, nota; XXI, 297, nota; XXIV, 347
reino de Deus, homem de amanhã e - 388
química espiritual e - 141, 142
relatos de Espíritos e - 116
Denton, professor
fotografias de Espíritos e – 278, nota
moldes em parafina e - XX, 280
Depois da morte, livro
Léon Denis e - XVII, 193, nota; XX, 267, nota
Descartes
Dúvida Metódica e - XXVI, 386, nota
Desconhecido e os problemas psíquicos, O, livro
Camille Flammarion, Sr., e - I, 24, XII, 125, nota; XII, 126, nota; XII, 129, nota; XII, 131, 132, XII, 138, nota; 171, nota; XXVI, 375, nota sonhos premonitórios e - XIII, 149
Desenho mediúnico *ver* Psicopictografia
Deslocação de objetos
hipótese de alucinação coletiva e -1, 30 Instituto Geral Psicológico de Paris e * sem contato -1, 30
Desmoulins, Fernand, Sr.
psicopictografia e - XVIII, 232, 233, nota
Desprendimento
característica do * incompleto - XX, 237
causas provocadoras do * psíquico

- XII, 138
comportamento da consciência no estado normal e no - XIX, 255
dilatação do campo da memória e - III, 46 estados de * psíquico - XIII, 153
facilitadores do * do Espírito - XIII, 145
novo campo de percepção do Espírito e - I, 25 primeiro grau de - 146
Destino
compreensão do – 119
formação do – 114
Misericórdia divina e - 7
revelação do - 7
Deus(es)
atributos de - XXIV, 343, 344
teoria do demônio e profanação da ideia de-XXIV, 344
ruína e morte dos - VI, 69
vibração do universo sob o pensamento de - VIII, 84
Deve-se estudar o Espiritismo, artigo Charles Richet, professor, e – I, 29
Diálogos do Íon e do Menon Platão e - XXVI, 371
Die Lehre von Geist, livro Cyriax, D., e - XXI, 308 indicação de testamento pelos Esgíritos e - XXI, 308
Divina comédia, A
Dante e - XXVI, 372
Doctor, Espírito superior
evocação e - XIX, 243
Domiciano
visão de Apolônio de Tiana e – VI, 68
Dor
importância da - XXV, 360
mundo pagão e incompreensão da ação da - VI, 69
utilidade da – VI, 69
Doutrina dos Espíritos *ver também*
Espiritismo condição para apreciação da grandeza da - Introd., 19
Léon Denis e - Introd., 20
Doutrina Espírita *ver* Espiritismo
Doutrina Espírita de Myers
Flournoy, professor, e - I, 30
Drawbarn, Ch.
comparação do bloco de gelo ao cérebro humano e – VIII, 80, nota
Science of the Communication, The,

416 | NO INVISÍVEL

livro, e - VIII, 80, nota

Dreuilhe, Jean, Sr.
visão a distância durante o sono e - XII, 126, nota

Drubay, Sr.
fraude nos fenômenos de materialização e - XXIV, 348, nota

Du Prel, Carl
Universal Bibliothek der Spiritism, livro, e - XVI, 182, nota

Dubierne, Sr.
Instituto Geral Psicológico de Paris e - I, 30
John, Espírito guia de Eusapia Palladino, e - I, 30

Duclaux, Dr.
diretor do Instituto Pasteur e - I, 28
discípulo de Pasteur e - II, 39
declaração de * no Instituto Psíquico Internacional(1901) – II, 39

Dupla personalidade
impotência da teoria da * para explicar os fatos - XIX, 260

Dupla vista *ver* Clarividência

Duplo exteriorizado
experiência com * separado do corpo material - III, 45

Dürer, Albrecht, pintor
inspiração, desenho das figuras dos quatro evangelistas e - XXVI, 381

Dusart, Dr.
pneumatografia e - XVIII, 209, nota

Durville, H., Sr.
Fantasma dos vivos, O, livro, e - III, 44, nota
fenômenos de exteriorização e – III, 44, nota

Dusart, Dr.
comunicação espírita e – XVIII, 222, nota
experiências de materialização e -1, 28, nota
Faculdade de Paris e -1, 28, nota

Dúvida
dissipação da - IX, 99
motivo de * e incerteza - VIII, 81

E

Ebionim
significado da palavra e - XXVI, 368

Écho de l'Au-de-là, livro
comunicação espírita e - XVIII, 221

Écloga messiânica de Polion

Virgílio, poeta, e - XXVI, 372

Edmonds, J. W., juiz
adesão do * ao Espiritismo - XVI, 177
fenômenos de levitação e - XVI, 180, nota;
XVI, 181, nota
fotografias de Espíritos e - XX, 266
Sgiritualism, livro, e - XVI, 180, nota

Educação psíquica
médium e - V, 59

Efeito físico
sessão de - Introd., 16

Eglinton, médium
fenômenos físicos e - XII, 140, nota
fraudes voluntárias e - XXV, 356
intervenção do Espírito Abdullah nas sessões do - XII, 142
molde do pé da forma desdobrada do - XX, 279, nota
organização de um corpo a expensas do - XX, 283, nota

Elêusis
pítia convulsa e - VI, 68

Elias
conversa de Jesus no Tabor com Moisés e - 369
João Batista, * reencarnado - XXVI, 368

Ellan, Espírito
desagregação e reconstituição da matéria e - XX, 271, 272, nota

Elliot, Charles W., professor
fenômeno de incorporação e - I, 26
presidente da Universidade de Harvard e - I, 26

Eloim
Espíritos protetores do povo judeu e de Moisés e - XXVI, 364

Encausse, Dr.
comunicação possível com os mortos e - I, 28
realidade dos fenômenos psíquicos e - I, 28

Endor
invocações de Saul e – VI, 68

Energia
ação da * no cérebro humano - VIII, 80 escala ascensional das manifestações da – IV, 49
fluidos e - XV, 165
inesgotável manancial de - V, 62
organismo humano e modalidades

de - IV, 50
poder da evocação e * do pensamento - XII, 135
Ensinos espiritualistas, livro
Stainton Moses e - XXI, 297,
nota; XVIII, 220, nota
Escala ascensional
características da - VIII, 77
Escrita automática
autossugestão involuntária e - IX,
97-98, nota, XVIII, 213-214
considerações sobre o processo de
comunicação pela - X,
109, XVIII, 213-214
Hasden, escritor, e - XVIII, 219
Janet, Sr., e - XVIII, 215
pensamento do médium e - IX, 97,
98,
nota, XVIII, 213-214
sugestão inconsciente e – IX,
97, XVIII, 213-214
V. Cosmovici, médium, e - XVIII, 219
Escrita direta *ver* Pneumatografia
Escrita invertida *ver* Psicografia especular
Escrita mediúnica *ver também*
Psicografia Antiguidade, Idade
Média e-XVIII, 217
cross-correspondence e - XVIII, 223
Girolamo Cardano, poeta, e - XVIII,
217, nota
Maomé e - XVIII, 217
xenoglossia e - XVIII, 231
Escrituras
posição da mulher segundo as - VII,
72
Esdras
reconstituição integral da Bíblia e -
XXVI, 366, nota
Espectroscópio
eflúvios do corpo humano e - XV,
166
Espírita(s)
atração das forças maléficas do
universo e - VIII, 83
Barrett, professor, e homenagem
aos - Introd., 16
Charles Richet e arrojo dos - Introd.,
16 desafio do Sr. Gustave Le Bon
aos - I, 31 evidência moral e religiosa dos ensinos - Introd., 19, nota
grande lei da psicologia e - 331
influência moral das práticas - 340

regulamento nas sessões de
materializações e - Introd., 17 sarasmos aos - Introd., 14
vantagem do livro Espíritos e médiuns para os - XXIII, 338
verdadeiro espírito das Escrituras e
revelação - XXIII, 344, nota
Espiritismo: faquirismo ocidental, O,
livro
Paul Gibier e - XVII, 193,
nota; XVIII, 213, nota
Espiritismo ver também
Doutrina dos Espíritos
adeptos do * no seio da Igreja -
XXIII, 344
adesão do diplomata Robert Dale
Owen e - XVI, 177
adesão do Dr. Hallock e - XVI, 177
adesão do juiz J. W. Edmonds e -
XVI, 177 adesão do professor Mapes
e - XVI, 177
adesão do professor Morselli e - 275
adesão do professor Robert Hare
e - XVI, 177
adesão do reverendo Brittain e - XVI,
177
adesão do reverendo Griswold e -
XVI, 177
adesão do senador Tallmadge e -
XVI, 177 adversários do * e difamação do médium - XXV, 359
afirmação e vulgarização do - Introd., 18
Allan Kardec e perigos do - V, 58
ampliação da noção de fraternidade
e - XI, 114
aplicação moral e frutos do - XI, 113
aptidão para correto discernimento
e - Introd., 10
aquisição da ciência da vida e - XI,
118
ascensão da mulher à vida superior
e –VII, 75
atestado do padre Grimaud, adepto
do - XIX, 248
atitude retraída de alguns sábios a
respeito do – Introd., 16
exata noção dos destinos da humanidade e – 388 cerceamento e - 8
Cesare Lombroso e - Introd., 11
ciência baseada no método positivo
e - I, 32
ciência de observação e - II, 38
ciência francesa e - II, 41
Ciência, Filosofia e - Introd., 7, 19

comentários de Flournoy sobre o - 18, nota compreensão do verdadeiro - Introd., 10
Congresso de Psicologia de Paris e - I, 27
conhecimento da natureza e ação das forças ocultas e - XVII, 196
consequências da divulgação do - II, 36
contradição entre a ciência clássica e -1, 29, nota
criação de asilos especiais e - V, 64
depoimento de Theodore Flournoy sobre - Introd., 18
destino do - Introd., 8, 18
dificuldades na prática experimental e - II, 38
difusão das faculdades e - Introd., 10
ensino que o Céu transmite à Terra e - Introd., 10 estorvos do – IX, 100
estudo da mediunidade, chave dos problemas do - IV, 52
Friedrich Myers e - Introd., 11
fase nova da evolução humana e - Introd., 9
fonte pujante da inspiração e - introd., 10
fortalezas seculares e - Introd., 7
gêneros de - Introd., 10
Hasden, escritor, e iniciação no - XVIII, 218, XX, 219, nota
hipótese das larvas e – XXIII, 339
igualdade dos sexos e – VII, 74
inconvenientes de pesquisas malogradas e – II, 40
início da história do - 174
influência do * sobre a Ciência - 113
inspirações do mundo superior e - Introd., 10
manifestações menos terra a terra e - II, 36 marcha ascensional e – Introd., 11
médium profissional e responsabilidade do - XXIV, 346
mediunidade profissional, retrogradação e descrédito do - XXIV, 353
meio de educação e de disciplina moral e – IX, 101
meio de preparação moral e - XI, 115
menosprezo a feição elevada do – Introd., 8
missão do - XXVI, 367
motivo da penúria de altas manifes-

tações e - XXII, 328
motivo de críticas dos adversários do - Introd., 9
mulher e difusão do - VII, 71
mulher e feição religiosa do - VII, 74
nova ciência espiritualista e – I, 33
objeção dos críticos ao - XXIII, 339
Oliver Lodge e – Introd., 11,14
penas eternas e - Introd., 19
penúria de raciocínio dos críticos do - Introd., 14
perigo para o - Introd., 18
profanação da religião da morte - Introd., 10
pronunciamento de J. Maxwell e - Introd., 18
propagação da mediunidade e - Introd., 10
propagação do - Introd., 7
qualidades exigidas na prática experimental do - II, 38
religião científica do futuro e - XI, 114
Religião e - Introd., 7, nota
resumo da história do - XVI, 174, nota
revelação permanente e - Introd., 10
sábios e estudo do -1, 29
situação do * na França - Introd., 12, nota
tática dos contraditores do - XXII, 319 testemunhos em favor do - I, 27
vantagem do – XI, 114
verdadeiro lugar da mulher na família e na obra social e - VII, 73
Espírito adiantado
caráter moral e impessoal das comunicações e – 296
comunicação do - 54
estado moral e mental de harmonia e ação do - 244
mesa falante e giratória e - XVII, 205
proteção do * e mediunidade profissional - XXIV, 352
Espírito atrasado
fenômeno das casas mal-assombradas e – XIX, 242
influência do * sobre os médiuns - Introd., 9
Espírito Azul
abundantes provas de identidade e - XIX, 260
características do - XIX, 250
guia do Grupo de estudos psíquicos de Tours e - XIX, 250, nota

influência benéfica e - XIX, 260

profunda reforma da educação da infância e da mocidade e - XIX, 251

pseudônimo de um Espírito feminino e - XI, 117, nota

Espírito batedor de Bergzabern

fenômeno das casas mal- assombradas e - XVI, 183

Espírito bom

desempenho da função e - V, 59

investidas dos Espíritos inferiores e atuação do - V, 59

médium e proteção do – V, 59

poder do - V, 59

Espírito de escol

médium e atração do - V, 59

Espírito de luz

médium e - V, 66

Espírito desencarnado

comportamento do * em relação ao médium - 78

materialização do - 25

Espírito elevado

ato de abnegação, motivo de sofrimento e - 60

autoridade e - 94

comunicação de principiante e - 57

contato com os fluidos grosseiros e – 60

enfraquecimento dos meios de ação e - 60

ensinos do * e mediunidade de efeitos intelectuais - IV, 53

escravização do * à nossa atmosfera - V, 57 teoria do demônio, ensino moral e-XXIII, 342

utilização da faculdade mediúnica por parte do - V, 58

Espírito embusteiro

automatismo e - XXIV, 351

mistificações e - V, 58, XXIV, 351

Espírito fraudulento

atitude do experimentador e atração do - IX, 90

Espírito guia

condições essenciais para obtenção da proteção do - XXII, 322

conforto no pensamento do - V, 60

influência do * no médium - XIX, 257, 258

Léon Denis e manifestação inicial do - XIX, 249

Espírito íncubo

fenômenos produzidos e - XIX, 243

Espírito inferior

ação fluídica prolongada do * sobre o médium - XXII, 321

chamados do homem e - IX, 93

demônio e - XXIII, 344

desequilíbrio das faculdades dos médiuns e - XIX, 243

desorganização de grupo espírita por influência de - XXVI, 367

evocação e - X, 112

incômodo da influência fluídica do *sobre o médium - XIX, 260 intromissão e - 243

investidas do * e atuação do Espírito bom - V, 59

Saul, instrumento de - XXVI, 367

virtudes necessárias para enfrentamento do - XXII, 323

Espírito inspirador comunhão entre os mortos e - XIV, 164

Espírito leviano

adivinhação e – XXIV, 352

causa de atração e - Introd., 9, V, 58

intromissão do * com Espíritos da família - XXII, 328

motivo do aprisionamento do * à Terra - 57

Espírito malfazejo

fraudes e-XXIV, 345

natureza humana e – XXIII, 342

Espírito mau qualidades necessárias para condução do * ao caminho do bem - XXII, 323

Espírito missionário

faculdades mediúnicas e revelações do – V, 60

testemunhos de identidade e – V, 61

Espírito obsessor

evocação, conversão e – XXII, 322

Espírito protetor

missão do - V, 61

Espírito sensual

atração e - VIII, 84

Espírito sofista

características do - XVIII, 229

Espírito súcubo

fenômenos produzidos pelo - XVIII, 243

Espírito superior

adoção de termos alegóricos e - XVTII, 229 condições exigidas para aproximação e - V, 61

direção do movimento espiritualista
e - V, 60

empenho no concurso do - X, 112

opiniões materiais e interesseiras
e - V, 61

Espírito vulgar

utilidade do concurso do - X, 112

Espírito(s)

ação da energia no cérebro do - VIII, 80

ação do * sobre a matéria - XX, 265

ação do * sobre os fluidos - XX, 287

ação dos * diante das vibrações harmônicas – IX, 93

ação dos * na criação de objetos e flores - XX, 286

ação mental do * sobre a matéria - XII, 142

atuação do * sobre a matéria - III, 44, nota

atuação do * sobre o intelecto - IV, 53

capacidade de modificação do aspecto e - XX, 290

cérebro humano e cérebro fluídico do - VIII, 80

ciência e reconhecimento da sobrevivência e intervenção dos - II, 39

comportamento do * do médium durante o transe - XIX, 236

comportamento dos assistentes e ação dos - X, 103

comunicação dos primeiros cristãos com os – VI, 69, nota

conceito de - III, 43

condensação do envoltório fluídico e - XX, 291

condições fluídicas favoráveis à transmissão do pensamento do - XXI, 296

desprendimento do * de uma jovem de Lyon e - XIII, 146

desprendimento, novo campo de percepção do - I, 25

dificuldades na transmissão do pensamento dos - XXI, 294, nota

essência da vida e - VII, 74

exteriorização do * durante o sono - XII, 143, nota

exteriorização do *, preparação para o estado de liberdade - XII, 144

facilitadores do desprendimento do-XIII, 145

fenômeno de incorporação e substituição de - XIX, 236

fotografias de uma forma de *mate-

rializada - XX, 277, nota

fotografia e comprovação da descrição e identidade do - XIV, 156

Friedrich Myers e afirmação da existência de um * no homem - I, 28

G. Owen e prova de identidade de - XXI, 299, nota

graus da evolução do - IX, 92

harmonia entre as faculdades do * e as do médium - XIX, 238

identificação de * vítima de afogamento – XXI, 304, nota

identificação do estado de adiantamento do - XIV, 156

Igreja e interdição de todas as relações com os - VI, 69

irradiação do * livre – VIII, 77

manifestação do * de um vivo – XII, 141 manifestação do * separado da matéria - IV, 52

manifestações dos -1, 26, III, 44, nota,

materialização de * e diário da baronesa Peyron - XX, 279

mecanismo perispiritual e materialização do – XX, 281

médium auditivo e percepção do pensamento do - XII, 132

médium, instrumento do mau – introd., 9 médium profissional e anuência dos - XXIV, 346

Minot-Savage, reverendo, e prova de identidade de - XXI, 300, nota

necessidade do * na manifestação intelectual - IX, 92

O. Vidigal, Dr., e prova de identidade de - XXI, 300, nota

Oliver Lodge, e prova de identidade de - XXI, 300, nota

órgão da audição e influenciação dos - XIV, 160, nota

poder do pensamento e elevação do-XVIII, 229

possibilidades do * nas aparições visíveis - XX, 290

preferência dos * em relação aos médiuns - IV, 53

projeção do pensamento do * no cérebro do médium - XIX, 239

prova da intervenção dos - IX, 98

reflexo do * na forma fluídica do médium - XX, 291

relação do * com o médium intuitivo - IV, 53

resposta do * às solicitações - VIII, 84

restrições às comunicações dos –
XXI, 294

situação dos * dos mortos - II, 37,
XVIII, 242

superioridade do * sobre a matéria
– XXVI, 382

Watson e prova de identidade
de-XXI, 298

Espíritos e médiuns, livro

depoimento sobre o Espiritismo e -
Introd., 18

relato do Sr. Barrett e - Introd., 13,
nota

Théodore Flournoy, professor, e -
Introd., 13, nota; Introd., 19, nota;
I, 30,
XXIII, 336, nota

vantagem do * para os espíritas
-XXIII, 338

Espiritualista

projeto * de além-mar - V, 64

Essai sur l'Histoire des Arabes, livro

Caussin de Perceval e - XXVI, 370,
nota

Estado de vigília

audição psíquicas e - XIV, 155

visão psíquicas e - XIV, 155

Estado mental

fragilidade e - VIII, 84

Estado superficial de hipnose

características do - IX, 97

Evocação

conceito de - XXIII, 340

energia do pensamento e poder da -
XII, 135 indispensabilidade e - X, 111

narrativas nas sessões de - XI, 115

preparação para - IX, 90

Stainton Moses, Espírito, e - XIX, 242

tarefa de * de Espírito inferior - X,
112

Evolução

Espiritismo, fase nova da * humana
- Introd., 9

princípio da - VIII, 77

Evolução anímica, A, livro

Gabriel Delanne e - III, 44, nota

Experimentação espírita bom êxito
da - Introd., 8

causas das dificuldades da - XXII,
321

comunicação entre o mundo material e o espiritual e - II, 37

condição essencial de bom êxito no
domínio da - XXII, 326

condições de - IX, 85

domínio arriscado e obscuro e -
XXIV, 352

fortalecimento dos laços de solidariedade e – II, 37

prudência na abordagem do terreno
da - Introd., 10

reação contra a * banal - Introd., 9

Êxtase

Beethoven e - XIV, 162

apanágios da alma afetuosa e crente e - XIII, 149

característica do - XIII, 149

estado de desprendimento psíquico
e - XIII, 153

sábios e - XIII, 149

Extériorisation de la motricité, livro

Albert de Rochas, e – I, 24, nota; XII,
140, nota

Extériorisation de la sensibilité, livro

Albert de Rochas, e - I, 24, nota; XII,
140, nota; XV, 166, nota; XV, 168,
nota

Fabre, Joseph Processo de condenação de Joana d'Arc, livro, e - VII,
71, nota; XIV, 157, nota

F

Faculdade de audição

extensibilidade da - XIV, 161

influenciação dos Espíritos e - XIV,
160, nota

François Coppée, Sr., e - XIV, 160,
nota Friedrich Myers e - XIV, 160,
nota pneumatofonia e - XIV, 161

Faculdade de visão psíquica

alucinação e - XII, 130, nota

caso do Dr. Balme e - XII, 130, 131,
nota

Hilbert, Dr., e - XII, 131, nota

Pierre Janet, Sr., e - XII, 131, nota

Faculdade mediúnica

Emmanuel Swedenborg e - XXVI,
375

Espírito elevado e utilização da - V,
58

Girolamo Cardan, e - XXVI, 386

lei de progressão e desenvolvimento
e - IX, 86

Marsilio Ficino e - XXVI, 386

Paracelso e - XXVI, 386

Pascal e – XXVI, 386

Pico della Mirandola e – XXVI, 386

Pomponácio e - XXVI, 386

revelações dos Espíritos missioná-

422 | NO INVISÍVEL

rios e – V, 60

Faculdade psíquica

mulher e - VII, 71

períodos de suspensão da - V, 64
Fairlamb, Miss, médium diferença
de peso e - XX, 282, nota

Faith healing, The, livro

Charcot e - XXVI, 382

Falcomer, professor

comunicação de Espírito leviano e -
XXII, 328 Phénoménographie, livro,
e - XXII, 328, nota

Fantasma dos vivos, O, livro

H. Durville, Sr., e – III, 44, nota

Fantômes des Vivants, Les, livro

Gabriel Delanne e - III, 44, nota

Faraday

teoria dos movimentos musculares
inconscientes e - XVII, 196

Faraó

sonho do * interpretado por
José-XIII, 147, nota

Faria, Nogueira de

Trabalho dos mortos, livro, e - XX,
277, nota

Fato(s) espírita(s)

explicação do - Introd., 14
homens de ciência e - II, 38, nota
preconceitos e prevenções a respeito do – IX, 86
sábios e conhecimento do - I, 29
subdivisão dos - IX, 97

Fé

atração e * esclarecida - Introd., 18
explicação para curas extraordinárias e-XV, 170
Fechner, professor da Universidade
de Leipzig pneumatografia e - XVIII,
210

Feitiçaria

Igreja e - VII, 71, nota

Feiticeira, A, livro

Michelet e - VII, 71, nota

Felicidade

estado de * dos extáticos - XIII, 150

Fenômeno

agitação nervosa na busca do -
Introd., Introd., 9
importância do estudo e - IX, 85
origem de todo - VIII, 77
utilidade do * vulgar - Introd., 10

Fenômeno das casas mal-assombradas

Aksakof e - XVI, 183

Annales des Sciences Psychiques
e - XVI, 186
caso da rua des Noyers no 95, em
Paris, e – XVI, 183
caso do industrial de São Petersburgo e - XVI, 183
caso do padeiro de Grandes- Ventes
e – XVI, 183
Cesare Lombroso e - XVI, 186
demonstração da sobrevivência da
alma humana e – XVI, 173
Espírito atrasado e - XIX, 242
Espírito batedor de Bergzabern e -
XVI, 183
Espírito batedor de Castelnaudary
e - XVI, 183
Espíritos obsessores e - XXII, 322
espontaneidade e - II, 40, 173
Hennisch, pastor, e - XVI, 182, nota
Léon Denis e - XVI, 181, 188
materialização e – XVI, 173
Maxwell, J., doutor em medicina,
e - XVI, 187
rescisão de arrendamento e – XVI,
185
Revue Scientifique et Morale du
Spiritisme e - XVI, 187
Revue Spirite e - XVI, 183
sábios franceses e - XVI, 187, nota
tiptologia e – XVI, 173
Zingaropoli, Sr., e-XVI, 185

Fenômeno das mesas

características do - IX, 97

Fenômeno de aparição

ação sobre a matéria e – I, 24, nota
Annales des Sciences Psychiques e
- I, 24 Bayol, Dr., e - XX, 272, nota
Camille Flammarion, Sr., e - I, 24
Charles Richer, professor, e - 1, 24
começo de materialização e - XIV,
156
comprovação do * de moribundos
– I, 24
espontaneidade e * a distância – II,
40 George Larsen, Sr., e - XX, 276,
nota; XX, 277, nota
História e - XIV, 157
independência da alma e - I, 24
fotografia de * materializada - I, 26
missão dos Espíritos desencarnados
e-XX, 271
Morselli, professor, e - XX, 274, 275,
nota
perda de peso do médium e * mate-

LÉON DENIS | 423

rialilzada - I, 25, nota
precauções do Dr. Paul Gibier
no - XX, 270, nota
Proceedings of the Society Psychical Research, livro, e - I, 24, nota
provas fornecidas e - XXI, 293
sábios e -1, 24
Salmon, Sra., médium, e - XX, 270, nota
sessões de * de Estela Livermore - XVI, 176
Sociedade de Investigações Psíquicas de Londres e - I, 24
visibilidade simultânea para assistentes e médium e - XX, 267

Fenômeno de apport *ver também*
Fenômeno de transporte força
psíquica e - XVII, 191
Investigações sobre os fenômenos o Espiritualismo, livro, e - XVII, 191, nota
Milagres e o moderno espiritualismo, Os, livro, e - XVII, 191, nota
Russel Wallace e - XVII, 191, nota
William Crookes e - XVII, 191, nota
Zöllner, astrônomo alemão, e – XVII, 191, nota

Fenômeno de escrita
pensamento do Espírito e - IX, 92, nota

Fenômeno de incorporação
características do - IX, 98
Charles W. Elliot, professor, e - I, 26
George Pellew, Espírito, e - I, 26, nota iniciação nas leis profundas da Psicologia e – XX, 263
Newbold, professor, e – I, 26
Oliver Lodge, Dr., e - XIX,236, nota
ondas vibratórias e - VII, 78
pensamento do Espírito e - IX, 92, nota
Piper, Sra., médium, e - I, 26, nota; XIX, 236, nota
Richard Hodgson, Dr., e - I, 26, nota
substituição de Espírito e – XIX, 236
Thompson, Sra., médium, e - XIX, 236, nota
transe e - XIX, 236
William James, professor, e – I, 26

Fenômeno de levitação
Albert de Rochas e - XVII, 193
Camille Flammarion e - XVII, 193
Cesare Lombroso e - XVII, 193
Charles Cathcart e testemunho

de - XVI, 179, nota
Charles Richet e - XVII, 193
confirmação do * de mesas sem contato - I, 30
Eusapia Palladino, médium, e – XVII, 193, XX, 273, nota
Hélène Smith, médium, e - XIX, 257
hipótese de alucinação coletiva e - I, 30 Instituto Geral Psicológico de Paris e - I, 30
intervenção de uma vontade estranha e - XVII, 195
J. W. Edmonds, juiz, e - XVI, 180, nota; XVI, 181, nota
leis da gravidade e - XVII, 195
origem dos fluidos e - XVII, 195
Paul Gibier, Dr., e - XVII, 193
Saboureau, Srta., médium, e – XVI, XVI, 182, nota
sessões de fenômenos de levitação e - XVII, 193, nota
Slade, médium, e - XVII, 193
Stanislas Tomszick, Srta., médium, e - XVII, 195, nota
Tallmadge, senador, e - XVI, 177, nota; XVI, 178 narrativa do Sr. Vassalo sobre as sessões de - XVII, 193,nota

Fenômeno de premonição
sonho e - XIII, 148

Fenômeno de rap
força psíquica e - XVII, 191
Home, médium, e – XVII, 192, nota
Investigações sobre os fenômenos do espiritualismo, livro, e - XVII, 191, nota
origem dos fluidos e - XVII, 195, nota
William Crookes e - XVII, 191, nota

Fenômeno de sugestão
vontade e - XII, 142

Fenômeno de tiptologia
características do - IX, 97, XVI, 173
fenômenos das casas mal-assombradas e – XVI, 173
pensamento do Espírito e - IX, 92, nota

Fenômeno de transporte *ver* também
Fenômeno de apport explicação para o – XX, 264
força psíquica e - XVII, 191
provas e - IX, 88

Fenômeno de visão
Bessi, professor, e * espontânea - XIV, 159 História e – XIV, 157

424 | NO INVISÍVEL

Fenômeno dos fantasmas dos vivos
exteriorização da alma e – XII, 135
Fenômeno espírita
automatismo e - XVIII, 213
causas distintas no - IX, 97
consequências do * sobre o estado
de espírito dos contemporâneos -
XI, 113
contato entre dois mundos com
organizações e leis diferente e - IV,
51
convicção dos mais céticos e - I, 33
divisão do estudo do - XVI, 173
dualidade e - IX, 97
espontaneidade e - II, 40
estudo do * e estados da matéria -
XV, 165 força psíquica e - XVII, 191
importância do médium no estudo
do - IV, 52
médium, condição *sine qua non* do
-XXV, 359
notas do Sr. Livermore sobre -XVII,
195, nota
obtenção de * autêntico – IX, 89 perispírito, chave explicativa e - III, 43
Fenômeno físico
Eusapia Palladino, médium, e - XX,
273, nota
facilidades para o estudo do - II, 36
formas de - XVII, 191
importância do * para os sábios – II,
36
Fenômeno intelectual
importância da mesa e – XVII, 196
Fenômeno magnético ação da alma
e – I, 24
Fenômeno oculto
leis que governam o - IX, 86-87
Fenômeno psíquico
aplauso ao estudo do - II, 40
Myers e sessão plenária ao exame
do - I, 27, nota
organização de um instituto internacional para o estudo do - I, 28
realidade do – I, 28
sábios e – I, 23
Fenômeno telepático
ação da alma e - I, 24
Fenômenos psíquicos Os, livro pronunciamento de J. Maxwell sobre o
Espiritismo e - Introd., 18
Ferré
Magnetismo animal, O, livro, e – XX,
287, nota

Ferroul, Dr.
desconfiança extrema e - IX, 88
Filosofia
teorias dos ocultistas e teósofos e
verdadeira - XXIII, 341
Física
exigência de estudos prolongados
e - 319
Flammarion, Camille, Sr.
Annales Politiques et Littéraires e -
201
aparições e - 24
caso de menino que lia o
pensamento da mãe – 131
conclusões de * sobre as comunicações ditadas pgla mesa em
Jersey - 203
Desconhecido e os problemas
psíquicos, O, livro, e – I, 24, XII,
125, nota; XII, 126, nota; XII, 129,
nota; XII, 131, 132, 138, nota; XV,
171, nota; XXVI, 375, nota
dúvida, incerteza e - VIII, 81
fato narrado na Revue des Revues
e – XII, 138
fenômeno de levitação e – XVII, 193
Forças naturais desconhecidas,
As, livro, e – I, 31
formas de inspiração e - XXVI, 375,
nota inquérito e - I, 33
L'Inconnu et les Problèmes Psychiques, livro, e - XIV, 160, nota
manifestação de moribundos a
distancia - XII, 138, nota
necessidade das sessões na
obscuridade e – XX, 268
resposta do * ao Sr. Gustave Le Bon
-1, 31 sonhos premonitórios e – XIII,
149
visão a distância durante o sono
e - XII, 125, nota
visão a distância durante o sono
magnético e – XII, 126, nota
Flournoy, Théodore, professor
bom senso dos cientistas e –
Introd., 13, nota
caso Buscarlet e - XXIII, 336
caso da Srta. Sofia S. e - XXIII, 336
caso tríplice de telepatia e – XXIII,
336
comentários de * sobre o Espiritismo – Introd., 18, nota
conclusões do * sobre a médium
Hélène Smith - XIX, 257, nota

criptomnésia e - Introd., 14

depoimento sobre o Espiritismo
e - Introd., 18

Doutrina Espírita de Myers e -1, 30

Espíritos e médiuns, livro, e - Introd.,
13, nota;

Introd., 18, nota; I, 30, XXIII, 336,
nota explicação para os fatos espíritas e - XIX, 253, 254, nota

Hélène Smith, Srta., médium, e – III,
46, III, 47, nota; XXV, 358, nota

Indes à la planète Mars, Des, livro,
e - III, 47, nota; XIX, 253, nota; XIX,
256, nota; XIX, 257,
nota; XXV, 358, nota

revivescência de vidas anteriores
e – III, 46

subconsciência do médium e - XVIII,
251 tática do - XXIII, 337

teoria subliminal e - XVIII, 215 Universidade de Genebra e – Introd., 18

Fluide des Magnetiseurs, Le, livro de
Rochas e - XV, 166, nota

Fluido cósmico etéreo *ver* Fluido
universal

Fluido magnético

Boirac, Sr., reitor da Academia de
Grenoble, e ação do - XV, 169, nota
propriedades curativas e - XV, 169

Fluido universal

estado mais simples da matéria e -
XX, 264 prece e atração do - V, 62

Fluidos

ação da luz e - IX, 93

ação da vontade e - III, 45

conceito de – XV, 165

efeito dissolvente da luz e - XX, 291

energia e - XV, 165

ímãs para o bem ou para o mal e -
XXII, 323

leis da atração e mundo dos - XV,
171

origem dos * nos fenômenos de
levitação – XVII, 195

origem dos * nos fenômenos de
rap- XVII, XVII, 195, nota

Fontaine, La

composição da fábula dos Dois
Pombos durante o sonho e – XII,
127

Força psíquica

ação da * nas manifestações espíritas – XV, 166

ação da * sobre a mesa - XV, 168,

nota Baraduc, Dr., e medição da –
XV, 166, 167, notas

Beattie, Sr., e irradiação da - XV, 168,
nota conceito de - I, 26

condicionantes para a reprodução
das irradiações da - XV, 168, nota

fenômeno de apport e - XVII, 191

fotografia das irradiações e - XV, 167

magnetismo e - XV, 169

médiuns de efeitos físicos e
exteriorização da - XV, 166

observação dos efeitos da - I, 26

perispírito e - XV, 165

sede da - III, 46

Taylor, Sr., e irradiação da-XV, 168,
nota Thompson, Dr., e irradiação
da - XV, 168, nota

vontade e – XV, 165

Wagner, professor, e irradiação
da –XV, 168, nota

William Crookes e medição da
intensidade
da - XV, 166, nota; XV, 167, nota

Forças naturais desconhecidas,
As, livro Camille Flammarion, astrônomo, e - I, 31

fotografias sem qualquer artifício e - I, 31

levantamento de um piano e -1, 31

Forma humana

tipo primordial da - III, 44, nota

Forster, T. G., médium

faculdades extraordinárias e – XIX,
246, nota; XIX, 247

Léon Denis e - XIX, 247

Fotografia

Aksakof e * de uma forma de Espírito materializada - XX, 277, nota

Bronson Murray e * de Espíritos
- XX, 266, nota

comprovação da descrição e identidade do Espírito pela - XIV, 156

D'Espérance, Sra., médium, e * de
Espíritos - XX, 278, nota

Denton, professor, e * de
Espíritos - XX, 278, nota

Edmonds, J. W, juiz, e * de
Espíritos - XX, 266, nota

irradiações da força psíquica e - XV,
167

justificativa para a * de Espíritos
na obscuridade - XX, 292

materializações e - XX, 265

Reimers, Sr., e * de Espíritos
- XX, 278, nota

Russel Wallace e * do Espírito de sua mãe – XX, 265, nota
teoria das alucinações e * das aparições - XXIII, 333
testemunho da irradiação da alma humana e - XV, 168
W. T. Stead e * de Espíritos – XXI, XXI, 306-308

Fotosfera humana *ver* Aura

Fourcard, Espírito
comunicação utilizando os sinais dos surdos-mudos e - XXI, 303, 304, nota

Fox, Catarina *ver também* Fox, Kate
esgotamento das forças,
miséria e - XXV, 356
martirológico da mulher médium e - XXV, 355
mensagem reveladora da imortalidade e - XXV, 355

Fox, família
ligação da * à Igreja Episcopal Metodista - XVI, 175
palco do Corinthian-Hall em Rochester e - XVI, 175
Revue Spirite e - XXV, 356
tribulações da - XVI, 174, nota

Fox, irmãs, médiuns
conselhos dos Espíritos protetores e - XVI, 176

Fox, Kate *ver também* Fox, Catarina
Livermore, banqueiro, e - IX, 95, nota

Fox, Margarida, médium
esgotamento das forças, miséria e - XXV, 356
martirológico da mulher médium e - XXV, 355
mensagem reveladora da imortalidade e - XXV, 355

Fox, Srta., médium
pneumatografia e - XVIII, 208

Foxwell, Perey-, Sr.
fenômeno de psicometria e - XIV, 158

França
comportamento dos sábios na – Introd., 13, II, 38
comprometimento dos grupos operários na - X, 107, nota
progressos da ideia espírita na - X, 107 situação do Espiritismo na – Introd., 12, nota; II, 38

Franchot, engenheiro

experiências do * com as mesas - XVII, 197

Francisco de Assis
notas esparsas dos concertos celestes e - XXVI, 380

Franklin, Benjamim, Dr.,
Espírito comprovação da intervenção do - XVI, 176

Fraternidade
Espiritismo e ampliação da noção de-XI, 114

Fraude
denúncia e – Introd., 17
Drubay, Sr., e * nos fenômenos de materialização - XXIV, 348, nota fenômenos de materialização e - XXIV, 347 mascaramento da - Introd., 17
médium e * inconsciente - XXIV, 350, nota médium profissional e – XXIV, 352
origem da * consciente – 345
silêncio acerca da - Introd., 17
tipos de - XXIV, 345

Friese
molde de mão de criança e – XX, 280, 281, nota

Futuro
alma e leitura no - XIII, 153

G

Gabriel, anjo
Alcorão e - XXVI, 369, notas

Galichou, Claire
Souveniers et Problèmes Spirites, livro, e - XXI, 303
prova de identidade de Espírito e - XXI, 303

Galileu
encarceramento, Inquisição e - XXV, 383

Galitzin, Leopoldo, príncipe
testemunha do fenômeno de pneumatografia e - XVIII, 208

Gallas, Sra., médium
atestado do padre Grimaud, adepto do Espiritismo, e - XIX, 248
linguagem dos sinais empregados por surdos-mudos e – XIX, 247

Geley, Dr.
histeria, nevrose e - XIX, 254, nota
L'Être Subconscient, livro, e – XIX, 254, nota

Gênio

formas de mediunidade e - XXVI,
361, XXVI, 383, 384
infortúnios do - XXVI, 383
mediunidade dolorosa e - XXVI, 383
tortura da inspiração e - XXVI, 384,
nota
Gênio familiar *ver* Espírito protetor
Gens de 1'Autre Monde, livro
H. L. Olcott, coronel, e - XX, 283, nota
Geoffriault, Sr.
Annales Psychiques e – XV, 167,
nota
Gérald, Desmond-Fitz-, engenheiro
exteriorização do Espírito de uma
jovem e - XII, 143, nota
Gibier, Paul, Dr.
comunicação com os mortos e - I,
28 Congresso de Psicologia de Paris
(1900) e-XX, 269, nota
diretor do Instituto Antirrábico de
Nova Iorque e -1, 28
diretor do Instituto Pasteur e - XX,
269, nota
Espiritismo: faquirismo ocidental, O,
livro, e - XVII, 193, nota; XVIII, 213,
nota expatriação e - Introd., 13
materializações de fantasmas e - XX,
269, nota
pneumatografia e - XVIII, 212, 213,
nota precauções no caso da médium Sra.
Salmon e - XX, 270, nota realidade
dos fenômenos psíquicos e - 28
Slade, médium, fenômeno de levitação e - XVII, 193
Girardin, E. de, Sra., médium
Carlos Hugo, médium, e anúncio
de falecimento da - XXIII, 335
conversa com Espíritos de escol e -
XVII, 201
Gluck, músico
fenômenos mediúnicos e - XXVI, 380
Goethe
Fausto e - XXVI, 373
iniciação nas ciências profundas
e - XXVI, 373
sonambulismo poético e - XXVI, 373,
nota
Goudard, Dr.
referência do * ao poder da sugestão - XX, 287, nota
Sociedade de Estudos Psíquicos de
Marselha e - XX, 287, nota
Grasset, Dr.

teorias poligonais e - Introd., 14
Griswold, reverendo
adesão do * ao Espiritismo - XVI,
177
Grupo de estudo
condução de Espíritos pouco adiantados ao - XIX, 239
Grupo de Estudos Psíquicos de
Barcelona
Femandez Colavida, presidente do
-XIX, 258
Grupo de estudos psíquicos de Tours
comportamento dos médiuns e -
XIV, 156
Espírito Azul, guia do - XIX, 250,
nota Jerônimo, guia do - XIX, 250
Léon Denis e - XIV, 156, 248
Grupo espírita
características do - IX, 94
composição do - IX, 96, X, 108
condições influenciadores na constituição do - X, 106
desorganização de * por influência
de Espíritos inferiores - XXVI, 367
disciplina e – X, 104
formação e direção do - X, 103
inação do - XI, 112
Mapes, professor, e formação de -
IX, 95, nota
missão do diretor do - X, 104
qualidades indispensáveis no - IX,
95
Guldenstubbé Réalité des Esprits et
le Phénomène de
Leur Écriture Directe, La, livro, e -
XVIII, 207
Gurney
escrita dos sonâmbulos acordados
e-XVIII, 213

H

Haendel, músico
fenômenos mediúnicos e - XXVI, 380
Hallock, Dr.
adesão do * ao Espiritismo - XVI,
177
Hannon, Ch., reverendo
utilidade dos fatos atestados   pelo -
XVI, 176, nota
Hardinge, Emma
fenômeno de aparição e - XX, 290,
nota
History of Modern American Spiritualism, livro, e - XVI, 174, nota; XVI,

177, nota; XVI, 179, nota
Hare, Robert, professor
adesão do * ao Espiritismo - XVI, 177
Harmonia
ondas vibratórias iguais e - VIII, 80
Harrison, redator-chefe do The Spiritualist pneumatografia e - XVIII, 210
Hasden, escritor
escrita automática e - XVIII, 219
iniciação no Espiritismo e - XVIII, 218, 219, nota
Sic Cogito, livro, e - XVIII, 218, 219, 220, nota
Hauffe, Sra., médium
martirológico da mulher médium e - XXV, 356
vidente de Prévorst e - XXV, 356
Haydn, músico
fenômenos mediúnicos e - XXVI, 380
Heine, Henri
William Radcliff, livro, e - XXVI, 378, 379, nota
Helmholtz
impossibilidade da transmissão de pensamento e - Introd., 13,14
Hennisch, pastor
fenômeno das casas mal-assombradas e - XVI, 182, nota
Henrique II, rei
visão da morte do * em sonho – XIII, 148
Hilbert, Dr.
faculdade de visão psíquica e - XII, 131, nota
Hipnose
estados superiores e - XII, 124
Hipnotismo
cruzada contra o - Introd., 14, 15, nota
exigência de intenções puras e caráter reto e - XV, 172
fenômenos espíritos e - Introd., 15
Hipnotismo, livro
Cesare Lombroso e - Introd., 12, nota prefácio de Gustave Le Bom e - Introd., 12, nota
tradução francesa e – Introd., 12, nota
Hipnotismo e espiritismo,
livro Cesare Lombroso e - I, 31, nota; I, 32, nota; XX, 275
fenômenos de aparição e - XX, 275

Hipnotismo
magnetismo e - XV, 168
sugestão e - XV, 168
Hipótese espírita
bom senso e – Introd., 13
História
exegese científica e * de Israel - XXVI, 363
fenômenos de visão e de aparição e - XIV, 157
profetismo em Israel, fenômeno transcendental da - XXVI, 362
História do espiritualismo na América, livro
Hardinge-Britten, Sra., e - XIV, 161
History of Modern American Spiritualism, livro Emma Hardinge e - XVI, 174, nota; XVI, 177, nota; XVI, 179, nota
Hodgson, Richard, Dr.
adversário da mediunidade e – I, 26, nota; XIX, 241
embuste da Sra. Blavatsky, médium, e - XIX, 241
fenômenos de incorporação e - I, 26, nota
fraudes inconscientes de Eusapia Palladino, médium, e - XIX, 241
manifestação do Espírito George Pellew e - I, 26, nota
membro da Psychical Research Society e - I, 26, nota
Piper, Sra., médium, e - I, 26, nota; XIX, 240, nota
Proceedings Psychical R.S.P., livro, e - I, 26, notas
Hohenlohe
cura pela imposição das mãos e - XXVI, 382
Holmes
Vida de Mozart, carta. e - XIV, 162, nota
Home, médium
Alexandre II, imperador, e - XVII, 192, nota
elevação e projeção do - XVII, 192, nota fraudes voluntárias e - XXV, 356
Lindsay, lorde, e - XVII, 192
medição da intensidade da força psíquica e - XV, 167, nota
William Crookes e - XV, 167, nota; XVII, 192, nota; XXV, 356, nota
Homem
boa-fé e * crédulo – IX, 100

crença na vida futura e - II, 37

distinção entre o sábio e o * vicioso – 101 encontro das verdadeiras consolações e - 11

Espíritos inferiores e chamados do - 93

fato espírita e * de ciência - II, 38, nota

Friedrich Myers e afirmação da existência de um Espírito no - I, 28

inteligência e desenvolvimento do cérebro do - VIII, 79

morte, separação dos dois corpos do - I, 25

preocupação do * de ciência - IX, 89, nota

preocupação do * em evidência - Introd., 13

processos utilizados para regeneração do * enfermiço – XV, 169

profundezas ignoradas na personalidade do – XII, 123

prova da sobrevivência e - II, 37

revelação do Infinito ao - XXVI, 362

situação da alma depois da morte e - II, 37

Horet, Henri Sr.

professor de Música em Estrasburgo e - XIII, 149

sonho premonitório e – XIII, 149

Hugo, Carlos, médium

anúncio do falecimento da médium, Sra. Girardin, e – XXIII, 335

Hugo, Victor

Auguste Vacquerie e - XXVI, 378

Carlos Hugo, médium, filho de -XXIII, 335

crença no Espiritismo e - XXIII, 335

E. de Girardin, Sra., médium, e - XXVI, 378

fenômenos da mesa falante e girante e – XVII, 201-203

radiações e harmonias do Além e-XXVI, 378

sessões de Espiritismo em Jersey e - XXVI, 378

teoria da subconsciência e - XXIII, 334

versos dirigidos ao Espírito Molière e - XXVI, 378

versos do Espírito Sombra do Sepulcro e - XVII, 204, XXIII, 333, 334, nota; XXVI, 378, nota

Willian Shakespeare, livro, e - XXVI, 372, nota; XXVI, 378, nota

Hugo, Victor, Sra.

fenômenos da mesa falante e girante e - XVII, 201

Human Personality, livro

consequências da ciência psíquica e - I, 29

conclusões de Friedrich Myers, professor, e - I, 29, nota; I, 30, nota

Humanidade(s)

benefícios da comunhão entre as duas - XXIII, 340

cansaço do dogmatismo religioso e - II, 41

descrença da * nos mitos da infância – XXIII, 344, nota

despertar da consciência e - XI, 118

dificuldades da - Introd., 9

edificação da noção de * una - XI, 119

elemento essencial do desenvolvimento e - XI, 118

preparação da evolução religiosa e - XXVI, 367

renovação da * mediante a morte e o nascimento - I, 25

retardamento da marcha e do progresso e - XV, 172

Huss, João

clarividência e - XIII, 150

Hydesville, vila do estado de Nova Iorque

intervenção de grande número de Espíritos e - XVI, 175

intervenção do Espírito do Dr. Benjamim Franklin e – XVI, 175 manifestações e - XVI, 174, nota; XVI, 175, nota

Hyslop, James, professor abundantes provas de identidade e - XIX, 260; XXI, 300, nota

exclusão da hipótese de telepatia e - XIX, 246

experiência do * com uma linha telegráfica - XXI, 294, 295, nota

médiuns profissionais e - 17

pesquisa sobre a mediunidade da Sra. Piper e - XIX, 244, nota; XIX, 245, notas

Piper, Sra., médium, e testemunho do -1, 27, nota

professor da Universidade de Colúmbia e - Introd., 14, I, 27, nota

provas colhidas nas pesquisas e - XIX, 245, nota

racionalidade na explicação espírita

- Introd., 14
Revue Scientifique et Morale du
Spiritisme e - XIX, 245, nota
Robert Hyslop, Espírito, pai e - XIX,
238

Hyslop, Robert, Espírito
dificuldades na transmissão do
pensamento dos Espíritos e - XXI,
294, nota
harmonia entre as faculdades do
Espírito e as do médium e - XIX, 238
James Hyslop, professor, filho e –
XIX, 238 Piper, Sra., médium, e - I,
26, nota; XIX, 240, nota

I

Ideia espírita
defensores e propagandistas da - X,
112 exageros da - Introd., 12
progressos da * na França - X, 107

Igreja
adeptos do Espiritismo no seio
da-XXIII, 344
argumento habitual da - XXIII, 338
árvore colossal e frutos da - XXIII,
341
contradição da * com os atributos
divinos - XXIII, 341
diabo e-XXIII, 341
doutrina da inspiração e - XXVI, 385,
nota
interdição de todas as relações da
* com os Espíritos - VI, 69
Joana d'Arc e amor a - XXVI, 371,
nota manifestações fora da - VI, 70
milagres e - VI, 70
processos instaurados por feitiçaria
e-VII, 71, nota
situação da * nos três primeiros
séculos - XXVI, 385
sobrenatural diabólico ou divino
e- XXIII, 342, nota
transformação da * em sociedade
política - XXVI, 387
Imperator, Espírito superior abundantes provas de identidade e-XIX,
260
característica do - XIX, 243, 246,
nota evocação e - XIX, 243
Stainton Moses e – XVIII, 220

Imposição das mãos
cura de Vespasiano e - XXVI, 382,
nota
possibilidade de cura e - XV, 170

Incredulidade
cega confiança e – XXIV, 352

Indes à la planète Mars, Des, livro
Theodore Flournoy e - III, 47, nota;
XIX, 253, nota; XIX, 256, nota; XIX,
257, nota; XXV, 358, nota

Inglaterra
situação do Espiritismo na - Introd.,
12

Inspiração
Albrecht Dürer, pintor, e - 381
Alfred de Musset e - 373
Camille Flammarion – 375, nota
Espiritismo, fonte pujante de - In-
trod., 10
Ésquilo e - XXVI, 372, nota
formas de – XXVI, 375
Goethe e - XXVI, 373
Hudson Tuttle, médium, e - XIX, 237
Jean Reynaud e - XXVI, 377
Lamartine e - XXVI, 377
Massenet e - XIV, 163
Milton e-XXVI, 372
Mozart e - XIV, 162, nota
obras geniais e - XXVI, 372
obras-primas de Beethoven e - XIV,
162
Pitágoras e conceito de - XXVI, 372
Schiller e - XXVI, 375
segredo da - IX, 101
Shakespeare e - XXVI, 372, notas
Shelley e - XXVI, 372
W. Blake e - XXVI, 373

Instituto Geral Psicológico de Paris
Courtier, Sr., secretário, e -I, 30
Curie, Sr., e - I, 30
D'Arsonval, Sr., e – I, 30
deslocação de objetos sem contato
e - I, 30 Dubierne, Sr., e - I, 30
Eusapia Palladino, médium, e - I, 30
fenômenos de levitação e - I, 30
Richet, Sr., e - I, 30
Inteligência desenvolvimento do
cérebro do homem e - VIII, 79
extinção da * depois da morte -I, 24
matéria e -I, 24

Intuição
atributo da alma e - IV, 54
contato direto com o mundo dos
Espíritos e - IV, 54
presença dos Espíritos e - 37
sonho profundo e - 146

Investigações sobre a mediunidade,

livro

Gabriel Delanne e – I, 27, nota; XXI, 297, nota

Investigações sobre os fenômenos do Espiritualismo, livro

William Crookes e – I, 25, nota; XVII, 191, nota;
XVII, 197, nota; XVIII, 208

Invisível *ver* Mundo Espiritual

Iolanda, Espírito

d'Espérance, médium, e – I, 26, nota fotografia do * materializado - I, 26, nota produção de um lírio dourado e - XX, 286, nota

Isaías

serrado pelo meio do corpo e - XXVI, 383 defensor dos pobres e - XXVI, 368

Istrati, professor

fotografia do Espírito do - XII, 143, nota membro do Conselho de Ministros da Romênia e – XII, 143, nota

Itália

situação do Espiritismo na - Introd., 12

J

Jacó

combate simbólico de * e o anjo-XXVI, 365

James, William, professor

Piper, Sra., médium, e – I, 26, nota; XIX, 240, nota
professor da Universidade de Harvard e - I, 26
provas da telepatia e - Introd., 14

Janet, Pierre, Sr.

elucubrações psicofisiológicas e - Introd., 14
escrita automática e - XVIII, 215
explicação para os fatos espíritas e – XIX, 253, nota; XIX, 254, nota faculdade de visão psíquica e - XII, 131, nota
L'Automatisme Psychologique, livro, e - XIX, 253, nota
subconsciência do médium e -XIX, 251, XIX, 259

Jeová

Moisés vê * na sarça do Horeb e no Sinai - XXVI, 366
revelação de * em uma nuvem - XXVI, 363, nota

Jerônimo, Espírito

abundantes provas de identidade e-XIX, 260
apóstolo, mártir e - XIX, 251
características do - XIX, 251
guia do Grupo de estudos psíquicos de Tours e-XIX, 250
Léon Denis e – XI, 116
restrições às comunicações dos Espíritos e - XXI, 294

Jervis, reverendo

ministro metodista de Rochester e - XVI, 176, nota
utilidade dos fatos atestados e - XVI, 176, nota

Jesus

aparição de * depois da morte - VI, 69
conversa de * no Tabor com Moisés e Elias-XXVI, 369
mediador por excelência e – XXVI, 369, nota
mulher e - VII, 73

Jó

materialização espírita e - XXVI, 367

Joana d'Arc, médium

amor a Igreja e - XXVI, 371, nota
aparições, vozes celestes e - XXVI, 371
clarividência e - XIII, 150, notas
fenômenos de visão e audição e - XIII, 157, nota
início da missão de - XXVI, 370
manifestações dos mortos e - VI, 70 martirológico da mulher médium e - XXV, 355

João Batista

reencarnação de Elias e - XXVI, 368

Joire, Dr.

comunicação com os mortos e - I, 28
exteriorização da sensibilidade e - XV, 166, nota
realidade dos fenômenos psíquicos e - I, 28

Justiça

virtude recomendada pelos videntes de Israel e - XXVI, 368

Justo

significado da palavra – XXVI, 368

K

Kardec, Allan

ação fluídica dos Espíritos inferiores sobre o médium e - XXII, 321, nota

desprendimento do Espírito de uma
jovem de Lyon e – XIII, 146
Livro dos médiuns, O, e - XII,
140, nota; XXII, 321, nota
médium automatista e - XXIV, 351
perigos do-Espiritismo e - V, 58
Kerner
demonstração da exteriorização da
alma e - XII, 138
King, Kate, Espírito
características da materialização e -
XX, 280, nota
desmaterialização do * em plena
luz - XX, 268
fotografia do * materializado - I, 26,
nota
William Crookes e – I, 26, nota; XX,
267, nota
Klopstock, poeta
Messiada e – XXVI, 373

L

L'Âme et ses Manifestations à Travers
l'Histoire, livro E. Bonnemère e -
XXVI, 370, nota
L'Automatisme Psychologique, livro
Pierre Janet e - XIX, 253, nota
Lacordaire
testemunha do fenômeno de pneumatografia e - XVIII, 208
Lamartine, poeta
censura de Infantin e - XXVI, 377,
nota
Jocelyn, livro, e – XXVI, 377
Chute d'un Ange, livro, e – XXVI, 377
Lamballe, Jobert de teoria do músculo rangedor e – 39
Langworth, Dr.
utilidade dos fatos atestados pelo -
XVI, 176, nota
Lares
homenagem aos - VI, 67
significado da palavra - VI, 67, nota
Larsen, Georg, Sr.
diminuição de força e de vida dos
assistentes e - XX, 282, nota
fenômenos de aparição e - XX,
276, nota; XX, 277, nota
L'Echo du Merveilleux
Gaston Méry, Sr., e - XXIII, 338, nota
L'Eclair, jornal
manifestação de sobrevivente de um
navio e - XII, 138, nota

Lee, Sr.
visão a distancia durante o sono e
-XII, 125, nota
Lei da ascensão
alma humana e - II, 36
Lei de equilíbrio moral
aplicação da - XI, 116
Lei de causalidade
cumprimento da justiça e - III, 47
Lei das afinidades e atrações
mundo espiritual e - Introd., 8,11
regra das manifestações espíritas
e - III, 48
Lélia, Espírito
d'Espérance, médium, e - I, 26, nota
fotografia do * materializado - 26,
nota
Leopoldo, Espírito
guia da médium Hélène
Smith e-XIX, 257
L'Inconnu et les
Problèmes Psychiques, livro
Camille Flammarion e - XIV, 160,
nota
L'Intelligence, De, livro Taine, Sr., e -
XIX, 253, nota
Liberdade
exteriorização do Espírito, preparação para o estado de - 144
Liduína, Santa
bicorporeidade e - XII, 138
Liberdade
diminuição proporcional de - XXI,
115
Life and Mission
D. Home, Sr., médium, e - XXI, 312,
nota; XXI, 313,314
prova de identificação de Espírito
e - XXI, 312, nota; XXI, 313, 314
Lincoln, Abraham, presidente
sonho e - XIII, 148, nota
Lindsay, lorde
Sociedade Dialética de Londres e
testemunho do - XVII, 192, nota
testemunho da manifestação do
médium Home e - XVII, 192
Livermore, banqueiro
Kate Fox, médium, e - IX, 95, nota
Estela Livermore, Sra., esposa, e -
XX, 269, nota
notas do * sobre os fenômenos
espíritas - XVII, 195, nota
Livermore, Estela, Sra.

sessões de aparição e - 176, 269, nota

Livro dos espíritos, O
Allan Kardec e - XII, 140, nota
estudos das aparições de vivos e – XII, 140, nota

Livro dos médiuns, O
ação fluídica dos Espíritos inferiores sobre os médiuns e - XXII, 321, nota
Allan Kardec e – XII, 140, nota; XXII, 321, nota
estudos das aparições de vivos e - XII, 140, nota

Lodge, Oliver, Dr.
certeza da existência futura e - 14
cross-correspondence e - 224
Espiritismo e - Introd., 11, 14
exemplo de intrepidez moral e - Introd., 13
fenômeno de incorporação e - XIX, 236, nota
membro da Real Academia e - Introd., 14 Piper, Sra., médium, e - I, 26, nota;
XIX, 240, nota; XXI, 300
prova de identidade de Espírito e - XVIII, 224, nota; XXI, 300
reitor da Universidade de Birmingham e - Introd., 14, XVIII, 224

Lombroso, Cesare, professor
Annales des Sciences Psychiques e - 186 considerações de * sobre as ideias espíritas - I, 32
desafio do cavalheiro Chiaia e –XVII, 193, nota
desenvolvimento da Psiquiatria e da Antropologia e - I, 32
Espiritismo e - Introd., 11
exemplo de intrepidez moral e - Introd., 13
fenômeno das casas mal-assombradas e - XVI, 186
fenômeno de aparição e - XX, 275
fenômeno de levitação e - XVII, 193
Hipnotismo, livro(tradução francesa), e - Introd., 12, nota
Hipnotismo e espiritismo, livro, e - I, 31, nota; I, 32, nota; XX, 275
médiuns profissionais e - Introd., 17
trabalhos de Antropologia criminalista e - I, 32
Universidade de Turim e - I, 32

Lorgues, Roselly de
Cristophe Colomb, livro, e - XXVI,

370, nota
Louis Ménar det son oevre
Berthelot - XXVI, 372, nota
L'Humanité Posthume, livro
D'Assier e – XII, 138, nota

Lucano
mistura das sombras dos mortos com os vivos e - VI, 67

Lucília
irmã e primeira inspiração de Chateaubriand e - XXVI, 376

Luys, Dr.
exteriorização da sensibilidade e - XV, 166, nota
Phénomènes Produits par l'action des Médicaments à Distance e - XV, 166, nota

Luz
ação da * sobre os fluidos - IX, 93
desagregação que exerce a * sobre as criações fluídicas - XX, 268
desmaterialização de Kate King, Espírito, em plena - XX, 268
efeito dissolvente da * sobre os fluidos - XX, 291
velocidade da - IV, 49

Luz y Union, revista
caso de obsessão e - XXII, 322

Lux, Sra.
de Rochas, coronel, e experiências com a - XV, 168, nota

M

M., médium
fraudes e - XXIV, 348-350
Madame Piper et la Société Anglo-americaine des Recherches Psychiques,
livro estudo das faculdades da Sra., Piper, médium, e - XIX, 240, nota
M. Sage e - XIX, 238, nota; XIX, 240, nota; XIX, 244, nota; XIX, 245, nota

Magnetismo
alcance do - XV, 171
conceito de - XV, 169
exigência de intenções puras e caráter reto e - XV, 172
força psíquica e - XV, 169
harmonia nos organismos e - XV, 168
hipnotismo e - XV, 168
iluminação do pensamento pelo * transcendente - XV, 172
medicina dos humildes e dos cren-

tes e - XV, 170

observação do poder do * curativo-
-XV, 170

obstáculo à aplicação e - XV, 170

Magnetizador

*ação do * no estado de transe* - XIX,
235

estados superiores do sonambulismo e-XV, 171

influência do * sobre o médium -
XIX, 258, nota

influenciação desfavorável e - XIX,
238

segredo do poder curativo e - XV,
165

sonâmbulo e - XIV, 155

sugestão e - XV, 168

Magnin, E., Sr.

caso de obsessão e – XXII, 323

professor da Escola de Magnetismo
e - XXII, 323

Mahomet et le Coran

Bartelemy Saint-Hilaire, e - XXVI,
369, nota

Maimônides, douto rabino

judeu de Córdoba resumo da lei da
mediunidade e - XXII, 330, nota

Mal

criação do - III, 47

Maladies de la Personnalité, Les, livro

Ribot, Sr., e - XIX, 253, nota

Malebranche

Pesquisa da verdade e - XXVI, 386

Manes

homenagem aos * dos heróis - VI,
67 significado da palavra - VI, 67,
nota

Manifestação espírita

ação da força psíquica e - XV, 166

base da lei da - VIII, 80

causa de erro e – VIII, 79

critério de certeza e – IX, 98

Grimaud, abade, e - XXIII, 344, nota

Lacordaire, padre, e – XXIII, 344,
nota Lebrun, padre, e - XXIII, 344,
nota

Lecanu, abade, e - XXIII, 344, nota

Marchal, padre, e - XXIII, 344, nota

Marouzeau, abade, e - XXIII, 344,
nota médiuns, experimentadores
e - VIII, 80 Poussin, abade, e - XXIII,
344, nota

regra da - III, 48

revistas católicas e - XXIII, 338, nota

teoria do demônio e intervenção
na-XXIII, 340

Manifestação física

consagração ao estudo da - IX, 96

importância da mesa na * espontânea - XVII, 196

Manifestação intelectual

necessidade do Espírito na - IX, 92

Maomé

ditado do Alcorão e – XXVI, 369,
nota

E. Bonnemère e faculdades mediúnicas de - XXVI, 370, nota

fundador do Islamismo e – XXVI,
369, nota

início da missão e - XXVI, 370, nota

Mapes, professor

adesão do * ao Espiritismo - XVI,
177 formação de grupo espírita e -
IX, 95, nota

Marata, Esteva, Sr.

existências anteriores da alma e -
XX, 259

presidente da União Espírita de
Catalunha e - XX, 259

revivescência de vidas anteriores
e - III, 47, nota

Marconi, Sr.

transmissão das ondas hertzianas
e - XX, 292

Marryat, Florence, Sra.

descrição minuciosa das sessões de
William Crookes e - XX, 268, nota

diferença de peso na médium
Florence Cook e - XX, 281

Monde des Esprits, Le, livro, e - XX,
268, nota; XX, 280, nota

organização de um corpo a expensas do médium e - XX, 283, nota

Martin, P., comandante

Notas Antigas e - XXI, 304, nota

identificação de Espírito e - XXI, 304,
nota

Massaro

fenômeno de aparição e - XX, 276

Massenet

inspiração e - XIV, 163

poema sinfônico Visões e - XIV, 163

Matéria

ação do Espírito sobre a - XX, 265

ação do pensamento sobre a
* cerebral - VIII, 79

ação mental do Espírito

diante da -XII, 142
atuação dos fantasmas dos vivos sobre a - XII, 137, notas
desagregação da – XX, 264, XX, 272, nota diferença dos estados da - VIII, 80
estados da - XX, 264
inteligência e - I, 24
fluido universal, estado mais simples da -XX, 264
manifestação do Espírito separado da - IV, 52
objetivo da luta da alma contra a - VI, 69 propriedades da - XX, 264
superioridade do Espírito sobre a - XXVI, 382
William Crookes e * radiante - IV, 52, XV, 165

Materialismo
Igreja e - XXVI, 388
negações do - Introd., 19, nota
posição da mulher diante do - VII, 74

Materialista
concepção de alma e - I, 23, XII, 143
insuficiência da teoria - IV, 50

Materialização
autenticidade nos fenômenos de--XXIV, 347
características do fenômeno de – XX, 263, XX, 282, nota
começo de * e aparição do Espírito - XIV, 156
Charles Richet e fenômeno de - I, 29, nota
diário da baronesa Peyron e - XX, 279 Drubay, Sr., e fraude nos fenômenos de - XXIV, 348, nota
Ernesto Bozzano e * de Espírito - XX, 278
Espírito desencarnado e - I, 25
experiências de Armstrong e - IX, 98, nota
experiências de Reimers e - IX, 98, nota
experiências de William Crookes e - IX, 98, XX, 267, nota
experiências do engenheiro Varley e – IX, 98
fenômeno das casas mal- assombradas e - XVI, 173
fotografia e - XX, 265, 267
fraudes nos fenômenos de - XXIV, 347
graduação da - XX, 265, 267
James N. Sherman, Sr., e * de Espí-

rito - XX, 281
Jó e * espírita - XXVI, 367
Kate King, Espírito, e - XX, 267, nota
manifestação de Jeová na nuvem e - XXVI, 363
médium vidente e – XX, 265, nota
nebulosidades e * de Espíritos - XX, 264
organização de um corpo a expensas do médium e - XX, 283, nota
origem dos elementos de - XX, 281
Paul Gibier, Dr., e * de fantasmas - XX, 269, nota
perda de peso do médium e - I, 25, nota; IX, 98, nota
provas fornecidas e - XXI, 293

Matin, jornal
caso notável do poder da sugestão e - XX, 288

Maurice, Paul
crença no Espiritismo e - XXIII, 335

Maxwell, J.
advogado geral perante a Corte de Apelação de Paris e - Introd., 18
fenômeno das casas mal-assombradas e - XVI, 187
Fenômenos psíquicos, Os, livro, e - Introd., 18
Proceedings, da Sociedade de Investigações Psíquicas, e - XVI, 187
pronunciamento de * sobre o Espiritismo - Introd., 18

Medicina
exigência de estudos prolongados e-XXII, 319

Médium auditivo
percepção do pensamento do Espírito e - XII, 132

Médium automatista
Aksakof e-XXIV, 351
Allan Kardec e - XXIV, 351
Davis e - XXIV, 351
condições favoráveis e - XXIV, 351
Gabriel Delanne e - XXIV, 351, nota
Hudson Tuttle e – XXIV, 351
mistificações e - XXIV, 351

Médium escrevente ver também
Médium psicógrafo
classificação do - XVIII, 226

Médium inspirado
profeta israelita e - XXVI, 363
razão, intuição e - XVIII, 230

Médium presunçoso
lição de humildade e - XVIII, 227

Médium psicógrafo ver também
Médium escrevente
classificação do - XVIII, 226
Médium venal
característica do - XXIV, 353
Médium vidente
materialização e – XX, 265, nota
Médium(ns)
ação do Espírito do * sobre o corpo adormecido - XIX, 254
ação fluídica dos Espíritos inferiores e – XXII, 321 adversários do Espiritismo e difamação do – XXV, 359
anuência dos Espíritos com * profissional - XXIV, 346
assinaturas de personalidades desconhecidas do – XXI, 297, notas
atração do Espírito de escol e - V, 59
atuação do Espírito sobre o intelecto do - IV, 53
características do falso - XXIV, 345, nota causas de esterilidade e boa vontade dos - IX, 85
charlatanismo e * profissional - XXIV, 352 ciúme, desagregação entre - VII, 74 comportamento do * na fase de estudo elementar - V, 58
comportamento do * no transe - XIX, 235 comportamento do Espírito do * durante o transe - XIX, 236
conceito de - I, 25, IV, 51 condição sine qua non do fenômeno espírita e - XXV, 359
condução do * ao grau de sensitividade - VIII, 82
desafio do Sr. Gustave Le Bon aos - 31 desatenção do sábio para com o - IX, 87
desenvolvimento das forças fluídicas e - V, 59
diferença do peso do - IX, 98, nota; XX, 281; XX, 282, nota
educação e adestramento dos - V, 63
educação e função dos - V, 57
educação psíquica e - V, 58
elementos inferiores do mundo invisível e - V, 57
escrita automática e pensamento do - IX, 97, 98, nota
escritos ou conversações em línguas desconhecidas pelo - XXI, 309
Espírito de luz e - V, 66
exigências sociais e - V, 63
exploração do público espiritualista e * profissional - XXIV, 345

exteriorização da força psíquica e * de efeitos físicos – XV, 166
fatores desanimadores e - IX, 86
fenômenos vulgares e - Introd., 11
fraude e * profissional - XXIV, 352
fraude inconsciente e - XXIV, 350, nota
função do * nos fatos de natureza física - XVI, 173
função do * nos fatos intelectuais - XVI, 174
Gabriel Delanne e explicação para as percepções nos - XII, 131, nota
garantia de sinceridade e - XXIV, 353
grupo harmônico entre o * e assistentes - VIII, 80
harmonia entre as faculdades do Espírito e as do - XIX, 238
importância da função e dos deveres do - V, 65
importância da saúde do - IV, 53
importância do * no estudo do fenômeno espírita - IV, 52
incômodo da influência fluídica do Espírito inferior e – XIX, 260
incorporação de vivos no organismo de * adormecidos - XII, 140
influência do * desassossegado na comunicação - IX, 94
influência do Espírito atrasado sobre o - Introd., 9
influência do Espírito guia no - XIX, 258
influência do magnetizador sobre o-XIX, 258, nota
influência magnética dos experimentadores e - IX, 91
ingratidão, desprezo, perseguição e - XXVI, 361
instrução e qualidades morais do – IV, 53
instrumento dos maus Espíritos e - Introd., 9
intensidade das manifestações e - IV, 53
intermediário entre as duas humanidades e - IV, 51
intuição de um mundo superior e - V, 62
lei das manifestações, * e experimentadores -VIII, 80
Léon Denis e incentivo aos - XXV, 360 martirológio dos - XXV, 355
materialização e * vidente - XX, 265
materialização e perda de peso do - I, 25, nota

mediunidade e - XXII, 330, 331
mediunidade e * profissional - Introd., 16
missão do - V, 65
motivo de atração de entidades inferiores e - IX, 88
mulher, * por excelência - VII, 74
natureza da faculdade mediúnica e * profissional - XXIV, 352
organização de um corpo a expensas do - XIX, 283, nota
paixões carnais e - XXII, 331
pensamentos hostis dos incrédulos e – IX, 91
percepção do * com os olhos abertos - 156, 157, nota
percepção do * com os olhos fechados - 156, 157, nota
personalidades ocultas e organismo do - IX, 98
preferência dos Espíritos em relação aos - IV, 53
profetas israelitas, * inspirados - XXVI, 363
projeção do pensamento do Espírito no cérebro do - XIX, 239
proteção de um Espírito bom e - V, 59
prova de perseverança e - V, 59
questões ociosas ou interesseiras e - V, 58
reação do * às correntes contrárias - VIII, 81
reflexo do Espírito na forma fluídica do - XX, 291
relação do Espírito com o * intuitivo - IV, 53
sentidos psíquicos do * após o despertamento - XIX, 239
simulação e * profissional - Introd., 16
sono e inconsciência do - VIII, 82
sono magnético e - IX, 97
Stainton Moses, * escrevente mecânico - XVIII, 220
tipos de - IV, 53
trabalho na regeneração do gênero humano e - V, 60
transmissão de ensinos superiores aos conhecimentos do - IX, 92
verdadeiros * e simulação - IX, 88
visão do * com os olhos fechados- -XIV, 155
visão dos eflúvios do corpo humano e - XV, 166
visibilidade simultânea da aparição

para assistentes e - XX, 267
Médiumnité au Verre d'Eau, La Antoinette Bourdin e - XIV, 157, nota
Mediunidade
abusos da - XXIV, 345
amadurecimento da - V, 59
Antiguidade e – V, 63
aquisições anteriores e - V, 62
audição psíquica em estado de vigília e-XIV, 155
Bíblia e textos de afirmação da - XXVI, 366, nota
características da - IV, 52, 53
conceito de - V, 59, 63, VIII, 78
conservação do prestígio moral e - 353
desenvolvimento e - 61
dificuldades na formação e exercício da - V, 57
ensinos dos Espíritos elevados e * de efeitos intelectuais - IV, 53
escolas de profetas e videntes da Judeia e - V, 63
escolhos e perigos da - Introd., 10
Espiritismo e propagação da - Introd., 10 estado de - VIII, 78
estudo da *, chave dos problemas do Espiritismo - IV, 52
exercícios de desenvolvimento e - V, 58 exigência da - V, 63
fases da - V, 58
forma mais comum de - IV, 52
formação da boa - V, 59
frutos prematuros e - V, 63
isenção do caráter mercantil e - XXIV, 354 Maimônides e resumo da lei da - XXII, 330, nota
manifestações tumultuárias e - Introd., 16 manuais clássicos e – XXVI, 385
médium e período inicial de desenvolvimento da - V, 58
médium profissional e - Introd., 16
meio de aquisição da - V, 62
mercadejo da - XXIV, 353
papel da alta - V, 65
pensamento do Espírito e estados de - VIII, 78
perniciosas influências e – V, 63
prática e perigos da - V, 66, XXII, 319, XXIII, 338
proteção dos Espíritos adiantados e * profissional - XXIV, 352 psicologistas, teólogos e problema da-XXII, 330
Richard Hodgson, Dr., adversário

da - I, 26, nota; XIX, 241
sacerdócio e - XXIV, 353
transe, * de incorporações - I, 27,
nota
utilização da * de efeitos físicos - IV,
53
verdadeiro caráter da - Introd., 10
visão psíquica em estado de
vigília e-XIV, 155
Mediunidade intuitiva
desenvolvimento e - XVIII, 228
Mediunità, La
caso de obsessão e - XXII, 322, nota
Filipe Randone, médium, e - XXII,
322, nota
Meignan, cardeal
escolas de profetas e - XXVI, 365,
nota
Prophètes d'Israel, Les, livro, e -
XXVI, 365, nota
Memória
desprendimento e dilatação do
campo da - III, 46
explicação para o fenômeno da - III,
46
integridade da * através das flutuações da matéria - XIX, 255
Memórias de além-túmulo
Chateaubriand e - XXVI, 376
Méric, monsenhor
manifestações espíritas e - XXIII,
338, nota
Revue du Monde Invisible e - XXIII,
338
Méry, Gaston, Sr.
L'Echo du Merveilleux e - XXIII, 338,
nota
Mesa falante e giratória
adesões ao Espiritismo e fenômeno
da-XVII, 204
Allyre Bureau, compositor, e movimentos da – XVII, 197
Ch. Brunier, pintor, e movimentos
da-XVII, 197, 199
Chazarain, Dr., e transmissão de
comunicações através da - XVII,
200, nota
comparação para definição da prece
e - XVII, 199
composição de melodias e – XVII,
198, 199, nota
comunicação de Abraham Florentine, Espírito, e - XVII, 200, nota
críticas e zombarias e - XVII, 196

definição da palavra dever e - XVII,
199
Eugène Nus, escritor, e movimentos
da-XVII, 197
Franchot, engenheiro, e movimentos
da-XVII, 197
identificação de Espírito e - XXI, 304
manifestação de Anastasie Perelyguine, Espírito, e - XVII, 199
objetivo das comunicações e - XVII,
205
provas de identidade obtidas por
intermédio da - XVII, 200
Robert Hare e movimentos da - XVII,
197 Sombra do Sepulcro, Espírito,
e-XVII, 202
Victor Hugo, e fenômenos da-XVII,
201-203
Victor Hugo, Sra., e fenômenos
da-XVII, 201
William Crookes e movimentos da
-XVII, 197
Mesmer
precursores de - XXVI, 386
Messiada
Klopstock, poeta, e - XXVI, 373
Metzger, Sr. Dr. Autour des Indes à la
Planète, livro, e - IX, 89, nota
críticas as experiências do Sr. Flour-
noy e - IX, 89, nota
Michelet
Feiticeira, A, livro, e - VII, 71, nota
Histoire de la Révolution e - XXVI,
377
Miettes de l'Histoire
Augusto Vacquerie e - XVII, 201
Mijatovich, Chedo, Sr.
Xenoglossia e - XXI, 310-312
Milagre
Igreja e - VI, 70
Milagres e o moderno espiritualismo,
Os, livro fenômeno de apport e -
XVII, 191, nota
Russel Wallace e - I, 25, nota; IX,
95, nota; XVII, 191, nota
Milton
cantos do Paraíso perdido e – XXVI,
373, nota
pobre como Jó, cego como Homero
e – 383
Minot-Savage, reverendo
prova de identidade de Espírito
e - 300, nota
Misericórdia

carreiro da - 120
destino e * divina - 7
Missing Link on Modern Spiritualism, The, livro
Lea Underhill e - XVI, 174, nota
Mística cristã
bilocação, bicorporeidade e – XII, 137, nota
Mistificação
Espírito embusteiro e - V, 58
Modern Spiritualism its Facts and Fanaticisms, livro
W. Capron e - XVI, 174, nota
Moderno Espiritualismo *ver* Espiritismo
Moisés
arca da aliança e - XXVI, 366
cântico após a derrota do Faraó e - XXVI, 366
conversa de Jesus com * e Elias - XXVI, 368
Eloim e - 364
enterramento vivo no Nebo e - XXVI, 383
hebreus revoltados no deserto e - XXVI, 366
Jeová na sarça do Horeb e no Sinai e - XXVI, 366
revelação de Jeová e - XXVI, 363, nota tabernáculo, escolha dos 70 anciães e - XXVI, 363
tábuas da lei e - XXVI, 366
transfiguração luminosa e - XXVI, 366
Molécula fluídica
ação da vontade e - VIII, 80
Monck, Dr., médium
materialização de Espírito e - XX, 284, nota
pastor batista e - XX, 284, nota
pneumatografia e - XVIII, 211
Monde des Esprits, Le, livro
Florence Marryat, Sra., e - XX, 268, nota
Monde Invisible, Le, livro
Jules Bois e - XIV, 160, nota
Mountfort, reverendo
testemunha do fenômeno de pneumatografia e - XVIII, 208
Montlue
visão da morte do rei Henrique II em sonho e - XIII, 148
Montorgueil, Sr.

desafio do * aos prestidigitadores - I, 31
Morselli, professor
adesão do * ao Espiritismo - XX, 275
Eusapia Palladino, médium, e - XX, 273
fenômeno de aparição e - XX, 274, 275, nota
Morgan, de, professor
denunciador do charlatanismo científico e - Introd., 15
Morgan, de, Sra.
exteriorização do duplo de uma jovem hipnotizada e - XII, 143, nota
Phantasms of the Living, The, livro, e – XII, 143, nota
Moribundo
aparição de - I, 24
clarividência e – I, 25
lucidez e - I, 25
previsão do futuro e – I, 25
Morte
aparição de Jesus depois da - VI, 69
desligamento da alma e – III, 44
Espiritismo e profanação da religião da - Introd., 10
estados superiores da hipnose e - XII, 124
extinção da inteligência depois da - 24
mudança essencial à natureza íntima do ser e - II, 37
separação dos dois corpos do homem e – I, 25
situação da alma depois da * para o homem - II, 37
soerguimento do véu da - Introd., 7
Moses, Stainton
Ensinos espiritualistas, livro, e-XVIII, 220, nota; XVIII, 297, nota
escrita em ardósia e - XVIII, 210
identidade obtida pela mediunidade escrevente e – XXI, 297, nota
Imperator, instrutor espiritual, e - XVIII, 220
médium escrevente mecânico e-XVIII, 220
médium profissional e - XXIV, 353, nota
pastor da Igreja Anglicana e – XVIII, 220 Prudens, instrutor espiritual, e - XVIII, 220
Psychography, livro, e - XVIII, 210
Rector, instrutor espiritual, e - XVIII, 220

440 | NO INVISÍVEL

Spirit Identity, livro, e - XXI, 297, nota; XXIV, 353, nota

Moses, Stainton, Espírito
evocação e – XIX, 242

Moutin, Dr.
Sociedade de Estudos dos Fenômenos Psíquicos de Paris e – XXI, 302
prova da identidade de Espírito e - XXI, 302

Moutonnier, professor pneumatografia e - XVIII, 213, nota

Movimento espiritualista
Espíritos superiores e direção do – V, 60

Movimento feminista
verdadeiro papel da mulher e - VII, 73

Mozart, músico
comunicação do Espírito * sobre a música celeste - XIV, 163
fenômenos mediúnicos e - XXVI, 380
Holmes e Vida de *, carta, - XIV, 162, nota inspiração musical e - XIV, 162 nota
notas esparsas dos concertos celestes e - XXVI, 380
precocidade mediúnica e - XXVI, 380
Réquiem e - XIV, 163, nota; XXVI, 380

Mulher
Catolicismo e - VII, 72
difusão do Espiritismo e - VII, 71
Escrituras e – VII, 72
Espiritismo e ascensão da * à vida superior - VII, 75
Espiritismo e verdadeiro lugar da * na família e na obra social - VII, 73
Espiritismo, O, e – VII, 71, nota
faculdades psíquicas e - VII, 71
feição religiosa do Espiritismo e - VII, 74 Intuição, adivinhação e - VII, 71
Jesus e a - VII, 73
lenda bíblica da queda original e - VII, 72 materialismo e - VII, 74
médium por excelência e - VII, 74
missão mediatriz e - VII, 74
modelagem da alma das gerações e - VII, 72
movimento feminista e verdadeiro papel da - VII, 73
padre e apreciação do poder da - VII, 72 papel da * nos primeiros tempos do Cristianismo - VII, 72 regeneradora da raça humana e - VII, 71 sacerdócio e - VII, 73, nota

sacerdotisa nos tempos védicos e - VII, 72
sagrada missão educativa e - VII, 72
sensualidade e - VII, 74
sociedade contemporânea e - VII, 73

Mumler, fotógrafo profissional imagens de pessoas falecidas e - XX, 266

Mundo
modificação dos órgãos e transformação do - IV, 51

Mundo espiritual
condição para penetrar no - IV, 55
crença na existência do - VIII, 83
médium e manifestações do - IV, 51
métodos humanos e Ciência do - Introd., 8

Mundo invisível ver Mundo espiritual

Mundo ocidental
conhecimento das capacidades da alma e - II, 36

Murray, Bronson
fotografia de Espíritos e - XX, 266, nota

Músculo rangedor
Jobert de Lamballe e teoria do - II, 39

Música
ação da * na sessão espírita - IX, 94 comunicação do Espírito Mozart sobre a * celeste - XIV, 163
papel da * na iniciação profética - XXVI, 365, notas
único acesso espiritual nas esferas superiores da inteligência e - XIV, 162

Musset, Alfred de, poeta
Colet, Sra., e - XXVI, 374
George Sand e - XXVI, 374
possessão e - XXVI, 374, notas
transe e - XXVI, 374, nota
visões, aparições e - XXVI, 373, 374, notas

Myers, Friedrich, Sr.
afirmação da existência de um espírito no homem e - I, 28
definição da subconsciência e - XXIII, 336
escrita dos sonâmbulos acordados e-XVIII, 213
Espiritismo e - Introd., 11
experiências de * com a médium Sra. Thompson - I, 28
Fantômes des Vivants, Les, livro, e XII, 132, nota

fenômeno de incorporação e - XIX, 236, nota
Human Personality, livro, e – I, 29, nota órgão da audição e influenciação dos Espíritos e - XIV, 160, nota
Personalidade humana, A, livro, e-XXIII, 336
Piper, Sra., médium, e - XIX, 236, nota; XIX, 240, nota
professor da Universidade de Cambridge e - I, 27, nota
psicografia especular e - XVIII, 231, 232, nota
relatório do * sobre os transes da médium Thompson - XIX, 255, nota
Thompson, Sra., médium, e - XIX, 236, nota; XXV, 358, nota
Xenoglossia e - XXI, 309, notas, XXI, 310

N

Nebulosidade
conceito de – XX, 264
materializações de Espíritos e - XX, 264
Nel Mondo degl'Invisibili, livro
Vassalo, Sr., e - XVII, 193, nota
Nevrótico
cura do * pelas práticas espíritas – XXII, 320, nota
Newbold
fenômeno de incorporação e - I, 26
professor da Universidade da Pensilvânia e - I, 26
Nichols
molde de mão de criança e – XX, 280, 281, nota
Notas Antigas
comandante P. Martin e - XXI, 304, nota identificação de Espírito e - XXI, 304, nota
Nus, Eugène
ação fluídica dos Espíritos inferiores sobre o médium e - XXII, 321, nota
Choses de 1'autre monde, livro, e - XII, 133, nota; XVII, 191, nota; XVII, 197, nota; XVII, 199, nota
definição das mesas em 12 palavras e-XVII, 197, 198, nota
experiências de * com as mesas - XVII, 197 misterioso interlocutor de - XVII, 199, nota
recusa na aceitação da definição da mesa e – XVII, 198

O

O'Sullivan, ministro dos Estados Unidos
pneumatografia e - XVIII, 210
Obsessão
Bíblia e casos de - XXVI, 367
Enrico Carreras e caso de - XXII, 325
espectro de Valence-en-Brie e - XXII, 322 fenômenos de casas mal-assombradas e Espíritos causadores de - XXII, 322
Filipe Randone, médium, e - XXII, 322, nota
nomes célebres e início de – V, 58, nota Psychische Studien e Espírito causador de - XXII, 322
revista Luz y Unión e - XXII, 322
Ochorowicz, Dr.
Annales des Sciences Psychiques e - I, 32 Comissão diretora do Instituto Internacional e -I, 28
experiências com a médium, Srta. Tomszick, e -I, 32
fenômeno de levitação e - XVII, 195, nota professor da Universidade de Varsóvia e – I, 32
Stanislas Tomzick, Srta., médium, e -XVII, 195, nota
Od ver Força psíquica
Olcott, H. L., coronel
Gens de l'Autre Monde, livro, e - XX, 283, nota
organização de um corpo a expensas do médium e - XX, 283, nota
Onda luminosa
retina humana e - IV, 49
Orador espírita
formação do - X, 112
Oratória
influência do Alto no poder da-XXVI, 381
Orfeu
dilaceramento pelas bacantes e - XXVI, 383
Organismo humano
microscópio e deficiência do - IV, 52
telescópio e deficiência do - IV, 52
Orieux, Sr.
visão a distância durante o sono e - XII, 126, nota
Origines et les Fins, Les, livro
comunicação espírita e - XVIII, 221,

nota

Outra vida?, livro
M. Sage, e – I, 26, nota

Owen, G., Sr.
prova de identidade de Espírito e - XXI, 298
Spiritual Record e - XXI, 298

Owen, Robert Dale, diplomata
adesão do * ao Espiritismo - XVI, 177 Região em litígio, livro, e – IX, 95, nota;
XVII, 195, nota; XX, 290, nota testemunha do fenômeno de pneumatografia e - XVIII, 208, 210, 212, notas

P

R, Dr.
visão a distância durante o sono e - XII, 125, nota

Padre
apreciação do poder da mulher e - VII, 72
meio de conservação da supremacia e - Introd., 12

País das sombras, No, livro
d'Espérance, médium, e – I, 26, nota; XX, 283, nota

Palladino, Eusapia, médium
A. Vassalo, professor, e - XX, 273
Charles Richet e - II, 40
diminuição à vontade do próprio peso e – I, 30, 31, nota
F. Porro, professor, e - XX, 273
fenômeno de levitação e - XVII, 193
fenômenos físicos e - XII, 140, nota; 177; XX, 273, nota, XX, 280
fenômenos na obscuridade e - I, 31, nota fraudes voluntárias e - XXV, 356
Instituto Geral Psicológico de Paris e -1, 30
intervenção do Espírito John King nas sessões da - XII, 142
John, Espírito guia de -1, 30
Lombroso, professor, e - XX, 273
Morselli, professor, e - XX, 273
Richard Hodgson, Dr., e fraude inconsciente da - XIX, 241

Palmero, Sr., engenheiro
visão a distância durante o sono e - XII, 125, nota

Paraíso perdido
Milton e cantos do - XXVI, 373

Parente, G., Sr.

visão a distância durante o sono e -XII, 125, nota

Pascal, Dr.
comunicação com os mortos e – I, 28 realidade dos fenômenos psíquicos e – I, 28

Pellew (Pelhan), George, Espírito
abundantes provas de identidade e - XIX, 260; XXI, 300, nota comportamento do - XIX, 246, nota
dificuldades na transmissão do pensamento dos Espíritos e - XXI, 294, nota
fenômeno de incorporação e - I, 26
membro da Psychical Research Society e – I, 26, nota
Piper, Sra., médium, e manifestação do-XIX, 241
Richard Hodgson, Dr., e manifestação do - I, 26, nota

Pensamento
ação do * sobre a matéria cerebral - VIII, 79
benefícios na elevação do - XXII, 329
condições fluídicas favoráveis à transmissão do * do Espírito - XXI, 296
Daily Express, jornal, e sessões de transmissão de – XII, 130
distinção entre o sábio e o homem vicioso e – IX, 101
escrita automática e * do médium - IX, 97, IX, 98, nota
elevação do * e inteligências brilhantes - IX, 99
estados de mediunidade e * do Espírito – VIII, 78
essência da vida espiritual e - XXII, 329 expressão do * pelas vibrações - VIII, 79 grande noite sobre o * humano - VI, 69
ímã para o bem ou para o mal e-XXII, 323
impressões do * longínquo - XII, 129, nota
7+magnetismo transcendente e iluminação do – XV, 172
médium auditivo e percepção do * do Espírito - XII, 132
necessidade de orientação e persistência do - VIII, 83
orientação do * no sentido da vida superior - IX, 101
poder criador do – 287, 289
poder da evocação e energia do –

XII, 135 poder do * e elevação do
Espírito - XVIII, 229
próceres do - XXVI, 362
projeção do * do Espírito no cérebro
do médium - XIX, 239
propagação das vibrações do -1,
24, 129
relação entre o * e o cérebro humano - VIII, 79
vibração do universo sob o * de
Deus - VIII, 84
Zancig, Sr., e sessão de transmissão
de-XII, 130
Zancig, Sra., e sessão de transmissão de – XII, 130
Pensamento universitário
depauperamento do - Introd., 13
Percepção espiritual
atributo da alma e- IV, 54
contato direto com o mundo dos
Espíritos e - IV, 54
Perceval, Caussin de
Essai sur l'Histoire des Arabes, livro,
e - XXVI, 370, nota
Perdão
carreiro do – XI, 120
Perispírito
alma e construção do - XII, 142
aumento da sensibilidade do – X,
110 características do - I, 23, 24,
notas
Claude Bernard e – III, 44
composição do - III, 43, 44, nota
desprendimento sonambúlico e – IX,
98 estados superiores da hipnose e
- XII, 124 exteriorização do - VIII, 82
força psíquica e - III, 46, XV, 165
forma fluídica da alma e - I, 23
funções do - III, 43, 44, notas; III, 46
mutilação e enfermidade do * no
plano espiritual - XX, 281
percepção do - III, 44
propriedades do – III, 43, 44,
nota; III, 45, 46, 142
redução das vibrações do - III, 46
responsabilidade pela fabricação
do - III, 47
sensações transmitidas do * ao
corpo físico - III, 45
sonambulismo e - III, 46
Perseverança
médium e prova de - V, 59
Personalidade dupla
inconsciente do médium e - IX, 98,
nota teoria da - III, 46

Personalidade psíquica
corpo físico e -1, 25
irradiação dos eflúvios da - 129
Personalidade humana, A, livro
Friedrich Myers e - XXIII, 336
Perturbação
causas de * e insucesso - IX, 93
Perty
demonstração da exteriorização da
alma e -XII, 138
Peyron, baronesa
diário da * e materialização de Espírito - XX, 279
Phantasms of the Living, The, livro
casos de aparições e – XII, 136
exteriorização do duplo de uma
jovem hipnotizada e - 143, nota
manifestação de moribundo a distância e - XII, 138, nota
Sociedade de Investigações Psíquicas de Londres e - XII, 136
Phénomènes Produits par l'action
des Medicaments à Distance, livro
Luys, Dr., e - XV, 166, nota
Piper, Sra., médium
atestado de perfeita saúde e - XIX,
254 Doctor, Espírito, e – XXII, 327,
nota fenômeno do transe e - XIX,
240
Friedrich Myers, professor, e - XIX,
240, nota
Hyslop, professor, e – XIX, 240, nota
Imperator, Espírito, e - XXII, 327,
nota
J. W. Colville, Sr., e - XXV, 358, nota
Lodge, professor, e - XIX, 240, nota
Madame Piper et la Société Anglo-
americaine des Recherches Psychiques, livro, e - XIX, 240, nota
manifestação espontânea de
George Pellew (Pelham), Espírito,
e - XIX, 241
pesquisa sobre a mediunidade da –
XIX, 244, nota; XIX, 245, notas
Rector, Espírito, e - XXII, 327, nota
Richard Hodgson, Dr., e - I, 26, nota;
XIX, 240, nota; XIX, 241
Sociedade de Investigações Psíqui-
cas (S.P.R.) e - XIX, 240
subconsciente e - XIX, 246, nota
testemunho do professor Hyslop,
e - I, 27, nota
tradução de texto literal grego e -
XIX, 241
William James, professor, e-XIX, 240,

444 | NO INVISÍVEL

nota
Pitágoras
conceito de inspiração e - XXVI, 372
ensinamentos de - VI, 68
Teocleia, médium, e – VI, 68
Platão
Diálogos do Íon e do Menon e-XXVI, 371
Plutarco
sonho premonitório de Calpúrnia e - XIII, 148
Pneumatofonia
faculdade de audição e - XTV, 161
Pneumatografia
Aksakof e-XVIII, 208
Animismo e espiritismo, livro, e - XVIII, 208
Croisselat, redator do universo, testemunha do fenômeno de - XVIII, 208
Delamare, Sr., testemunha do fenômeno de - XVIII, 208
descrição do mecanismo da - XVIII, 208
Dusart, Dr., e - XVIII, 209, nota
escritas em ardósias e - XVIII, 209-213
Fechner, , professor da Universidade de Leipzig, e - XVIII, 210
Fox, Srta., médium, e - XVIII, 208
Harrison, redator-chefe do The Spiritualist, e - XVIII, 210
J. Savage, reverendo, e – XVIII, 211
Lacordaire, testemunha do fenômeno de - XVIII, 208
Leopoldo Galitzin, príncipe, testemunha do fenômeno de - XVIII, 208
manifestações dos Espíritos e - I, 26
Maria D., médium, e – XVIII, 209, nota
Monck, médium, e – XVIII, 211
Moutonnier, professor, e - 2113, nota
O'Sullivan, ministro dos Estados Unidos, e - XVIII, 210
Paul Gibier, Dr., e - XVIII, 212
R. Dale Owen, testemunha do fenômeno de – 208, 210
reprodução dos fenômenos de * em jornais e revistas – XVIII, 210, nota
Revue Scientifique et Morale du Spiritisme e - XVIII, 232, nota
Scheibner, professor da Universidade de Leipzig, e - XVIII, 210
Sergeant Cox, presidente da Sociedade Psicológica da Grã-Bretanha,

e - XVIII, 210
Slade, médium, e - XVIII, 211
Thiersch, conselheiro, e - XVIII, 210
W. Crookes e- XVIII, 208
W. Mountfort, reverendo, testemunha do fenômeno de - XVIII, 208
Wach, professor de Direito Criminal, e – XVIII, 210
Watkins, médium, e - XVIII, 211
Weber, professor da Universidade de Leipzig, e - XVIII, 210
Zöllner, professor da Universidade de Leipzig, e - XVIII, 210
Poeta
canto das vozes da natureza e - XXVI, 371
Espíritos inspiradores e - XXVI, 371
invocação aos deuses ou à musa e - XXVI, 371
Porfiro
forma humana das almas e - VI, 68, nota
Porro, E, professor
Eusapia Palladino, médium, e - XX, 273
Positivismo experimental Igreja e - XXVI, 388
Potet, Du
demonstração da exteriorização da alma e - XII, 138
Prece
abertura da sessão espírita e * coletiva - IX, 93
ação benéfica e salutar da - V, 62
ação da * sobre a alma - X, 110
benefício da - V, 63
eficácia da - V, 62
mesa falante e comparação para definição da - XVII, 199
Premonição
pressentimento e – XIII, 153
Pressentimento
Collet, coronel, e caso de - XIII, 151
conceito de - XIII, 151
Max Simon, Dr., e caso de - XIII, 152
premonição e - XIII, 153
sonho profundo e - XIII, 146
Prestidigitador
fraude e - IX, 88
Problema do ser, do destino e da dor, O, livro
Léon Denis e - III, 47, nota; XXI, 297, nota; XXIV, 347

Proceedings of the Society Psychical Research, livro aparições e -1, 24, nota, XII, 136
Varley, Sr., e - II, 40, nota
Proceedings Psychical R.S.P., livro
Friedrich Myers e - 231, 232, nota
M. Sage e - 294, nota
psicografia especular e - 231, 232, nota
Richard Hodgson, Dr., e – I, 26, notas

Processo de condenação de
Joana d'Arc, livro
Joseph Fabre, e - VII, 71, nota, XIV, 157, nota

Procusto
origem da palavra - II, 38, nota

Profeta(s)
atuação do * hebreu - XXVI, 368
encerramento da história dos * de Israel - XXVI, 369
linguagem habitual, cunha da sua personalidade e - XXVI, 365
Meignan, cardeal, e escola de - XXVI, 365, nota
missão do - XXVI, 367
Prophètes d'Israel, Les, livro, e escola de - XXVI, 365, nota

Profetismo em Israel
fenômeno transcendental da História e - XXVI, 362
início do - XXVI, 364

Progresso
retardamento da marcha e do * da Humanidade - XV, 172

Próluz
forma humana das almas e - VI, 68, nota

Prophètes d'Israel, Les, livro
escolas de profetas e - XXVI, 365, nota Meignan, cardeal, e - XXVI, 365, nota

Proselitismo
ânsia e - Introd., 9

Proteção
condição para obtenção da * do Alto - Introd., 8

Prudens, Espírito superior
evocação e - XIX, 243
Stainton Moses e - XVIII, 220

Psicografia direta
classificação da * quanto a forma de manifestação - XVIII, 226

Psicografia especular
Francisco Cândido Xavier

e - XVIII , 231, nota

Psicografia ver também Escrita mediúnica
Hudson Tuttle, médium, e - XIX, 237
Girolamo Cardano e - XVIII, 217, nota Maomé e - Introd., 17 tipos de - XVIII, 207

Psicologia
fenômeno de incorporação e iniciação nas leis profundas da - XX, 263

Psicologia transcendental
clarividência e - XIII, 150

Psicometria
características do fenômeno de - IV, 54, XIV, 158, nota
Von Bourg, Sr., médium psicômetra, e - XIV, 158

Psicopictografia
Fernand Desmoulins, Sr., e – XVIII, 232, 233, nota
Hélène Smith e - XVIII, 232 Hugo d'Alesi e - XVIII, 232 Rosa Agullana e - XVIII, 232 Victorien Sardou e - XVIII, 232

Psiquê
divina * banida dos altares – VI, 69
mistério da - XII, 123

Psiquismo
aparelhamento moral e mental e * experimental – IX, 100
carência de bom senso dos cientistas e - Introd., 13 motivo dos erros e insucessos do* experimental - IX, 100

Psychical Research Society
George Pellew, membro da - I, 26, nota Richard Hodgson, Dr., membro da – I, 26, nota 434

Psychography, livro
escrita em ardósia e – XVIII, 210
Sainton Moses e - XVIII, 210

Putron, Émilie
Victor Hugo ao pé do túmulo de - XXVI, 378

Q

Química
exigência de estudos prolongados e-XXII, 319

Química espiritual
Léon Denis e –XII, 141, 142

Quinet, Edgar
Ledrain, Sr., crítico literário, e - XXVI,

R

Raça céltica
compreensão do papel da mulher
e - VII, 72

Raça grega
compreensão do papel da
mulher e - VII, 72

Raça humana
mulher, regeneradora da - VII, 71

Radiação solar
raios obscuros e - IV, 49

Randone, Filipe, médium
caso de obsessão e - XXII, 322, nota
Mediunità, La, e - XXII, 322, nota

Réalité des Esprits et le Phénomène de
Leur Écriture Directe, La, livro
Guldenstubbé e - XVIII, 207

Recherches sur la Médiumnité, livro
Gabriel Delanne e – XIX, 254, nota

Recherches sur le Spiritualisme, livro
William Crookes e - XV, 166, nota,
XX, 267, nota; XX, 280, nota

Rector, Espírito superior
comportamento do - XIX 246, nota
evocação e - XIX, 243 função do -
XIX, 243 Stainton Moses e – XVIII,
220

Região em litígio, livro
Robert Dale Owen e – IX, 95, nota;
XX, 290, nota

Reichenbach
estudo da força psíquica e - XV, 165

Reimers, Sr.
diminuição do peso do médium e
experiências de - IX, 98, nota; XX,
282, nota
fotografias de Espíritos e – XX, 278,
nota

Religião
característica da * do futuro - XI, 119
Espiritismo e – Introd., 7, nota
fanatismo, erro e – XI, 114
traço de união entre a Ciência e -
XXVI, 363

República, A, livro
Platão e - VI, 68, nota

Reprodução fotográfica
fantasmas de vivos exteriorizados
e - XII, 143

Rerum Varietate, De, livro
Girolamo Cardano, poeta, e - XXVI,

Revelação espírita
característica da - XI, 119
dissipação das brumas do ódio e - XI, 120

Revelação mediúnica
História e - XXVI, 368

Revista católica
manifestações espíritas e - XXIII, 338, nota

Revista de Estúdios Psicologicos de Barcelona
prova de identidade de Espírito e - XXI, 298

Revue des Études Psychiques
curiosos sucessos na Raikes Farm
e - XVI, 184
fenômeno de aparição e - XX, 275, nota
fenômeno de incorporação e - XIX, 236, nota
fenômeno de visão espontânea e - XIV, 159
narrativas das sessões de fenômenos de levitação e - XVII, 193, nota
Society for Psychical Research e -
Introd., 15, nota

Revue du Monde Invisible
cônego Brettes e - XXIII, 339
Méric, monsenhor, manifestações espíritas e - XXIII, 338, nota

Revue Scientifique et Morale du Spiritisme
Congresso Oficial de Psicologia de
Paris (1900) e – XIX, 236, nota
discurso de Charles Richet e – XVII, 205, nota
fenômeno das casas mal-assombra-
das e - XVI, 187
fenômeno de aparição e - XX, 276, nota;
XX, 290, nota
Gabriel Delanne e - XII, 131, nota;
XX, 281, nota
Hyslop James, professor, e - XIX,
245, nota; XXI, 295, nota
identificação de Espírito e - XXI,
306 Memórias da Sra. Adelma de
Vaye-XII, 134
Pellew(Pelhan), George, Espírito,
e – XIX, 246, nota
pneumatografia e - XVIII, 232, nota

Revue Spirite
comunicação do Espírito Mozart

sobre a música celeste e - XIV, 163
desprendimento do Espírito de uma
jovem de Lyon e - XIII, 146
Espírito batedor de Bergzabern e -
XVI, 183
evocação de pessoas vivas durante
o sono e - XII, 143, nota
evocação do Espírito do Dr. Vignal
adormecido e - XII, 140, nota
família Fox e - XXV, 356 fenômeno
das casas mal-assombradas e – XVI,
183

Reynaud, Jean, poeta
Terre et Ciel, livro, e - XXVI, 377

Ribot, Sr.
explicação para os fatos espíritas
e-XIX, 253, 254, nota teoria do - XIX,
259

Richet, Charles, professor
Academia de Medicina de Paris e – I,
24,1, 29
Annales des Sciences Psychiques,
e - Introd., 13, 16,1, 29
aparições e -1, 24
arrojo dos espíritas e - Introd., 16
contradição entre o Espiritismo
e a Ciência e - I, 29
convicção vacilante e - II, 40
Deve-se estudar o Espiritismo,
artigo, e – I, 29
diretor da Revue Scientifique e - I, 28
discurso de * na Sociedade Inglesa
de Investigações Psíquicas - XVII,
204, nota; XVII, 205, nota
erros e debilidades da Ciência oficial
e - Introd., 13
Eusapia Palladino, médium, e - II, 40
fatos físicos, convicções
duradouras e - XVII, 204
fenômeno de levitação e - XVII, 193
fenômeno de materialização e - I,
29, nota
Instituto Geral Psicológico de Paris
e -1, 30
professor da Faculdade de Medicina
e -1, 28

Rochas, Albert de
experiências com a Sra. Lux e-XV,
168, nota
exteriorização da sensibilidade e - II,
39, XV, 166, nota
Extériorisation de la motricité, livro,
e - I, 24, nota; XII, 140, nota
Extériorisation de la sensibilité, livro,
e - I, 24, nota; XII, 140, nota; XV, 166,

nota; XV, 168, nota
fenômeno de levitação e - XVII, 193
Fluide des Magnetiseurs, Le, livro,
e - XV, 166, nota
revivescência de vidas anteriores e -
III, 47, nota

Rolline, Sr.
descrição do sonho e - XII, 128

Roma
cerimônias públicas em honra
dos mortos e - VI, 68, nota Sibilas
e - VI, 68, nota

Rosna, Caílos, Espírito
mascate e – XVI, 174, nota

Rothe, Anna, médium
autenticidade dos transportes de
flores e - XXV, 357
depoimento do diretor da Casa de
Detenção e - XXV, 357
depoimentos favoráveis e - XXV, 356
martirológico da mulher médium
e - XXV, 356, nota

Rufo, Atério
sonho premonitório de - XII, 148

Russel-Davies, Bessie, Mrs., médium
prova de identidade e - XXI, 297

S

Sábio
afinidades psíquicas e - IX, 87
alma humana e - I, 23
aparições e - I, 24
caráter fugidio dos fenômenos e - II,
38 comunhão das almas e – IX, 91
conhecimento dos fatos espíritas e -
I, 29 desatenção do * para com o
médium – IX, 87
distinção entre o * e o homem vicioso - IX, 101
fenômeno das casas mal-assombradas e * francês - XVI, 187, nota
fenômeno de êxtase - XIII, 149
fenômenos psíquicos e - I, 23
importância do fenômeno físico e -
II, 36
justiça aos espíritas e - Introd., 14
justificativa para as exigências e os
processos do - IX, 87
meio de conservação da supremacia e - Introd., 12
necessidade do estudo do Espiritismo e - I, 29
opiniões desmentidas e - I, 23
procedimento digno do verdadeiro -

448 | NO INVISÍVEL

Introd., 14
responsabilidade e - II, 41
teorias preconcebidas e – IX, 87
Saboureau, Srta., médium
fenômeno de levitação e - XVI, 182, nota
Sacerdócio
mulher e - VII, 73, nota
Sacerdote
impotência do * para encaminhamento do homem - XXVI, 387
Sage, M., Sr.
Madame Piper et la Société Anglo-americaine des Recherches Psychiques, livro, e - XIX, 238, nota; XIX, 240, nota; XIX, 244, nota; XIX, 245, nota
Outra vida?, livro, e - I, 26, nota
Proceedings da S.P.R. e - XXI, 294, nota referência do * ao poder da sugestão – XX, 288
Zone Frontière, La, livro, e - XX, 288
Sagée, Emilia, professora
exteriorização da alma e - XII, 135, nota
Saint-Hilaire, Bartelemy
Mahomet et le Coran e - XXVI, 369, nota
Salmon, Sra., médium
características das aparições no caso da - XX, 271
Paul Gibier, Dr., e precauções no caso da - XX, 270, nota
Samuel
escolas de profetas e - XXVI, 364
invocações de Saul e - VI, 68
profeta desde a infância e – XXVI, 366
Sand, George
Alfred de Musset e - XXVI, 374, nota
Sanzio, Raffaelo, pintor
inspiração, visão e - XXVI, 380
Sardou, Victorien
psicopictografia e - XVIII, 232
Saul
Espírito colérico e subjugação de - XXVI, 367, nota
instrumento de Espíritos inferiores e - XXVI, 367
sombra de Samuel e - VI, 68
Savage, J., reverendo
pneumatografia e – XVIII, 211
Scarfoglio, Sr.,

correspondente de Le Matin
sonho de um jovem marinheiro e – XII, 127, nota
Scheibner, professor da
Universidade de Leipzig pneumatografia e - XVIII, 210
Schiller, poeta
inspiração e – XXVI, 375
Science of the Communication, The, livro Drawbarn, Ch., e – VIII, 80, nota
Sensibilidade
irradiação da - III, 45
Sensitivo ver Médium
Sentido físico
sentido psíquico e - XIV, 156
Sentido humano
características do - IV, 50
conhecimento do universo e – IV, 50
hipótese de um único * generalizado - IV, 50, 51
vibrações e - IV, 49
Sentido psíquico
atributo da alma e – IV, 54
estado de transe e - XIX, 235
extinção do * do médium após o despertamento - XIX, 239
sentido físico e - XIV, 156
substituição do sentido material pelo - IV, 54
utilização do * no estado de vigília – IV, 54
Sentimento
expressão do * pelas vibrações - VIII, 79
Serrano, marechal
visão a distância durante o sono e – XII, 126, nota
Sessão de efeitos físicos
fixação dos pensamentos dos circunstantes e - IX, 93
Sessão de materialização
necessidade da * na obscuridade - XX, 268
regulamento estabelecido pelos espíritas e - Introd., 17
Sessão espírita
ação da música e - IX, 94
comportamento dos assistentes e - IX, 91 leitura inicial e - X, 111, nota
prece coletiva na abertura e – IX, 93
Sexto sentido
atributo da alma e – IV, 54
contato direto com o mundo dos

LÉON DENIS | 449

Espíritos e - IV, 54
Shakespeare
aparições e - XXVI, 372, nota
Hamlet, Macbeth e - XXVI, 372, nota
Shakespeare, William, livro
Victor Hugo e - XXVI, 372,
nota; XXVI, 378, nota
Sherman, James N., Sr.
materialização de Espírito e - XX,
281
Sibila
Antiguidade e - VII, 71
encantações e - VI, 68, nota
Roma e - VI, 68, nota
Sic Cogito, livro
Hasden, escritor, e - XVIII, 218, 219
Simon, Max, Dr.
caso de pressentimento e - XIII, 152
Simônides
sonho de - XIII, 148
Slade, médium
fenômeno de levitação e - XVII, 193
fraudes voluntárias e - XXV, 356
Paul Gibier, Dr., e - XVII, 193
pneumatografia e - XVIII, 211
Smith, Hélène, Srta., médium
assinaturas de personalidades
desconhecidas e - XXI, 297, nota
atestado de perfeita saúde e - XIX,
254
fenômeno de levitação e - XIX, 257
fenômenos mediúnicos e - XX, 381,
nota
Leopoldo, Espírito guia e - XIX, 257
psicopictografia e - XVIII, 232
reprodução de existência passada
na Índia e - XIX, 256
revivescência de vidas anteriores
e - III, 46, 47, nota
Theodore Flournoy e - III, 46, XIX,
256, nota;
XIX, 257, nota; XIX, 258, XXV, 358,
nota
Sociedade
mulher e * contemporânea - VII, 73
nova geração e * em decadência -
VII, 74
Sociedade de Estudos dos Fenômenos
Psíquicos de Paris
Moutin, Dr., presidente, e - XXI, 302
Sociedade de Estudos Psíquicos de
Marselha

referência do Dr. Goudard, sobre o
poder da sugestão e - XX, 287, nota
Sociedade de Investigações Psíquicas de Londres
aparições e - 24
experiências da Sra., Piper, médium,
e - 240
inquérito e - 33
Phantasms of the Living, The, livro,
e - 136
Proceedings e - 126, nota; 129, XII,
136
Sociedade Dialética de Londres
conclusão da * sobre os movimentos das mesas - XVII, 196, notas
inquérito e - I, 33
manifestação do médium Home e
testemunho do lorde Lindsay e -
XVII, 192, nota
Sociedade Inglesa de
Investigações Psíquicas discurso de
Charles Richet e - XVII, 204, nota
Sociedade secreta perda do sentido
das tradições e-XXVI, 388
Society for Psychical Research
Barrett, professor, presidente, e -
Introd., 14, nota
Proceedings e - II, 40, nota Revue
des Études Psychiques e - Introd.,
14, nota
Sócrates
envenenamento com cicuta e - XXVI,
383
Sofia, Espírito
acompanhamento do progresso
do-XIX, 252
Sofrimento
conceito de - XXV, 360
desprendimento do Espírito e - XIII,
145
Solidariedade
exercício de - XI, 119
experimentação e fortalecimento
dos laços de - II, 37
visão de * intelectual dos seres e -
XXVI, 387
Som
limite das vibrações do - IV, 49
velocidade do - IV, 49
Sombra do Sepulcro, Espírito
Victor Hugo e versos do - XVII, 204,
XXIII, 333, XXIII, 334, nota; XXVI,
378, nota
Somnambulisme Provoqué, Le, livro

450 | NO INVISÍVEL

Beaunis, Dr., e - XX, 287, nota
Sonambulismo
característica do - IV, 54, XV, 171, nota
magnetizador e estados superiores do - XV, 171
perispírito e - III, 46
Sonâmbulo
magnetizador e - XIV, 155
Sonho etéreo *ver* Sonho profundo
Sonho(s)
Abraham Lincoln e * do próprio assassinato – XIII, 148, nota
Bérard, Sr., e * premonitório de um assassínio - XIII, 149
características do * no primeiro grau de desprendimento - XIII, 146
características do * ordinário - XIII, 145
características do * profético - XIII, 145
características do * profundo - XIII, 146
características dos * alegóricos - XIII, 147
categorias de - XIII, 145
causa do - XIII, 145
Cícero e * de Simônides - XIII, 148
Coleridge e composição de duzentos versos durante o - XII, 127
comunicação da alma durante o - XII, 127
descrição do * do Sr. Rolline - XII, 128
estado de desprendimento psíquico e - 153
fenômenos de premonição e - XIII, 148
La Fontaine e composição da fábula dos Dois Pombos durante o - XII, 127
Léon Denis e aviso da própria cura em - XIII, 147
Montlue e visão da morte do rei Henrique II em - XIII, 148
perispírito e - XII, 124
Plutarco e * premonitório de Calpúrnia - XIII, 148
Valério Máximo e * premonitório de Atério Rufo - XIII, 148
Valério Máximo e * premonitório do rei Creso - XIII, 148
Voltaire e canto completo da Henriade durante o - XII, 127
Sono

atividade intelectual e - XII, 127
Camille Flammarion e visão a distância no - XII, 125, nota
característica do * ordinário - XII, 124
característica do * provocado - XII, 124
características do estado de * profundo - IX, 97
conceito de - XII, 124
desprendimento da alma e -1, 23, 44
exteriorização do Espírito e - XII, 143, nota
inconsciência do médium e - VIII, 82
médium e * magnético – IX, 97
pessoas vivas evocadas durante o - XII, 143, nota
provocação do * mediúnico - IX, 97
visão psíquica e - XII, 124
Sono magnético
Camille Flammarion e visão a distância no - XII, 126, nota
características do estado de * real - IX, 97
graduações do - XIV, 171
profundezas ignoradas na personalidade do homem e - XII, 123
Souveniers et Problèmes Spirites, livro
Claire Galichou e - XXI, 303
prova de identidade de Espírito e - XXI, 303
Spirit Identity, livro
Stainton Moses e - XXI, 297, nota; XXIV, 353, nota
Spiritisme et la Théosophie, Le, livro
Wachtmeister, condessa, e - XX, 283, nota
Spiritualism, its Phenomenes, livro
Watson e - XXI, 298
Spiritualism, livro
J. W. Edmonds, juiz, e - XVI, 179, nota
Stafford, Hummur
guia espiritual da médium d'Espérance e - XXII, 327
Stead, W. T.
escritório de comunicações regulares com o outro mundo e - XVIII, 225
fotografia dos Espíritos e - XXI, 306
identificação de Espírito e - XXI, 306
Sterkij, Henri, conde
revista Zeitschrift für Spiritismus e

sonho comunicado pelo - XII, 128

Subconsciência

estudo da teoria da - XIX, 253, 259

explicação da variedade de personalidades e - XIX, 252

impotência da teoria da * para explicar os fatos - XIX, 260

Subconsciente

conceito de - XIX, 260

Sugestão

Aksakof e experiências de - XX, 289,
nota

características da - XV, 169

comportamento adequado no exercício da-XV, 170

estado de transe e - XIX, 237

jornal Matin e caso notável do poder
da - XX, 288

modificações provocadas pela - XX,
287, notas

modo de atuação da - XV, 168

referência do Dr. Goudard ao poder
da - XX, 287, nota

referência do Sr. Sage ao poder da -
XX, 287, nota

Superioridade

caracteres da verdadeira - X, 106

Survie, Le, livro

comunicação espírita e - XVIII, 221

Swedenborg, Emmanuel, filósofo
sueco

descrição do incêndio de   Estocolmo e - XXVI, 375

faculdades mediúnicas e - XXVI, 375

precursores de - XXVI, 386

T

Tabernáculo

Moisés e – XXVI, 363, nota

revelação de Jeová e - XXVI, 363,
nota

Tacito

referência de * ao desdobramento
de Basilides - XII, 137, nota

Taine, Sr.

explicação para os fatos espíritas
e-XIX, 253, 254, nota

L'Intelligence, De, livro, e - XIX, 253,
nota

teoria do - XIX, 259

Tallmadge, senador

adesão do * ao Espiritismo - XVI,
177

caso de levitação e – XVI,

177, nota; XVI, 178

Tamlin, Sra., médium

árias tocadas em instrumentos invisíveis e - XIV, 161, nota

Tappan, Cora, médium

faculdades extraordinárias e - XIX,
246, nota

Tartini

execução de sonatas durante o
sono e - XII, 127

Tasso

enclausuramento entre loucos e -
XXVI, 383

Jerusalém libertada e - XXVI, 372

Renaud e - XXVI, 372

Taylor, Sr.

irradiação da força psíquica e - XV,
168, nota

Telepatia

condições para a prática da - XII,
134

James Hyslop, professor, e exclusão
da hipótese de – XIX, 246

provas da * e W. James - Introd., 14

Teocleia, médium

Pitágoras e - VI, 68

Teoria da alucinação

fotografia das aparições e - XXIII,
333

Teoria da subconsciência

esclarecimento de casos psíquicos
e-XXIII, 335

explicação do Espiritismo puro e -
XXIII, 335

fenômenos de animismo e - XXIII,
335

impotência da - XXIII, 334

refutação da - XXIII, 333

Teoria do demônio

almas perversas encarnadas na
Terra e - I, 34

arma de dois gumes e - XXIII, 342

consequências da - XXIII, 343

contradição com a natureza dos
fatos e-XXIII, 343

diminuição do império de Deus
e-XXIII, 343

ensino moral dos Espíritos elevados
e - XXIII, 342

façanhas do Espírito maligno e-XXIII,
341

fotografias e materializações de
Espíritos e - XXIII, 339

intervenção nos fenômenos espíritas
e - XXIII, 340

orientação no sentido do bem
e-XXIII, 342

papel de guia religioso e - XXIII, 341

profanação da ideia de Deus e -
XXIII, 344

responsabilidade de Deus por todo
o mal e-XXIII, 343

Teoria espírita

Aksakof e - II, 39, nota

exame de todas as explicações
contrárias à – II, 39, nota

Friedrich Myers e - II, 39, nota

lógica e esplendor da - XXVI, 261

Oliver Lodge e - II, 39, nota

Richard Hodgson, Dr., e - II, 39, nota

Russel Wallace e - II, 39, nota

William Crookes e - II, 39, nota

Teoria subliminal

Theodore Flournoy, professor,
e-XVIII, 215

William Crookes e - XVIII, 216, nota

Terra

almas perversas encarnadas na * e
teoria do demônio – XXIII, 342

Espiritismo, ensino que o Céu
transmite à - Introd., 10

motivo do aprisionamento dos Espíritos levianos à - V, 57

Thiersch, conselheiro

pneumatografia e - XVIII, 210

Thompson, Dr.

fotografias de Espíritos e – XX, 266

irradiação da força psíquica e – XV,
168, nota

Thompson, Sra., médium

atestado de perfeita saúde e - XIX,
254

declaração de Friedrich Myers e -
XXV, 358, nota

Friedrich Myers e experiências com
a * sonambulizada - I, 28

relatório do Sr. Myers sobre os transes da - XIX, 255, nota

Tiptologia

comunicação por meio de pancadas
e-XVIII, 213, nota

Tissot, pintor

fotografia simultânea do médium
desdobrado, do Espírito desencarnado e do experimentador - XX, 265,
nota

Tolentino, Nicolau

notas esparsas dos concertos celestes e - XXVI, 380

Tomszick, Stanislas, Srta., médium

experiências de Ochorowicz com
– I, 32, XVII, 195, nota

fenômeno de levitação e - XVII, 195,
nota

Tornaro, Vicente, Sr.

prova de identidade de Espírito e -
XXI, 301, nota

Trabalho dos mortos, livro

Nogueira de Faria e - XX, 277, nota

Transe

anteriores existências do médium
e - XIX, 56

atividade da alma e - XIX, 254

característica do - IV, 54

cérebro humano e * sonambúlico -
VIII, 78 comportamento do Espírito
do médium e - XIX, 236

comportamento do médium e – XIX,
235

conceito de estado de – XIX, 235

duas ordens de fatos no - XIX, 256

estado de desprendimento psíquico
e - XIII, 153

fenômeno das incorporações e -
XIX, 236

intervenção dos desencarnados e -
XIX, 256

magnetizador e estado de - XIX, 235

mediunidade da Sr. Piper, médium,
e - XIX, 240

mediunidade de incorporações e - I,
27, nota

provocação do estado de – XIX, 235

sentidos psíquicos e estado de –
XIX, 235

sugestão e - XIX, 237

Transmissão de pensamento

Helmholtz e impossibilidade de -
Introd., 13, Introd., 14

Troussel, Sra.

comunicação telepática e - XII, 132,
133

Tuttle, Hudson, médium

Arcana of Spiritualism, livro, e - XIX,
237 Arcanes de la Nature e - XVIII,
217

médium automatista e - XXIV, 351

U

Ubiquidade

crença no dom da - XVIII, 230

Underhill, Lea
    Missing Link on Modern Spiritualism,
    The, livro, e - XVI, 174, nota
    União Espírita de Catalunha Esteva
    Marata, Sr., presidente, e - XIX, 259
Universal Bibliothek der Spiritism, livro
    Carl du Prel e - XVI, 182, nota
Universidade
    ensino regenerador que retempera
    as almas e - XXVI, 388
Universo
    espíritas e atração das forças maléfi-
    cas do - VIII, 83
    sentidos humanos e conhecimento
    do - IV, 50
    unidade perfeita, harmonia e - XXIII,
    344
    vibração do * sob o pensamento
    de Deus - VIII, 84

V

Vacquerie, Auguste
    crença no Espiritismo e - XXIII, 335
    Miettes de l'Histoire e - XXVI, 378
Varley, Cromwell, Sr., engenheiro
    espontaneidade dos fenômenos
    espíritas e - II, 40, nota
    materialização e - IX, 98
    relato do * sobre sua esposa
    médium - XIX, 255, nota
    visão em sonho e - XII, 125, nota
Vassalo, A., escritor
    descrição de aparições e – XX,
    273, nota; XX, 275, nota
    Eusapia Palladino, médium, e - XX,
    273
    narrativas das sessões de fenôme-
    nos de levitação e - XVII, 193, nota
    Nel Mondo degl'Invisibili, livro, e -
    XVII, 193, nota
    resumo da conferência do * na
    Associação da Imprensa - XVII,
    193-195
Verdade
    apreensão da * sem esforço - II, 38
    desdobramento do roteiro da - II, 36
Vespasiano
    cura pela imposição das mãos e -
    XXVI, 382, nota
Vibração(ões)
    ação dos Espíritos diante de * har-
    mônicas - IX, 93
    aproximação e vinculação das

almas e - VIII, 77
aumento ou redução da soma de -
VIII, 78
cérebro humano e emissão de - VIII,
80
manifestações da natureza e da vida
e - IV, 49
percepção das - VIII, 79, nota
sentidos físicos e percepção da - IV,
49
sentimentos, pensamentos e – VIII,
79 tabela de classificação das – IV,
49, nota
Vibração fluídica
    conhecimento e orientação da -
    Introd., 11
Vida de Mozart, carta
    Holmes e – XIV, 162, nota
Vida(s)
    duplo aspecto da – I, 25
    estudo da alma exteriorizada duran-
    te a - XII, 144
    formas duradouras ou efêmeras da
    - III, 44, nota
    homem e crença na * futura - II, 37
    orientação do pensamento no
    sentido
    da * superior - IX, 101
    revivescência de * anteriores - III, 46
Vidente
    Antiguidade e – VII, 71
    comprovação da identidade do
    Espírito e – XIV, 156
Vidigal, O., Dr.
    prova de identidade de Espírito e -
    XXI, 300
Vies Mystérieuses et Successives de
    l'Être Humain et de l'Être Terre, Les,
    livro, e - XVIII, 221, nota
Vignal, Dr., Espírito
    Revue Spirite e evocação do * ador-
    mecido e - XII, 140, nota
Virgílio, poeta
    Écloga messiânica de Polion e -
    XXVI, 372
Visão a distância
    características da * através dos
    corpos opacos - IV, 54
Visão espírita ver também
    Visão psíquica visão do médium
    com os olhos fechados e - XIV, 155
Visão mediúnica
    clarividência e - XIV, 155
Visão psíquica ver também Visão

espírita
fenômenos de exteriorização e – XIV, 155
mediunidade e - XIV, 155
Voltaire
canto completo da Henriade durante o sonho e - XII, 127
Vontade
ação da * sobre os fluidos - III, 45
atração das forças boas ou más e - 171
causas de esterilidade e boa * dos médiuns - 85
fenômenos de sugestão e – 142, 289
força psíquica e - 165
libertação das sugestões inferiores pelo poder da - Introd.; 11
moléculas fluídicas em obediência à ação da - VIII, 80
motor das ações da alma e – XII, 142
poder criador da - XX, 287

W

Wach, professor de Direito Criminal
pneumatografia e - XVIII, 210
Wachtmeister, condessa
Spiritisme et la Théosophie, Le, livro, e - XX, 283, nota
Wagner, músico
fenômenos mediúnicos e – XXVI, 380 Lohengrin e - XXVI, 380
Parsifal e – XXVI, 380
Tannhauser e - XXVI, 380
Wagner, professor
irradiação da força psíquica e - XV, 168, nota
Wallace, Russel
exemplo de intrepidez moral e - Introd., 13
fenômeno de apport e - XVII, 191, nota fotografia do Espírito de sua mãe e - XX, 265, nota
lei da gravitação, Espiritismo e - XXI, 293
Milagres e o moderno espiritualismo, Os, livro, e - I, 25, nota; IX, 95, nota; 157, nota; XVII, 191, nota; XX, 265, nota
Watkins, médium
pneumatografia e - XVIII, 211
Watson
prova de identidade de Espírito

e - XXI, 298
Spiritualism, its Phenomenes, livro, e-XXI, 298
Weber, professor da Universidade de Leipzig
pneumatografia e - XVIII, 210
William Raddiff, livro
Henri Heine e - XXVI, 378, 379, nota
Wissenschaftliche Abhandlungen, livro
Zöllner, astrônomo alemão, e –XVII, 191, nota
Wood, Miss., médium
diferença de peso e - XX, 282, nota

X

Xavier, Francisco Cândido
xenoglossia especular e - XXI, 231, nota
Xavier, Francisco, São
bicorporeidade e - XII, 138
Xenoglossia
Chedo Mijatovich, Sr., e - XXI, 310-312
escrita mediúnica e - XVIII, 231 Francisco Cândido Xavier e * especular - XVIII, 231, nota
Friedrich Myers e - XXI, 309
médium - IV, 53, IX, 92, XXI, 309

Z

Zancig, Sr.
faculdade de visão psíquica e - XII, 130 sessão de transmissão de pensamento e - XII, 130
Zancig, Sra.
sessão de transmissão de pensamento e - XII, 130
Zeitschrift für Spiritismus, revista
sonho comunicado pelo conde Henri Sterkij e - XII, 128
Zöllner, astrônomo alemão
fenômeno de apport e - XVII, 191, nota Friese, Dr., e - I, 26, nota
impressões e moldes de Espíritos e - I, 26, nota
moldes em parafina e - XX, 280
pneumatografia e - XVIII, 210
Wissenschaftliche Abhandlungen, livro, e-XVII, 191, nota
Wolf, Dr., e -1, 26, nota

DEPOIS DA MORTE
Léon Denis

Vida no além
Formato: 16x23cm
Páginas: 304

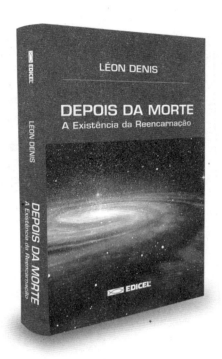

Quem de nós, em algum momento da vida, não teve a curiosidade de se perguntar qual seria seu destino após a morte do corpo físico? Existe realmente um mundo invisível para onde iremos?

O grande pensador Léon Denis responde a essas e a muitas outras perguntas relativas à vida e à morte nesta obra. Para apresentar suas conclusões, o autor retorna no tempo e pesquisa a Grécia, a Índia, o Egito, além de várias outras culturas, em busca de respostas. Aprofundando-se em temas complexos como a existência de Deus, a reencarnação e a vida moral, trata ainda dos caminhos que temos à disposição para chegarmos ao "outro mundo" com segurança e o senso de dever cumprido.

 www.boanova.net

 www.facebook.com/boanovaed

 www.instagram.com/boanovaed

 www.youtube.com/boanovaeditora

Entre em contato com nossos consultores e confira as condições
Catanduva-SP 17 3531.4444 | boanova@boanova.net

JOANA D'ARC MÉDIUM

Léon Denis | Tradução: Guillon Ribeiro
Biografia | 16x23 cm | 288 páginas

Em qualquer obra na qual constem nomes de mulheres que mudaram a História, com certeza Joana d'Arc estará entre eles. Camponesa de família humilde, ela tinha visões e ouvia vozes, sen dotada de ostensiva mediunidade. Neste livro, a vida dessa notável médium é estudada em detalhes. Aos poucos, a cada página, o leitor vai entender e desmistificar fatos que foram tratados como bruxaria, tendo culminado com Joana na fogueira. Uma história empolgante, escrita de forma didática por Léos Deniz, uma das maiores autoridades no assunto.

Entre em contato com nossos consultores e confira as condições
Catanduva-SP 17 3531.4444 | boanova@boanova.net

COLEÇÃO
REVISTA ESPÍRITA

    www.boanova.net

O Evangelho Segundo o Espiritismo

Autor: Allan Kardec | Tradução de J. Herculano Pires

Os Espíritos Superiores que acompanharam a elaboração das obras codificadas por Allan Kardec, assim se manifestaram a respeito de O Evangelho Segundo o Espiritismo: "Este livro de doutrina terá influência considerável, porque explana questões de interesse capital. Não somente o mundo religioso encontrará nele as máximas de que necessita, como as nações, em sua vida prática, dele haurirão instruções excelentes". Conforme palavras do Codificador "as instruções dos Espíritos são verdadeiramente as vozes do Céu que vêm esclarecer os homens e convidá-los à prática do Evangelho".

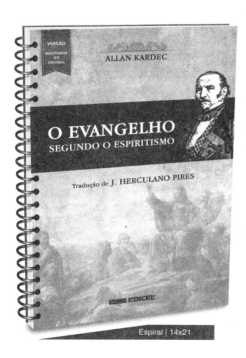

Espiral | 14x21

Brochura | 14x21

PEDI E OBTEREIS

Allan Kardec | Tradução de J. Herculano Pires

Esta obra não é um formulário absoluto, mas sim uma variedade entre as instruções que dão os Espíritos. É uma aplicação dos princípios da moral evangélica, um complemento aos seus ditados sobre os deveres para com Deus e o próximo, onde são lembrados todos os princípios da Doutrina.

12x18 cm | 96 páginas
Preces Espíritas

Entre em contato com nossos vendedores
e confira as condições:

Catanduva-SP 17 3531.4444
boanova@boanova.net | www.boanova.net

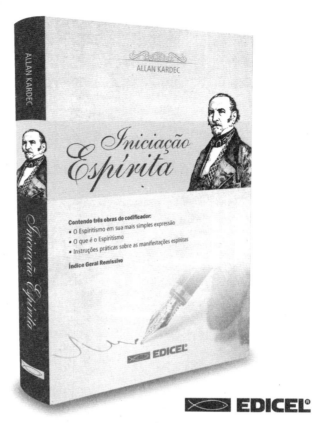

INICIAÇÃO ESPÍRITA
Allan Kardec | Apresentação e notas de J. Herculano Pires

Doutrinário | 14x21 cm | 368 páginas

Evite o desastre moral e espiritual estudando a doutrina na fonte, com o respeito e a humildade de quem compreende que está lidando com a mais elevada sabedoria já concedida à espécie humana. Espiritismo quer dizer SABEDORIA DOS ESPÍRITOS SUPERIORES. É a Ciência do Espírito que se desdobra em Filosofia e Religião. Pense bem nisto: se a Ciência dos homens e as religiões feitas pelos homens exigem anos de estudo, como se pode querer adquirir a Sabedoria dos Espíritos de uma hora para outra?

────── Adquira já o seu ──────

CATANDUVA SP - 17 3531.4444 | www.boanova.net | boanova@boanova.net

ROTEIRO SISTEMATIZADO
para estudo do livro "O Evangelho Segundo o Espiritismo"

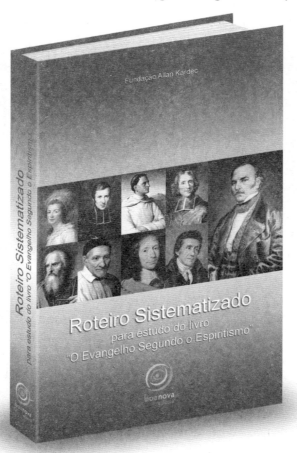

14x21 cm | 440 páginas | Estudo das Obras Básicas
ISBN 85-86470-37-6

Esta obra propõe um direcionamento para o estudo do Evangelho e a unificação do conteúdo interpretativo das palavras de Jesus, garantindo assim que todos os envolvidos nessa tarefa - dirigentes e participantes - estudem o mesmo assunto sob uma ótica comum. Constitui uma contribuição importante para todos aqueles que querem facilitar sua transformação íntima ou aprimorar-se espiritualmente.

ROTEIRO DE ESTUDOS DAS OBRAS DE ANDRÉ LUIZ

ESTUDOS, COMENTÁRIOS E RESUMOS DA SÉRIE: "A VIDA NO MUNDO ESPIRITUAL"

EURÍPEDES KÜHL
Estudo Doutrinário
16x23 cm | 512 págs
ISBN 978-85-99772-94-2

GRÁTIS - CD COM PRECES E MENSAGENS DA SÉRIE

A coleção de livros de autoria do Espírito André Luiz, psicografada pelo médium Francisco Cândido Xavier (alguns em parceria com Waldo Vieira), constitui um abençoado acervo de ensinamentos. Nessa obra, Eurípedes Kühl apresenta resumos, observações e sugestões para facilitar o estudo de todos os livros dessa coleção. Em formato de roteiro, esse livro poderá ser estudado individualmente ou em grupo. Indispensável para aqueles que buscam conhecer o Espiritismo ou se aprofundar nos conhecimentos da Doutrina.

──────────── ADQUIRA JÁ O SEU ────────────

Catanduva-SP 17 3531.4444 | www.boanova.net | boanova@boanova.net

Levamos o livro espírita cada vez mais longe!

 Av. Porto Ferreira, 1031 | Parque Iracema
CEP 15809-020 | Catanduva-SP

 www.**boanova**.net

 boanova@boanova.net

 17 3531.4444

 17 99777.7413

Siga-nos em nossas redes sociais.

@boanovaed   boanovaeditora

CURTA, COMENTE, COMPARTILHE E SALVE.
utilize #boanovaeditora

Acesse nossa loja   Fale pelo whatsapp